Lennard Schmidt / Andreas Borsch /
Salome Richter / Marc Seul / Luca Zarbock /
Niels Heudtlaß (Hg.)

Antisemitismus zwischen Kontinuität und Adaptivität

Interdisziplinäre Perspektiven auf
Geschichte, Aktualität und Prävention

Eine Publikation der Initiative Interdisziplinäre
Antisemitismusforschung Trier (IIA)

Mit 3 Abbildungen

V&R unipress

Bibliografische Information der Deutschen Nationalbibliothek
Die Deutsche Nationalbibliothek verzeichnet diese Publikation in der Deutschen
Nationalbibliografie; detaillierte bibliografische Daten sind im Internet über
https://dnb.de abrufbar.

Gedruckt mit freundlicher Unterstützung der Rosa-Luxemburg-Stiftung Rheinland-Pfalz,
der Stiftung Zeitlehren, des AStA der Universität Trier, des AStA der Goethe-Universität
Frankfurt sowie der Forschungs- und Dokumentationsstelle SEAL.

Umschlagabbildung: Antisemitische Plakate und Motive auf Demonstrationen in Koblenz
(29.01.2022, o. l.), Duisburg (01.05.2019, o. r.), Mainz (28.05.2021, u. l.) und Wittlich
(23.08.2020, u. r.); Fotos: Max Gerlach.
Druck und Bindung: CPI books GmbH, Birkstraße 10, D-25917 Leck
Printed in the EU.

Vandenhoeck & Ruprecht Verlage | www.vandenhoeck-ruprecht-verlage.com

ISBN 978-3-8471-1498-7

Inhalt

III. Die mediale (Re-)Produktion von Antisemitismus in Pop- und Subkultur

IV. Israelbezogener Antisemitismus – Geschichte, Wirkung und Prävention

Danksagung

Ganz herzlich bedanken möchten wir uns bei allen, die unsere Initiative seit ihrer Gründung im Frühjahr 2019 tatkräftig unterstützt haben: Chiara Chassé, Lisanne Fleischer, Kai Follmann, Jan Hennemann, Lukas Keuser, Daniel Koenen, Pia Koch, Lukas Kreber, Florian Krohs, Maximilian Müller, Annette Ott, Max Reimer, Felix Ruf, Philipp Schiffmann, Maria Schulz, Adeline Schöps, Alessio Scriba, Andreas Stutz, Lukas Stutz, Julian Theiß und Alexander Quack.

Besonders bedanken möchten wir uns bei Christoph Fischer und Sarah Riefer, ohne deren technische Unterstützung der Livestreams unsere Veranstaltungen keine so große Verbreitung gefunden hätten. Für die hervorragende fotografische Dokumentation unserer Veranstaltungen und die Bereitstellung seiner Fotos für das Cover dieses Bandes bedanken wir uns zudem bei Max Gerlach. Weiterhin gilt unser Dank Dorothea Seiler und Luisa Gärtner, die 2021 respektive 2022 zur IIA dazugestoßen und seitdem zu einem integralen Teil unseres Teams geworden sind.

Möglich waren die Arbeit der letzten Jahre und die Veröffentlichung dieses Sammelbandes nur dank der Unterstützung von Dieter Burgard und Dr. Thomas Grotum, die uns die Arbeit der letzten Jahre ermöglicht und oft maßgeblich erleichtert haben – ihnen gebührt daher unser besonders großer Dank.

Überdies danken wir den staatlichen, politischen, wissenschaftlichen und zivilgesellschaftlichen Einrichtungen und Organisationen, die unsere Arbeit von Beginn an finanziell wie ideell unterstützend begleitet haben: dem Arbeitskreis „Erinnerung der Großregion" e.V.; dem AStA der Universität Trier, insbesondere dem Referat für politische Bildung und dem Referat für Antirassismus und Antifaschismus; der Forschungs- und Dokumentationsstelle SEAL der Universität Trier; der Rosa-Luxemburg-Stiftung Rheinland-Pfalz, namentlich Jonas Engelmann und Sebastian Frech; sowie dem Freundeskreis Trierer Universität e.V. Wichtige Förderer unserer Initiative sind darüber hinaus Prof. Dr. Christian Jansen, Prof. Dr. Michael Jäckel, Prof. Dr. Roland Rixecker sowie Astrid Schmitt, MdL.

Die Veranstaltungen, auf die dieser Band zurückgeht, wurden freundlicherweise gefördert vom Bundesministerium für Familie, Senioren, Frauen und Jugend im Rahmen des Bundesprogramms „Demokratie leben!"[1], vom Ministerium für Familie, Frauen, Kultur und Integration Rheinland-Pfalz im Rahmen des Programms „Gemeinsam für Gleichwertigkeit", der Hans-Böckler-Stiftung sowie dem Graduiertenzentrum der Universität Trier (GUT).

Bedanken möchten wir uns darüber hinaus bei der Stiftung Zeitlehren, der Rosa-Luxemburg-Stiftung Rheinland-Pfalz, dem AStA der Universität Trier, dem AStA der Johann Wolfgang Goethe-Universität Frankfurt und der Forschungs- und Dokumentationsstelle SEAL für die Übernahme der Druckkosten wie auch beim Verlag V&R unipress, insbesondere bei Dr.[in] Julia Schwanke, für die sehr angenehme Zusammenarbeit.

Schließlich danken wir vor allem den Autorinnen und Autoren, die diesem Band mit ihren Beiträgen seine konkrete Gestalt gegeben und mit uns zusammen auf konstruktive und angenehme Art und Weise auf die Veröffentlichung hingearbeitet haben.

Die Herausgeber:innen
Trier, im Juni 2022

---

1 Diese Veröffentlichung stellt keine Meinungsäußerung des BMFSFJ oder des BAFzA dar. Für den Inhalt tragen die Autorinnen und Autoren die Verantwortung.

Marc Seul / Luca Zarbock

Antisemitismusforschung zwischen Kontinuität und Adaptivität. Einleitende Überlegungen zu gegenwärtigen Kontroversen und Herausforderungen

Gesellschaftskritische Antisemitismusforschung, die sich dem Ziel verschrieben hat, zur Abschaffung des Gegenstands ihrer Forschung aktiv beizutragen, steht vor einer Vielzahl an Herausforderungen.[1] Gegenwärtige (oftmals nur vornehmlich) theoretische Forschungsdebatten finden vor dem Hintergrund einer kaum mehr zu verleugnenden Virulenz antisemitischer Ressentiments in *allen* gesellschaftlichen und politischen Milieus statt.

1. Antisemitismus – eine Ideologie zwischen Kontinuität und Adaptivität

Im Fokus medialer Berichterstattung in der BRD stehen dabei gegenwärtig neben dem Schuldabwehr-Antisemitismus der AfD[2] vor allem die Shoah-Relativierungen und verschwörungsideologischen Einlassungen auf Protesten der selbsternannten ‚Querdenken'-Bewegung[3]. Allein im Zeitraum von März 2020 bis März 2021 erfasste der Bundesverband der Recherche- und Informationsstellen Antisemitismus (RIAS) 561 antisemitische Vorfälle mit Bezug zur Coronapandemie. Zugeordnet wurden diese Fälle zu 45 % einem „verschwörungsideologischen" sowie zu 21 % dem rechtsextremen politischen Spektrum, 32 % der Vorfälle konnten derweil „keinem politischen Hintergrund eindeutig zugeordnet werden".[4] Die politisch-ideologische Heterogenität der Bewegung – von AfD, Identitärer Bewegung und Neonazis bis hin zu Hippies, Reichsbürger:innen und Esoteriker:innen – ist dabei kein neues Phänomen. Die ‚Mahnwachen für den Frieden' aus dem Jahr 2014 können in vielerlei Hinsicht als Vorläufer dieser

---

1 Zu den institutionell bedingten Herausforderungen kritischer Antisemitismusforschung unter prekären Bedingungen vgl. auch Schmidt et al. 2022.
2 vgl. zum Antisemitismus in der AfD Grimm/Kahmann 2017; Pfahl-Traughber 2016 sowie Salzborn 2019.
3 vgl. Balandat et al. 2021; Speit 2022, S. 49f.; Wetzel 2021.
4 RIAS 2021, S. 17–20.

‚konformistischen Rebellion'[5] verstanden werden. Auch hier konnte eine geteilte verschwörungsideologische „Struktur der Weltdeutung" sonst vorhandene
„grundlegende inhaltliche Differenzen" zwischen einem völkisch-nationalisti-
schen und einem eher egalitär-universalistisch geprägten Flügel überbrücken.[6]
Eine ähnlich einigende und brückenbildende Funktion kann dem israelbezogenen Antisemitismus zugeschrieben werden. Auf der ideologischen Ebene
reicht das Feld der Affirmation von linken Antizionist:innen über die sogenannte
‚politische Mitte' bis hin zu Neonazis, ‚Neuen Rechten' und Islamist:innen. Quer
zu – aber durchaus teilweise auch verbunden mit – den politischen Einstellungen
lässt sich beobachten, dass sowohl in der deutschen Gegenwartsgesellschaft im
Allgemeinen als auch in migrantisch und insbesondere in islamisch geprägten
Communities im Besonderen Israelfeindschaft hohe Zustimmungswerte erreicht. So kommt eine zwischen dem 22. Dezember 2021 und 18. Januar 2022 im
Auftrag des *American Jewish Committee Berlin* durchgeführte Repräsentativ-
umfrage des Instituts für Demoskopie Allensbach – im Einklang mit vorange-
gangenen Studien[7] – zu dem Schluss, dass ein „enge[r] Zusammenhang zwischen
antijüdischen Einstellungen und dem Meinungsbild über den Staat Israel" besteht.[8] Während für die Gesamtbevölkerung zu beobachten ist, dass bei der
Einordnung antisemitischer Aussagen über Israel vielfach auf die vermeintlich
neutrale Antwortoption ausgewichen wird – was nicht zwangsläufig auf eine
Ablehnung, sondern auch auf eine besondere Sensibilisierung hinweisen könnte
– und bei keiner der einzuordnenden Standpunkte „eine Mehrheit wirklich klar
zu benennen [weiß], wie diese Aussage einzuordnen ist", konnte unter Muslim:
innen die Neigung beobachtet werden, auch eindeutig antisemitische Aussagen
über Israel als nicht-antisemitische Kritik aufzufassen.[9]

Die vereinigende Funktion der Projektionsfläche Israel für Antisemit:innen
verschiedenster politischer und gesellschaftlicher Couleur konnte auch im Mai
2021 beobachtet werden, als im Kontext einer militärischen Eskalation des israelisch-palästinensischen Konflikts „jüdische Einrichtungen und deren Ver-
treter_innen direkt angefeindet und bedroht" wurden.[10] Der Bundesverband
RIAS dokumentierte für den Zeitraum vom 09. bis 24. Mai insgesamt 261 antisemitische Vorfälle. Traurige Höhepunkte bildeten dabei angekündigte oder
versuchte Brandanschläge auf Synagogen in Hannover und Ulm und anti-is-

---

5 vgl. zur Theorie des autoritären Charakters und der konformistischen Rebellion Henkelmann
   et al. 2020.
6 Lege/Munnes 2018, S. 165.
7 vgl. exemplarisch Kaplan/Small 2006 sowie Unabhängiger Expertenkreis Antisemitismus
   2017, S. 63 f.
8 AJC Berlin 2022, S. 36; vgl. ebd., S. 25, 37–40.
9 vgl. ebd, S. 36, 38.
10 RIAS/IIBSA 2021, S. 6.

raelische Kundgebungen vor Synagogen in Münster und Gelsenkirchen.[11] Beteiligt an diesen Protesten waren Akteur:innen „aus den verschiedenen politisch-ideologischen Spektren" – „von links/antiimperialistisch über die politische Mitte bis hin zu nationalistischen, neonazistischen und islamistischen".[12] Neben Neonazis und rechtsextremen Parteien wie *Die Rechte*[13] mobilisierten insbesondere „islamistische" sowie „palästinensische, arabische oder türkisch-nationalistische Kräfte",[14] was in der medialen Berichterstattung und politischen Rezeption der Vorfälle besondere Aufmerksamkeit erfuhr.

Die bereits seit Beginn des Jahrtausends geführte Debatte um einen ,neuen Antisemitismus' wurde hier im neuen Kontext einer nach dem Sommer der Migration 2015 ihrem Selbstverständnis nach postmigrantischen Gesellschaft[15] wieder aufgegriffen. Unter dem Schlagwort wird ein Antisemitismus verhandelt, „der erst nach der Schoah und nicht trotz, sondern wegen ihr enstand, der auch als sekundärer Antisemitismus bezeichnet wird."[16] Der These des ,neuen Antisemitismus' zufolge ist nicht länger der Holocaust, sondern verstärkt der Nahostkonflikt zum „zentrale[n] Bezugspunkt für die Äußerung antisemitischer Ressentiments" geworden. So gehe die „größte Bedrohung für jüdisches Leben […] nicht mehr von der politischen Rechten aus, sondern vielmehr von Linken und Muslimen", fasst Sina Arnold diese These zusammen.[17] Im Zuge der Erfahrung einer Reihe islamistischer Terroranschläge in Europa und von gleichzeitigen Migrationsbewegungen, insbesondere aus islamisch geprägten Ländern, nach Europa sind ,muslimischer', ,migrantischer', ,islamischer', ,islamisierter' oder ,arabischer' Antisemitismus als „Unterform[en] des ,neuen Antisemitismus'" zu „neuen Schlagwort[en] in den Debatten" geworden.[18]

Zwar erkennen die meisten Antisemitismusforscher:innen an, dass Antisemitismus unter Muslim:innen ein „relevant factor in European antisemitism today" ist, wie etwa Günther Jikeli feststellt. Nichtsdestotrotz „remains a void in research on the particularities of the Muslim case." Wie Jikeli betont, trägt diese

---

11 vgl. ebd., S. 6f. Für eine Chronik der Vorfälle vgl. Belltower.News 2021. Eine detaillierte Besprechung antisemitischer Vorfälle in Berlin in diesem Zeitraum liegt mit RIAS Berlin 2021 vor.

12 RIAS/IIBSA 2021, S. 16.

13 vgl. ebd., S. 39.

14 ebd., S. 19.

15 Der Begriff der postmigrantischen Gesellschaft wird hier im Sinne Naika Foroutans verwendet, um eine Gesellschaft zu kennzeichnen, die „von der zurückliegenden Zuwanderung eines Teils der Bevölkerung geprägt" ist und in der Migration *politisch* als konstitutiver Bestandteil der Gesellschaftsordnung *anerkannt* wird, womit stetige Aushandlungsprozessen einhergehen, die zu einer „Polarisierung der Gesellschaft rund um die Migrationsfrage" beitragen. Foroutan 2019, S. 60, Herv. i. O.

16 Rabinovici/Sznaider 2019, S. 10.

17 Arnold 2019, S. 128.

18 ebd., S. 129.

Forschungslücke zum einen dazu bei, dass Antisemitismus unter europäischen Muslim:innen geleugnet oder verharmlost wird. Zugleich erleichtert sie „demagogic accusations against ‚the Muslims'".[19] So kann, wie Sina Arnold argumentiert, „in den öffentlichen Diskussionen oftmals eine doppelte Verharmlosung beobachtet werden, und zwar von rechts wie von links."[20] Während Rechtsradikale, Rechte und Teile der konservativen ‚Mitte' mit Vorliebe auf einen vermeintlich ‚importierten Antisemitismus' hinweisen und damit die „Kontinuitäten des deutsch-deutschen Antisemitismus in weiten Teilen der Bevölkerung" verharmlosen, äußern Teile der liberalen Mitte und der Linken Verständnis für antisemitische Äußerungen und Handlungen von Marginalisierten und Rassifizierten, wenn etwa „im Verbrennen israelischer Flaggen nur de[r] politisch legitime[] Protest einer marginalisierten, von Rassismus betroffenen Bevölkerungsgruppe" gesehen wird und so die „globale Verbreitung von Antisemitismus und seine zahlreichen, häufig codierten und umweghaften Ausdrucksformen" verharmlost werden.[21] Auch die Betroffenenperspektive, die gerade von Liberalen und Linken in vielen Kontexten zu Recht betont wird, scheint für Jüdinnen:Juden nur selektiv zu gelten. Dass 41 % der befragten deutschen Jüdinnen:Juden im *Second survey on discrimination and hate crime against Jews in the EU* angaben, dass der „most serious antisemitic incident of harassment in the 5 years before the survey" von „Someone with a Muslim extremist view" ausgegangen sei,[22] wird meist betreten beschwiegen oder relativiert, um einer (weiteren) Stigmatisierung von bereits Marginalisierten und/oder Rassifizierten vorzubeugen – ein Umstand, der selbst in der deutschen Antisemitismusforschung zu beobachten ist.

So schloss etwa Stefanie Schüler-Springorum, Leiterin des Zentrums für Antisemitismusforschung der TU Berlin (ZfA), in einem Artikel für das populärwissenschaftliche Magazin *Aus Politik und Zeitgeschichte* der Bundeszentrale für politische Bildung der Benennung des Umstands, dass Jüdinnen:Juden in verschiedenen Studien überdurchschnittlich häufig Muslim:innen als Täter:innen von gewalttätigen Attacken oder auch verbalen Beleidigungen ausmachen, die Bemerkung an, dass sich dies „insbesondere aus der Sozialstruktur" erklären lasse, da Jüdinnen:Juden ebenso wie Muslim:innen meistens in Großstädten leben. Der „Begegnungsraum in Berlin oder Frankfurt am Main" sei „eben sehr viel dichter als beispielsweise in Kleinstädten".[23] Dies ist zwar sicher *ein Teil* der Erklärung, die Anmerkung wirkt in diesem Kontext allerdings relativierend und ist selbst erklärungsbedürftig. Eine ähnliche ‚Erklärung' würde bei anderen

---

19 Jikeli 2015, S. 32.
20 Arnold 2019, S. 138.
21 ebd.
22 vgl. European Union Agency for Fundamental Rights 2018, S. 54.
23 Schüler-Springorum 2020, S. 33.

Täter:innengruppen wohl kaum ernsthaft angeführt werden – und das zu Recht. Noch weiter ging Juliane Wetzel, ebenfalls Mitarbeiterin am ZfA, mit der Behauptung, es sei zu befürchten, „dass die inzwischen in Teilen der jüdischen Community geäußerten Ängste vor Antisemitismus in den Reihen der Flüchtlinge Wasser auf die Mühlen derer sind, die gegen Muslime hetzen".[24] Deborah Hartmann hat zu Recht auf die Problematik dieser Unterstellung hingewiesen, nach der „die Sorgen von Jüdinnen und Juden [...] rechtspopulistische und rechtsextreme Ressentiments"[25] befördern würden. In diesen Beispielen scheint auf, was Matthias Küntzel exemplarisch anhand der Geschichte des Berliner ZfA gezeigt hat: die in Teilen der etablierten Antisemitismusforschung in Deutschland – aber auch international – vorhandenen Forschungslücken und -hemmnisse sowie Relativierungstendenzen beim Thema islamischer Antisemitismus bzw. Antisemitismus unter Muslim:innen.[26]

Im Kontext dieser „doppelten Verharmlosung des alt- wie des neudeutschen Antisemitismus"[27] im politischen Diskurs, der Konjunktur rechtsextremer und islamistischer Kräfte und den bisherigen Versäumnissen der Antisemitismusforschung müsste letztere demgegenüber zu einem Verständnis des Problems beitragen, das der Komplexität ihres Gegenstands gerecht wird, ohne dabei in essentialistische Verallgemeinerungen zu verfallen oder bestimmte Erscheinungsformen/Akteur:innen des Antisemitismus zu entschuldigen bzw. ihre Äußerungen oder Taten zu relativieren. Das komplexe Zusammenspiel von Marginalisierungs- und Diskriminierungserfahrungen mit spezifisch (post-)migrantischen Identitäten, bei denen „[a]n die Stelle fixer ethnisch-kultureller Selbstbeschreibungen [...] oftmals hybride Identitäten und Mehrfachzugehörigkeiten, plurilokale Orientierungen, dauerhaft transnationale Sozialräume und multiple Loyalitäten"[28] treten, ist bei der Erforschung des Antisemitismus unter Muslim:innen, Marginalisierten und/oder Rassifizierten stets mitzudenken, um diese Erscheinungs- und Äußerungsformen zu verstehen – im Sinne des „intellektuellen ‚Begreifens', nicht des empathischen ‚Verständnisübens'"[29]. Zwischen realen Diskriminierungserfahrungen und projektiven antisemitischen Einstellungen besteht, so ist entgegen manchen apologetischen Relativierungsversuchen immer wieder zu betonen, *kein* direkter kausaler Zusammenhang, keine deterministische Notwendigkeit. Ebensowenig rechtfertigen solche Erfahrungen *in irgendeiner Weise* die Herausbildung antisemitischer Ressentiments. Einzubeziehen sind diese Erfahrungen daher nicht derart, dass sie auf eine Relativierung hinauslaufen, sondern um die spezi-

---

24 Wetzel 2016, S. 24.
25 Hartmann 2021, S. 239.
26 vgl. Küntzel 2018.
27 Arnold 2019, S. 147.
28 ebd., S. 134.
29 ebd., S. 147.

fischen Ausdrucksformen des Antisemitismus zu erklären, bei denen Marginalisierungs- und Diskriminierungserfahrungen als Katalysatoren eine „indirekte Rolle"[30] spielen können.

Dazu muss einer im öffentlichen Diskurs oftmals anzutreffenden „Engführung von Geflüchteten und (Post-)Migranten" und der „Homogenisierung und Gleichsetzung von ‚Arabern', ‚Muslimen', ‚Migranten' und ‚Flüchtlingen'" widerstanden werden. Zum einen, da es sich hier um „rassistische Pauschalisierungen" handelt, die ohnehin indiskutabel sind. Zum anderen aber auch, da dies dem „Erkenntnisinteresse im Weg" stehen würde.[31] Für antisemitismuskritische Forschung und Pädagogik ist es zentral, „aus der Tatsache der Migration keine Zielgruppenspezifik abzuleiten".[32] Rubrizieren verschiedene Phänomene unter einem Begriff, etwa ‚islamischer', ‚migrantischer' oder ‚arabischer' Antisemitismus, geht dies nicht nur mit einer Stigmatisierung von als Muslim:innen, Migrant:innen oder Araber:innen gelesenen Menschen einher – unpräzise Begriffe sind auch der wissenschaftlichen Untersuchung und der pädagogischen Bearbeitung der Erscheinungsformen abträglich, die damit jeweils gemeint sind. So ist nur dann präzise von islamischem Antisemitismus – analog zum christlichen Antisemitismus – zu sprechen, wenn die Akteur:innen sich auch als Muslim:innen verstehen und ihre Judenfeindschaft mit einer bestimmten Auslegung des Islam rechtfertigen.[33] Ebenso kann sinnvoll und gerechtfertigt von arabischem Antisemitismus gesprochen werden, wenn die Akteur:innen sich ethnisch als Araber:innen und/oder ihrem politischen Selbstverständnis nach als Anhänger:innen des arabischen Nationalismus verorten. In der gesellschaftlichen Debatte um den ‚neuen Antisemitismus' finden gerade diese notwendigen Präzisierungen allerdings kaum statt. ‚Die Flüchtlinge', ‚die Muslime' oder ‚die Migranten' werden pauschal mit islamischem oder arabischem Antisemitismus in Verbindung gebracht, obwohl relevante Teile der Geflüchteten und der Menschen mit Migrationshintergrund keine Muslim:innen oder Araber:innen sind. Oftmals sind es sogar gerade Geflüchtete oder Migrant:innen, die in islamischen Communities oder Ländern aufgewachsen sind, die sich vom Islam und damit häufig auch vom islamischen Antisemitismus abgrenzen.[34] Genauso können Muslim:

---

30 ebd.
31 ebd.
32 Mendel/Messerschmidt 2018, S. 15.
33 Die Bezeichnung ‚islamistischer Antisemitismus' würde dagegen unterschlagen, dass die Verbreitung des religiös begründeten Antisemitismus unter Muslim:innen das islamistische Milieu transzendiert. Vgl. Küntzel 2018, S. 152. Zu Geschichte und Verbreitung des Antisemitismus in der islamisch geprägten Welt siehe auch Bensoussan 2019.
34 Der *mala fide*-Vorwurf der ‚Islamophobie' bei Kritik an islamischem Antisemitismus kehrt so u. a. die „berechtigte Angst unter den Tisch, die viele Menschen, die in islamischen Ländern und Communities aufgewachsen sind und aus diesen fliehen, vor dem Islam haben." Assad 2020, S. 119.

innen antisemitische Einstellungen haben, die nicht auf ihrer religiösen Identität beruhen, sondern mit einer bestimmten politischen Einstellung einhergehen (etwa mit antiimperialistischem Antizionismus oder arabischem Ethnozentrismus). Hier wäre sinnvollerweise nicht von ‚muslimischem‘, sondern eben von israelbezogenem oder nationalem Antisemitismus zu sprechen.

Gesellschaftskritische Antisemitismusforschung, die Antisemitismus und Rassismus als komplementäre Ideologien der (Pseudo-)Rebellion gegen die kapitalistisch verfassten Moderne respektive der Herrschaftslegitimation dieser Gesellschaftsformation versteht und den Anspruch hat, *jede* Form des Antisemitismus konsequent zu benennen und zu bekämpfen und *gleichzeitig* andere Formen der Diskriminierung und Rassifizierung zum einen in der Fallbetrachtung mitzudenken und zum anderen solchen Einstellungen gesellschaftspolitisch nicht das Wort zu reden, ist in der Verantwortung, ihre Begriffsbildung und -verwendung stets mit Sorgfalt zu reflektieren. Von besonderer Schwierigkeit ist ein solches Forschungsprogramm in einer Gesellschaft, deren (politische) Diskurse zunehmend von verschiedenen Externalisierungsnarrativen geprägt sind.

2.   Antisemit:innen sind immer die anderen

Ob ‚die Muslime‘, ‚die Flüchtlinge‘ oder ‚die Ewiggestrigen‘ – Antisemit:innen sind stets die anderen. Solche Externalisierungsnarrative sind eng verbunden mit den Debatten um das Selbstverständnis einer postnazistischen und postmigrantischen deutschen Gegenwartsgesellschaft. Externalisierungsnarrative beruhen dabei „auf der Vorstellung einer vom Antisemitismus geläuterten Gesellschaft" und dienen der Aufrechterhaltung des damit verbundenen positiven Selbstbildes.[35] Sie folgen nach Nikolaus Hagen und Tobias Neuburger einem bestimmten Muster: „[W]ährend die Täter symbolisch ausgebürgert werden, entledigt man sich zugleich des Antisemitismus."[36]

Diese Externalisierung lässt sich besonders offenkundig am Beispiel der vermeintlichen Israelsolidarität[37] und Antisemitismuskritik der AfD beobachten. Im dort und in der ‚Neuen Rechten‘ allgemein beliebten Narrativ des ‚importierten Antisemitismus‘ zeigt sich die diskursive Strategie, die Hagen und Neuburger beschreiben. Antisemit:innen sind für die AfD vornehmlich ‚die Muslime‘ und/oder ‚die Flüchtlinge‘. Der eigene Geschichtsrevisionismus und Schuldabwehr-Antisemitismus[38] soll so zum einen bewusst überdeckt werden. Zum an-

---

35 Hagen/Neuburger 2020, S. 12; vgl. Arnold 2019, S. 138; Özyürek 2016.
36 ebd., S. 11.
37 vgl. hierzu den Beitrag von Nikolai Schreiter in diesem Band.
38 vgl. Rensmann 2020.

deren ist zu vermuten, dass über die politische Selbstverharmlosungsstrategie hinaus auch ein individualpsychologisches Bedürfnis der Projektion eigener Ressentiments auf marginalisierte Gruppen eine Rolle spielt. So zeigt auch die oben bereits angeführte Studie des AJC Berlin, dass antisemitische Stereotype und Topoi gerade unter AfD-Anhänger:innen auf besonders starke Zustimmung stoßen.[39]

Doch nicht nur in der extremen Rechten finden sich derartige Entlastungsprojektionen. Eine ähnliche Funktion für die Aufrechterhaltung des Selbstbildes einer geläuterten Nation kann auch die gerade in der politischen ‚Mitte‘ beliebte „Rede vom Antisemitismus der ‚Ewiggestrigen‘" erfüllen, die Antisemitismus als Phänomen der Vergangenheit gleichzeitig auf der zeitlichen wie auf der personellen Ebene auszuschließen trachtet, um Kontinuitätslinien, „die dieses geläuterte Selbstbild in Frage stellen und brüchig werden lassen", kappen zu können.[40]

Antisemitismus als Problem der Gegenwart anzuerkennen, muss demgegenüber bedeuten, ihn nicht zu externalisieren – egal ob ethnisch, religiös, temporal oder personell. Vielmehr ist in der postnazistischen und postmigrantischen Konstellation der deutschen Gegenwartsgesellschaft anzuerkennen, dass postnazistische deutsch-deutsche Kontinuitäten im Wechselspiel mit einem globalen Erstarken des Antisemitismus und vielfältigen Migrationsbewegungen und -hintergründen stehen, die in toto eine komplizierte Akteurs- und diskursive ‚Gemengelage‘ bedingen: Ausdrucks- und Erscheinungsformen des Antisemitismus sind „vielgestaltiger und unübersichtlicher geworden – und damit mögliche antisemitische Bündnisse."[41] Dabei wird es in einer postmigrantischen Gesellschaft „zunehmend schwieriger", die Gesellschaft in Migrant:innen und Nichtmigrant:innen zu unterteilen. Jeder „Versuch, die Trennschärfe wiederherzustellen und die zunehmende Hybridisierung und Ambivalenz einzudämmen", führt, so argumentiert Naika Foroutan, „zum Anstieg rassifizierender Denkmuster" und geht „auf Kosten der demokratischen Norm".[42] Vor diesem Hintergrund muss Versuchen der Externalisierung zum einen stets entschieden widersprochen werden und zum anderen durch reflexive Forschungs- und Präventionsstrategien begegnet werden, die „Begründungszusammenhänge, semantische Nuancen, Resonanzkapazitäten und Echokammern" in die Analyse und Einordnung antisemitischer Äußerungen mit einbeziehen.[43]

Ansätze, die allerdings hinter Versuchen der kritischen Auseinandersetzung mit Antisemitismus in muslimischen und/oder migrantischen Milieus oder etwa der klaren theoretischen Differenzierung zwischen Antisemitismus und Rassis-

---

39 AJC Berlin 2022, S. 23.
40 Hagen/Neuburger 2020, S. 12f.
41 ebd., S. 19.
42 Foroutan 2019, S. 60.
43 Rohde 2019, S. 53.

mus unisono Externalisierungsbestrebungen vermuten,[44] erweisen sowohl der Erforschung als auch der Bekämpfung des Antisemitismus einen Bärendienst.[45] Denn Antisemitismusforschung, die sich der Abschaffung des Phänomens *in toto* verschrieben hat, muss sich auch *allen* Erscheinungsformen widmen – somit freilich auch den spezifisch islamischen und arabischen Formen oder dem von Marginalisierten und/oder Rassifizierten geäußerten. Die hierbei

> „zu konstatierende[n] Phänomene und Herausforderungen müssen vorrangig jedoch als eine Facette der vielfältigen Ausdrucksformen des Antisemitismus und ein nicht zu externalisierendes Problem dieser Gesellschaft begriffen werden, wenn es den Stichwortgebern der Debatte tatsächlich um den Schutz jüdischen Lebens statt um die nationale Selbstvergewisserung geht."[46]

3. Debatten um eine Definition des Antisemitismus – eine „Frage des Bekenntnisses" und des Verständnisses

Diese diskursiven Momente einer Überbetonung bzw. Relativierung bestimmter Formen des Antisemitismus lassen sich freilich nicht nur im explizit politischen Raum beobachten. Gerade ein Wissenschaftszweig, der sich selbst einem durchaus politischen Ziel, der Abschaffung des Antisemitismus, verschrieben hat, wird von solchen Debatten affiziert und versucht oftmals, sie selbst zu beeinflussen. Gegenwärtig ist dies etwa anhand des wissenschaftlichen Diskurses über die Antisemitismus-Definitionen zu beobachten, die von der *International Holocaust Remembrance Alliance* (IHRA)[47] vorgelegt respektive als *Jerusalem Declaration on Antisemitism* (JDA)[48] unterbreitet wurden. Sina Arnold etwa argumentiert, dass die Positionierung zu diesen Definitionen „zu einem Marker, zu einer Art ‚kulturellem Code'" geworden sei.[49] Den Begriff ‚kultureller Code' verwendet sie im Anschluss an Shulamit Volkov, um zu beschreiben, wie eine

---

44 So etwa Wolfgang Benz oder Esra Özyürek, die Rassismus gegen Muslim:innen zum Klon des Antisemitismus erklären und damit zentrale Differenzen der gesellschaftsstabilisierenden (Pseudo-Rebellion vs Herrschaftslegitimation) wie individualpsychologischen Funktionen beider Ideologien ausblenden. Vgl. exemplarisch Benz 2008, S. 9; ders. 2010 sowie Özyürek 2016, S. 46f. Vgl. zur Kritik der begrifflichen Entnennung und Subsumierung des Antisemitismus unter Rassismus u. a. Marz 2020, S. 79–87; Rensmann 2021a, S. 473f. sowie Schwarz-Friesel/Reinharz 2012, S. 59f.

45 vgl. Rohde 2019, S. 53.

46 ebd., S. 56. Jener nationalen Selbstvergewisserung dient auch die immer wieder anzutreffende Universalisierungsrhetorik, Antisemitismus sei „ein Angriff auf uns alle" (Maas 2016) als Bürger:innen einer vermeintlich vom Antisemitismus geläuterten Nation. Vgl. Hagen/Neuburger 2020, S. 14.

47 vgl. IHRA 2016.

48 vgl. JDA 2021.

49 Arnold 2022, S. 2.

Positionierung „zu einem Signum kultureller Identität, der Zugehörigkeit zu einem spezifischen kulturellen Lager"[50] wird. Die Definitionen glichen einem „Pauschalangebot"[51], mit dem „Themen von Israels Existenzrecht und dem Rückkehrrecht der Palästinenser*innen über das Verhältnis von Antisemitismus zu Antizionismus, bis hin zur Vergleichbarkeit oder Singularität des Holocaust" indirekt mitverhandelt würden. Die Frage ‚Wie hältst du's mit der IHRA-Definition?' sei „weniger eine Frage der Analyse, sondern des Bekenntnisses geworden."[52]

Zu den im deutschsprachigen Diskurs über die IHRA-Definition lautstärksten Kritiker:innen gehört Peter Ullrich, der u. a. ein medial breit rezipiertes, fachintern kontrovers diskutiertes[53] und vielfach kritisiertes[54] Gutachten der Definition für die Rosa-Luxemburg-Stiftung und medico international vorgelegt hat[55] und zu den Erstunterzeichner:innen der JDA gehört[56]. Seine Kritik fußt vor allem auf der Befürchtung, die Einbettung der IHRA-Definition in staatliche Institutionen würde zu einer „Verrechtlichung" und „Versicherheitlichung" des Diskurses bis hin zu „administrative[r] Diskursbeendigung" führen, insbesondere mit Bezug auf den Nahostkonflikt, „wo Ambivalenzen anerkannt, ausgehalten und diskutiert" werden müssten.[57]

Zu diesen Befürchtungen bzw. Vorwürfen ist zunächst prinzipiell anzumerken, dass zum einen die Möglichkeit der Anwendung *mala fide*, d. h. zum Ausschluss unliebsamer Stimmen oder Toleranz antisemitischer Äußerungen auf Basis einer Definition, die IHRA-Arbeitsdefinition genauso stark oder schwach betrifft wie andere Definitionsvorschläge, denn es existieren stets „myriad possibilities for manipulating the text/practice nexus."[58] Dies trifft also ebenso auf die JDA-Definition zu, die Ullrich selbst unterstützt.

Aus wissenschaftlicher Sicht ist allerdings weniger dieser Vorwurf problematisch als die „Alternative", welche die JDA-Definition als angeblich „präzisere Kerndefinition" zu sein beansprucht.[59] Lars Rensmann hat zentrale Mängel und Probleme dieses Definitionsansatzes benannt:

---

50 Volkov 2000, S. 23.
51 ebd., S. 84.
52 Arnold 2022, S. 2. Auch Klaus Holz und Thomas Haury diagnostizieren eine „identitätspolitische" Debatte. Vgl. Holz/Haury 2021, S. 7–13.
53 vgl. etwa die Beiträge im „Diskussionsforum zur Arbeitsdefinition Antisemitismus der IHRA" in der Ausgabe 21 (1) der Zeitschrift *conflict & communication online*: Arnold 2022; Ionescu 2022; Jensen 2022; Kahn-Harris 2022 sowie Ullrich 2022.
54 vgl. Ionescu 2022; Rensmann 2021b.
55 vgl. Ullrich 2019.
56 vgl. JDA o. J.
57 Ullrich 2020, S. 27.
58 Kahn-Harris 2022, S. 3; vgl. Ionescu 2022, S. 3. Dies zeigt etwa der Fall David Miller, den Carla Dondera in diesem Band diskutiert.
59 JDA 2021, S. 1, 3.

„(1) die Unklarheit der vorgeschlagenen Definition(en) der ‚Jerusalemer Erklärung‘, die deutlich inkohärenter ist als die IHRA-Definition und schwer anzuwenden ist, (2) den – in mehrfacher Hinsicht signifikanten – Rückschritt dieses Textes im Vergleich zum Stand der neueren empirischen Antisemitismus- und Rassismusforschung sowie (3) seine politische Schlagseite im Sinne traditioneller Diskurse einer partikularistischen ‚Palästina-Solidarität‘“.[60]

Die JDA definitiert Antisemitismus als „Diskriminierung, Vorurteil, Feindseligkeit oder Gewalt gegen Jüdinnen und Juden *als Jüdinnen und Juden* (oder jüdische Einrichtungen *als jüdische*)“.[61] Bereits die Einschränkung, es handele sich nur um Antisemitismus, wenn er sich gegen Jüdinnen:Juden „als Jüdinnen und Juden“ richtet, führt die Definition letztlich „ad absurdum“.[62] So wird in der vierten Leitlinie durchaus zugestanden, dass Antisemitismus „direkt oder indirekt, eindeutig oder verschlüsselt (‚kodiert‘)“ geäußert werden kann.[63] Damit ist richtigerweise benannt, dass nach der Shoah – insbesondere in den postnazistischen Staaten Deutschland und Österreich – uncodierter (d. h. nicht durch die Verwendung von Chiffren getarnt geäußerter) Antisemitismus einem moralischen ‚Kommunikationsverbot‘ unterliegt.[64] Daher sind Antisemit:innen, wollen sie sich nicht von vornherein selbst ins gesellschaftliche Abseits manövrieren, darauf verwiesen, *gerade nicht* gegen ‚die Juden‘ *als Juden* zu agitieren. Vielmehr ist es Teil antisemitischer Kommunikationsmodi, Ressentiments bewusst ambivalent und codiert zu äußern. Die Formulierung der JDA-Definition führt allerdings, wie Lars Rensmann herausstellt, dazu, dass sie gerade diese besonders virulenten „Formen des modernen oder modernisierten – kulturellen, institutionellen, camouflierten oder israelbezogenen – Antisemitismus“ nicht erfasst.[65]

Weiterhin arbeitet die JDA mit einem Verständnis von Antisemitismus als Unterform des Rassismus: „Was für Rassismus im Allgemeinen gilt, gilt im Besonderen auch für Antisemitismus“.[66] Zwar beruht auch Antisemitismus – so wie Rassismus – „wesentlich auf Stereotypen, kollektiver Abwertung, Gruppenfeindschaft oder falscher Verallgemeinerung“.[67] Darüber hinaus besitzt er allerdings „Weltbildcharakter“[68] als „verdinglichte, personifizierende Welterklärung aller unverstandenen ‚Übel‘ der Moderne und aller negativ bewerteten soziokulturellen Veränderungsprozesse“[69]. Antisemitismus „bedeutet nicht nur

---

60 Rensmann 2021b.
61 JDA 2021, S. 2, Herv. d. Verf.
62 Rensmann 2021b.
63 JDA 2021, S. 2.
64 vgl. Bergmann/Erb 1983; Bellers 1990; Rensmann 2005: 78f.
65 Rensmann 2021b.
66 JDA 2021, S. 2.
67 Rensmann 2021a, S. 473.
68 ebd., S. 474.
69 Rensmann 2005, S. 128.

Hass auf das spezifisch Andere, das eigentümliche Fremde, sondern auf das (vermeintlich) ultimative Böse in der Welt."[70] Gleichzeitig darf, darauf wies bereits Adorno hin, nicht angenommen werden, dass Antisemitismus ein „isoliertes und spezifisches Phänomen" sei.[71] So besteht die „Hauptähnlichkeit" zwischen Antisemitismus und Rassismus „im Subjekt der Verfolgung. Der Antisemit und der Rassist entstammen der gleichen Gesellschaft, aber beide Phänomene erfüllen sowohl sozial wie psychologisch unterschiedliche Funktionen."[72] Die Unterschiede dieser Ideologien zu benennen ist daher, so Ulrike Marz, „keine akademische Haarspalterei, sondern Voraussetzung der Kritik dieser Phänomene und damit für die Praxis ihrer Bekämpfung."[73]

Für diese bietet sich die Definition der IHRA umso mehr an, da sie präziser formuliert ist, auch codierte Formen des Antisemitismus – insbesondere den israelbezogenen als, so zeigt etwa die oben erwähnte Studie des AJC Berlin, weit verbreiteten und gleichzeitig mit dem meisten „Klärungsbedarf"[74] belasteten Antisemitismus – erfasst und „in ihren Erläuterungen und Beispielen klare Kriterien zum Erkennen antisemitischer Phänomene" bietet.[75] Gleichwohl darf sie nicht als „eindeutige ‚Checkliste'"[76] missverstanden werden. Die Beispiele für antisemitische Äußerungen, die in der IHRA-Arbeitsdefinition angeführt werden, sind stets, so heißt es dort, „unter Berücksichtigung des Gesamtkontexts" zu betrachten.[77] Damit verwehrt sich die Arbeitsdefinition zu Recht gegen eine falsche Vereindeutigung, die Definitionen üblicherweise einfordern. Gerade beim Antisemitismus, so hat Philipp Lenhard argumentiert, würde eine solche definitorische Praxis an ihre Grenzen stoßen, denn die „Anziehungskraft und Wirkungsmacht des Antisemitismus"[78] macht gerade nicht die Eindeutigkeit aus, sondern das „Gerücht über die Juden"[79].

Die Dynamik des Antisemitismus als „intersektionale Ideologie par excellence", die von sich wandelnden „sexistischen, rassistischen und nationalistischen Momenten durchdrungen ist",[80] nötigt jeden Definitionsversuch daher, das Unmögliche zu tun: das „unverfügbar[e], sich jeder begrifflichen Rubrizierung entziehend[e] Wesen"[81] des Antisemitismus allgemein verständlich und

---

70 Schwarz-Friesel/Reinharz 2012, S. 59f.
71 Adorno 2019 [1962], S. 361.
72 Marz 2020, S. 83.
73 ebd., S. 80.
74 Arnold 2022, S. 2.
75 Rensmann 2021b.
76 Arnold 2022, S. 3.
77 IHRA 2016.
78 Lenhard 2020, S. 26.
79 Adorno 2018 [1951], S. 125.
80 Stögner 2017, S. 26.
81 Lenhard 2020, S. 27.

prägnant ,auf den Punkt' zu bringen. Wie Carla Dondera in ihrem Beitrag in diesem Band argumentiert, könnte eine Verteidigung der IHRA-Arbeitsdefinition daher (nur auf den ersten Blick) paradoxerweise lauten, „dass sie dem Wesen des Antisemitismus gerade durch ihre Unbestimmtheit Rechnung trägt."

Dieses sich der Vereindeutigung entziehende Wesen des Antisemitismus anzuerkennen, läuft dennoch freilich *nicht* darauf hinaus, zu behaupten, „dass man Antisemitismus nicht erkennen könnte, wenn er auftritt."[82] Insbesondere für die pädagogische und bildnerische Praxis ist es essentiell, dass eine praxistaugliche Definition als Handreichung für zivilgesellschaftliche Organisationen und Akteur: innen die „zentrale Kommunikationsform"[83] des Antisemitismus nach der Shoah, die „kalkulierte Ambivalenz",[84] nicht reproduziert, sondern bewusst macht. Die Bedingungen dafür, antisemitische Äußerungen und Taten erkennen zu können, hat Philipp Lenhard benannt; sie gelten für Wissenschaft wie Zivilgesellschaft:

> „Zum einen die Bereitschaft, Antisemitismus als solchen auch erkennen zu *wollen*, zum anderen ein durch historische Erfahrung generiertes Bewusstsein für die Denkmuster, Bildtraditionen und Semantiken des antijüdischen Gerüchts (das auch als Meinung auftreten kann)."[85]

Diese Bereitschaft, Antisemitismus erkennen zu *wollen*, zeichnet eine gesellschaftskritische Antisemitismusforschung aus, die sich nicht auf „bloß akademische Fingerübung[en]"[86] beschränkt, sondern anerkennt, dass „[d]ie akademische Beschäftigung mit Antisemitismus [...] keine interesselose sein [kann]. [...] Einer Kritik des Antisemitismus muss es um die Verunmöglichung des Antisemitismus und um seine ideologiekritische Dechiffrierung gehen."[87] Diesem Anspruch und gesellschaftskritischen Impetus fühlt sich unsere Initiative verpflichtet.

4.   Über die Initiative Interdisziplinäre Antisemitismusforschung

Als sich die *Initiative Interdisziplinäre Antisemitismusforschung* 2019 formierte, trat sie zunächst an, um mit der ,1. Interdisziplinären Antisemitismustagung für Nachwuchswissenschaftler:innen',[88] die vom 08. bis 10. Oktober 2020 an der Universität Trier stattfand, eine Plattform für junge Wissenschaftler:innen zu schaffen, die durch neue Ansätze, Schwerpunkte und Themen die Antisemitis-

---

82 ebd.
83 Hartmann 2021, S. 240.
84 vgl. Wodak 2020.
85 Lenhard 2020, S. 27, Herv. i. O.
86 Grigat 2016, S. XIII.
87 Grigat 2022, S. 3.
88 Siehe hierzu auch IIA 2020.

musforschung voranbringen können. Nachwuchswissenschaftler:innen, die es in der universitären Landschaft oft schwer haben, ihre Erkenntnisse einer breiteren Öffentlichkeit zu präsentieren, konnten auf der Tagung auf Augenhöhe mit Kolleg:innen über ihre Forschungsansätze und -ergebnisse diskutieren. Dass sich trotz des zum Zeitpunkt der Ausschreibung zur ersten Tagung geringen Bekanntheitsgrades unserer Initiative mehr als 60 Wissenschaftler:innen mit Beitragsvorschlägen zu einer Vielzahl von bisher in der Forschung unterbelichteten Aspekten der Geschichte und Gegenwart der Judenfeindschaft und verwandten Phänomenen (Verschwörungsnarrative und -ideologien, Antiamerikanismus, etc.) für die Tagung bewarben, illustriert das Bedürfnis nach einem solchen Diskursraum für Nachwuchswissenschaftler:innen, der sich zugleich nicht auf den rein akademischen Austausch beschränkt. Anspruch war (und ist) es nämlich gerade, über den akademischen Fachdiskurs hinaus stets auch in den direkten Kontakt zur Zivilgesellschaft und den vielfältigen Akteur:innen der praktischen Antisemitismusprävention und -bekämpfung zu treten. Mit der Veranstaltung erreichten wir ein durchweg positives Echo; neben den aufgrund der pandemischen Situation in dezimierter Zahl anwesenden Teilnehmer:innen in Präsenz verfolgten auch zahlreiche interessierte Studierende, in pädagogischen Kontexten aktive und in zivilgesellschaftlichen Organisationen arbeitende Personen die Beiträge und Debatten und verschafften der IIA und ihren Zielen ein Echo, das weit über die Stadtgrenzen Triers hinaushallte.

Diese Ziele sind seitdem dieselben geblieben und führten dazu, dass die Arbeit der IIA sich stetig ausweitete: Unser Anspruch war und ist es, den Gegenstand Antisemitismus aus der gesellschaftskritischen Motivation heraus zu erforschen, ihn perspektivisch abschaffen zu wollen. Aus diesem Grund kann es für uns kein Tabu für gesellschaftlich unpopuläre Teilaspekte geben. Während rechtsradikaler und neonazistischer Antisemitismus von breiten Teilen der Bevölkerung geächtet wird und dessen Erforschung den einfacheren Zugang zu Fördermitteln für Drittmittelprojekte verspricht, verstehen wir Antisemitismus immer noch als gesamtgesellschaftliches Problem und als auf den Verhältnissen dieser Gesellschaftsform beruhend. So richtet sich unsere Arbeit eben nicht nur gegen Antisemitismus von rechts, sondern will ebenfalls die Verbreitung des antisemitischen Ressentiments in amtiimperialistischen linken, migrantischen und/oder muslimischen Gruppen und Communities sowie in dem, was man gemeinhin unter der ‚Mitte der Gesellschaft' versteht, offenlegen.

Unser Verständnis von Antisemitismusforschung beruht daher auf einem *Drei-Säulen-Prinzip*, bestehend aus (1) Grundlagenforschung, Theoriebildung und der Entwicklung neuer wissenschaftlicher Perspektiven auf das Phänomen Antisemitismus, (2) dem Wissenstransfer an eine breite Öffentlichkeit und der (3) Erarbeitung innovativer Formen der Antisemitismusprävention und -bekämpfung in Zusammenarbeit mit zivilgesellschaftlichen Akteur:innen.

Der vorliegende Sammelband stellt ein Puzzleteil dieser Arbeit dar und geht zum einen auf die angesprochene ‚1. Interdisziplinäre Antisemitismustagung für Nachwuchswissenschaftler:innen' und zum anderen auf die Vortragsreihe ‚Neue Zugänge und Methoden der Antisemitismusforschung'[89] zurück, die von Juni bis Dezember 2021 – teils digital, teils an verschiedenen Orten in Trier – stattfand. Wir hoffen, dass die hier versammelten Beiträge von Nachwuchswissenschaftler:innen den Lesenden neue Erkenntnisse und Wissen über eine Vielzahl unterschiedlicher und bislang oftmals vernachlässigter Aspekte vermitteln.

Im Besonderen widmet sich der Band vier Teilbereichen: (I) der Theorie und Ideengeschichte des Antisemitismus, (II) Antisemitismus und seiner Kritik in feministischen Diskursen, (III) der medialen (Re-)Produktion von Antisemitismus in Pop- und Subkultur, insb. in Videospielen, sowie (IV) dem israelbezogenen Antisemitismus. Die Vielfalt der bearbeiteten Aspekte des Antisemitismus und die Interdisziplinarität der Perspektiven ist einer Ideologie angemessen, die in allen gesellschaftlichen und politischen Milieus auf fruchtbaren Boden trifft. Der Band zielt darauf ab, der Diversität der antisemitischen Akteur:innen und den vielfältigen Erscheinungsformen Rechnung zu tragen, ohne politisch motivierten Externalisierungsnarrativen Vorschub zu leisten. Wir hoffen, dass dieser Band – wie auch unsere Arbeit als Initiative allgemein – einen Beitrag zu dem hier skizzierten wissenschaftlichen wie gesellschaftlichen Anliegen leistet: der Erforschung und Bekämpfung des Antisemitismus in *all seinen Erscheinungsformen*.

Bibliografie

Adorno, Theodor W. (2018) [1951]: *Minima Moralia. Reflexionen aus dem beschädigten Leben*. 11. Aufl. Frankfurt a. M.: Suhrkamp.

Adorno, Theodor W. (2019) [1962]: ‚Zur Bekämpfung des Antisemitismus heute', in: Ders.: *Gesammelte Schriften, Bd. 20.1*. 3. Aufl. Frankfurt a. M.: Suhrkamp, S. 360–383.

AJC Berlin (2022): *Antisemitismus in Deutschland. Eine Repräsentativbefragung*. Berlin: American Jewish Committee Berlin Lawrence and Lee Ramer Institute. URL: https://ajcgermany.org/system/files/document/AJC%20Berlin_Antisemitismus%20in%20Deutschland_Eine%20Repr%C3%A4sentativbefragung.pdf (Zugriff am 10.06.2022).

Arnold, Sina (2019): ‚Der neue Antisemitismus der Anderen? Islam, Migration und Flucht', in: Heilbronn, Christian/Rabinovici, Doron/Sznaider, Natan (Hrsg.): *Neuer Antisemitismus? Fortsetzung einer globalen Debatte*. 2. Aufl. Berlin: Suhrkamp, S. 128–158.

Arnold, Sina (2022): ‚Eine Definition für die Praxis', in: *conflict & communication online*, 21 (1), S. 1–4. URL: https://cco.regener-online.de/2022_1/pdf/arnold2022_dt.pdf (Zugriff am 10.06.2022).

---

89 Siehe hierzu auch IIA 2022.

Assad, Soma Mohammad (2020): ‚Universalisierte Opferschaft. Über den Erfolg des islamischen Antisemitismus in Europa‘, in: Hagen, Nikolaus/Neuburger, Tobias (Hrsg.): *Antisemitismus in der Migrationsgesellschaft. Theoretische Überlegungen, Empirische Fallbeispiele, Pädagogische Praxis.* Innsbruck: Innsbruck University Press, S. 109–119.

Balandat, Felix/Schreiter, Nikolai/Seidel-Arpacı, Annette (2021): ‚Die Suche nach den „Schuldigen“. Antisemitismus als zentrales Ideologieelement bei den Coronaprotesten‘, in: Kleffner, Heike/Meisner, Matthias (Hrsg.): *Fehlender Mindestabstand. Die Coronakrise und die Netzwerke der Demokratiefeinde.* Freiburg im Breisgau: Herder, S. 102–108.

Bellers, Jürgen (1990): ‚Moralkommunikation und Kommunikationsmoral. Über Kommunikationslatenzen, Antisemitismus und politisches System‘, in: Bergmann, Werner/ Erb, Rainer (Hrsg.): *Antisemitismus in der politischen Kultur nach 1945.* Opladen: Westdeutscher Verlag, S. 278–291.

Belltower.News (2021): ‚Chronik antisemitischer Vorfälle in Deutschland‘, in: *Belltower.News,* 19.05.2021. URL: https://www.belltower.news/nahostkonflikt-chronik-an tisemitischer-vorfaelle-in-deutschland-115641/ (Zugriff am 10.06.2022).

Bensoussan, Georges (2019): *Die Juden der arabischen Welt. Die verbotene Frage.* 1. Aufl. Berlin: Hentrich & Hentrich.

Benz, Wolfgang (2008): ‚Vorwort‘, in: *Jahrbuch für Antisemitismusforschung,* 17, S. 9–14.

Benz, Wolfgang (2010): ‚Antisemitismusforschung als akademisches Fach und öffentliche Aufgabe‘, in: *Jahrbuch für Antisemitismusforschung,* 19, S. 17–32.

Bergmann, Werner/Erb, Rainer (1983): ‚Kommunikationslatenz, Moral und öffentliche Meinung. Theoretische Überlegungen zum Antisemitismus in der Bundesrepublik Deutschland‘, in: *Kölner Zeitschrift für Soziologie und Sozialpsychologie,* 38 (2), S. 223– 246.

European Union Agency for Fundamental Rights (2018): *Experiences and perceptions of antisemitism. Second survey on discrimination and hate crime against Jews in the EU.* Luxembourg: Publications Office of the European Union. URL: https://fra.europa.eu/si tes/default/files/fra_uploads/fra-2018-experiences-and-perceptions-of-antisemitism-s urvey_en.pdf (Zugriff am 10.06.2022).

Foroutan, Naika (2019): *Die postmigrantische Gesellschaft. Ein Versprechen der pluralen Demokratie.* Bielefeld: transcript.

Grigat, Stephan (2016): ‚Kritik des Antisemitismus als Gesellschaftskritik. Judenfeindschaft, antikapitalistische Ressentiments und Israelhass. Ein Vorwort‘, in: Busch, Charlotte/Gehrlein, Martin/Uhlig, Tom David (Hrsg.): *Schiefheilungen. Zeitgenössische Betrachtungen über Antisemitismus.* Wiesbaden: Springer VS, S. VII–XIV.

Grigat, Stephan (2022): *Kritik des Antisemitismus heute. Zur kritischen Theorie antijüdischer Projektionen, der Persistenz des Antizionismus und der aktuellen Gefahr des islamischen Antisemitismus* (= CARS Working Papers #001). Aachen: Centrum für Antisemitismus- und Rassismusstudien (CARS). URL: https://katho-nrw.de/fileadmin/me dia/foschung_transfer/forschungsinstitute/CARS/CARS_Workingpaper_2022_001.pdf (Zugriff am 10.06.2022).

Grimm, Marc/Kahmann, Bodo (2017): ‚AfD und Judenbild. Eine Partei im Spannungsfeld von Antisemitismus, Schuldabwehr und instrumenteller Israelsolidarität‘, in: Grigat, Stephan (Hrsg.): *AfD & FPÖ. Antisemitismus, völkischer Nationalismus und Geschlechterbilder.* Baden-Baden: Nomos, S. 41–59.

Hagen, Nikolaus/Neuburger, Tobias (2020): ‚Antisemitismus der Anderen? – Einleitende Überlegungen', in: Dies. (Hrsg.): *Antisemitismus in der Migrationsgesellschaft. Theoretische Überlegungen, Empirische Fallbeispiele, Pädagogische Praxis.* Innsbruck: Innsbruck University Press, S. 9–19.

Hartmann, Deborah (2021): ‚Antisemitismus und Shoah in der Bildungsarbeit: Problemfelder, Herausforderungen und Chancen', in: Grimm, Marc/Müller, Stefan (Hrsg.): *Bildung gegen Antisemitismus. Spannungsfelder der Aufklärung.* Frankfurt a. M.: Wochenschau, S. 232–247.

Henkelmann, Katrin/Jäckel, Christian/Stahl, Andreas/Wünsch, Niklas/Zopes, Benedikt (Hrsg.) (2020): *Konformistische Rebellen. Zur Aktualität des autoritären Charakters.* 1. Aufl. Berlin: Verbrecher.

Holz, Klaus/Haury, Thomas (2021): *Antisemitismus gegen Israel.* Hamburg: Hamburger Edition.

IHRA (2021): ‚Arbeitsdefinition Antisemitismus', in: *International Holocaust Remembrance Alliance*, 26.05.2016. URL: https://www.holocaustremembrance.com/de/resources/working-definitions-charters/arbeitsdefinition-von-antisemitismus (Zugriff am 10.06.2022).

IIA (Hrsg.) (2020): *Tagungsbericht zur 1. Interdisziplinären Antisemitismustagung für Nachwuchswissenschaftler:innen.* Trier: Initiative Interdisziplinäre Antisemitismusforschung Trier. URL: https://www.uni-trier.de/fileadmin/fb3/GES/IIAS/iia_tagungsbericht_2020.pdf (Zugriff am 10.06.2022).

IIA (Hrsg.) (2022): *Bericht zur Vortragsreihe „Neue Zugänge und Methoden der Antisemitismusforschung".* Trier: Initiative Interdisziplinäre Antisemitismusforschung Trier. URL: https://www.uni-trier.de/fileadmin/fb3/GES/IIAS/IIA_Bericht_Vortragsreihe_2021.pdf (Zugriff am 10.06.2022).

Ionescu, Dana (2022): ‚Die Antisemitismusdefinition der IHRA im Handgemenge. Eine kritische Diskussion der Mobilisierungen gegen die erste internationale Antisemitismusdefinition', in: *conflict &communication online*, 21 (1), S. 1–5. URL: https://cco.regener-online.de/2022_1/pdf/ionescu2022_dt.pdf (Zugriff am 10.06.2022).

JDA (o.J.): *The Jerusalem Declaration on Antisemitism.* URL: https://jerusalemdeclaration.org/ (Zugriff am 10.06.2022).

JDA (2021): *Jerusalemer Erklärung zum Antisemitismus.* URL: https://jerusalemdeclaration.org/wp-content/uploads/2021/03/JDA-deutsch-final.ok_.pdf (Zugriff am 10.06.2022).

Jensen, Uffa (2022): ‚Gefährlich nah an einer Korrespondenztheorie. Der problematische Definitionsversuch der IHRA-Definition zum Antisemitismus', in: *conflict & communication online*, 21 (1), S. 1–5. URL: https://regener-online.de/journalcco/2022_1/pdf/jensen2022_dt.pdf (Zugriff am 10.06.2022).

Jikeli, Günther (2015): *European Muslim Antisemitism. Why Young Urban Males Say They Don't Like Jews.* Bloomington/Indianapolis: Indiana University Press.

Kahn-Harris, Keith (2022): ‚What we don't know about IHRA: Practices of subversion and neglect', in: *conflict &communication online*, 21 (1), S. 1–5. URL: https://cco.regener-online.de/2022_1/pdf/kahn-harris2022.pdf (Zugriff am 10.06.2022).

Kaplan, Edward H./Small, Charles A. (2006): ‚Anti-Israel Sentiment Predicts Anti-Semitism in Europe', in: *Journal of Conflict Resolution*, 50 (4), S. 548–561.

Küntzel, Matthias (2018): ‚Islamischer Antisemitismus als Forschungsbereich. Über Versäumnisse der Antisemitismusforschung in Deutschland', in: Grimm, Marc/Kahmann,

Bodo (Hrsg.): *Antisemitismus im 21. Jahrhundert. Virulenz einer alten Feindschaft in Zeiten von Islamismus und Terror.* Berlin/Boston: De Gruyter, S. 125–155.

Lege, Nora/Munnes, Stefan (2018): ‚Postmoderner Antisemitismus? Im Spannungsfeld von Individualismus und Gemeinschaftsorientierung: Ergänzende Betrachtungen zu den „Mahnwachen für den Frieden"', in: *Jahrbuch für Antisemitismusforschung*, 27, S. 150–173.

Lenhard, Philipp (2020): ‚Undefinierbar. Die jüngsten Debatten um die „Arbeitsdefinition Antisemitismus" sind eine Farce', in: *sans phrase. Zeitschrift für Ideologiekritik*, 16, S. 24–28.

Maas, Heiko [@HeikoMaas] (2016): ‚Jede #antisemitische Attacke, ist ein Angriff auf uns alle. Müssen alles tun, damit sich Juden bei uns sicher fühlen', in: *Twitter*, 19.01.2016. URL: https://twitter.com/HeikoMaas/status/689443250705281024 (Zugriff am 10.06. 2022).

Marz, Ulrike (2020): *Kritik des Rassismus. Eine Einführung.* 1. Aufl. Stuttgart: Schmetterling.

Mendel, Meron/Messerschmidt, Astrid (2018): ‚Einleitung', in: Mendel, Meron/Messerschmidt, Astrid (Hrsg.): *Fragiler Konsens. Antisemitismuskritische Bildung in der Migrationsgesellschaft.* Bonn: Bundeszentrale für politische Bildung, S. 11–23.

Özyürek, Esra (2016): ‚Export-Import Theory and the Racialization of Anti-Semitism: Turkish- and Arab-Only Prevention Programs in Germany', in: *Comparative Studies in Society and History*, 58 (1), S. 40–65.

Pfahl-Traughber, Armin (2016): ‚Die AfD und der Antisemitismus. Eine Analyse zu Positionen, Skandalen und Verhaltensweisen', in: *Jahrbuch für Antisemitismusforschung*, 25, S. 271–297.

Rabinovici, Doron/Sznaider, Natan (2019): ‚Neuer Antisemitismus. Die Verschärfung einer Debatte', in: Heilbronn, Christian/Rabinovici, Doron/Szanider, Natan (Hrsg.): *Neuer Antisemitismus? Fortsetzung einer globalen Debatte.* 2. Aufl. Berlin: Suhrkamp, S. 9–27.

Rensmann, Lars (2005): *Demokratie und Judenbild. Antisemitismus in der politischen Kultur der Bundesrepublik Deutschland.* 1., durchges. Nachdr. Wiesbaden: VS Verlag für Sozialwissenschaften.

Rensmann, Lars (2020): ‚Die Mobilisierung des Ressentiments. Zur Analyse des Antisemitismus in der AfD', in: Heller, Ayline/Decker, Oliver/Brähler, Elmar (Hrsg.): *Prekärer Zusammenhalt. Die Bedrohung des demokratischen Miteinanders in Deutschland.* Gießen: Psychosozial-Verlag, S. 309–342.

Rensmann, Lars (2021a): ‚Die Ideologie des Antisemitismus. Zur Gegenwart der Judenfeindschaft als Ressentiment und Weltdeutung', in: Beyer, Heiko/Schauer, Alexandra (Hrsg.): *Die Rückkehr der Ideologie. Zur Gegenwart eines Schlüsselbegriffs.* Frankfurt a. M.: Campus, S. 467–504.

Rensmann, Lars (2021b): ‚Die „Jerusalemer Erklärung": Eine Kritik aus Sicht der Antisemitismusforschung', in: *Belltower.News*, 25.05.2021. URL: https://www.belltower.new s/die-jerusalemer-erklaerung-eine-kritik-aus-sicht-der-antisemitismusforschung-1160 93/ (Zugriff am 10.06.2022).

RIAS (2021): *Antisemitische Verschwörungsmythen in Zeiten der Coronapandemie. Das Beispiel QAnon.* URL: https://report-antisemitism.de/documents/Antisemitische_Ver schwoerungsmythen_in_Zeiten_der_Coronapandemie.pdf (Zugriff am 10.06.2022).

RIAS/IIBSA (2021): *Mobilisierungen von israelbezogenem Antisemitismus im Bundesgebiet 2021*. Berlin: Bundesverband RIAS. URL: https://report-antisemitism.de/documents/B undesverband_RIAS_-_Mobilisierungen_von_israelbezogenem_Antisemitismus_im_ Bundesgebiet_2021.pdf (Zugriff am 10.06.2022).

RIAS Berlin (2021): *„Stop Doing What Hitler Did To You". Die Eskalation im israelisch-palästinensischen Konflikt als Gelegenheitsstruktur für antisemitische Vorfälle in Berlin zwischen 9. Mai und 8. Juni 2021*. Berlin: RIAS Berlin. URL: https://report-antisemiti sm.de/documents/RIAS_Berlin_-_Monitoring_-_Stop_doing_what_Hitler_did_to_yo u.pdf (Zugriff am 10.06.2022).

Rohde, Ronny (2019): ‚Projektion und Verdacht – Zur Rede vom ‚importierten Antisemitismus' in der Bundesrepublik', in: Bizeul, Yves/Rudolf, Dennis Bastian (Hrsg.): *Politische Debatten um Migration und Integration: Konzepte und Fallbeispiele*. Wiesbaden: Springer VS, S. 41–67.

Salzborn, Samuel (2019): ‚Antisemitismus in der ‚Alternative für Deutschland", in: Ders. (Hrsg.): *Antisemitismus seit 9/11. Ereignisse, Debatten, Kontroversen*. 1. Aufl. Baden-Baden: Nomos, S. 197–216.

Schmidt, Lennard/Seul, Marc/Gärtner, Luisa (2022): ‚Gesellschaftskritische Antisemitismusforschung unter prekären Bedingungen – Herausforderungen des Wissenschaftsbetriebs aus der Perspektive einer Nachwuchsinitiative', in: *Medaon – Magazin für jüdisches Leben in Forschung und Bildung*, 16 (1), S. 1–5. URL: https://www.medaon.de /pdf/medaon_30_schmidt_seul_gaertner.pdf (Zugriff am 21.07.2022).

Schüler-Springorum, Stefanie (2020): ‚Antisemitismus und Antisemitismusforschung: Ein Überblick', in: *Aus Politik und Zeitgeschichte*, 70 (26–27), S. 29–35.

Schwarz-Friesel, Monika/Reinharz, Jehuda (2012): *Die Sprache der Judenfeindschaft im 21. Jahrhundert*. Berlin/Boston: De Gruyter.

Speit, Andreas (2022): *Verqueres Denken. Gefährliche Weltbilder in alternativen Milieus*. 2. Aufl. Berlin: Ch. Links.

Stögner, Karin (2017): ‚„Intersektionalität von Ideologien" – Antisemitismus, Sexismus und das Verhältnis von Gesellschaft und Natur', in: *Psychologie & Gesellschaftskritik*, 41 (2), S. 25–45.

Ullrich, Peter (2019): *Gutachten zur ‚Arbeitsdefinition Antisemitismus' der International Holocaust Rememberance Alliance*. Berlin: Rosa-Luxemburg-Stiftung. URL: https:// www.rosalux.de/publikation/id/41168/gutachten-zur-arbeitsdefinition-antisemitismu s-der-ihra (Zugriff am 17.05.2022).

Ullrich, Peter (2020): ‚Über Antisemitismus sprechen', in: *Aus Politik und Zeitgeschichte*, 70 (26–27), S. 24–27.

Ullrich, Peter (2022): ‚Mit und ohne Juden: Zwei Familien von Antisemitismusbegriffen', in: *conflict & communication online*, 21 (1), S. 1–6. URL: https://cco.regener-online.de /2022_1/pdf/ullrich2022_dt.pdf (Zugriff am 10.06.2022).

Unabhängiger Expertenkreis Antisemitismus (2017): *Antisemitismus in Deutschland – aktuelle Entwicklungen. Zweiter Bericht des unabhängigen Expertenkreises Antisemitismus*. Berlin: Bundesministerium des Innern. URL: https://www.bmi.bund.de/Shared Docs/downloads/DE/publikationen/themen/heimat-integration/expertenkreis-antise mitismus/expertenbericht-antisemitismus-in-deutschland.pdf?__blob=publicationFil e&v=7 (Zugriff am 10.06.2022).

Volkov, Shulamit (2000): ‚Antisemitismus als kultureller Code', in: Dies.: *Antisemitismus als kultureller Code. Zehn Essays*. 2. Aufl. München: C.H. Beck, S. 13–36.

Wetzel, Juliane (2016): ‚Wie alltäglich ist Antisemitismus heute?', in: Kreuzberger Initiative gegen Antisemitismus (KIgA) (Hrsg.): *Commitment without Borders. Ein deutsch-türkisches Handbuch zu Antisemitismusprävention und Holocaust Education*. Berlin: KIgA, S. 23–25.

Wetzel, Juliane (2021): ‚Antisemitismus – Bindekitt für Verdrossene und Verweigerer', in: Benz, Wolfgang (Hrsg.): *Querdenken. Protestbewegung zwischen Demokratieverachtung, Hass und Aufruhr*. Berlin: Metropol, S. 55–75.

Wodak, Ruth (2020): *Politik mit der Angst. Die schamlose Normalisierung rechtsextremer und rechtspopulistischer Diskurse*. Wien/Hamburg: Edition Konturen.

I. Ideengeschichte und Theorie des Antisemitismus

Stefan Vennmann[1]

„Sie besitzen einen äußerst intereßanten Staat in Palästina". Autoritäre Staatsphilosophie und politischer Antisemitismus bei Johann Gottlieb Fichte

> „[U]m das Feuer der Begeisterung zu erhalten, muß Brennstoff gesammelt werden, und in dem Häuflein Juden wollen unsere Germanomanen das erste Bündel Reiser zur Verbreitung des Fanatismus hinlegen."[2]

1. Einleitung

Mit der Behauptung, Johann Gottlieb Fichte sei „der Vorläufer des völkischen Nationalismus"[3] eröffnet Franz L. Neumann seine Kritik der völkischen Ideologie. Zwar führt er keine rekonstruktiven Nachweise an, seine Diagnose aber ist für die Kritik des deutschen Nationalismus wegweisend. Er beharrt auf der Relevanz antijüdischen Denkens zur Begründung deutscher Einheitsvorstellungen, die besonders in Abgrenzung zur Französischen Revolution und modernen Staatlichkeit hervortritt.

In den Wogen dieser revolutionären Bedingtheit, der das Zerbrechen des *Heiligen römischen Reiches deutscher Nation* folgte und die den deutschen Nationalismus als aggressive, antiliberale Ideologie mit massivem Mobilisierungspotenzial etablierte,[4] entwickelt Fichte seine politische Philosophie. Jene ist primär eine Philosophie der deutschen Nation, die – so die These – maßgeblich antijüdisch begründet wird. Ohne diese Integration einer antisemitismuskritischen Reflexion lässt sich die Zuschreibung, Fichte sei nicht nur Denker des autoritären Staates, sondern insbesondere einer des völkischen Nationalismus, nicht ausreichend erklären.

---

1 Für hilfreiche Kommentare und Kritik bedanke ich mich herzlich bei Anne-Maika Krüger, Lucas von Ramin und den Herausgeber:innen des Bandes.
2 Ascher 1815, S. 148.
3 Neumann 1944, S. 136.
4 vgl. Kipper 2002, S. 54f.; von See 1970, S. 484.

2.   Der übliche blinde Fleck

Diese politische Zuschreibung ist vor dem Hintergrund, dass Fichtes „politische Haltung [...] immer philosophisch begründet"[5] ist, interessant. Denn der Zusammenhang von philosophischem und politischem Denken wird Fichte zwar meist progressiv ausgelegt, impliziert aber auch, dass seine antijüdischen Tiraden, die er in seiner Frühschrift *Beitrag zur Berichtigung der Urtheile des Publikums über die Französische Revolution* formulierte, nicht als politisch und philosophisch irrelevant unterschlagen werden können.

Die genuin philosophischen Verteidiger Fichtes, die seinen *Beitrag* zur Französischen Revolution unberechtigterweise[6] als politisches Programm eines Fürstenfeindes und Reformers inszenieren, erkennen Fichtes Judenhass allerdings nicht als theoretisches Problem. Selbst dort, wo er als Gewaltaufruf formuliert wird, wird er relativiert und auf ‚schlechte Erfahrungen', ‚Zeitgeist' und ‚affektgeladene Ausfälle' reduziert.[7] Damit wird Fichtes expliziter Selbstverteidigungsstrategie, seine judenfeindlichen Formulierungen hätten nichts mit „Privatanimosität"[8] zu tun, geglaubt, ohne sie zu überprüfen.

Positionen, welche die antijüdischen Äußerungen problematisieren,[9] wird vorgeworfen, selektive und mit dem philosophischen Gesamtwerk Fichtes unvereinbare Schlüsse zu ziehen. Tatsächlich ist dieser Vorwurf nicht völlig von der Hand zu weisen. Die antisemitismuskritische Interpretation bezieht sich meist nur auf die explizit antijüdischen Stellen des Früh- oder die impliziten des Spätwerks, reflektiert sie aber nicht im Werkkontext.[10] Um diese aber nicht nur als antijüdische oder nicht-antijüdische Einzelheiten zu verstehen, kommt es darauf an, genau diese theorieimmanente Rekonstruktion zu leisten. Daher soll sich folgend an die Staats- und Geschichtsphilosophie angenähert und ihre antijüdischen Konstanten als relevant für den Gesamtkontext der politischen Theorie Fichtes herausgearbeitet werden.

---

5 Seidel 1997, S. 23.
6 Takada 2006, S. 130 f.
7 Becker 2000, S. 11; Fuchs 1990, S. 161 ff.; Plessner 1974, S. 53; Radrizzani 1990, S. 19; Seidel 1997, S. 146.
8 Fichte 1793/94, S. 293.
9 vgl. Claussen 1987, S. 11 f.; Grab 1992, S. 73; Hentges 2004, S. 21.
10 Diese Kritik trifft auch auf die philosophische Interpretation zu, die ihrerseits die antisemitismuskritischen Erkenntnisse nicht ernst nimmt und die entsprechenden Stellen ohne Werkkontext als nicht-antijüdisch versteht.

3. Der ‚Staat im Staat' als Macht „im beständigen Kriege"

Im *Beitrag* formuliert Fichte die zentrale Stelle, auf die alle seine späteren antijüdischen Äußerungen zurückführbar sind, auch wenn – oder gerade weil – ‚die
Juden‛[11] als expliziter Antagonist nur noch selten auftauchen.

> „Fast durch alle Länder von Europa verbreitet sich ein mächtiger, feindseelig gesinnter
> Staat, der mit allen übrigen im beständigen Kriege steht, und der in manchen fürch-
> terlich schwer auf die Bürger drückt; es ist das Judentum [...][,] das sich zu dem den
> Körper erschlaffenden, und den Geist für jedes edle Gefühl tödtenden Kleinhandel
> verdammt hat [...] – von so einem sollte sich etwas anderes erwarten lassen, als was wir
> sehen, daß in einem Staate, wo der unumschränkte König mir meine väterliche Hütte
> nicht nehmen darf, und wo ich gegen den allmächtigen Minister mein Recht erhalte, der
> erste Jude, dem es gefällt, mich ungestraft ausplündert. Dies alles seht ihr mit an, und
> könnt es nicht leugnen, und redet zuckersüße Worte von Toleranz, und Menschen-
> rechten, und Bürgerrechten, indeß ihr in uns die ersten Menschenrechte kränkt; könnt
> eurer liebevollen Duldung gegen diejenigen, die nicht an Jesum Christum glauben,
> durch alle Titel, Würden und Ehrenstellen, die ihr ihnen gebt, keine Gnüge thun, indem
> ihr diejenigen, die nur nicht eben so, wie ihr, an ihn glauben, öffentlich schimpft, und
> ihnen bürgerliche Ehre und mit Würde verdientes Brod nehmt. Erinnert ihr euch denn
> hier nicht des Staats im Staate? Fällt euch denn hier nicht der begreifliche Gedanke ein,
> daß die Juden, welche ohne euch Bürger eines Staates sind, der fester und gewalttätiger
> ist, als die eurigen alle, wenn ihr ihnen auch noch das Bürgerrecht in euren Staaten gebt,
> eure übrigen Bürger völlig und die Füße treten werden."[12]

Fichtes Zusammenstellung antijüdischer Stereotype ist keinesfalls klassisch.
Vielmehr werden die religiös-antijudaistischen Motive wie Christusmord und
Brunnenvergiftung politisch-modern konkretisiert: Soziale Parallelstrukturen,
Gemeinschaftszersetzung, körperliche Degeneration, wesenhafte Neigung zu
unlauterem Finanzgeschäft sowie Ränkeschmiede zum Zwecke des auf eigenen
Vorteil bedachten Ausbaus politischer und ökonomischer Macht. ‚Die Juden‛
sind nicht primär religiöser Antagonist, sie werden als die ehrlosen, abstrakten
und im Geheimen agierenden Verschwörer gegen den modernen Staat als ho-
mogener Gemeinschaftsimagination inszeniert.[13]

Dieser Vorstellung, die zwar ihre Wurzeln in alten, religiösen Stereotypen hat,
hier aber nicht auf diese reduziert werden kann, folgt ein genuin politisches
Argument, das an eine vermeintlich jüdische Wesenheit anknüpft. Aus der
Vorstellung, ‚die Juden‛ seien „nicht zu schöpferischer Arbeit in der Lage und

---

11 Im Folgenden wird meist von ‚die Juden‛ gesprochen, um zu verdeutlichen, dass die Zuschreibungen weder auf reale Jüdinnen und Juden noch deren religiöse oder kulturelle Praktiken gerichtet sind, sondern diese stereotypen Zuschreibungen dem antisemitischen Denken
selbst entspringen.

12 Fichte 1793/94, S. 292.

13 vgl. Hentges 1999, S. 114; Katz 1982, S. 152; Levy/Sznaider 2007, S. 61.

daher nicht fähig, einen Staat aufzubauen"[14], schließt Fichte, dass sie, sollten sie politische Gestaltungsmöglichkeiten erhalten, früher oder später die moderne Staatlichkeit zerstören und die Lebensgrundlage aller Nicht-Juden vernichten würden. Fichtes Forderung ist deutlich: Ausschluss aus jeder demokratischen Teilhabe.

‚Die Juden' sollten allerdings nicht vom allgemeinen Menschenrecht – was für Fichte scheinbar nicht mehr als körperliche Unversehrtheit bedeutet – ausgeschlossen werden. Eine solche Exklusion wäre den vernünftigen und gütigen Nicht-Juden der Dominanzgesellschaft unangemessen. Ohne das Gewähren von Menschenrechten würden sie Gefahr laufen, ‚den Juden', die „auf den Haß des ganzen menschlichen Geschlechts aufgebaut"[15] sind, „gleich zu werden".[16] Menschenrechte *für Juden* werden zum instrumentellen Zugeständnis christlicher Überlegenheit.[17]

Dass sich hier der später von Marx und Arendt kritisierten Dialektik der Menschenrechte[18] bedient wird, nach der ihre Adressat:innen ohne gleichzeitige Integration in einen sie mit Bürgerrechten ausstattenden Nationalstaat keine Möglichkeit haben, Menschenrechte überhaupt einzufordern, deutet schon auf die praktische Irrelevanz dieses Zugeständnisses hin.

> „Aber ihnen Bürgerrechte zu geben, dazu sehe ich wenigstens kein Mittel, als das, in einer Nacht ihnen allen die Köpfe abzuschneiden, und andere aufzusetzen, in denen auch nicht eine jüdische Idee sey. Um uns vor ihnen zu schützen, dazu sehe ich wieder kein ander Mittel, als ihnen ihr gelobtes Land zu erobern, und sie alle dahin zu schicken."[19]

Zwar kann diese Phantasie nicht mit dem völlig absurden Argument abgetan werden, sie könne nur metaphorisch gemeint sein, weil eine ‚Transplantation jüdischer Köpfe' unmöglich sei.[20] Dass Fichte aber wirklich zur „Massenenthauptung von Juden"[21] aufruft, scheint ebenso wenig stichhaltig. Für die theoretische Relevanz des Judenhasses ist aber die praktische Komponente auch nur sekundär bedeutsam.[22]

Primär ist wichtig, dass Fichte ‚jüdische Ideen' als wesenhaft den Prinzipien moderner Staatlichkeit widersprechend und als nicht-integrierbares Anderes der bürgerlichen Ordnung karikiert. Dagegen wird argumentiert, dass Fichte die

---

14 Friedländer 1998, S. 112.
15 Fichte 1793/94, S. 292.
16 ebd., S. 293.
17 vgl. Grab 1992, S. 72; Traub 2003, S. 133.
18 vgl. Arendt 1958, S. 224ff.; Marx 1843, S. 366.
19 Fichte 1793/93, S. 293.
20 vgl. Becker 2000, S. 36.
21 Poliakov 1983, S. 204.
22 vgl. Rose 1990, S. 120.

gewaltlose Integration ‚der Juden' unter der Bedingung befürwortet, dass sie durch Taufe *als Christen* in den modernen Nationalstaat integrierbar werden.[23] Das Argument läuft ins Leere. Schließlich besteht eine Notwendigkeit zur Konversion, mit der einhergeht, dass ‚die Juden' nicht *als Juden* selbstbestimmt leben könnten, sondern nur, wenn sie sich dem christlichen Diktat beugen.

Das antiliberale Bollwerk

Um dieses Diktat Wirklichkeit werden zu lassen, entwickelt Fichte eine politische Theorie, die sich gegen die Tendenz liberaler Emanzipation richtet. In der Imagination, dass ‚die Juden' in Frankreich als Profiteure der Emanzipation gegen ein Ideal von Staatlichkeit agieren, muss Fichtes politökonomisches Werk *Der geschlossene Handelsstaat* als theoretisches Bollwerk, als starke, deutsche Antwort auf einen schwachen, französischen Staat interpretiert werden. Im *Handelsstaat* begründet Fichte die realpolitische Notwendigkeit von antiliberaler ökonomischer Organisation[24], nationalistischem Isolationismus und der durch staatliches Gewaltmonopol erzwungenen Konformität[25] aller in seinem Territorium Lebenden.[26] Der geschlossene Handelsstaat solle „an keinen politischen Angelegenheiten des Auslandes von nun an weiter Anteil haben, keine Allianzen eingehen, keine Vermittlung übernehmen und schlechthin unter keinen Vorwand ihre gegenwärtigen Grenzen überschreiten".[27]

Die Interpret:innen, die Fichte als Denker des autoritären Staates bestimmen und dieses Denken bis in seine frühe Philosophie zurückverfolgen,[28] konstatieren, dass Fichtes Ideal des Vernunft ermöglichenden Staates an die Vorstellung einer vorpolitischen Schicksalsgemeinschaft gebunden ist.[29] Deren Fortbestand – und damit die Gewährleistung individueller Vernunft – lässt sich allerdings nur sichern, sofern alle „physische Kraft"[30] der Einzelnen dem Staat subordiniert wird.

---

23 vgl. Fuchs 1990, S. 167. Fichte 1793/94, S. 296 argumentiert, dass „durch freiwilligen Beitritt [...] die gänzliche Revolution rechtmäßig vollzogen" werden könnte. Dies aber als Argument gegen eine theoretische Grundhaltung des Judenhasses zu behaupten, ist mit dem später entwickelten Verständnis eines völkischen Christentums, in das ‚die Juden' qua Wesenheit nicht integrierbar sind, unvereinbar.
24 vgl. Fichte 1800, S. 388.
25 vgl. ebd., S. 516.
26 vgl. Poliakov 1987, S. 29ff.; Schneiders 1996, S. 229f.
27 Fichte 1800, S. 503.
28 vgl. Fichte 1807b, passim, vgl. kritisch dazu De Pascale 2003, S. 96; Igor 2019, S. 82; Takata 2006, S. 132; Schneiders 1996, S. 223.
29 vgl. Fichte 1796, S. 170.
30 Fichte 1798, S. 275.

Das bedeutet, dass allen Individuen „Arbeits- und Leistungspflichten"[31] auferlegt werden, die auf die Lebenserhaltung der Gemeinschaft gerichtet sind. Eine solche, als vorpolitisch „mystifizierte und der dunklen Natur"[32] entspringende „organische Verbindung aller"[33] ist in einer sich liberalisierenden Gesellschaft, welche die Ständeordnung zunehmend aufweicht und individuelle Rechte und Freiheiten zugänglich macht, aber zur Rechtfertigung gegenüber den unterworfenen Einzelnen gezwungen.[34] Wenn Fichte also – wie seine christliche Begründung noch zeigen wird – *glaubt*, dass Vernunft sich nur mittels individueller Aufopferung, Verzicht und Askese im Dienste des Staates verwirklichen lässt,[35] benötigt er einen theoretischen Mechanismus, mit dem sich die Unterworfenen in den mit politischen Zwangsmitteln ausgestatteten autoritären Staat[36] eingliedern lassen und bereit sind, dieses „Evangelium des kargen Lebens"[37] zu empfangen.

Dieser Mechanismus ist der Appell an eine mystische Vergangenheit als Voraussetzung der Schaffung einer visionären Zukunft, „die auf ein *abstraktes Gemeinwohl* abstell[t], das spiegelbildlich am Feind gebildet wurde: National sei, was nicht anti-national ist."[38] Diese Definition des Anti-Nationalen als Feind der Ordnung hatte Fichte im *Beitrag* expressis verbis vollzogen: Der jüdische ‚Staat im Staate' ist die Manifestation des Anti-Nationalen. Auch wenn der *Handelsstaat* ohne konkreten Bezug auf ‚die Juden' auskommt, ist die Rechtfertigung der „total vereinheitlichten und regulierten Gesellschaft"[39] und die – psychoanalytisch gesprochen – neurotische Angst vor Fortschritt, Liberalismus und Individualismus als Katalysatoren der Gemeinschaftszerstörung von der Abgrenzung gegenüber ‚jüdischen Ideen' geprägt.

Fichte konzipiert den *deutschen* Handelsstaat ausschließlich, um die ‚Fehler', die sich in Frankreich an der liberalen, bürgerlichen Gesellschaft scheinbar ablesen lassen, zu korrigieren. Das Resultat könne daher nur sein, ihre Prinzipien staatstheoretisch umzukehren, eine antimoderne, antirevolutionäre und antiliberale Staatstheorie zu entwickeln,[40] die mit der Vorstellung der Abwehr einer von außen eindringenden Verschwörung gegen die Idee deutscher Homogenität

---

31 Hirsch 2003, S. 174. Fichte 1807b, S. 382, Herv. i. O. konkretisiert: „Die Nation wird kriegerisch erhalten. [...] Wer zu marschieren hat weiß es, u. erhält Ordre. [...] Jeder Deutsche ist *Soldat, u. Ackerbauer.*"
32 Lenhard 2014, S. 110.
33 Fichte 1813a, S. 448.
34 vgl. Fichte 1798, S. 258; Fichte 1800, S. 406.
35 vgl. Fichte 1804, S. 35, 221.
36 vgl. Fichte 1807b, S. 384 ff.
37 Pollock 1933, S. 520.
38 Lenhard 2014, S. 111, Herv. i. O.
39 Marcuse 1941, S. 28.
40 Damit zieht Fichte aus der antijüdischen Interpretation der Französischen Revolution exakt die Konsequenz, die er ‚den Juden' noch im *Beitrag* vorgeworfen hatte, nämlich die Revolutionsideale und moderne Staatlichkeit abzulehnen.

konvergiert.[41] Problematisch scheinen Fichte vor allem die ökonomischen Folgen liberaler Freiheiten: Der freie Markt, der ‚Schacher' und der ‚Wucher'. Anschließend an die stereotype Charakterisierung ‚der Juden' als ‚tödlichen Kleinhandel' Betreibende greift Fichte nicht – wie in der ‚sozialistischen Interpretation' behauptet[42] – den entstehenden Kapitalismus und die sich verschärfende ökonomische Ungleichheit an, sondern führt jene auf die vermeintlich für diese Entwicklung konkret verantwortlichen „jüdische[n] Agenten"[43] zurück, ohne sie zu benennen. Die Attribute dieser bei Fichte nur diffusen Akteure, welche „die Noth Anderer wohl zu berechnen"[44] wüssten und deren ‚kaufmännische Spekulation' erst die „Voraussetzung dieser Noth"[45] bildet, ist hinreichend eindeutig und inhaltlich mit Fichtes frühen antijüdischen Argumenten übereinstimmend. „Was nicht niedergeschrieben ist, ist gedacht."[46]

Auf die zunehmende Abstraktion gesellschaftlicher Verhältnisse in der kapitalistischen Gesellschaft reagiert Fichte so mit der Konstruktion eines real zu bekämpfenden ‚Vorbilds'.[47] Der ‚Krise', als die Fichte die Notwendigkeit zunehmender Abstraktion in der sich liberalisierenden Gesellschaft bezeichnet, folgt der durch die Revolution produzierte „Nationalhass"[48], der die alte, gute Ordnung zerstört und nur durch die Wendung zum autoritären Staat zu retten ist. Diese reaktionäre Hoffnung auf die durch den autoritären Staat begründete Vernunft im homogenen Kollektiv hebt Fichte in den *Reden an die deutsche Nation* auf eine neue Stufe. Der regressiven Wirtschaftsideologie als Versuch deutscher Krisenbeherrschung[49] folgt die völkische Überlegenheit der Deutschen, deren Zweck die Abwehr jüdischer Emanzipation ist.

Der Mythos germanischer Überlegenheit

Diese deutsche Überlegenheit, der zunächst ein Herausdrängen anderer *Religionen* aus dem Handelsstaat folgt, wird nur scheinbar christlich-religiös begründet.

> „Auch die Religion wird ihre Anschauung erweitern; das Christenthum ist nicht bloss Lehre, sondern es ist historisches Prinzip, Staatsstiftung [...]: es wird Indignation

---

41 vgl. Fichte 1800, S. 458, kritisch dazu Horkheimer/Adorno 1947, S. 205 ff.
42 vgl. Asmuth 2011, S. 106; Merle 1994.
43 Horkheimer/Adorno 1947, S. 215.
44 Fichte 1812, S. 576.
45 ebd.
46 Fichte 1807b, S. 390.
47 vgl. Horkheimer/Adorno 1947, S. 214.
48 Fichte 1800, S. 481.
49 vgl. Lenhard/Gleixner 2021, S. 17.

entstehen über den Zustand, welcher der Bürger des ewigen Reiches unwürdig ist. Religiöse Begeisterung wird die Ketten brechen, wie zur Zeit der Reformation. Da muss sich eben erst der Himmel näher an die Erde bringen. *Die Welt geht aus von einer geglaubten, und endet in einer durchaus verstandenen Theokratie.*"[50]

Diese ‚lebendige Theokratie', die den autoritären Staat christlich aufgeladen und als Manifestation göttlichen Willens begründe, wird als Ende einer teleologischen Erzählung, die Erfüllung des „Weltplans"[51], inszeniert.

In den geschichtsphilosophischen *Grundzügen des gegenwärtigen Zeitalters* entwirft Fichte eine Epochentheorie, an deren Ende die Verwirklichung der Vernunft, in Fichtes Ideal die durch den autoritären Handelsstaat geschützte, vollkommene Gemeinschaft, steht.[52] Die *Grundzüge* sind dabei keine apolitische oder ahistorische Abstraktion, sondern „wesentlich politische Geschichte"[53], in der Fichte vorbereitet, was er in den *Reden* konkretisiert.[54] In den *Reden* vermeidet Fichte

> „any reference to the ‚alien' Jews, even when describing the ‚self-seeking' (*Selbstsucht*) that had overtaken the German character. Yet in the 1793 *Contribution* [*Beitrag*], ‚self-seeking' had implicitly taken to be supremely characteristic of the Jews [...]. Fichte relied upon the native instincts of his audience to supply the awareness that purging the German character of ‚self-seeking' meant purging it of Jewishness."[55]

Dass diese Diagnose aber auch ohne diese konkreten Bezug zu ‚den Juden' zutrifft, zeigt sich deutlich, wenn die *Grundzüge* als auf die politische Situation der Zeit gemünzte Theorie zur Begründung eines völkischen Deutschtums mittels eines verklausulierten Antisemitismus ernstgenommen und die *Reden* als kohärente Weiterentwicklung in Fichtes Denken und nicht als nationalistischer Ausfall im Handgemenge der Zeit missverstanden werden.

Zentral für die Frage nach der Entwicklung zum völkisch begründeten Antisemitismus ist bei Fichte die Epoche der *„vollendeten Sündhaftigkeit"*[56]. In ihr illustriert er den Umschlag von einer nicht konkretisierten Revolution in ihr Gegenteil, die aber auf die historische Realität der Französischen Revolution verweist. Jene soll an ihrer eigenen Idee gescheitert sein, weil sie ‚den Juden' Emanzipation verschaffte. Der jüdische Staat im Staat zerstöre anstatt zu befreien, sodass die Revolution nicht die Vernunft in Fichtes autoritärer Vorstellung hervorbringen könne. Vielmehr werde der Staat im Staat zur Expansion

---

50 Fichte 1813b, S. 613, Herv. i. O.
51 Fichte 1804, S. 7.
52 vgl. Fichte 1794, S. 306.
53 Zöllner 2011, S. 190.
54 vgl. Fichte 1808, S. 259; Lauth 1978, S. IX.
55 Rose 1990, S. 121 f., Herv. i. O.
56 Fichte 1804, S. 11, Herv. i. O.

ermutigt, der durch Napoleons Invasion und den Sieg über Preußen 1806 „alles Böse, gegen Gott und Freiheit Feindliche"[57] über deutsches Territorium bringe. Da die autoritäre Vernunft mit der „Erscheinung unseres Feindes"[58] – Universalismus, dem Versprechen von ökonomischer und politischer Selbstbestimmung des Individuums sowie der Befreiung von religiösen Zwängen – unvereinbar ist, muss aus deutscher Sicht dieser „drückende Wahn der Sünde"[59] bekämpft werden. Für Fichte hat dieser Kampf neben dem christlichen ein geschichtsphilosophisch-mythisches Element. Dieses beruht auf einer Idee „germanische[r] Völkerschaften"[60], die in ihrer naturgegebenen Substanz als einzige in der Lage seien, das christliche Reich als Manifestation der Vernunft zur Perfektion zu bringen.

Diese völkische „Hilfskonstruktion"[61] zur Herleitung eines germanischen Christentums lässt sich nur mit Rückbezug auf die Gefahr des jüdischen Staats im Staate wirklich nachvollziehen. Andernfalls wäre Fichte eine Fundamentalunterscheidung zwischen französischem und deutschem Christentum kaum möglich, welche die Überlegenheit des Handelsstaates als genuin *deutschem* Prinzip gegen den Liberalismus postuliert.

Das französische Christentum unterscheidet sich daher in seiner Schwäche, den ‚selbstsüchtigen Juden' die Emanzipation zu ermöglichen, die mittels Verschwörung das christliche Frankreich ihrem „menschenfeindlichen Gott"[62], unterwerfen. Diese Schwäche scheint Fichte darauf zurückzuführen, dass das französische Christentum keine germanische Substanz habe. Das deutsche Christentum hingegen ist von dieser starken Substanz geprägt. Ihr kann der „schädliche Einfluss"[63] jüdischer Ränkeschmiede nichts anhaben, denn indem im germanischen Staat die Religion erst „zu den in ihr einheimischen Principien eines Staates zurückzugehen [genötigt wird], wurde die Religion zugleich genöthigt [...] sich zu verbessern"[64], sich an eben jene völkische Substanz zu binden. Erst durch den Ausschluss des jüdischen Einflusses auf den christlichen Staat lässt sich dieser als *wirklich* christlicher, als *germano-christlicher* Staat konstituieren.

Zwar wäre dieser durch jüdisches Expansionsstreben bedroht, jedoch zeugen gerade die *Reden* davon, dass in der Bedrohung des völkisch gedachten Deutschtums die Möglichkeit seiner Verewigung gefunden wird – in Auflehnung, Kampf

---

57 Fichte 1813a, S. 417.
58 ebd.
59 Fichte 1804, S. 190.
60 ebd., S. 193.
61 Schottky 1973, S. L.
62 Fichte 1793/94, S. 292; vgl. Fichte 1808, S. 478 ff.
63 Fichte 1804, S. 191
64 ebd., 192.

und Befreiung vom fremden Joch.[65] Das Inszenieren der Deutschen als einziges „Urvolk, das Volk schlechtweg"[66] lässt sich aus dem Glauben an die uneingeschränkte Autorität des die deutschen Stämme einigenden, christlichen Gottes ableiten.[67] Fichte setzt diese göttliche Autorität in einem „ursprünglichen Normalvolk voraus"[68], in dem „die Volkselemente aus denen das Christenthum seinen Staat aufbauen sollte"[69] enthalten sind, auch wenn der germano-christliche Staat noch nicht Realität ist.[70] Entgegen der Behauptung, Fichte vertrete lediglich einen nicht völkisch gedachten Patriotismus als notwendiges Übel auf dem Weg zur Weltrepublik,[71] scheint die Interpretation deutscher Abschottung überzeugender. Denn Fichte konstatiert, „daß in der Wirklichkeit der Kosmopolitismus notwendig Patriotismus werden müsse",[72] um Vernunft hervorzubringen. Diese könne aber, im Angesicht zunehmender Liberalisierung, nur in einem bestimmten, völkisch unkorrumpierbaren Territorium geboren werden, im Vaterland des „wahrhaft ausgebildeten christlichen Europäers",[73] des als Germanen imaginierten Deutschen.

In dieser Erklärung wandelt sich Fichtes Hass auf die Juden in eine Abwertung jeder Zivilisation, die nicht ‚germanischer Naturkraft' entspringe[74] und sich daher nicht als eine sich von ‚undeutschen Ausländern' abgrenzende Ursprünglichkeit konstituieren könne.[75]

> „Fast vor einem Jahrzehend [...] ist den Deutschen gerathen worden, vom Weltstaat sich unabhängig zu machen und als Handelsstaat zu schliessen. [...] Möchten wir endlich einsehen, dass alle jene schwindelnden Lehrgebäude über Welthandel und Fabrication für die Welt zwar für den Ausländer passen, *und gerade unter die Waffen desselben gehören, womit er von jeher uns bekriegt hat, dass sie aber bei den Deutschen keine Anwendung haben*, und dass, nächst der Einigkeit dieser unter sich selber, ihre innere Selbstständigkeit und Handelsunabhängigkeit das zweite Mittel ist ihres Heils, und durch sie des Heils von Europa."[76]

---

65 Ein Moment, das laut Benjamin 1930, S. 238 und Griffin 1995, S. 3 den Faschismus des 20. Jahrhunderts prägt.
66 Fichte 1804, S. 374.
67 vgl. Fichte 1807b, S. 411.
68 Fichte 1804, S. 133.
69 ebd., 194.
70 Fichte 1808, S. 279.
71 vgl. Nakhimosky 2014, S. 276f.
72 Fichte 1807a, S. 229.
73 Fichte 1804, S. 212.
74 vgl. Fichte 1808, S. 313f.
75 vgl. ebd., S. 375.
76 ebd., S. 466f., Herv. d. Verf.

Die *Reden* sind nicht nur im politischen Handgemenge der Zeit entstandene, frankophobe Pamphlete. Sie sind die philosophisch begründete Angst vor der Grenzüberschreitung des Staates im Staat.

Daher ist die „Verwirrung der Ordnung"[77] – konkretisiert durch vermeintliche Verführung, Erpressung und Raubsucht sowie die verklausulierte Heuschreckenmetapher, diffuse Akteure würden „in höchster Eile Geld [...] machen, um weiterzugehen und abermals Geld zu machen"[78] – eine weiterer Aneinanderreihung antijüdischer Stereotype. Wieder werden ‚die Juden' zwar nicht explizit erwähnt.[79] Fichte beschreibt in der *Dreizehnten Rede* die Gefahr der kommenden ‚Universalmonarchie' allerdings als „Abscheu gegen das ganze menschliche Geschlecht"[80] mit einer nahezu identischen Formulierung, mit der er ‚den Juden' die Zerstörung des französischen Staates zugeschrieben hatte. Ficht bedient sich so der „alte[n] Antwort aller Antisemiten": der „Berufung auf Idiosynkrasie."[81]

„Sie alle dahin zu schicken" – Die Idee deutscher Entledigungspolitik

Der völkischen Idiosynkrasie des Deutschtums fallen ‚die Juden' zum Opfer. Sie sind qua ihrer unchristlichen Wesenheit nicht fähig, überhaupt Staaten – in Fichtes autoritärem Sinne – hervorzubringen, weil sie weder Christen noch Urvolk, sondern nur deren Zersetzer sind. Außerdem haben Staaten, die sich nichtchristlich konstituieren und daher auch die religiöse Voraussetzung des germanischen Vernunftreiches nicht erfüllen können, „keine anerkannte Existenz".[82] Aus dieser Vorstellung destilliert Fichte konkrete politische Praktiken.

> „Vermögen und Gelegenheit sich zu Gott zu wenden muss in jedem christlichen Staate ohne Ausnahme verstattet werden, und er, in dieser Rücksicht wenigstens persönlich frei seyn; [...] kein Christ kann ein Sklave seyn, *christlicher Boden macht frei* [...]. Dagegen kann, nach demselben Prinzip, der Nichtchrist gar wohl ein Sklave sein."[83]

Wer kein Christ *ist*, muss „aus dem Umkreis christlichen Bodens"[84] verdrängt werden, wenn nötig mit Gewalt. Wenn also Fichte attestiert wird, er sei ein

---

77 ebd., S. 468.
78 ebd., S. 469.
79 In diesem Sinne kann auch Fichte 1807c, S. 298 nicht nur als ‚Beurteilung Napoleons' verstanden werden, sondern Fichte scheint die von Frankreich ausgehende ‚Unterjochung der Welt' aus einer hinter der Expansion stehenden Macht zu verstehen: „der Zerstörer hat Grillen u. Chimären, die mit der Wirklichkeit nicht zusammenhängen. Sein Sch‹loß› setzen in das leere Nichts: Zurück werfen in die Barbarei."
80 Fichte 1808, S. 467.
81 Horkheimer/Adorno 1947, S. 209 f.
82 Fichte 1804, S. 195.
83 ebd., S. 196, Herv. d. Verf.
84 ebd., S. 195.

Vertreter der Gleichheit der Menschen, dann nur einer Gleichheit von Christenmenschen,[85] die in der Unterwerfung unter Gott *und* Volk, für Fichte also in der Gleichsetzung von Christen- *und* Deutschtum begründet ist.

In dieser Idee jüdischer Nicht-Identität radikalisiert Fichte die antijüdische Exklusion in *Die Republik der Deutschen* zu einer gewaltsamen Praxis gegen Volksfeinde, indem er das Christentum als völkisches *Sein* und unmöglich als religiöses *Werden* stilisiert. Selbst wenn ‚die Juden' konvertieren würden, würde ihnen das völkische Element fehlen, dass sie zu Christen *und* Deutschen macht. Er spricht ihnen nicht länger ‚nur' die Bürgerrechte ab, sondern kolportiert die Absage an jegliches Menschenrecht für ‚die Juden'. Wo Fichte noch im *Beitrag* konstatierte, dass „man die Juden nicht um ihres Glaubens willen verfolgen sollte"[86] und sie immerhin noch Träger von Menschenrechten zu sein scheinen, denen nur die politische Selbstbestimmung, nicht aber die körperliche Unversehrtheit verwehrt bleiben solle, ist es ihnen nun unmöglich, *als Juden* auf ‚christlichem Boden' zu leben. „Es ist Hauptgrundsatz, daß nur der *Deutsche Bürger* seyn könne"[87].

Dieses eigentümliche ‚Seyn der Deutschen' müsse gegen „jeden Zweifel von Innen und jeden Einfall […] von Außen"[88] geschützt werden, um sich als Macht in der „Mitte von Völkern"[89] behaupten zu können. Dies fordert einen spezifischen Umgang mit den staatszersetzenden

> „Juden; entweder verschmolzen oder ausgewandert. Sie besitzen einen höchst intereßanten Staat in *Palästina*. Denen andere Europäische Nationen sind nachgefolgt. Die gebliebenen sind alle Mitglieder der neuen Kirche. Was sich noch an ihnen auszeichnet? Wandrungssucht. Ehrgeitz."[90]

Selbst wenn Juden ‚Deutsch als Ursprache' beherrschen, bleiben sie, ob assimiliert oder nicht, Symbol der zu bekämpfenden ‚Ausländerei' und des unorganischen „Glauben[s] an den Tod, im Gegensatz mit dem ursprünglichen lebendigen Volke"[91]. Mit dieser Argumentation lässt sich kaum noch rechtfertigen, dass Fichte Sprache als Integrationsmedium und Möglichkeit der Staatsbürgerschaft von Nicht-Christen denkt.[92] ‚Volk' konstruiert sich nicht über Sprache, sondern über völkische Ursprünglichkeit, die Nicht-Christen niemals erfüllen können.[93]

---

85 vgl. Fichte 1804, S. 220.
86 Fichte 1793/94, S. 293.
87 Fichte 1807b, S. 387, Herv. i. O.
88 ebd., S. 411.
89 ebd., S. 412.
90 ebd., S. 389, Herv. i. O.
91 Fichte 1808, S. 373.
92 vgl. Baumann 2011, S. 179; Heinrichs 1991, S. 52.
93 vgl. Lenhard 2014, S. 111.

„Deutsch heißt schon der Wortbedeutung nach völkisch, als ein ursprüngliches und selbstständiges, nicht als zu einem Andern gehöriges, und Nachbild eines Andern. Der eigene und selbstständige Grundmensch ist ein Deutscher; der als Nachbild eines anderen lebendigen Seyns in der Mitwelt oder Vorwelt Gebildete ist ein Fremder, Glied eines Ganzen, in welchem er nicht ist, oder welches vielleicht überhaupt nicht mehr ist."[94]

Fichtes politische Philosophie kommt gleichzeitig abstrakter und konkreter an ihren judenhassenden Anfang zurück. ‚Die Juden' als im Geheimen, aus dem Ganzen des Staates herausfallender Staat im Staat agierende Antagonisten sind von deutschem Territorium zu verdrängen, um dessen Zerfall zu verhindern. Sie sind „dahin zu schicken"[95], wo sie in Fichtes stereotyper Imagination verwurzelt sind – nach Palästina.

4. Politischer Antisemitismus als staatsphilosophisches Fundament

Fichtes Judenhass im *Beitrag* hat sich in seiner politischen Philosophie festgesetzt und damit nicht nur seinen situativen Charakter überwunden. Er hat gleichsam eine neue Form angenommen, die klassische antijudaistische Vorstellungen mit antiliberalem und völkischem Denken verbindet. Diese bis dato ‚revolutionärste' – treffender: konterrevolutionärste – Form der Judenfeindschaft markiert den Übergang zu einem modernen, politischen Antisemitismus. Zwar stützt er sich noch auf religiöse Elemente, argumentiert aber nicht klassisch-antijudaistisch. ‚Die Juden' werden als ‚Weltverschwörer', verbunden mit Moderne, Markt, Liberalismus und Demokratie gedacht, die den Verfall der Völker hervorbringen.[96] Die „völkischen Phantasien jüdischer Verbrechen, […] der Volksvergiftung und internationalen Verschwörung definieren genau den antisemitischen Wunschtraum"[97] der deutschen Konterrevolution, die Fichte in seiner Philosophie des autoritären Staates antizipiert.

Es scheint daher notwendig, Fichtes Judenfeindschaft – die trotz viel weitreichender staatstheoretischer Konsequenzen weniger reflektiert wird als etwa diejenige Kants[98] – in ihrem modernen, genuin auf einen politischen, staatsbegründenden Zweck gerichteten Fokus anzuerkennen. In der Rekonstruktion zeigte sich, dass Fichtes expliziter Judenhass im *Beitrag* kein unreflektierter

---

94 Fichte 1811, S. 133.
95 Fichte 1793/94, S. 293.
96 vgl. ebd., S. 132.
97 vgl. Horkheimer/Adorno 1947, S. 216.
98 vgl. exemplarisch Stangneth 2001.

Ausbruch war, der mit einem zeitgenössischen ‚Unbehagen am Juden‘ aus der Diskussion um Fichtes politische Philosophie verbannt werden könne.

Vielmehr wurde gezeigt, dass Fichte einen politischen Antisemitismus vertritt, weil er auf gewaltsame Exklusion und Ausweisung zielt und „Gebrüll [...] fürs Pogrom"[99] im Namen einer völkisch besseren Zukunft bedeutet. Ob nun Fichte, Huston Steward Chamberlain oder Alfred Rosenberg an diese völkische Einheit appellieren und ob der scheinbare Feind je nach historischer Situation Frankreich, England oder Amerika heißt, immer bleiben ‚die Juden‘ der – um sich eines Wortes Carl Schmitts zu bedienen – absolute Feind, die „Verschwörer par excellence, die Drahtzieher, die sich hinter allen anderen Geheimgruppen verbargen, welche lediglich ihre Werkzeuge waren",[100] gegen die sich die Deutschen im „Ausrottungskrieg"[101] behaupten müssen. Daher ist Fichte nicht notwendig der erste völkische Nationalist, doch aber der erste, der den völkischen Nationalismus zentral über die deutsche Abwehr des Judentums staatstheoretisch begründet. Der Antisemitismus ist Konstituens seiner politischen Philosophie.

Bibliografie

Arendt, Hannah (1958): *Elemente und Ursprünge totaler Herrschaft. Band 2. Imperialismus.* Frankfurt a. M./Berlin/Wien: Ullstein.

Ascher, Saul (2011) [1815]: ‚Die Germanomanie‘, in: Thiele, André (Hrsg.): *Flugschriften.* Mainz: VAT, S. 141–171.

Asmuth, Christoph (2011): ‚Der Staat und die Sittlichkeit. Fichtes Verhältnisbestimmung von Recht und Moral‘, in: Zöllner, Günther (Hrsg.): *Der Staat als Mittel zum Zweck. Fichte über Freiheit, Recht und Gesetz.* Baden-Baden: Nomos, S. 91–109.

Baumann, Ursula (2011): ‚Der Staat und das Volk. Fichtes politischer Nationalismus‘, in: Zöllner, Günter (Hrsg.): *Der Staat als Mittel zum Zweck. Fichte über Freiheit, Recht und Gesetz.* Baden-Baden: Nomos, S. 169–187.

Becker, Hans-Joachim (2000): *Fichtes Idee der Nation und das Judentum. Den vergessenen Generationen der jüdischen Fichte-Rezeption.* Amsterdam/Atlanta: Rodophi.

Benjamin, Walter (1991) [1930]: ‚Theorien des deutschen Faschismus‘, in: Tiedemann-Bartels, Hella (Hrsg.): *Walter Benjamin. Gesammelte Schriften III.* Frankfurt a. M.: Suhrkamp, S. 238–250.

Claussen, Detlev (1987): ‚Vom Judenhass zum Antisemitismus‘, in: Claussen, Detlev (Hrsg.): *Vom Judenhass zum Antisemitismus. Materialien einer verleugneten Geschichte.* Darmstadt/Neuwied: Luchterhand, S. 7–46.

De Pascale, Carla (2003): ‚Fichte und die Gesellschaft‘, in: *Fichte-Studien*, 24, S. 95–102.

---

99 Horkheimer/Adorno 1947, S. 212.
100 Friedländer 1998, S. 99.
101 Fichte 1804, S. 195.

Fichte, Johann G. (1964) [1793/94]: ‚Beitrag zur Berichtigung der Urtheile des Publikums über die Französische Revolution', in: Lauth, Reinhard/Jacob, Hans (Hrsg.): *J. G. Fichte-Gesamtausgabe I,1*. Stuttgart: Frommann, S. 193–404.

Fichte, Johann G. (1845) [1796]: ‚Grundlagen des Naturrechts nach Principien der Wissenschaftslehre', in: Fichte, Immanuel H. (Hrsg.): *Johann Gottlieb Fichtes sämmtliche Werke. Band III*. Berlin: Veit und Comp., S. 1–385.

Fichte, Johann G. (1845) [1798]: ‚System der Sittenlehre nach den Principien der Wissenschaftslehre', in: Fichte, Immanuel H. (Hrsg.): *Johann Gottlieb Fichtes sämmtliche Werke. Band IV*. Berlin: Veit und Comp., S. 1–365.

Fichte, Johann G. (1845) [1800]: ‚Der geschlossene Handelsstaat', in: Fichte, Immanuel H. (Hrsg.): *Johann Gottlieb Fichtes sämmtliche Werke. Band III*. Berlin: Veit und Comp., S. 387–513.

Fichte, Johann G. (1846) [1804]: ‚Die Grundzüge des gegenwärtigen Zeitalters', in: Fichte, Immanuel H. (Hrsg.): *Johann Gottlieb Fichtes sämmtliche Werke. Band VII*. Berlin: Veit und Comp., S. 3–256.

Fichte, Johann G. (1971) [1807a]: ‚Der Patriotismus und sein Gegenteil', in: Fichte, Immanuel H. (Hrsg.): *Fichtes Werke Band XI*. Berlin: De Gruyter 1971 [1807a], S. 221–274.

Fichte, Johann G. (1994) [1807b]: ‚Die Republik der Deutschen', in: Lauth, Reinhard/Gliwitzky, Hans (Hrsg.): *J. G. Fichte Gesamtausgabe II,10*. Stuttgart: Frommann, S. 371–426.

Fichte, Johann G. (1994) [1807c]: ‚Deliberation über politische Objekte', in: Lauth, Reinhard/Gliwitzky, Hans (Hrsg.): *J. G. Fichte Gesamtausgabe II, 10*. Stuttgart: Frommann, S. 293–299.

Fichte, Johann G. (1846) [1808]: ‚Reden an die deutsche Nation', in: Fichte, Immanuel H. (Hrsg.): *Johann Gottlieb Fichtes sämmtliche Werke. Band VII*. Berlin: Veit und Comp., S. 259–499.

Fichte, Johann G. (1862) [1811]: ‚Fichte's Gutachten über einen ihm vorgelegten Plan zu Studentenvereinen im Jahr 1811', in: Fichte, Immanuel H. (Hrsg.): *Fichte's Leben und literarischer Briefwechsel. Zweiter Band*. Leipzig: Brockhaus, S. 133–136.

Fichte, Johann G. (1834) [1812]: ‚Das System der Rechtslehre', in: Fichte, Immanuel H. (Hrsg.): *Johann Gottlieb Fichtes sämmtliche Werke. Band X*. Bonn: Marcus, S. 493–652.

Fichte, Johann G. (1845) [1813a]: ‚Die Staatslehre, oder über das Verhältniss des Urstaates zum Vernunftreiche, in Vorlesungen, gehalten im Sommer 1813 auf der Universität Berlin', in: Fichte, Immanuel H. (Hrsg.): *Johann Gottlieb Fichtes sämmtliche Werke. Band IV*. Berlin: Veit und Comp., S. 367–600.

Fichte, Johann G. (1846) [1813b]: ‚Aus dem Entwurfe zu einer politischen Schrift im Frühlinge 1813', in: Fichte, Immanuel H. (Hrsg.): *Johann Gottlieb Fichtes sämmtliche Werke. Band VII*. Berlin: Veit und Comp., S. 546–573.

Friedländer, Saul (1998): *Das Dritte Reich und die Juden I. Die Jahre der Verfolgung 1933–1938*. München: C. H. Beck.

Fuchs, Erich (1990): ‚Fichtes Stellung zum Judentum', in: *Fichte-Studien*, 2, S. 160–177.

Geismann, Georg (1991): ‚Fichtes ‚Aufhebung' des Rechtsstaats', in: *Fichte-Studien*, 3, S. 86–117.

Grab, Walter (1994): ‚Fichtes Judenfeindschaft', in: *Zeitschrift für Religions- und Geistesgeschichte*, 44 (1), S. 70–75.

Griffin, Roger (1995): *Fascism*. Oxford: Oxford University Press.

Heinrichs, Johannes (1991): ‚Nationalsprache und Sprachnation. Die Gegenwartsbedeutung von Fichtes ‚Reden an die deutsche Nation", in: *Fichte-Studien, 2*, S. 51–73.

Hentges, Gudrun (1999): *Schattenseiten der Aufklärung.* Schwalbach/Ts.: Wochenschau.

Igor, Hector O. A. (2019): ‚Morality and State in the Fichtean Political Philosophy', in: *Araucaria*, 41 (4), S. 76–96.

Hirsch, Hans (2003): ‚Fichtes Planwirtschaftsmodell als Dokument der Geistesgeschichte und als bleibender Denkanstoß', in: *Fichte-Studien*, 24, S. 165–177.

Horkheimer, Max/Adorno, Theodor W. (2014) [1947]: ‚Dialektik der Aufklärung. Philosophische Fragmente', in: Schmid Noerr, Gunzelin (Hrsg.): *Max Horkheimer. Gesammelte Schriften. Band 5.* Frankfurt a. M.: Fischer, S. 11–290.

Katz, Jacob (1982): *Zur Assimilation und Emanzipation der Juden. Ausgewählte Schriften.* Darmstadt: Wissenschaftliche Buchgesellschaft.

Kipper, Rainer (2002): *Der Germanenmythos im Deutschen Kaiserreich. Formen und Funktionen historischer Selbstthematisierung.* Göttingen: Vandenhoeck & Ruprecht.

Lauth, Reinhard (1978): ‚Einleitung', in: Ders. (Hg.): *Johann Gottlieb Fichte. Reden an die deutsche Nation.* Hamburg: Meiner, S. IX–XLI.

Lenhard, Philipp (2014): *Volk oder Religion. Die Entstehung moderner jüdischer Ethnizität in Frankreich und Deutschland 1782–1848.* Göttingen: Vandenhoeck & Ruprecht.

Lenhard, Philipp/Gleixner (2021): ‚Friedrich Pollocks Untersuchungen der sowjetischen Planwirtschaft und die Revision der marxistischen Krisentheorie. Einleitung zum zweiten Band der Gesammelten Schriften', in: Dies. (Hrsg.): *Friedrich Pollock. Gesammelte Schriften II.* Freiburg: ça ira, S. 7–23.

Levy, Daniel/Sznaider, Nathan (2007): *Erinnerung im globalen Zeitalter. Der Holocaust.* Frankfurt a. M.: Suhrkamp.

Marcuse, Herbert (1989) [1941]: ‚Vernunft und Revolution. Hegel und die Entstehung der Gesellschaftstheorie', in: Schmidt, Alfred (Hrsg.): *Herbert Marcuse. Schriften Band 4.* Frankfurt a. M.: Suhrkamp.

Marx, Karl (2006) [1843]: ‚Zur Judenfrage', in: Rosa-Luxemburg-Stiftung (Hrsg.): *Marx-Engels-Werke. Band 1.* Berlin: Dietz, S. 347–377.

Merle, Jean-Christophe (1994): ‚Fichte's Economic Philosophy and the Current Debate Concerning Distributive Justice', in: *Daimon. Revista de Filosophia*, 9, S. 259–273.

Nakhimovsky, Isaac (2014): ‚Fichtes geschlossener Handelsstaat und die Frage des Ewigen Friedens', in: Asbach, Olaf (Hrsg.): *Der moderne Staat und die ‚le doux commerce'. Politik, Ökonomie und internationale Beziehungen im politischen Denken der Aufklärung.* Baden-Baden: Nomos, S. 275–296.

Neumann, Franz L. (1998) [1944].: *Behemoth. Struktur und Praxis des Nationalsozialismus 1933–1944.* Frankfurt a. M.: Fischer.

Plessner, Helmut (1974): *Die verspätete Nation.* Frankfurt a. M.: Suhrkamp.

Poliakov, Léon (1983): *Geschichte des Antisemitismus V. Die Aufklärung und ihre judenfeindliche Tendenz.* Worms: Georg Heintz.

Poliakov, Léon (1987): *Geschichte des Antisemitismus VI. Emanzipation und Rassenwahn.* Worms: Georg Heintz.

Pollock, Friedrich (2021) [1933]: ‚Bemerkungen zur Wirtschaftskrise', in: Gleixner, Johannes/Lenhard, Philipp (Hrsg.): *Friedrich Pollock. Gesammelte Schriften II.* Freiburg: ça ira, S. 493–534.

Radrizzani, Ives (1990): ‚Ist Fichtes Modell des Kosmopolitismus pluralistisch?', in: *Fichte-Studien*, 2, S. 7–19.

Rose, Paul L. (1990): *German Question/Jewish Question. Revolutionary Antisemitism in Germany. From Kant to Wagner*. Princeton: Princeton University Press.

Schneiders, Werner (1996): ‚Der Zwingherr zur Freiheit und das deutsche Urvolk. J. G. Fichtes philosophischer und politischer Absolutismus', in: Herrmann, Ulrich (Hrsg.): *Volk – Nation – Vaterland*. Hamburg: Meiner, S. 222–243.

Schottky, Richard (1973): ‚Einleitung', in: Ders. (Hrsg.): *Johann Gottlieb Fichte. Beitrag zur Berichtigung der Urteile des Publikums über die französische Revolution*. Hamburg: Meiner, S. VII–LXV.

Seidel, Helmut (1997): *Johann Gottlieb Fichte zur Einführung*. Hamburg: Junius.

Stangneth, Bettina (2001): ‚Antisemitische und antijudaistische Motive bei Immanuel Kant?', in: Gronke, Horst/Meyer, Thomas/Neisser, Barbara (Hrsg.): *Antisemitismus bei Kant und anderen Denkern der Aufklärung*. Würzburg: Königshausen & Neumann, S. 11–124.

Takada, Makoto (2006): ‚Zur Umwandlung der Staatslehre beim späten Fichte', in: *Fichte Studien*, 26, S. 129–138.

Traub, Hartmut (2003): ‚J. G. Fichte, der König der Juden der spekulativen Vernunft. Überlegungen zum spekulativen Antijudaismus', in: *Fichte-Studien*, 21, S. 131–150.

von See, Klaus (1970): *Deutsche Germanen-Ideologie. Vom Humanismus bis zur Gegenwart*. Frankfurt a. M.: Athenäum.

Zöllner, Günter (2011): ‚Der Staat und das Reich. Fichtes politische Geschichtsphilosophie', in: Ders. (Hrsg.): *Der Staat als Mittel zum Zweck. Fichte über Freiheit, Recht und Gesetz*. Baden-Baden: Nomos, S. 189–205.

Anne-Maika Krüger

Der Hassprediger. Judenbilder und deutsche Phantasien bei Ernst Moritz Arndt

1. Alles in seiner Zeit?

In Greifswald, Leipzig und Berlin streitet man, ob Universitäten, Straßen oder Kirchen nach dem deutschen Dichter und „Hassprediger"[1] Ernst Moritz Arndt (1769–1860) benannt bleiben sollten. Arndt war Theologe, Historiker, Rektor, Paulskirchenabgeordneter und ist der deutschen Öffentlichkeit vor allem durch seine zur wehrhaften Ermannung auffordernden Gedichte aus den antinapoleonischen Kriegen bekannt. Im Besonderen seine franzosen- und judenfeindlichen Aussagen sind Anlass für die Namensdebatten. Die Diskussion in Greifswald kam 2018 mit dem Beschluss, die Ernst-Moritz-Arndt-Universität solle nur noch Universität Greifswald heißen, zu ihrem vorläufigen Höhepunkt.[2] Der Streit um die Projektionsfläche Arndt intensivierte sich in den Schüben der Umbenennungsdebatten seit den 1990ern stetig. Darin fiel seitens der Arndt-Befürworter:innen ein wiederkehrendes Argument auf: man müsse u. a. die judenfeindlichen Aussagen des Patrons „in seiner Zeit" sehen.[3]

Vergangenes nur aus seiner Zeit heraus zu begreifen ist eine Maxime des Historismus, der die Gefolgschaft gekündigt werden sollte, weil man dazu im ersten Schritt einen ganzen Zeit/Raum zu verstehen vorgibt und im zweiten so tun muss, als wäre dieser homogen gewesen. Außerdem verrät man so ein deterministisches Menschenbild oder zumindest eines, in dem Menschen kaum fähig sind, ihre Zeit (mit)zugestalten und sich gegen den Trend zu positionieren. Arndt selbst hat in seiner Vorlesung *Einleitung zu historischen Karakterschil-*

---

1 Frevert 2020, S. 169.
2 In einer Folgediskussion wurde geregelt, dass die Verwendung des Beinamens nur für den „Rechtsverkehr der Universität Greifswald" ausgeschlossen ist. Vgl. Universität Greifswald 2020.
3 So ist es zu lesen als zentrales (fett gedrucktes) Argument im Ernst Moritz Arndt Museum Gartz auf Rügen und so wurde es geäußert seitens des Bundes der Vertriebenen NRW, nachdem eine Gruppe namens „Ernst Moritz Arndt kann nicht schwimmen" eine frisch aufgestellte Büste des Dichters in die Wupper geschmissen hatte. Vgl. Vordermayer 2010, S. 2.

derungen behauptet, dass man „großer Männer Thun und Leiden würdigen" müsse, „wenn man nicht loben und tadeln will an ihnen, was man nur an ihrer Zeit loben und tadeln sollte."[4]

Selbstverständlich kann kein historisches Material ohne seinen Kontext verstanden werden. Doch sind es die jetzigen Zustände, die motivieren, sich mit Vergangenem zu beschäftigen. So Geschichte zu betrachten heißt, sich nicht künstlich blind machen zu können, indem Ereignisse und Theorien der Zwischenzeit ignoriert werden. Auch die Beschäftigung mit Ernst Moritz Arndts judenfeindlichen, völkischen Schriften des frühen 19. Jahrhunderts sollte ein volles Bewusstsein um den Bruch der Shoah und Antisemitismustheorien voraussetzen, die diesen zum Ausgangspunkt hatten. Erst bei diesem vollem Bewusstsein können ohne historistische Scheuklappen Übereinstimmung und Differenz wahrgenommen oder konkret: die Judenfeindschaft Ernst Moritz Arndts in die Geschichte jüdischer Emanzipation und völkischer Reaktionen eingeordnet werden.

Der vorliegende Beitrag fokussiert auf Arndts Wirken zur Zeit der antinapoleonischen Kriege (1813–1815)[5], die auch eine Zeit beginnender deutscher Nationenbildung waren, deren Akteure (und einige Akteurinnen) noch weitgehend auf ein Umfeld stießen, das sich kaum als ‚deutsch' verstand. Es handelte sich noch um ein Volk im Sinne des 18. Jahrhunderts: eine Menschenansammlung.[6]

Mit Fokus auf die Sprache als verbindendes Element betonte Eric Hobsbawm, dass zum Ende des 18. Jahrhunderts ‚Deutschland'

> „aus höchstens dreihundert- bis fünfhunderttausend Personen [bestand], die literarische Werke in der Landessprache lasen, und der höchstwahrscheinlich wesentlich kleineren Zahl derjenigen, die tatsächlich die Hoch- oder Bildungssprache für alltägliche Zwecke benutzten".[7]

Auch Personen, die über deutschsprachige Briefe an einer Art Gelehrtenrepublik partizipierten, verstanden sich auf der Ebene von Zugehörigkeit und Identität eher als Landeskinder ihres Fürstentums oder weiter vordergründig als Katholik, Protestantin oder Jude.[8]

---

4 Arndt 1810, S. 191 f.

5 Die Bezeichnung dieses Krieges ist nicht einheitlich. Während sich in der Restauration eher ‚Befreiungskriege' durchsetzte, wurde ‚Freiheitskriege' von Liberalen bzw. Nationalisten verwendet. Birgit Aschmann und wahrscheinlich die meisten Historiker:innen heute schreiben von ‚Befreiungskriegen', ohne damit eine Parteinahme zu demonstrieren. Karen Hagemann schreibt von ‚Freiheitskriegen' und ‚Antinapoleonischen Kriegen' ebenso ohne Beigeschmack. Vgl. Aschmann 2003, S. 347. Ich verwende meist ‚Antinapoleonische Kriege', um die Perspektivität der betrachteten Schriftzeugnisse zu unterstreichen.

6 ‚Volk' wurde auch theologisch für ‚Gottesvolk', militärisch für ‚Truppe' und zur Benennung der „unteren Schichten" verwendet. Vgl. Retterath 2016, S. 33.

7 Hobsbawm 2005, S. 75.

8 vgl. Planert 2002, S. 59.

In diesem Beitrag soll gezeigt werden, wie Arndt im Kontext der antinapoleonischen Kriege über Emotionalisierungsstrategien vor allem Männer als Propagandaempfänger ansprach mit dem Ziel, dass sie sich als ‚deutsch‘ und wehrhaft verstehen. Die Strategie zielte auf die Mobilisierung von Ekel und Hass. Es wird gezeigt, wie Arndt sich – ‚in seiner Zeit‘ – zur Emanzipation der Juden, zu Frankreich und Polen positionierte und der Frage nachgegangen, worin seine deutsche Phantasie bestand und wie er auf ihre Verwirklichung hinwirkte.

2.   Germanomanie mit Widersprüchen

Entgegen der grundlegenden Annahme, die hinter dem ‚Alles in seiner Zeit‘-Argument steht, war der hier besprochene Zeit/Raum zu Beginn des 19. Jahrhunderts überaus widersprüchlich in seinen Positionen zur Emanzipation. Angestoßen von der Verbürgerlichung französischer Juden 1791 wurde auch in der „deutschen Staatenwelt“[9] die Frage diskutiert, ob Juden vollwertige Bürger werden können.[10] In den deutschen Staaten, die zu der Zeit aus Frankreich oder mit französischen Gesetzen regiert wurden, war die Emanzipation schon beschlossene Sache. In Preußen fand dieser Prozess 1812 sein vorläufiges Ende als Friedrich Wilhelm III. das durch die preußische Ministerialbürokratie ausgearbeitete Edikt unterschrieb.[11] Dem Edikt zentral war die Erhebung von Juden *als Juden* in den Staatsbürgerstand mit vererbbarem Status, die Ämteröffnung (exklusive Staatsämter) sowie die Niederlassungs- und Gewerbefreiheit.[12]

Diesem Prozess standen einige Zeitgenossen und auch Zeitgenossinnen ablehnend gegenüber. Dazu gehörten jene Männer, die nach der preußischen Niederlage 1806 bei Jena und Auerstedt, dem formalen Ende des Heiligen Römischen Reiches und der Ausweitung französischer Präsenz begannen, sich als deutsch zu verstehen. Diese meist protestantischen Preußen[13] teilten frühe demokratische Ansichten über Verfassungsstreben und gewisse Egalitätsvorstellungen, aber auch

---

9 Womit ich dem Benennungsvorschlag Christian Jansens folge. Vgl. Jansen 2013, S. 108. Der Begriff ermöglicht auch, dieses Gebiet über die Herrschaftswechsel hinaus zu betrachten.
10 Die Debatte wurde schon 1781 durch Christian Wilhelm Dohm und Moses Mendelssohn angestoßen. Vgl. dazu Lund 2013.
11 vgl. dazu ausführlich Schulte 2013.
12 vgl. Freund 1912 [1812], S. 455–459.
13 „Die deutsche Nation war ein städtisches Geschöpf, sie war ein Werk von Protestanten, und sie war eine Männergeburt.“ Langewiesche 2000, S. 99. Wobei nicht unsichtbar gemacht werden soll, dass viele Frauen ihre frühnationalen Rollen in der Kriegskrankenpflege, Spendensammlungen etc. übernahmen. Vgl. dazu Reder 1998. Einige schrieben auch im Sinne der nationalen Erhebung, z.B.: Caroline de la Motte Fouqué, die 1813 ihren „Ruf an die deutschen Frauen“ veröffentlichte. Nichtsdestotrotz ist Langewiesches pointierter These von der ‚Männergeburt‘ zuzustimmen, wenn ich dem auch das Wort ‚akademisch‘ voranstellen möchte.

das Bedürfnis, Zugehörigkeiten zum ‚Volk' zu formulieren und genau zu benennen, wer daran *nicht* partizipieren sollte.

Der ‚Turnervater' Friedrich Ludwig Jahn etwa predigte Gleichheit, aber er formulierte in seiner Schrift *Deutsches Volkstum* vorsichtshalber schon einmal aus,
wem er gern die Staatsbürgerschaft entziehen würde.[14] Die Deutsche Tischgesellschaft, eine zotenlastige „Freßgesellschaft"[15] wichtiger Männer aus Wissenschaft,
Kunst und Politik um Achim von Arnim, fand sich 1811 zum ersten Mal zusammen
und beschloss im Mehrheitsentscheid, weder Juden noch Frauen aufzunehmen.[16]
Gleichzeitig musste sich von Arnim vor den Tischgesellschaftsmitgliedern rechtfertigen, warum es unter seiner Würde war, sich mit einem jüdischen Studenten zu
duellieren.[17] Die erste deutsche Burschenschaft konstituierte sich und lebte den
Anspruch, dass Gleichheit auch Homogenität bedeute. Aber auch dort blieb nicht
unwidersprochen, dass Juden keine Burschen werden könnten.[18] Die hier betrachtete Zeit war also eine im Wandel; voller Widersprüche, Aufbrüche und Reaktionen. Auch Arndt selbst wandelte sich in seinem Selbstverständnis: Auf der
schwedischen Insel Rügen geboren, war er bis 1806/07 eher schwedischer Monar-
chist denn preußischer Deutscher. Mit der preußischen Niederlage gegen die na-
poleonischen Truppen begann sein deutschnationales ‚Erwachen'[19] und er avan-
cierte zum prägendsten Schriftsteller der antinapoleonischen Kriege[20].

Als solcher wurde er auch von seinem Zeitgenossen – und bis heute intel-
lektuell spannenden – Saul Ascher nebst Jahn und Johann Gottlieb Fichte[21] als
Germanomane beschrieben. So bezeichnete der Schriftsteller in einer Flugschrift
von 1815 die Akteure, die die deutsche Staatenwelt in eine „christliche Deutschheit"[22] wandeln wollten. Sie propagierten deutsch und christlich sein als zu-
sammengehörig. Die Germanomanie beschreibt Ascher als eine „Gemütsäuße-

---

14 Die Bürgerfähigkeit sollte seiner Ansicht nach verlieren, wer unverwundet aus dem Feld
    wieder kommt, von Almosen lebt, „im Auslande die Volksehre befleckt" etc. Jahn 1991 [1810],
    S. 198f.
15 Eine Bezeichnung von Arnims für seine Runde aus einem Brief an Jacob und Wilhelm Grimm
    zur Jahreswende 1810/11, zit. n. Nienhaus 2003, S. 8.
16 Auch getaufte, ehemalige Juden wurden ausgeschlossen. Vgl. ebd., S. 10.
17 Rede zum Itzig-Skandal. Vgl. Arnim 2008 [1811], S. 161–176.
18 So wurde beim zweiten deutschen Burschentag in Jena 1818 gestritten, ob man Juden auf-
    nehmen könnte. Die Jenaer wollten nur Christen aufnehmen, die Heidelberger wandten sich
    gegen die, „die nur christliche und deutsche Burschen anerkennen wollten, aber sowohl
    fremde Christen als auch einheimische Juden ausschließen." Kurth 2004, S. 60.
19 Arndt selbst stilisiert auch sein Duell mit einem Schweden 1806, der das ‚deutsche Volk'
    beleidigt hätte, zum Schlüsselerlebnis seiner Deutschwerdung. Vgl. Leggewie/Kallscheuer
    1994, S. 125; Muallem 2001, S. 30; Schmidt 1994, S. 419.
20 vgl. Hagemann 2002, S. 292f.
21 vgl. dazu Stefan Vennmann in diesem Band.
22 Ascher 1815, S. 13.

rung"[23], die mit dem Ziel geschaffen wurde, die französische Besatzung zu beenden. Und „um das Feuer der Begeisterung zu erhalten", diente das „Häuflein Juden"[24] den Germanomanen als Brennstoff. So hat Ascher mit seinem Begriff einerseits als Zeitgenosse die Verbindung von Nationalismus und Judenhass beschrieben und andererseits die Methode genannt, mit der die Germanomanen vorgingen: über Emotionalisierungsstrategien.

3.   Feste für das ‚deutsche Volk'

Beispielhaft für diese Strategien sind Arndts Vorschläge zu den Völkerschlachtsfeiern, mit denen der Ausgang der Schlacht bei Leipzig 1813 und damit der Beginn des Endes der antinapoleonischen Kriege zelebriert werden sollte. Mit seiner 1814 verfassten Flugschrift *Ein Wort über die Feier der Leipziger Schlacht* inspirierte er das erste deutsche Nationalfest und griff mit seinen Vorstellungen dafür auf Bekanntes zurück. Glockenläuten und Freudenfeuer sollten einerseits die Kunde verbreiten und andererseits den französischen Feind an die Stärke des ‚deutschen Volkes' erinnern. Auch Festgottesdienste sollten abgehalten werden sowie Speisungen für invalide Soldaten.[25] Alles mit dem Ziel,

> „daß das Gemeinsame und Vaterländische, das eigentliche ächte Teutsche dabei vorangestellt und hervorgehoben werde, daß alle erinnert werden, wodurch der Leipziger Tag gewonnen ward, daß alle erinnert werden, daß sie Brüder Eines Stammes und Einer Liebe sind und daß sie hinfort teutsche Liebe und Treue nächst Gott als das Heiligste und Höchste zu achten und zu lieben haben."[26]

Arndt schlug zudem vor, Kindern an diesem Tag Geschenke zu machen, ihnen in verständlicher Sprache vom Krieg zu berichten, von Gottes Hilfe und „auch von Vaterland und Freiheit und was von teutscher Tugend und was im Tode für das Vaterland Erhabenes und Göttliches ist"[27]. Denn: „Was die Kindheit und Jugend mit Seele und Liebe erfaßt, das lassen die späteren Jahre nimmer los."[28]

Die Feierlichkeiten wurden vorerst nach seinen Vorschlägen begangen, auch weil sie über ihren Aufbau und bekannte Festelemente anschlussfähig waren.[29] Mit Ausnahmen: So hatte Sachsen die Hälfte seines Territoriums an Preußen verloren und noch nach der ‚siegreichen Schlacht' bei Leipzig lange mit Seuchen zu kämpfen, sodass Völkerschlachtsfeiern dem sächsischen Landespatriotismus

---

23 ebd., S. 10.
24 ebd., S. 16.
25 vgl. Arndt 1814a, S. 17.
26 ebd., S. 13.
27 ebd., S. 17.
28 ebd.
29 vgl. Hagemann 2019, S. 141.

sowie Pietät und Trauer widersprochen hätten.[30] Dennoch: In gemeinsamen Festen wurde die Nation ebenso erfahrbar wie im gemeinsamen Aufstand[31], so dass sich Arndt als „geschickter Volkserzieher"[32] bewies.

4.   Judenbilder

Im Sinne der ‚Reinhaltung' des ‚deutschen Volkes' nahm Arndt 1814 Stellung zum zwei Jahre zuvor beschlossenen Emanzipationsedikt und ganz generell zu Juden und ihrer Bürgerfähigkeit. Er leitet das Kapitel *Noch ein Wort über die Juden* aus seinem *Blick aus der Zeit auf die Zeit* mit der Feststellung ein, dass „Juden und Judengenossen" ihn einen Barbaren gescholten hätten, weil er sich gegen die „Einfuhr der Juden aus der Fremde" ausspreche. Manche hätten dies als Spaß angesehen, woraufhin er „feierlichst"[33] erklärt, dass es ihm ganz ernst wäre. Arndt selbst sah sich also als Debattenbeiträger ‚in seiner Zeit', der für kontroverse Positionen mit Kritik zu rechnen hatte.

Im Kapitel führt er seine Phantasie vom ‚deutschen Volk' aus, das er „von fremdartigen Bestandtheilen"[34] reinzuhalten wünscht und in dem Juden nicht auf „ungebührliche Weise [...] vermehrt werden"[35]. Er gesteht Juden zwar zu, dass man ihnen „die Vortheile der bürgerlichen Gesellschaft so weit zukommen lassen [sollte], als es ihre Verträglichkeit mit Staaten"[36] erlaubt. Dieser Billigung wird aber durch die zwei Seiten zuvor getroffene Feststellung widersprochen, dass „Juden als Juden [...] nicht in diese Welt und in diese Staaten hinein[passen]"[37].

Für die ‚Reinhaltung' des ‚deutschen Volkes' goutierte er erstens die bürgerliche Rechtlosigkeit der ‚eigenen' Juden, legte ihnen zweitens die Taufe nahe und eiferte drittens gegen die „Aufnahme fremder Juden"[38]. Das Ziel der ‚Reinhaltung' begründete er wie folgt:

> „Erstlich ist jede zu häufige Mischung der Völker mit fremden Stoffen durchaus ein Verderben, das widerstreitende Triebe und Anlagen hervorbringt und die Eigenthümlichkeit und Kraft des Karakters eines Volkes zerstört."[39]

---

30 vgl. Hoffmann 1995, S. 116.
31 vgl. Jeismann 1992, S. 44.
32 Hagemann 2019, S. 141.
33 Arndt 1814b, S. 180.
34 ebd., S. 188.
35 ebd.
36 ebd., S. 190.
37 ebd., S. 188.
38 ebd., S. 190.
39 ebd., S. 191.

Das ‚deutsche Volk' ist nach Arndt besonders ‚rein', habe sich also besonders wenig ‚vermischt' mit anderen Völkern über die Jahrhunderte. Eine mögliche Vermischung ist ihm aber die Taufe, durch die jüdische Familien „unmittelbar in die teutsche Art und in alle Verhältnisse des Volkes übergehen."[40] Das war einerseits eine Einladung zur Emanzipation durch Assimilation, gleichzeitig transportiert der Abschnitt auch die unheilvolle Vorstellung der von Ascher kritisierten ‚christlichen Deutschheit', in der für Juden als Juden kein Platz ist. Und genau das ist vielleicht Antisemitismus auf der Schwelle zur Moderne und im Kontext ideeller Nationsbildung. Es gab keinen Christusmördervorwurf von Arndt[41], aber er koppelt ‚das Christentum' an ‚das Deutschtum'. Das Christentum tritt in dieser Schrift aus dem Grund der angestrebten Einheit nicht einmal schismatisch, also gespalten auf. Es wird geeint durch ein jüdisch markiertes Gegenüber.

Auch die Möglichkeit der Taufe wird im selben Text konterkariert durch die Zuschreibung, dass die „bösen und nichtswürdigen Triebe[] und Neigungen" derart „in dem [jüdischen] Volke eingewurzelt" wären, dass sie „durch ein paar Edikte eines Staatsministers" gewiss nicht verschwinden würden.

> „Es ist durch die langen Zeugungen etwas Angebohrnes, und wenigstens drei Menschenalter müßten auch bei den besten Anstalten vergehen, ehe die Juden sich von der Unstätigkeit zu der Stille, von der Faulheit zu der Arbeitsamkeit und von dem Betruge zu der Rechtlichkeit des teutschen Volkes wenden, vorzüglich ehe sie sich zum stätigen Fleiß gewöhnen und zu schwerer Arbeit, ohne deren Geduld ein Volk überhaupt nichts taugt."[42]

Die Dichotomien zwischen den ‚verbastardeten Juden' und den ‚reinen Deutschen' sind deutlich konturiert: unstät – still, faul – fleißig, betrügerisch – rechtschaffen. Die Eigenschaften hätten zudem ‚etwas Angebohrnes', lassen sich also kaum durch ein Bekenntnis zum Christentum abschütteln. Die ‚drei Menschenalter' könnte man mit dem Grimmschen Wörterbuch auf neunzig Jahre umrechnen.[43] Das Programm Emanzipation durch Taufe wurde so verunmöglicht.

Arndt formte seine Vorstellungen davon, wie Juden wären, in eine abstrakte Größe, der jedwede schlechte Eigenschaft zugeschrieben werden konnte. Arndts Phantasiejude trat etwa als Kapitalist auf, der dem schaffenden Phantasiedeutschen entgegengesetzt wurde:

> „[U]mherschweifend, auflaurend, listig, gaunerisch und knechtisch duldet er [der Jude] allen Schimpf und alles Elend lieber als die stätige und schwere Arbeit, welche die Furchen bricht, den Wald rodet, die Steine haut, oder in der stätigen Werkstatt schwitzt; wie Fliegen und Mücken und anderes Ungeziefer flattert er umher, und lauert und

---

40 ebd., S. 193.
41 vgl. Rybak 1997, S. 104.
42 Arndt 1814b, S. 197 f.
43 vgl. Wörterbuchnetz des Trier Center for Digital Humanities 2022.

hascht immer nach dem leichten und flüchtigen Gewinn, und hält ihn, wann er ihn erschnappt hat, mit blutigen und unbarmherzigen Klauen fest."[44]

Während er *en passant* sein Verständnis von Arbeit preisgibt, das auf Natur-aneignung über körperliche Anstrengungen hinausläuft, äußert er vor allem seinen ganzen Ekel bzw. den, den er evozieren wollte: Er zeichnet Juden als Diebe, als arbeitsscheu, als bösartig und als Ungeziefer. Das *Andere* über Tiermetaphern zu symbolisieren emotionalisiert in Form von Abwehr und Angst.[45] Vor allem ‚Ungeziefer' und ‚Parasiten' symbolisieren Monika Urban zufolge Tiere, „die der Mensch für lästig erklärt, die ihm, dem Wald oder der Ernte gefährlich seien und die es unschädlich zu machen gelte."[46]

Dass Arndt bei der Schärfe seines Tons und Inhalts sowie der entmenschli-chenden Metaphorik eine grundsätzliche Einladung in das ‚deutsche Volk' über die Taufe formuliert, ist als Widerspruch dieses Textes nicht aufzulösen. Dieser angedeutete Weg über den Beitritt zum Christentum wird direkt wieder versperrt durch die als ‚angebohren' betrachteten, sich zum ‚deutschen Volkscharakter' dichotom verhaltenden vermeintlichen jüdischen Untugenden.

Jens Rybak, der sich bisher als einziger dezidiert mit Arndts Judenbildern beschäftigt hat, kam durch diese theoretische Möglichkeit dennoch zu dem Schluss, dass sich Arndts „Judenfrage" missionarisch lösen lasse.[47] Er ordnet Arndt zwischen angeblichen „Extremposition[en]"[48] zur Emanzipation ein. Als ein Extrem nennt er die Texte von Hartwig von Hundt-Radowsky, der 1819 in seinem *Judenspiegel*[49] vorschlug, dass man sich der Juden durch Zwangsarbeit in Bergwerken entledigen könne. Als das andere Extrem tritt bei Rybak die „un-umschränkte Zustimmung zur Emanzipation"[50] auf. Allerdings können weder der Antisemitismus Hundt-Radowskys noch die Emanzipationsbefürwortung als Extreme dieser Zeit bezeichnet werden. Die Schrift von Hundt-Radowsky, die zuerst 1819 in (vermeintlich) Würzburg erschien, endet mit den Worten „hepp, hepp!"[51] und krönt damit eine ausgelebte antijüdische Pogromstimmung in der deutschen Staatenwelt, die in diesem Jahr und in dieser Stadt ihren Anfang nahm.[52] Die Emanzipationsbefürwortung kam aus dem Herzen der preußischen Ministerialbürokratie und eignete sich darum ebenso wenig zum Extrem. Sowohl die (auch gewaltvoll geäußerte) Judenfeindschaft als auch die Idee der bürger-

---

44 ebd., S. 196.
45 vgl. Urban 2018, S. 66 f.
46 ebd., S. 113 f.
47 vgl. Rybak 1997, S. 121.
48 ebd., S. 124.
49 vgl. Hundt-Radowsky 1821, S. 107.
50 Rybak 1997, S. 124.
51 Hundt-Radowsky 1821, S. 110.
52 vgl. Rohrbacher 1993, S. 97.

lichen Gleichstellung konnten an Traditionen anknüpfen, waren Teil der gleichen widersprüchlichen Gesellschaft und einer Debatte, als deren Beiträger sich Arndt deutlich antiemanzipatorisch positionierte.

Im Kontrast zu Hundt-Radowsky, der in der Taufe gar keine Option erkannte und der sich mit gewaltvoller Sprache gezielt in die Pogromstimmung 1819 einschaltete, hatte Arndts propagierte Judenfeindschaft Grenzen des Erlaubten. Zwar „passen die Juden nicht in diese Welt und diese Staaten hinein", aber „in die Wüste treiben dürfen wir sie auch nicht".[53] Es handelte sich bei ihm demnach nicht um einen Antisemiten einer proto-nationalsozialistischen Couleur, der Juden auch am anderen Ende der Welt nicht dulden würde. Teil seiner antijüdischen Denkweise war aber, dass er die ‚jüdischen Eigenschaften' essentialisierte, sie den ‚deutschen Eigenschaften' entgegensetzte und die Vorstellung ihrer Vererbbarkeit propagierte.

Folgt man Sartre in seinem 1944 formulierten Begriff von Antisemitismus, ist dieser allerdings weniger eine Denkweise denn eine Leidenschaft.[54] Ohne den emotionshistorischen Blick wird man kaum der Beantwortung der Frage näherkommen, warum Antisemitismus ein Erfolgsmodell und sogar Voraussetzung der deutschen Nationenbildung war. Mit Blick auf den Arndtschen Antisemitismus handelt es sich um einen Gefühlscontainer, in dem auch Ekel und Hass steckten.[55] Die in *Noch ein Wort über die Juden* gezeichnete Atmosphäre von Schmutz, Krankheit und Verdorbenem kann – dem Phänomenologen Aurel Kolnai folgend – Ekel bei den Leser:innen hervorrufen,[56] die ‚blutigen Klauen' Hass. Allgemein ekeln sich Menschen vor Organischem, Schmutzigen und hassen das, was sie nicht verstehen und darum für böse halten. Hassen kann man auch Personen, die man nie getroffen hat, die „aber als Verkörperungen einer widerwärtigen Lebensform erscheinen"[57] und die für mächtig gehalten werden. Während Jüdinnen:Juden durch den modernen Antisemitismus sowohl Ekel als auch Hass trafen, wurden diese Gefühle in der Propaganda Arndts gegen Frankreich und Polen getrennt.

5. Zwischen Fremdherrschaft und Knechtschaft

Im Folgenden möchte ich zeigen, wie Arndts Antislawismus und Frankophobie antisemitisch verstärkt und genutzt wurden, um ‚Deutschland' nach oben und unten abzugrenzen. Nach unten: da war Polen bzw. das, was nach den drei

---

53 Arndt 1814b, S. 190.
54 vgl. Sartre 2010 [1945], S. 10.
55 Uffa Jensen kontrastiert Ekel und Hass als zentrale Gefühle des Antisemitismus zur heutigen Islamfeindschaft, die sich vor allem durch Angst und Zorn auszeichne. Vgl. Jensen 2017, S. 23.
56 vgl. Kolnai 2007, S. 8. Wobei Ekel Kolnai folgend auch häufig auf Angst verweist.
57 ebd., S. 101.

polnischen Teilungen davon übriggeblieben war. Nach oben: da war Frankreich, der Teufel Napoleon persönlich, die Unterdrücker, die ‚Fremdherrschaft', gegen die es einen „heiligen Krieg"[58] zu führen galt.

Dem Hass auf Frankreich hat Arndt 1813 eine eigene Schrift gewidmet: *Über Volkshaß und über den Gebrauch einer fremden Sprache*. In dieser Schrift appellierte Arndt nicht nur an ‚die Deutschen', die französischen Besatzer davonzujagen. Er forderte auch dazu auf, den Hass zu verstetigen und zu einer festen Grenze zwischen den fragilen Gebilden gerinnen zu lassen, von denen nur Frankreich ein geeinter Staat war. Um den Hass auf Dauer zu beschwören, projiziert er ihn weit in die Vergangenheit:

> „[W]ir sollen sie hassen, weil sie schon über drei Jahrhunderte unsere Freiheit hinterlistig belauert haben, weil sie von Geschlecht zu Geschlecht rastlos und planmäßig gearbeitet haben, diese Freiheit zu untergraben."[59]

Franzosen wurden bei Arndt dabei auch jüdisch assoziiert zum Feind. In seinem Pamphlet *Noch ein Wort über die Franzosen und über uns* bezeichnete er Franzosen als ein „geitzige[s] und spitzbübische[s] Judenvolke", das mit „jüdischen Kniffen und Pfiffen" danach trachte, die Deutschen zu „verderben".[60] Und die Deutschen waren Arndt folgend im Besonderen gefährdet, von den Franzosen verdorben zu werden, vor allem durch ‚Nachäfferei'[61] vermeintlich französischer Eigenschaften. Diese „Verkennung des Eigenen und Vergötterung des Ausländischen" mache Völker zu einem

> „Allerweltvolk, Allerweltmenschen, was man mit einem prunkenden Namen Kosmopoliten genannt hat; sie sind aber bei einer solchen Verwirrung und Schwächung ihrer Eigenthümlichkeit auf dem geradesten Wege, solche Allerweltmenschen zu werden, die man Sklaven und Juden nennt."[62]

Sein erster Appell an die ‚Deutschen' war also, den jüdisch konnotierten französischen Besatzer davon zu jagen. Ein weiterer lautete: auf keinen Fall so enden wie Polen, das zu dem Zeitpunkt auf Grund der Teilungen durch Russland, Österreich und Preußen (1772, 1793 und 1795) staatlich nicht mehr existierte. Nach der preußischen Niederlage 1806 formte Napoleon 1807 Polen als Herzogtum Warschau aus den preußischen Gebietsgewinnen der zweiten und dritten polnischen Teilung. Damit stand Polen als nationale Idee in direkter Konkurrenz

---

58 Arndt 1814d, S. 28.
59 Arndt 1813a, S. 15.
60 Arndt 1814c, S. 4, 13.
61 „Ich will denn Haß, festen und bleibenden Haß der Teutschen gegen die Wälschen und gegen ihr Wesen, weil mir die jämmerliche Aefferei und Zwitterei mißfällt, wodurch unsere Herrlichkeit entartet und verstümpert und unsre Macht und Ehre den Fremden als Raub hingeworfen ward; ich will denn Haß, brennenden und blutigen Haß [...]." Arndt 1813a, S. 18.
62 Arndt 1813a, S. 25.

zu den Arndtschen Gebietsvorstellungen einer deutschen Nation unter preußischer Führung.[63] Durch seine staatliche Nichtigkeit wurde Polen für Arndt zu Deutschlands nationalem Antihelden, zum Paradebeispiel für die zugeschriebene Unfähigkeit, sich selbst zu regieren[64] und für die negativen Konsequenzen, die eine vermehrte Einwanderung von Juden hätte.

Arndt zufolge sei Polen nämlich durch eigenes Verschulden untergegangen und nicht durch die Teilungen. Er schrieb: „Polen hat sich sein Schicksalslos selbst gezogen."[65] Außerdem psychologisierte er Slawen, die für ihn einen „Überfluß von Leichtfertigkeit, Ungebundenheit und Gemeinheit" verkörperten, als Volk, das „es nie zu einer ordentlichen und freien Verfassung" schaffen könnte. Dafür fehlten ihnen „der reiche Trieb des Gehorsams und der Zucht und der Enthusiasmus des Edelmuts und der Hoheit".[66] Unterm Strich war Polen für Arndt einer eigenen Nation nicht würdig.

Arndt legt seinen Leserinnen und Lesern also einen angewiderten Blick nach unten bei Polen und einen hassenden Blick nach oben bei Frankreich nahe. Das ‚Ekelhafte' steht hierarchisch unter den sich Ekelnden, während Hass die Annahme eines mächtigeren Gegenstands voraussetzt.[67] Was in seiner Ab- und Aufwertung Polens und Frankreichs auseinanderfällt, tritt in der Feindschaft zu ‚den Juden' zusammen auf. Die Gleichzeitigkeit von Ekel und Hass zeichnet moderne Judenfeindschaft aus: Das jüdische Gegenüber wird als zu mächtig, als hassenswertes Abstraktum und andererseits als zu nichtig, als eklige Masse vorgestellt.

Frankreich und Polen wurden von Arndt als ‚Mischlingsvölker' jüdisch konnotiert und abgewertet. Arndt bildete seine deutschen Phantasien also vor allem *ex negativo*. Der Vollständigkeit halber soll erwähnt werden, dass auch der Blick in die Vergangenheit – konkreter die Germanenbilder von Tacitus – für Arndts Deutschlandbild Modell standen,[68] genau wie Schweden, das Arndt zum „Erfahrungsraum deutscher Identität"[69] erwählte. Während der antinapoleonischen Kriege ist aber besonders das jüdisch und kosmopolitisch vorgestellte Frankreich Impulsgeber seiner völkischen Phantasie, dem er den heiligen Krieg erklärt. Der sich z. B. im *Über Volkshaß* äußernde absolute Manichäismus (reine Deutsche – bösartige Franzosen) kann wiederum mit Sartre als Grundlage des Antisemi-

---

63 Wobei sich Arndts Äußerungen in Bezug auf Preußen Muallem folgend ab 1808/1809 änderten. In *Germanien und Europa* von 1803 schreibt er die Teilungen noch dem preußischem Interesse zu „welches am wenigsten deutsch ist", zit. n. Muallem 2001, S. 93.
64 vgl. ebd., S. 101.
65 Arndt, ‚Der Bauernstand, politisch betrachtet' 1810, zit. n. ebd., S. 102.
66 Arndt, ‚Ein kurzes Wort über Rußland und sein Verhältnis und Verhalten gegen das übrige Europa vor und seit Peter dem Großen' (Nordischer Kontrolleur 1808/09), zit. n.: ebd. S. 101f.
67 vgl. Jensen 2017, S. 58.
68 vgl. Arndt 1814c, S. 28.
69 Schmidt 1994, S. 419.

tismus erscheinen, der „„den Lauf der Welt aus dem Kampf des Prinzips des Guten gegen das Prinzip des Bösen"[70] erklärt.

6.   Hassprediger

Um die ‚Fremdherrschaft' gegen die *Grande Armée* zu bekämpfen, mussten auch in Preußen einfache Leute zu Kombattanten mit Zielen gewandelt werden, die über den Broterwerb hinausgingen. Das versuchte Arndt auch von Berufs wegen über Emotionalisierungsstrategien. Er nahm schließlich 1812 den Kriegsdienst auf: An der Seite des Freiherrn vom und zum Stein wirkte er propagandistisch von St. Petersburg aus und produzierte im Sinne von Nationalisierung und wehrhafter Ermahnung eine wahre Textflut.[71] Zu dieser gehörte am prominentesten der Soldatenkatechismus, in dem er als ‚Hassprediger' auftrat. Im *Katechismus für den deutschen Kriegs- und Wehrmann, worin gelehret wird, wie ein christlicher Wehrmann seyn und mit Gott in den Streit gehen soll*, der je nach Kriegssituation in drei unterschiedlichen Auflagen erschien, spricht er wie von der Kanzel bzw. wie ein alttestamentlicher Prophet[72] – eine Methode, die auch die französischen Jakobiner nutzten.[73] Noch wesentlicher für die Popularisierung war aber der Liedanhang dieser Schrift: Gedichte von Arndt, die mit den Melodien von Kirchenliedern singbar wurden und so auch wahrnehmbar für nichtlesende Soldaten.[74] Dazu gehören die Ermunterungslieder vor der Schlacht. In einem dieser Gedichte heißt es:

> „Teutsche Ehre zu erneuen, / Zu vertilgen wälschen Tand, / Zieh'n wir aus mit ächten Treuen / Für das heil'ge Vaterland [...] // Zittre! Denn wir wollen sterben / Sterben all in einem Muth [...]".[75]

Diese Zeilen stehen exemplarisch für die Masse von Gedichten, die Arndt vor allem während des Krieges produzierte. Der Reim von Tand auf Vaterland ist nicht nur in diesem Gedicht Strukturgeber.[76] Häufiger reimte er ‚Vaterland' auch

---

70 Sartre 2010 [1945], S. 28.
71 vgl. Jürgensen 2012, S. 301.
72 vgl. Aschmann 2003, S. 353 und Jeismann 1992, S. 38.
73 vgl. Herrmann 2002, S. 272. Hagemann folgend wäre es aber verfehlt, einfach von einer Indienstnahme der Religion auszugehen, sondern „religiöses Empfinden und Denken so selbstverständlich waren, dass auch die Meinungsmacher das verwirrende Zeitgeschehen mit diesen vertrauten Mustern wahrnahmen und zu ordnen suchten." Hagemann 2002, S. 218.
74 vgl. Jürgensen 2012, S. 305.
75 Arndt 1818b, S. 59f.
76 So auch in „Marsch", ebd., S. 98.

auf ‚Schand'[77] und ‚Blut' auf ‚Muth'[78]. Man hätte es für schlechten Stil als Folge von Massenproduktion halten können, aber um den nationalen Gedanken zu popularisieren und die ‚Kampfmoral' zu steigern, hatte es doch Methode. Wiederholung wirkt.[79] Es ist harmonisch, es ist einprägsam, es kann an Bekanntes anschließen, auch durch die Kirchenliedmelodien, auf denen die Gedichte gesungen wurden. Diese Praxis führten Burschenschaften nach dem Krieg fort, über deren ‚Alte Herren' fand das Liedgut Eingang in Massenphänomene wie Schulbücher und Herrengesangsvereine.

Auf diese Weise beeinflusste Arndt auf lange Sicht die Nationalisierung der Massen, verbreitete also die empfundene Bindung an die deutsche Nation. Auch denjenigen, die heute geschichtspolitisch über Arndt streiten, scheint es primär um Fragen der Identität zu gehen. Arndt ist dabei in lokalen Kontexten eine äußerst geeignete Projektionsfläche für zeitgenössische Kämpfe um vermeintlich Vergangenes.

Arndts Bilder von Frankreich, Polen (und Schweden) waren alle einem Ziel untergeordnet: der Errichtung und Gestaltung der deutschen Nation und des deutschen Volkes. Sein Werk zur Zeit der Antinapoleonischen Kriege war eine „Identitätsforderung"[80], dass alle „vom Fürsten bis zum Bettler von dem großen Gefühl, das Vaterland gehört allen und alle gehören dem Vaterlande, durchdrungen werden; [...] daß das Kleinliche und Fremde vertilgt und das Großartige und Heimische belebt werde."[81] Das ‚Kleinliche und Fremde' Frankreich steht ihm für die zu überwindende Herrschaft und kosmopolitische Gefahren und Polen für die verachtete Knechtschaft und nationale Nichtigkeit.

Arndts Judenbilder waren ein wesentlicher Teil von seinem propagiertem völkischen Nationalismus. Wobei Juden und jene, die als Juden abgewertet wurden, als *das Andere* eine nützliche Kontrastfolie für die angestrebte Homogenisierung bildeten. Zudem hat der Antisemitismus die Aufgabe, die Agitation zu emotionalisieren. „[D]ie Triebe, kann man sagen, erhalten ein Turngerät"[82], wie Peter Hacks es ausdrückte. Als ‚verbastardet' wurden Juden bei Arndt zu einer Art Gegenvolk der reinzuhaltenden Deutschen. Er ging von einer gottgewollten, natürlichen Verschiedenheit der Völker aus, deren Grenzen nicht überschritten werden dürften. Er hielt ‚Fremdherrschaft' für das größte Übel –

---

77 „Teutsches Kriegslied", in: Arndt 1818a S. 187 f.; „Aufruf an die Teutschen bei Schills Tode", in: ders. 1809., S. 326 f.

78 „An die Teutschen", S. 37, in: ders. 1818a, S. 37; „Ermunterungslieder vor der Schlacht", in: ebd, S. 59 f.

79 Dem war Arndt sich sehr bewusst. So schreibt er 1813, dass der Rhein nur deshalb als Grenze natürlich wirkt, weil es immer wieder behauptet wird. „So sehr wirkt ein wiederholter Wortklang", Arndt 1813b, S. 4.

80 Jeismann 1992, S. 50.

81 Arndt 1814c, S. 25 f.

82 Hacks 1991, S. 116.

nicht Herrschaft an sich. Freiheit definierte er in seinem *Soldatenkatechismus* als nationale Freiheit, „wo du in den Sitten und Weisen und Gesetzen deiner Väter leben darfst; [...] wo keine fremde Henker über dich gebieten und keine fremde Treiber dich treiben".[83] Ob man sich also umgekehrt mit den bekannten Henkern und Treibern begnügen müsse ist bei Arndt unterm Stern der Kriegspropaganda nicht wichtig, denn die Nation war ihm – in seiner Zeit – bereits zum Letztwert geworden: „Du sollst das einzelne ganz vergessen [...] sondern allein gedenken, daß du ein Teutscher heissest und bist und in teutscher Sprache redest."[84]

Bibliografie

Arndt, Ernst Moritz (1810): *Einleitung zu historischen Karakterschilderungen.* Berlin.
Arndt, Ernst Moritz (1813a): *Über Volkshaß und über den Gebrauch einer fremden Sprache.* Leipzig.
Arndt, Ernst Moritz (1813b): *Der Rhein, Teutschlands Strom, aber nicht Teutschlands Gränze.* Leipzig.
Arndt, Ernst Moritz (1814a.): *Ein Wort über die Feier der Leipziger Schlacht.* Frankfurt a. M.
Arndt, Ernst Moritz (1814b): *Blick aus der Zeit auf die Zeit.* Frankfurt a. M.
Arndt, Ernst Moritz (1814c): *Entwurf einer teutschen Gesellschaft.* Frankfurt a. M.
Arndt, Ernst Moritz (1814d): *Katechismus für den teutschen Kriegs- und Wehrmann, worin gelehrt wird, wie ein christlicher Wehrmann seyn und mit Gott in den Streit gehen soll.* Leipzig.
Arndt, Ernst Moritz (1818a): *Gedichte von Ernst Moritz Arndt. Erster Theil.* Frankfurt a. M.
Arndt, Ernst Moritz (1818b): *Gedichte von Ernst Moritz Arndt. Zweiter Theil.* Frankfurt a. M.
Arnim, Achim von (2008 [1811]): ‚Rede zum Itzig-Skandal', in: Nienhaus, Stefan (Hrsg.): *Texte der deutschen Tischgesellschaft.* Tübingen: Max Niemeyer Verlag, S. 161–176.
Ascher, Saul (1815): *Die Germanomanie. Skizze zu einem Zeitgemälde.* Berlin: Achenwall und Comp.
Aschmann, Birgit (2003): ‚Arndt und die Ehre. Zur Konstruktion der Nation in Texten von Ernst Moritz Arndt', in: Stamm-Kuhlmann, Thomas/Elvert, Jürgen/Aschmann, Birgit/Höhensee, Jens (Hrsg.): *Geschichtsbilder: Festschrift für Michael Salewski zum 65. Geburtstag.* Stuttgart: F. Steiner, S. 347–368.
De la Motte-Fouqué, Caroline (1813): *Ruf an die deutschen Frauen. Die Einnahme zum patriotischen Zwecke.* Berlin: Julius Eduard Hitzig.
Freund, Ismar (Hrsg.) (1912): *Die Emanzipation der Juden in Preußen: unter besonderer Berücksichtigung des Gesetzes vom 11. März 1812; ein Beitrag zur Rechtsgeschichte der Juden in Preußen.* Berlin.
Frevert, Ute (2020): *Mächtige Gefühle. Von A wie Angst bis Z wie Zuneigung. Deutsche Geschichte seit 1900.* Frankfurt a. M.: S. Fischer.
Hacks, Peter (1991): *Ascher gegen Jahn. Ein Freiheitskrieg.* Berlin/Weimar: Aufbau.

---

83 Arndt 1813c, S. 42.
84 ebd., S. 10.

Hagemann, Karen (2003): ,Federkriege. Patriotisch-nationale Meinungsmobilisierung in Preußen in der Zeit der Antinapoleonischen Kriege, 1806–1815', in: Stamm-Kuhlmann, Thomas/Elvert, Jürgen/Aschmann, Birgit/Höhensee, Jens (Hrsg.): *Geschichtsbilder: Festschrift für Michael Salewski zum 65. Geburtstag*. Stuttgart: F. Steiner, S. 281–302.

Hagemann, Karen (2019): *Umkämpftes Gedächtnis: Die Antinapoleonischen Kriege in der deutschen Erinnerung*. Paderborn: Ferdinand Schöningh.

Herrmann, Ludger (2002): ,Charakteristika einer Reformpublizistik in Preußen', in: Sösemann, Bernd (Hrsg.): *Kommunikation und Medien in Preußen vom 16. bis zum 19. Jahrhundert*. Stuttgart: F. Steiner, S. 255–280.

Hobsbawm, Eric J. (2005): *Nationen und Nationalismus. Mythos und Realität*. Frankfurt a. M.

Hoffmann, Stefan-Ludwig (1995): ,Mythos und Geschichte. Leipziger Gedenkfeiern der Völkerschlacht im 19. und frühen 20. Jahrhundert', in: François, Etienne/Siegrist, Hannes/Vogel, Jakob (Hrsg.): *Nation und Emotion. Deutschland und Frankreich im Vergleich 19. und 20. Jahrhundert*. Göttingen: Vandenhoeck & Ruprecht, S. 111–132.

Hundt-Radowsky, Hartwig (1821): *Judenspiegel. Ein Schand- und Sittengemälde alter und neuer Zeit*. Reutlingen: Enßlin'sche Buchhandlung.

Jahn, Friedrich L. (1991) [1810]: *Deutsches Volkstum*. Berlin: bei Niemann und Comp.

Jansen, Christian (2013): ,Deutsche Geschichte 1806–1870 im europäischen Kontext, Teil I', in: *Geschichte in Wissenschaft und Unterricht*, 64 (1/2), S. 107–124.

Jeismann, Michael (1992): *Das Vaterland der Feinde: Studien zum nationalen Feindbegriff und Selbstverständnis in Deutschland und Frankreich 1792–1918*. Stuttgart: Klett-Cotta.

Jensen, Uffa (2017): *Zornpolitik*. Berlin: Suhrkamp.

Jürgensen, Christoph (2012): ,Der Dichter im Feld oder Dichtung als Kriegsdienst. Strategien der Mobilisierung in der Lyrik der Befreiungskriege', in: Fauth, Sören R./Green Krejberg, Kasper/Süselbeck, Jan (Hrsg.): *Repräsentationen des Krieges. Emotionalisierungsstrategien in der Literatur und den audiovisuellen Medien vom 18. bis zum 21. Jahrhundert*. Göttingen: Wallstein, S. 297–315.

Kurth, Alexandra (2004): *Männer – Bünde – Rituale: Studentenverbindungen seit 1800*. Frankfurt a. M.: Campus.

Kolnai, Aurel (2007): *Ekel, Hochmut, Haß. Zur Phänomenologie feindlicher Gefühle*. Frankfurt a. M.: Suhrkamp.

Langewiesche, Dieter (2000): *Nation, Nationalismus, Nationalstaat in Deutschland und Europa*. München: Beck.

Leggewie, Claus/Kallscheuer, Otto (1994): ,Deutsche Kulturnation versus französische Staatsnation? Eine ideengeschichtliche Stichprobe', in: Berding, Helmut (Hrsg.): *Nationales Bewusstsein und kollektive Identität. Studien zur Entwicklung des kollektiven Bewusstseins in der Neuzeit 2*. Frankfurt a. M.: Suhrkamp, S. 112–162.

Lund, Hannah Lotte (2013): ,Die Berliner Juden und die Diskussion um die Verbesserung ihrer Lage – Von Mendelssohn bis Friedländer', in: Diekmann, Irene A. (Hrsg.): *Das Emanzipationsedikt von 1812 in Preußen*. Berlin / Boston: De Gruyter, S. 77–102.

Muallem, Maria (2001): *Das Polenbild bei Ernst Moritz Arndt und die deutsche Publizistik in der ersten Hälfte des 19. Jahrhunderts*. Frankfurt a. M.: Lang.

Nienhaus, Stefan (2003): *Geschichte der deutschen Tischgesellschaft*. Tübingen: Niemeyer.

Planert, Ute (2002): ,Wann beginnt der „moderne" deutsche Nationalismus? Plädoyer für eine nationale Sattelzeit', in: Echternkamp, Jörg/Müller, Sven Oliver (Hrsg.): *Die Poli-*

tik der Nation. Deutscher Nationalismus in Krieg und Krisen, 1760–1960. München: R. Oldenbourg, S. 25–60.

Reder, Dirk Alexander (1998): „„… aus reiner Liebe für Gott, für den König und das Vaterland". Die „patriotischen Frauenvereine" in den Freiheitskriegen von 1813–1815', in: Hagemann, Karen/Pröve, Ralf (Hrsg.): *Landsknechte, Soldatenfrauen und Nationalkrieger: Militär, Krieg und Geschlechterordnung im historischen Wandel.* Frankfurt a. M./New York: Campus, S. 199–222.

Retterath, Jörn (2016): *„Was ist das Volk?". Volks- und Gemeinschaftskonzepte der politischen Mitte in Deutschland 1917–1924.* Berlin: Oldenbourg.

Rohrbacher, Stefan (1993): *Gewalt im Biedermeier. Antijüdische Ausschreitungen in Vormärz und Revolution. 1815–1848/49.* Frankfurt a. M.: Campus.

Rybak, Jens (1997): ,Ernst Moritz Arndts Judenbilder. Ein unbekanntes Kapitel', in: *Hefte der Ernst-Moritz-Arndt-Gesellschaft,* 5, S. 102–151.

Sartre, Jean-Paul (2010) [1945]: *Überlegungen zur Judenfrage.* Reinbek b. Hamburg: Rowohlt.

Schmidt, Harald (1994): ,Fremde Heimat. Die deutsche Provinzreise zwischen Spätaufklärung und nationaler Romantik und das Problem der kulturellen Variation: Friedrich Nicolai, Kaspar Riesbeck und Ernst Moritz Arndt', in: Berding, Helmut (Hrsg.): *Nationales Bewußtsein und kollektive Identität.* Frankfurt a. M.: Suhrkamp, S. 394–442.

Schulte, Marion (2013): ,Zu den Reformdiskussionen innerhalb der preußischen Ministerialbürokratie. Von den ersten Reformvorschlägen (1789/1792) bis zur Endredaktion (1812) oder die Transformation vom schädlichen zum eigentümlichen Nationalcharakter?', in: Diekmann, Irene A. (Hrsg.): *Das Emanzipationsedikt von 1812 in Preußen.* Berlin, Boston: De Gruyter, S. 103–123.

Universität Greifswald (2020): ,Ordnung der Universität Greifswald zur Verwendung des Zusatzes „Ernst Moritz Arndt" zum Namen der Universität vom 23. Oktober 2020', in: *Universität Greifswald Website,* 23.10.2020. URL: https://www.uni-greifswald.de/stora ges/uni-greifswald/1_Universitaet/1.2_Organisation/1.2.5_Satzungen_und_Formulare /Satzungen/Veroeffentlichungen_2017-2020/Ordnung_zur_Verwendung_des_Namens zusatzes_Ernst-Moritz-Arndt.pdf (Zugriff am 11.05.2022).

Urban, Monika (2018): *Von Ratten, Schmeißfliegen und Heuschrecken. Judenfeindliche Tiersymbolisierungen und die postfaschistischen Grenzen des Sagbaren.* Köln: Herbert von Halem.

Vordermayer, Thomas (2010): ,Die Rezeption Ernst Moritz Arndts in Deutschland 1909/ 10–1919/20–1934/35', in: *Vierteljahrshefte für Zeitgeschichte,* 58 (4), S. 483–508.

Wörterbuchnetz des Trier Center für Digital Humanities (2022): *Deutsches Wörterbuch von Jacob Grimm und Wilhelm Grimm. Version 01/21.* URL: https://www.woerterbuchne tz.de/DWB?lemid=M03744 (Zugriff am 11.05.2022).

Lucas von Ramin

Paradoxie der Selbstbestimmung – Gesellschaftliche Ursachen des Antisemitismus aus der Perspektive der Kritischen Theorie

Zur Teilnahme am politischen Alltag und Diskurs gehört schon immer die Frage, was gesellschaftlich geächtet ist und was nicht. Als Richtschnur in der Frage um gesellschaftliche Akzeptanz gilt seit längerer Zeit das Ticket der ‚Bürgerlichkeit‘. So ist ein Streit darum entbrannt, ob der Selbstinszenierung der AfD als Kraft aus der ‚Mitte des Volkes‘ und Teil der ‚normalen‘, ‚anständigen‘ Bevölkerung Glauben geschenkt werden sollte.[1] Ein Blick zurück in die 30er und 40er Jahre des letzten Jahrhunderts wirft einen zynischen, wenn nicht widersprüchlichen Schatten auf diese Diskussion. Im Kreis der *Kritischen Theorie* galt ‚Bürgerlichkeit‘ als Ideologie, die nicht im geringen Maße mitverantwortlich war für die grausamen Geschehnisse des Nationalsozialismus, insbesondere für dessen Vernichtungsantisemitismus.[2] Demnach stellt sich die Frage, welches Verständnis von ‚Bürgerlichkeit‘ die AfD für sich in Anspruch nimmt, um beispielsweise antisemitische Tendenzen[3] in den eigenen Reihen zu überdecken? Ist es überhaupt hilfreich, wenn Parteien wie die CDU oder die SPD Bürgerlichkeit als Abgrenzungsmerkmal verwenden?

Um diesen Fragen nachzugehen, wird die Problematisierung von Bürgerlichkeit im Kreis der *Kritischen Theorie* als Ausgangspunkt genommen, um diese Analysen auf die vielfach diskutierte Zunahme antisemitischer Motive und Straftaten zu übertragen. In einem *ersten Teil* werden mit zentralen Schriften von Walter Benjamin und Max Horkheimer zwei Erklärungswege angeboten, die sich sowohl auf die ökonomischen Grundlagen als auch psychologischen Bedingungen bürgerlicher Gesellschaft beziehen. Es geht besonders um die Darstellung des Widerspruches von fehlender Selbstbestimmung und dem Glauben, diese durch antisemitische Vorstellungen und dem damit verbundenen Handeln zurückzugewinnen. Der *zweite Teil* des Textes bezieht diesen Widerspruch auf Samuel Salzborns Definition des Antisemitismus als Weltbild, um im *dritten Teil*

---

1 vgl. Peitz 2019.
2 vgl. Grimm 2019.
3 vgl. Salzborn 2019.

die gegenwärtige Diskussion um Populismus und dessen antisemitischen Motive zu befragen. Gezeigt werden soll, dass ein genuiner Zusammenhang zwischen der Krise der Demokratie und Antisemitismus besteht.

1.   Die Kritik der Ideologie der Bürgerlichkeit bei Benjamin und Horkheimer

Dass sich der Autorenkreis der Kritischen Theorie der Untersuchung von Antisemitismus und den gesellschaftlichen Umständen ihrer Zeit widmete, war nicht nur einem philosophischen und sozialwissenschaftlichen Forschungsinteresse geschuldet. Zu diesem Kreis gehörten zumeist jüdische Sozialwissenschaftler und Philosophen, die in der Philosophie eine Antwort auf die oft auch persönlichen Erlebnisse des Nationalsozialismus suchten. Im Mittelpunkt der Untersuchungen stand vielfach das Konzept der ‚bürgerlichen Ideologie'. Die Frage lautete, weshalb ein Großteil der Gesellschaft und insbesondere die Mittelschicht zum Träger der antisemitischen Bewegung wurden. Auch heute noch ist diese Fragestellung aktuell. Wie sowohl die Dresdener Pegida-Studien[4] als auch die Leipziger Autoritarismus-Studien[5] zeigen, wird gerade die *Mittelschicht* vom rechtspopulistischen Aufbegehren berührt. Es reicht also nicht, Populist: innen einfach als ungebildet und vulgär zu klassifizieren, sondern es gilt zu erklären, was den Antisemitismus gesellschaftlich attraktiv macht.

Zur Orientierung bietet es sich an, zwei unterschiedliche Vorgehensweisen voneinander zu trennen. Die Trennung ist zwar künstlich, aber sie kann helfen, das Material in eine Ordnung zu bringen. Nach einer bewusst simplifizierenden Rezeption von Karl Marx kann die gesellschaftliche Struktur in die Basis und den Überbau aufgeteilt werden.[6] Die *Basis* bezeichnet dabei die ökonomischen sowie technischen Grundlagen und die Art und Weise ihrer Organisation. Der *Überbau* dagegen bezeichnet die Einstellungen, Moral und das Bewusstsein, welches den Mitgliedern der Gesellschaft oder einzelnen Klassen zu Grunde liegt.[7] Von beiden Seiten lässt sich fragen, wie der Antisemitismus zu erklären ist: Ist er Folge von bestimmen technischen und sozio-ökonomischen Bedingungen oder ist er Folge einer bestimmten Ideologie und Moralvorstellung? Natürlich wird am Ende weder die eine noch die andere Seite als alleinige Ursache begriffen werden können. Die folgende Trennung muss deshalb als *analytische Hilfestellung* verstanden werden.

---

4 vgl. Vorländer et al. 2016.
5 vgl. Decker/Brähler 2020.
6 vgl. Marx/Engels 1990 [1845/46], S. 36.
7 vgl. die Diskursdarstellung in Jaeggi/Loick 2017.

Für den Erklärungsweg *der Basis* können die für die kritische Theorie ein-flussreichen Gedanken von Marx und dessen Wiederaufnahme bei Walter Benjamin herangezogen werden. Marx verwies auf die paradoxe Freiheit der Menschen in der kapitalistisch-bürgerlichen Gesellschaft.[8] Zwar kann sich jede:r politisch engagieren und den eigenen Beruf frei wählen – in der Realität jedoch ist die Freiheit abhängig von den Eigentumsverhältnissen. Der „doppelt freie Lohnarbeiter"[9] ist zwar frei, an wen er seine Arbeitskraft verkauft. Um Geld zu verdienen, *muss* er sie jedoch verkaufen. Das Freiheitsversprechen entpuppt sich deshalb für viele als noch stärkere Abhängigkeit. Diese Grundsituation bildet den Nährboden für das Aufkommen des Antisemitismus. Weil Freiheit nicht in der suggerierten Form erreicht werden kann, entsteht Wut auf diejenigen, die die scheinbare Freiheit in einer kapitalistisch organisierten Welt symbolisieren. Christine Kirchhoff spricht diesbezüglich im Anschluss an Freud von „pathischen Projektionen".[10] ‚Die Juden' sind dann unerträglich, weil sie für jene freiheitlichen Eigenschaften und Verhaltensweisen einstehen, die begehrt sind, aber nicht erfüllt werden können, wie Ungebundenheit, Reichtum oder hoher Bildungsstand.

Das Motiv des nicht erfüllten Freiheitsversprechens wird von Walter Benjamin in seinem Aufsatz *Das Kunstwerk im Zeitalter seiner technischen Reproduzierbarkeit* aufgegriffen und um den Einfluss technischer Entwicklungen ergänzt. Besonders deutlich wird dies in einem Satz, der sich im Nachwort der Abhandlung findet. Dort schreibt Benjamin, dass der Faschismus sein Heil darin sehe, „die Massen zu ihrem Ausdruck (beileibe nicht zu ihrem Recht) kommen zu lassen."[11]

Kernthese Benjamins ist, dass durch die veränderten technischen Mittel der Reproduktion, wie der Entwicklung der Fotografie und des Films, Kunstwerke ihre ursprüngliche Bedeutung, ihre „Aura" verloren haben.[12] Die Aura, so Benjamin, „verkümmert", weil die technische Reproduktion „an die Stelle seines einmaligen Vorkommens sein massenweises setzt."[13] Damit ist gemeint, dass die Kunstwerke ihre Bedeutung nicht mehr aus dem besonderen Kontext ziehen, beispielsweise als sakrales Bild in einer Kirche für eine besondere Zeremonie, sondern, dass sie aus der Situation herausgerissen und beliebig verbreitet werden können. Solche neuen medialen Verbreitungsmöglichkeiten wurden zunächst als Tendenz zur Demokratisierung der Gesellschaft aufgefasst.[14]

---

8 vgl. Hollewedde 2017.
9 Marx 2013 [1867], S. 183.
10 Kirchhoff 2020, S. 112.
11 Benjamin 2012 [1963], S. 42.
12 Eine ausführliche Darstellung findet sich in meiner noch nicht veröffentlichten Promotion sowie in einigen Vorarbeiten zum Thema Rechtspopulismus. Vgl. Ramin 2021.
13 Benjamin 2012, S. 13.
14 vgl. Shapiro 2000.

Benjamin ist jedoch skeptisch gegenüber dieser scheinbar demokratischen Erweiterung. Die Veränderung der Technik, so seine Erklärung, verändert auch den menschlichen Wahrnehmungsraum. Anknüpfend an das dialektische Verhältnis von Basis und Überbau bestimmt Benjamin die neuen technischen Mittel als Ausgangspunkt geistiger Entwicklung auf Basis wirtschaftlicher Zusammenhänge. Wenn vorher die Qualität der Kunst sich an ihrem kulturellen Umfeld orientierte, so orientiert sie sich nun an dem Grad der erzeugten Aufmerksamkeit und Popularität, der „Lust am Schauen"[15]. Diese neue Logik ermöglicht nicht nur in Kunst, Produkten und Politik die Wünsche der Masse zu spiegeln, diese Wünsche lassen sich auch künstlich erzeugen und beeinflussen.

Das Perfide, so Benjamin, ist, dass zwar der Eindruck entsteht, dass es sich um eigene Bedürfnisse handelt, jene aber durch Werbung, Marketing etc. hervorgerufen werden. Beschrieben wird, wie der Eindruck entsteht, gehört zu werden und mitbestimmen zu können, wie jene Mitbestimmung aber bereits durch die Einheit der Massenmeinung vorgegeben und gesteuert wird. Das „Heil der Massen zum Ausdruck, aber nicht ihrem Recht kommen zu lassen", bedeutet, dass die neuen (demokratischen) Bedingungen nur den *Schein der Selbstbestimmung* liefern, sich aber an den grundlegenden Verhältnissen nichts ändert.

Zwei Schlussfolgerungen für die Erklärung des Antisemitismus lassen sich daraus ziehen. *Zum einen* zeigt Benjamin, wie neue Techniken die politische Mobilisierung verändern. Wer am meisten Aufmerksamkeit generiert, ist in der Lage, sich über die Komplexität der Welt hinwegzusetzen. Der Antisemitismus ist dann Folge manipulativer Ablenkung von realen Problemen wie Konkurrenzdruck und kapitalistischem Leistungsprinzip. Besonders die soziologische Forschung zur Gruppenfeindlichkeit macht immer wieder deutlich, dass ‚Modernisierungsverlierer:innen'[16] erzeugte bzw. artikulierte Aggressionen auf fremde Gruppen übertragen. Es wird eine Einheit generiert, die in den völkischen Bildern der Neuen Rechten bis heute zu entdecken ist und die die Differenzen einer pluralen Gesellschaft überdecken soll. *Zum anderen* und entscheidender wird die Beeinflussung durch solche populistische Politik nicht erkannt, weil sie als die eigene Wahl erscheint. Die ästhetische Mobilisierung der Massen und der Führerkult verdecken die eigentlichen sozialen Problemlagen und werden zum Ventil der angestauten Frustration, die den Nährboden für antisemitisches Gedankengut liefern.

Diese Perspektive kann durch Analysen aus Sicht des Überbaus ergänzt werden. Überbau bezieht sich hier auf jene Vorstellungen der Welt und psy-

---

15 Benjamin 2012 [1963], S. 33.
16 ‚Modernisierungsverlierer' darf dabei nicht nur in einem ökonomischen Sinn verstanden werden. Es lässt sich nicht eindeutig feststellen, dass gerade Niedrigverdiener:innen und Arbeitslose zu Rechtsextremismus und Antisemitismus neigen. Vgl. Rippl/Seipel 2018.

choanalytischen Zusammenhänge, die unser Verhalten prägen. Für die Darstellung soll Max Horkheimers Aufsatz *Egoismus und Freiheitsbewegung* als Grundlage dienen, weil auch er sich explizit der bürgerlichen Ideologie widmet. Horkheimer macht auf einen Widerspruch aufmerksam, der mit dem Ideal der Selbstbestimmung verbunden ist. Heruntergebrochen wird bei ihm Antisemitismus als Ergebnis einer restriktiven bürgerlichen Moral und damit als Frustration über die nicht zu realisierenden freiheitlichen Ideale begriffen.

Den Ausgangspunkt bildet zunächst der historische Hintergrund. Als sich das Bürgertum im ausgehenden Mittelalter emanzipierte, bedurfte es der Massen zur Umsetzung seines Projekts und erkaufte ihr Engagement durch die Versprechen von Freiheit und Selbstbestimmung. Der freie Markt, die Auflösung der Zunft- und Feudalstruktur brachte aber nicht nur Gewinner:innen hervor, sondern auch Verlierer:innen und allgemein größere Unsicherheit. Die bürgerliche Kultur – oder besser: ihr Einfluss auf die Gesamtgesellschaft – war deshalb von einer Moral geprägt, die Selbstdisziplin und Arbeitsgeist als bürgerliche Tugenden predigte. Unter jenem Bild, welches heute am ehesten als ‚american dream' bekannt ist, galt Versagen als Folge des eigenen Fehlverhaltens und eigener Faulheit.[17] Nach Horkheimer konnte so das eigentlich zahlenmäßig kleine Bürgertum seine Vorherrschaft absichern und trotzdem der Mehrheit der Bevölkerung verkaufen, dass der Aufstieg, bei viel Mühe, auch für sie möglich sei.[18]

Dieser Widerspruch zwischen Moral und Wirklichkeit des bürgerlichen Menschen spiegelte sich politisch wider. Weil die bürgerlichen Führer die Interessen der freigewordenen Masse nicht wirklich umsetzen konnten, mussten sie versuchen, diese zu begeistern: „Je weniger die Politik des bürgerlichen Führers mit den unmittelbaren Interessen der Massen zusammenfällt, desto ausschließlicher muß seine Größe das öffentliche Bewusstsein erfüllen, desto mehr muß sein Charakter zur ‚Persönlichkeit' gesteigert werden."[19] Die Wünsche der Massen werden gehört, aber ihre Stimme wird nur verstärkt und ihnen vorgespielt, ohne tatsächlich ernst genommen zu werden. Horkheimer schreibt:

> „Massen, die unter den Parolen der Freiheit und Gerechtigkeit und mit einem ungeheuren dumpfen oder hellen Drang nach Besserung ihrer Lage, nach sinnvollem Dasein, Frieden und Glück in Bewegung geraten sind, werden in eine neue Phase der Klassengesellschaft eingegliedert."[20]

---

17 Die wohl bekannteste Darlegung dieses Mentalitätswandels findet sich in M. Webers Ausführungen zur protestantischen Ethik und dem Geist des Kapitalismus. Vgl. Weber 2013 [1905].
18 vgl. Horkheimer 2011 [1937], S. 68–106.
19 ebd., S. 60.
20 ebd., S. 106.

Die Frustration, die auf diesen Zustand folgen musste, bildet für Horkheimer den Grundstein für die Mobilisierungskraft totalitärer Bewegungen und den Hass gegen alles Fremde:

> „Der Begriff des Fremden wird dem des Verbotenen, Gefährlichen, Verworfenen synonym, und die Feindschaft ist umso tödlicher, als ihre Träger fühlen, daß dies Verbotene kraft ihres eigenen erstarrten Charakters für sie selbst unwiederbringlich verloren ist. Kleinbürgerliches Ressentiment gegen den Adel und Judenhaß haben ähnliche seelische Funktionen.“[21]

Horkheimer überträgt damit die bei Benjamin noch stark marxistisch-ökonomistischen Analysen auf die Ebene der Sozialpsychologie. Für das bereits angesprochene und nicht eingelöste Versprechen der Moderne werden Schuldige gesucht. Auch dient das Feindbild zur Erklärung der eigenen Unsicherheit, wie sich immer wieder in Verschwörungstheorien zeigt, die klassisch antisemitische Motive beinhalten.[22] Solche Theorien geben ein Gefühl der Kontrolle zurück, weil eine bestimmte Ursache der eigenen Machtlosigkeit gefunden wurde. Weil Selbstbestimmung als Frustration erfahren wird, kann die Frustration in populistischer Empörung kanalisiert und kompensiert werden. Selbstbestimmung wird zwar nicht realisiert, aber sie wird erlebbar.

Wenn Raymond Geuss folglich Bürgerlichkeit historisch als eine affirmative Haltung zur Welt rekonstruiert, weil das klassische Bürgertum an der Beständigkeit der gesellschaftlichen Strukturen interessiert ist,[23] dann zeigen Benjamin und Horkheimer, wie jene Haltung an den gesellschaftlichen Verhältnissen zerbricht. Bürgerlichkeit, im Sinne der kurzen Analysen der ‚Basis‘ (Benjamin) sowie des ‚Überbaus‘ (Horkheimer), bezeichnet einen Widerspruch im selbstauferlegten Ideal der Selbstbestimmung und dessen Verwirklichung.

Erstens macht bereits Marx deutlich, dass anti-jüdische Stereotype für nicht erfüllbare sozioökonomische Freiheitsversprechen herhalten müssen. *Zweitens* wurde mit Benjamin verständlich, wie mit neuen Kommunikationstechniken eine Vereinheitlichung der Meinung und Mobilisierung gegen ein Feindbild möglich wird, welches die sozioökonomischen Probleme verdeckt und vermeintlich überwindet. *Drittens* zeigt Horkheimer, dass mit der bürgerlichen Moral der Feind oder das Fremde zum Symbol für die eigenen Wünsche wird, die unter restriktiven Bedingungen aber nicht erreicht werden können. *Viertens* gilt die Projektion auf den ‚jüdischen Feind‘ und die ‚jüdische Verschwörung‘ dann als Rückeroberung der Kontrolle durch das vermeintliche Aufdecken der Verräter:innen.

Für Benjamin und Horkheimer ist daher der Antisemitismus der mit Ressentiment, Hass und Empörung aufgeladene Ausdruck eines Selbstverhältnisses,

---

21 ebd., S. 111.
22 vgl. Butter 2021.
23 vgl. Geuss 2016.

das angesichts der gesamtgesellschaftlichen Umstände unerfüllt bleiben muss. Antisemitismus muss deshalb als eine spezifische Haltung zur Welt begriffen werden.

2. Antisemitismus und die Paradoxie der Selbstbestimmung

Dass der Widerspruch der Selbstbestimmung eine gute Beschreibungsgrundlage bietet, lässt sich mit Rekurs auf eine prominente Antisemitismustheorie zeigen. Aufbauend auf seine vergleichende Studie *Antisemitismus als negative Leitidee der Moderne* beschreibt Samuel Salzborn diesen als „die Unfähigkeit und Unwilligkeit, abstrakt zu denken und konkret zu fühlen: Der Antisemitismus vertauscht beides, das Denken soll konkret, das Fühlen aber abstrakt sein, wobei die nicht ertragene Ambivalenz der Moderne auf das projiziert wird, was der/die Antisemit/in für jüdisch hält.“[24] Salzborn zeigt, dass es nicht nur um die Abwertung einer spezifischen Gruppe geht, sondern sich eine grundlegende Haltung zur Welt offenbart, die mit den jeweiligen gesellschaftlichen Verhältnissen in Verbindung steht.

Zur Ambivalenz der Moderne gehört, dass die mit der Aufklärung und folgend Moderne eingetretene Rationalisierung der Welt, die Trennung von Staat und Kirche, die rasanten Entwicklungen der Wissenschaft, die Entwicklung eines freien Marktes, aber auch der Aufstieg demokratischer Institutionen nicht nur zu gesteigerter Freiheitserfahrung beitrugen, sondern mit dieser auch die individuelle Verantwortung wuchs. Das Leben war nicht mehr nach festen Werten ausgerichtet, die Berufslaufbahn wurde nicht wie im Zunftsystem in der Familie weitergeben. Wirtschaftlicher, moralischer und politischer Erfolg lag scheinbar immer mehr in der eigenen Hand und notwendige Entscheidungen mussten selbst getroffen werden. Besonders in den letzten vierzig Jahren, feuilletonistisch gefasst unter dem Begriff der Postmoderne, wurden die damit verbundenen Kontingenzerfahrungen und Unsicherheiten öffentlich diskutiert.

Diese Öffnung der Lebenswelt und die damit verbundenen Freiheiten und positiven Unsicherheiten waren jedoch nicht für jede:n erträglich, weshalb zur Moderne auch Gegenbewegungen gehören, die versuchen, die neue Komplexität in einfachere Erklärungen zu gießen. Ressentiments und Verschwörungstheorien schaffen einfache Antworten auf die Widersprüchlichkeit der modernen Lebenswelt, wobei die Abstraktheit der Moderne an klaren Feindbildern konkretisiert wird.[25] Dass in der antisemitischen Phantasie ‚die Juden‘ zum Symbol für die erfahrene Unsicherheit geworden sind, ist dabei kein Zufall, waren sie

---

24 Salzborn 2020, S. 23.
25 vgl. Imhoff 2020.

historisch doch prädestiniert, wie Zygmunt Bauman schreibt, als erste die Erfahrung universalisierter Fremdheit zu machen. Gerade ihr Versuch, die Zugehörigkeit, beispielsweise zum Deutschtum, beweisen und darlegen zu müssen, replizierte die Differenz. Der offensichtlich erworbene Charakter kultureller Eigenschaften passte schlecht zu der scheinbaren und inszenierten Natürlichkeit der nationalen Gemeinschaften. Bauman beschreibt dies in literarischen Worten: „Man kann nicht an die Tür klopfen, wenn man nicht draußen ist."[26] Die Figur des Fremden ist dann noch gefährlicher als die des Feindes, weil sie die Natürlichkeit der eigenen Identität oder Nation in Frage stellt.[27] Das trifft besonders für Deutschland als im 19. Jahrhundert bewusst geschaffene Nation zu. Vor diesem Hintergrund vereinen sich bis heute Feindbilder gegen Liberalismus, Kapitalismus, Intellektualität, Mobilität oder Sozialismus im Bild des Jüdischen.[28]

Konkret zu denken, als erste Kategorie der Erklärung Salzborns, heißt in diesem Zusammenhang, die Komplexität der Welt auf eine scheinbar durch konkrete Individuen beziehungsweise eine bestimmte Gruppe fremdbestimmte Weltordnung zu reduzieren, gegen die folglich Selbstbestimmung errungen werden muss.

Weil es aber unmöglich ist, tatsächliche Menschen für die eben genannten Projektionen zu finden, ist die Wut zunächst auf eine Fiktion gerichtet. Das macht gleichzeitig auch ihre Gefährlichkeit aus, weil sie auf Personen oder Gruppen bezogen werden kann, ohne dass es durch diese erlebte Unrechtserfahrungen bedarf.[29] Der Hass gegen das Fremde kompensiert, was einem selbst nicht gegönnt ist. Jenes psychologische Motiv ergibt sich auch aus der mit der Verkürzung bürgerlicher Ideale verbundenen Frustration. Im Hass und im bisweilen gewaltsamen Vorgehen gegen Jüdinnen und Juden erhofft sich der Antisemit, Selbstbestimmung zurückzuerlangen. Wenn Salzborn als zweite Kategorie von *abstraktem Fühlen* spricht, dann ist das Fühlen nicht abstrakt, sondern das Fühlen bezieht sich auf eine abstrakte Ordnung oder Trägergruppe, die so nicht existiert, aber auf konkrete Personen projiziert wird.

In diesem Sinne ist das Ergebnis der Analyse Salzborns mit den *Widersprüchen der bürgerlichen Ideologie* verbunden. Auch hier äußert sich ein Drang nach Selbstbestimmung, der aber nur durch Hass und Feindschaft bis hin zur Vernichtung gegen den vermeintlichen Unterdrücker bedient wird, jedoch weniger durch tatsächliche Gestaltung und Veränderung der eigenen Lebensbedingungen. Dass es sich dennoch um ein Verlangen nach Selbstbestimmung handelt, soll nicht als Entschuldigung verstanden werden. Es gibt die Möglichkeit, die ei-

---

26 Bauman 2016 [1992], S. 130.
27 vgl. ebd., S. 104ff.
28 Anders ist es im feministischen Antisemitismus, weil „jüdisch" dort zumeist mit dem Autoritären oder Patriarchalen verbunden ist, wie Kerstin Dembsky in ihrem Beitrag in diesem Band zeigt.
29 vgl. Kiess et al. 2020, S. 213.

gentlichen Träger und Strukturen der empfundenen Probleme ausfindig zu machen und sie nicht auf eine fiktive Gruppe oder Personen zu übertragen. Es erklärt aber, welche gesellschaftlichen Umstände und welche Bedürfnisse dem zu Grunde liegen. Der Antisemitismus ist deshalb auch nicht *wirklich* revolutionär. Die bürgerliche Gegenrevolution, wie Horkheimer sagt, ist demnach keine[30] und dergleichen lässt sich auch für die politischen Programme aktueller rechtspopulistischer Bewegungen wie der AfD zeigen.[31]

3.   Zur Gegenwart von bürgerlicher Ideologie und Antisemitismus

Der ideengeschichtlich und antisemitismustheoretisch beschriebene Widerspruch kann in Bezug auf das gegenwärtige *Aufleben des Populismus,* konkreter des Rechtspopulismus, vertieft werden. Dadurch wird es möglich, das spezifisch Gefährliche und Neue der gegenwärtigen Zunahme antisemitischer Motive zu beschreiben.

Gemeinhin wird mit dem Begriff *Populismus* ein Weltbild verbunden, welches auf der Unterscheidung von „Volk" und „Elite" beruht und diese als Mobilisierungsstrategie benutzt.[32] Philip Manow argumentiert jedoch, dass diese Unterscheidung zu kurz greift und das eigentliche Problem, nämlich die Krise der Repräsentation, verkennt.[33] Demokratie ist nach seiner Lesart immer darauf angewiesen, aus der Vielzahl einzelner Stimmen und Menschen einen Willen zu formen, dem dann die Idee der Volkssouveränität zugrunde liegt. Gewöhnlich geschieht dies durch Wahlen oder Parlamentsarbeit. In einer Art kompliziertem Stufenprozess werden einzelne Meinungen zusammengeführt, Kompromisse gebildet und im Gespräch eine Lösung gefunden. Repräsentation hat demnach eine Filter- oder „Läuterungsfunktion"[34]. Im Populismus dagegen soll dieser Filter ausgeschaltet werden. Hier ist ein Bild von Demokratie wirkmächtig, das schon vorher einen einheitlichen Willen des Volkes konstruiert, der dann nur noch an die Beauftragten der Regierung weitergegeben werden muss. Differenziert werden kann folgend zwischen der Idee der Repräsentation und der Realpräsenz.[35]

Mit Realpräsenz ist eine Sehnsucht nach unmittelbarer Mitbestimmung und Teilhabe verbunden, die auf der Straße und mit Feindbildern erfüllt werden kann.

---

30 vgl. Horkheimer 2011 [1937], S. 105 ff.
31 vgl. Becker et al. 2019.
32 vgl. Müller 2017.
33 vgl. Manow 2020, S. 47 ff.
34 ebd., S. 46.
35 vgl. Gebhardt 2018.

Aber weil sie sich, wie mit Salzborn beschrieben, gegen einen abstrakten Gegner richtet, ist das Aufbegehren nur schein-unmittelbar. Protest wird, so Mareike Gebhardt, „lediglich imitiert"[36]: Der rechtspopulistische Protest bleibt ein „Pseudo-Protest, der sich primär aus der Angst vor dem Statusverlust und einer verloren-gegangenen ‚mystischen' Vergangenheit speist."[37] Die Angst vor dem Statusverlust wird an klaren Feindbildern festgemacht und gleichzeitig werden die vertretenen Werte wie Freiheit und Gleichheit nicht ernst genommen, weil es nur um die eigenen Privilegien und die eigene Freiheit geht, nicht aber um den allgemeinen, freiheitlichen Anspruch für alle, der mit diesen Begriffen eben auch verbunden ist. So lässt sich die eingangs erörterte Logik und Kritik der bürgerlichen Ideologie auch auf das Verständnis des Populismus übertragen. Erneut kann die Trennung in Basis und Überbau zum Ausgangspunkt genommen werden, um über das ge-genwärtige Problem des Antisemitismus zu sprechen.

In Bezug auf die Thesen Benjamins zum Einfluss technischer Entwicklungen auf Mobilisierungskraft lassen die neuen Kommunikationstechnologien *eine Radikalisierung der These der technischen Reproduzierbarkeit* vermuten. Der direkte Zugang zu Online-Medien erlaubt einen unkontrollierten Meinungs-kampf, indem die Gewinner:innen jene mit den besten Mobilisierungsstrategien sind. Julia Ebner illustriert in ihrem Buch *Radikalisierungsmaschinen*, wie bei-spielsweise Martin Sellner, Vordenker der Identitären Bewegung, „strategische Polarisierung" und „kontrollierte Provokation"[38] zu den Kernkonzepten seiner Bewegung erhob. Dabei dienen soziologische und psychologische Erkenntnisse als Grundlage von Online-Kampagnen, in denen durch gezielte Provokation Aufmerksamkeit erzeugt wird.[39]

Die Polarisierung funktioniert insbesondere, wenn für die historischen Un-sicherheiten, wie die Finanzkrise 2008 und der allgemein sich unter dem Druck der Globalisierung verändernden Welt, klare Antworten bereitgestellt werden. Bereits im Kontext des Sommers der Migration von 2015 verbreitete sich der Glaube, es handle sich nur um gesteuerte Migration zur Vernichtung Deutsch-lands, in die Wege geleitet von einer meist als jüdisch identifizierten Finanzelite. Auch als „US-Hegemonie oder Ost-Küsten-Kapitalismus" verstanden, „forciere sie durch außenpolitische Handlungen systematisch Flucht und Migration, um Europa ihren universalistischen Imperativ aufzuzwingen."[40] Die radikalste Va-riante dieser Idee vertritt bis heute die QAnon-Bewegung, die glaubt, die Welt sei von pädophilen Eliten gelenkt, die das Blut von Kindern trinken und den Staat

---

36 ebd., S. 38.
37 ebd., S. 38.
38 Ebner/Riesselmann 2019, S. 56.
39 Dieser Abschnitt entspricht in Teilen meinen Ausführungen zum instrumentellen Vorgehen populistischer Bewegungen. Vgl. Ramin 2021, S. 35.
40 Vennmann 2018, S. 10.

unterwandert haben. Hier findet sich die Adaption der antisemitischen Ritual-mordlegende. So wird gegenwärtig auch die Corona-Pandemie zu einer bloßen Verschwörung oder aber zu einer gezielten Manipulation der Bevölkerung sti-lisiert. In Chat-Programmen, Magazine wie *Compact* oder Bewegungen wie ‚Querdenken' werden solche Theorien reproduziert. Bis heute ist die Idee einer weltumspannenden Macht eines der zentralen Motive des Antisemitismus. Das Interesse an solchen Erzählungen ist, wie eine Studie des Leipziger Kompe-tenzzentrums für Rechtsextremismus- und Demokratieforschung beispielhaft an der AfD zeigt, besonders unter Anhängern rechtspopulistischer Bewegungen verbreitet.[41]

Eine spezifische Veränderung lässt sich mit Verweis auf die Rolle der Medien erkennen. So werden die öffentlich-rechtlichen Medien als Organ der politischen Elite verstanden und es wird den alternativen Medien eine demokratische Kor-rekturfunktion zugeschrieben. Dabei sind letztere im Gegensatz zu ersteren tatsächlich keiner demokratischen Aufsichtskontrolle unterworfen, sondern meist Produkt eines homogenen Redaktionskreises. Durch die Neuen Medien, aber auch unter Führung enttäuschter Konservativer haben rechte Bewegungen nicht nur ihr Nischendasein verlassen, sondern auch gelernt, ‚bürgerlich' auf-zutreten, auf Protest anstatt Gewalt zu setzen und alten Parolen einen neuen Klang zu geben. Wenn anstatt von ‚Ausländer raus' nun von ‚Remigration' ge-sprochen wird, so weil das Umlabeln größere Zustimmung und damit Erfolg verspricht.[42] Gerade Antisemitismus wird besonders oft offensiv abgelehnt, so lässt es sich bei der Identitären Bewegung, aber auch der AfD nachlesen. Jedoch beruht, wie Stefan Vennmann in einem Aufsatz zeigt, diese Ablehnung auf der Theorie des Ethnopluralismus, also der Verteidigung kultureller Identität und der kulturellen Differenz, welche die räumlich gebundenen Ethnien ‚rein' halten will. Hier hat zwar jede Kultur ihr Existenzrecht, aber nur in einem bestimmten, auch geografischen Rahmen, in dem dies zugestanden wird. Die Juden gelten hier immer noch als „das nicht-identische Dritte" die „in der ethnopluralistischen Raumordnung ohnehin keinen Platz innehaben".[43] Noch deutlicher formuliert es Nikolai Schreiter in seinem Aufsatz *Nicht an der Seite, an der Stelle Israels wollen sie sein*.[44] Wie der Titel andeutet, sind neurechte Bekenntnisse zu Israel rein strategisch, weil es darum geht, sich selbst in der Rolle Israels zu sehen und dessen Existenzrecht als Grundlage der eigenen Existenz zu benutzen.

Das Perfide ist, dass die missverstandene Selbstbestimmung antisemitische Vorstellungen für den demokratischen Kampf missbraucht. Konstruiert wird ein

---

41 vgl. Huster/Decker 2020.
42 vgl. Ramin 2021, S. 34; Braun et al. 2016.
43 Vennmann 2018, S. 8.
44 Schreiter 2019. Vgl. auch den Beitrag in diesem Band.

gemeinsamer Feind, gegen den es gilt, demokratische Selbstkontrolle zurückzuerlangen. So zeigt auch die Leipziger Autoritarismusstudie, dass unter denjenigen, die ihre wirtschaftliche Lage pessimistisch einschätzen und die sich
zudem von kultureller Vielfalt in eine Randposition gedrängt fühlen, das antisemitische Potenzial am größten ist. Projektion und Personalisierung erlauben
es, ein „Gefühl von Kontrolle zurückzuerlangen."[45] Interessanterweise hat die
Einschätzung oft nichts mit der tatsächlichen Höhe des zur Verfügung stehenden
Einkommens zu tun. „Hier geht es also um subjektiv empfundene Deprivation,
etwa um Verlustängste und Gefühle von Benachteiligung, nicht aber um Deprivation in einem absoluten Sinn."[46]

Folgend kann das mit Horkheimer beschriebene Motiv der Projektion eigener
Wünsche und Rückeroberung der Kontrolle weiterverfolgt werden. Der Antisemitismus schafft eine Gemeinschaft, die in der neoliberalen Ordnung und re-
präsentativen Demokratie nicht mehr einfach zu bilden ist. Für diese Instrumentalisierung demokratischer Gedanken haben sich mehrere Beschreibungs-
formen gefunden. Eine Studie im Kontext von Pegida spricht beispielsweise von
einem „vulgären Demokratieverständnis", welches die „Komplexität, Zeitinten-
sität und Kompromissbedürftigkeit politischer Meinungsbildungs- und Ent-
scheidungsprozesse"[47] ignoriert. Margaret Canovan dagegen verwendet den Begriff einer „demokratischen Ideologie".[48] Die komplexen Verfahren der Demokratie werden verkürzt auf die Anrufung eines reinen Volkswillens. Politik findet
aus dieser Sicht auf der Straße statt, weil dort die Vitalität dieses Willens direkt
erlebbar wird. Das Verbot antisemitischer oder rassistischer Rede gilt dann sogar
als antidemokratisch, weil Deutungshoheiten von einer scheinbar linken Elite
vorgegeben werden. Das Narrativ einer linken Hegemonie ist besonders unter
konservativen und rechtspopulistischen Autor:innen beliebt.[49] Man versteht sich
nicht nur als Volk und Nation, sondern auch als Verteidiger und Retter der
Demokratie wahlweise gegen den ‚links-grün-versifften Mainstream' oder die
jüdische Verschwörung.

Dies geht einher mit dem Versuch der eigenen moralischen Aufwertung.
Gewarnt wird vor dem „Antisemitismus der Anderen", insbesondere von Mus-
lim:innen. Diese Externalisierung folgt, so Nikolaus Hagen und Tobias Neuburger, einem vertrauten Muster: Während die Täter symbolisch ausgebürgert
werden, entledigt man sich zugleich des Antisemitismus. Dieser sei folglich ein
von „außen nach Europa hereingetragenes Problem, bzw. ein Exportprodukt aus

---

45 Kiess et al. 2020, S. 244.
46 ebd., S. 244.
47 Vorländer et al. 2016.
48 Canovan 2002; vgl. Michelsen/Walter 2014.
49 vgl. Hildebrand 2017, S. 285 ff.

der islamischen Welt."[50] Die Mehrheitsgesellschaft, so die Prämisse, „habe aus der Geschichte gelernt, sodass sich diese Ideologie nur noch bei den Ewiggestrigen, ganz rechts oder ganz links und bei (muslimischen) Migrantinnen und Migranten finde. Damit wird der Antisemitismus in der Mitte der Gesellschaft externalisiert."[51] Ungarns Ministerpräsident Orban kann so gleichzeitig eine Kampagne gegen George Soros anfeuern und die Nicht-Aufnahme von Flüchtlingen als Schutz der Jüdinnen:Juden verkaufen.

Auch kann im Kontext des Rechtspopulismus von einer Zunahme des sekundären Antisemitismus oder auch des Schuldabwehrantisemitismus, also der Leugnung des Holocaust oder dessen Relativierung, gesprochen werden.[52] Die seit Björn Höckes Rede in Dresden bekannte Debatte um einen ‚Schuldkult'[53] ist als Zurückweisung individueller und gesellschaftlicher Verantwortung zu verstehen. In einer Broschüre des *Instituts für Staatspolitik* heißt es sogar, dass es dem deutschen Volk nicht gelungen sei, aus „seiner historischen Schuld und deren ständiger Bewältigung"[54] eine neue Identität zu entwickeln. Die Leipziger Autoritarismusstudie belegt, dass gerade der sekundäre Antisemitismus im Vergleich zu den traditionellen Formen zugenommen hat.[55] Dass die Leugnung und Relativierung der Shoa strafrechtlich verfolgt wird, wird dabei als ein Indiz für die scheinbare demokratische Rebellenhaftigkeit der Leugner:innen gewertet.

Den genannten Beispielen ist gemein, dass der Nachweis der Demokratiefeindlichkeit antisemitischer Motive selbst als demokratiefeindlich präsentiert wird. Dieser Bezug ist möglich, weil das antisemitische Denken jenen Glauben an Fremdbestimmung konstruiert, der zur Rechtfertigung eines in verkehrter Form in Anspruch genommenen Demokratieverständnis dient. Einfach gesprochen wird das Bedürfnis nach Selbstbestimmung aufgegriffen und ausgenutzt, aber ihr Ziel und ihre Form verkehrt.

Vergessen werden darf aber nicht, dass trotz der Strategien der Verharmlosung und Darstellung des Demokratischen eine Zunahme von antisemitischer Gewalt erkennbar ist. Die hippe *Identitäre Bewegung* ist nur ein kleiner Teil des Lagers, das sich dem Kampf gegen ‚Überfremdung' und ‚Umvolkung' verschrieben hat:

> „Die radikalsten Kräfte sehen sich seit Jahren und Jahrzehnten in einem weltweiten Rassen-Bürgerkrieg, in dessen Rahmen eine internationale jüdische ‚Gegenrasse' als ‚Feind' konstruiert wird. Diese Projektion motiviert auch rechtsextreme Straf- und Gewalttaten, bis hin zu Kapitalverbrechen, und bildet nicht zuletzt die ‚subjektive Ra-

---

50 Hagen/Neuburger 2020, S. 11.
51 Kiess et al. 2020, S. 215.
52 ebd., S. 220.
53 vgl. Langebach/Sturm 2015, S. 47–49.
54 Institut für Staatspolitik 2007, zit. n. Vennmann 2018, S. 11.
55 Kiess et al. 2020, S. 226.

tionalität'[56] hinter den Morden und Anschlägen des Nationalsozialistischen Untergrunds.«[57]

So erreichte die Anzahl antisemitischer Straftaten in Deutschland im Jahr 2019 mit über 2.000 Delikten den höchsten Wert seit Beginn der statistischen Aufzeichnung vor etwa zwanzig Jahren.[58] Neun von zehn dieser Strafdelikte haben einen rechtsextremistischen Hintergrund.[59] Täter wie der Attentäter von Halle erschrecken durch fehlendes Schuldbekenntnis, weil sie sich ganz im Duktus des Beschriebenen als Retter und Befreier verstehen. Populistische Bewegungen zeichnen sich nicht nur durch Weltbilder mit klaren Antworten, sondern eben auch durch leidenschaftliche Mobilisierung aus, die durch diese Selbstbilder entzündet wird.

4.   Fazit

Im Mittelpunkt der Untersuchung zu den gesellschaftlichen Ursachen des Antisemitismus stand für die Autoren der Kritischen Theorie das Konzept der bürgerlichen Ideologie. Diese ist vor allem durch einen Widerspruch gekennzeichnet: dem Ideal der Aufklärung und Selbstbestimmung, welches sich aber in modernen, kapitalistischen Gesellschaften nicht ohne weiteres aufrechterhalten lässt. Der Antisemitismus stellt dann eine falsche Form der Rückgewinnung des eigenen Selbstwertes und Selbstbestimmungsgefühls durch die Konstruktion des projektiven Feindbilds ‚des Jüdischen' dar. Der Antisemitismus ist in diesem Sinne eine explizit anti-emanzipatorische Ideologie,[60] die sich aber als emanzipatorisch verkleiden kann. Die gegenwärtige Gefahr besteht demnach gerade in dem scheinbaren demokratisch-emanzipatorischen Anspruch, mit dem antisemitische Motive immer wieder verteidigt werden.

Auffallend diesbezüglich ist die gegenwärtige Rolle der Mittelschicht. Mittelschicht bezieht sich hier auf jene Gruppe mit sozioökonomischer Sicherheit, die an der Homogenität und Stabilität des politischen Systems interessiert bzw. darauf angewiesen ist. Reckwitz ist zuzustimmen, dass es einer Unterscheidung bedarf zwischen jenem zunehmend ansteigenden Teil der Mitte, der Ergebnis einer postindustriellen Dienstleistungs- und Wissensökonomie ist und jenen, die der Mittelschicht zu Zeiten Horkheimers angehörten. Die Mitte differenziert sich

---

56 Quent 2018, S. 125.
57 Botsch 2020, S. 24.
58 vgl. Kiess et al. 2020, S. 211.
59 vgl. Bocksch 2020.
60 vgl. Heller et al. 2020, Kap. 2.

somit aus in sehr unterschiedliche Erfahrungsräume, die nicht im selben Maße von Auf- und Abstiegschancen betroffen sind. Reckwitz drückt es wie folgt aus:

> „Die alte Mittelklasse kann noch gut verdienen, etwa als Facharbeiter in der Autoindustrie. Aber früher konnte sie auf hohe berufliche Sicherheit und Sozialprestige hoffen, heute immer weniger. Im Zuge der Akademisierung werden ihre mittleren Bildungsqualifikationen sukzessive entwertet. Hinzu kommt das Gefühl, dass die eigenen, traditionelleren Lebensformen von der Hausfrauenehe bis zur Mitgliedschaft im Schützenverein und der lokalen Verankerung nicht mehr das Maß aller Dinge sind. Das alles verdichtet sich zu Gefühlen der kulturellen Abwertung und Defensive: Man war mal Mitte und Maß – heute ist man nur noch Mittelmaß.“[61]

Wie zu sehen war, geht es gar nicht so sehr um die tatsächliche Stellung und finanzielle Situation, sondern um die subjektiv empfundene.

Folgend bietet sich der Antisemitismus als Gesellschaftsdiagnose diese Situation an, weil er a) ein Bild von Fremdbestimmung konstruiert, gegen die es sich zu wehren gilt, b) die Frustration über ökonomische und kulturelle Liberalisierungsprozesse aufnimmt und c) Ablehnung, Wut und Hass sich besonders als Mobilisierungsstrategien eignen und damit psychische Befriedigung verschaffen durch ein Gefühl zurückerlangter Kontrolle. Mithilfe der Mobilisierungs- und Rechtfertigungsstrategien der Neuen Rechten konnte dieser Zusammenhang aktualisiert werden. Dass sich trotz der gesellschaftlichen Veränderungen seit den Texten zur bürgerlichen Ideologie antisemitische Motive nicht überholt haben, deutet darauf hin, dass sie als Bestandteil oder Aporie unserer Form von Vergesellschaftung begriffen werden müssen. Auch heute noch können populistische Bewegungen als solche begriffen werden, die, wie Benjamin sagte, „[...] die Massen zu ihrem Ausdruck (beileibe nicht zu ihrem Recht) kommen lassen.“[62]

Auffällig ist jedoch, dass entgegen dieser historischen Kontinuität der Moderne Veränderungen wahrzunehmen sind. Wie die angeführten Beispiele verdeutlichen sollten, treten antisemitische Motive vermehrt dort auf, wo sich explizit gegen Antisemitismus ausgesprochen wird. Sie werden unter dem Banner der Demokratie vorgetragen und Kritik daran wird als antidemokratisch oder als Zensur abgewehrt. Wenn die bürgerliche Ideologie als Krise der Aufklärung begriffen wurde und sich im antisemitischen Denken nur der Schein von Aufklärung äußert, dann ist die gegenwärtige, wie Manow es beschreibt, Gleichzeitigkeit von Demokratisierung und Entdemokratisierung auch mit dem erneuten Aufleben des Antisemitismus verbunden.[63] Der affirmative Bezug sowohl auf Bürgerlichkeit als auch auf Demokratie seitens rechter Bewegungen wird folglich

---

61 Reckwitz 2019.
62 Benjamin 2012 [1963], S. 42.
63 vgl. Manow 2020, S. 138.

nicht abgeschwächt, wenn antisemitische Positionen als nicht-bürgerlich eingestuft und verurteilt werden.

Nach meiner Ansicht lassen sich deshalb zwei zentrale Konsequenzen aus dem Dargestellten ziehen: Zum einen besteht die Frage, wie in der politischen Bildungsarbeit mit jener Diagnose der Rückeroberung von Selbstbestimmung umgegangen wird. Berechtigterweise sehen viele Bildungsarbeiter:innen jene ‚alten' Lebensmodelle, die gegen ‚Genderwahn' oder offene Familienkonzepte und eine multikulturelle Gesellschaft etc. stehen, als nicht mehr tragfähig an. Gleichzeitig lässt sich wahrscheinlich mit bloßer Ablehnung wenig aufklärerischer Erfolg erzielen. Im Gegenteil: Wie sich zeigen ließ, bestätigt die Ablehnung („Pegidioten", „Covidioten") sogar noch die eigene Sonderstellung und erzeugte bisweilen rechtspopulistischen Zulauf.[64] Es müsste folgend einen Mittelweg geben, der die subjektiven Abstiegsängste ernst nimmt, sie aber gleichzeitig mit der Realität konfrontiert. Dazu gehört sicherlich auch Aufklärung über die medialen Mechanismen politischer Mobilisierung und die politische Programmatik neurechter Bewegungen. Dann wirkt die immer wieder diskutierte Frage nach Bürgerlichkeit und Wertkonservatismus der AfD wie ein Scheingefecht, weil innerhalb der Strategie des Tabubruchs und der Aufmerksamkeitsgenerierung Wertbindungen gerade keine Rolle spielen.

Zum anderen bedarf es meiner Ansicht nach einer aufmerksameren Diskussion um Demokratie. Nicht umsonst wird Bewegungen wie Pegida ein vulgäres Demokratieverständnis attestiert. Zu dieser Diskussion gehört zentral die Frage, welche Werte mit den Attributen ‚bürgerlich'/‚demokratisch' eigentlich verteidigt werden sollen und was Demokratie grundsätzlich bedeutet. Politische Bildung muss Bewusstsein für jenes verkürzte demokratische Selbstverständnis schaffen.

Bibliografie

Bauman, Zygmunt 2016 [1992]: *Moderne und Ambivalenz. Das Ende der Eindeutigkeit.* Hamburg: Hamburger Edition.

Becker, Andrea/Eberhardt, Simon/Kellershohn, Helmut (Hrsg.) (2019): *Zwischen Neoliberalismus und völkischem „Antikapitalismus". Sozial- und wirtschaftspolitische Konzepte und Debatten innerhalb der AfD und der Neuen Rechten.* Münster: Unrast.

Benjamin, Walter (2012) [1963]: *Das Kunstwerk im Zeitalter seiner technischen Reproduzierbarkeit. Drei Studien zur Kunstsoziologie.* Frankfurt a. M.: Suhrkamp.

Bocksch, Rene (2020): Antisemitische Gewalttaten nehmen zu, in: *Statista,* 28.05.2020. URL: https://de.statista.com/infografik/18013/antisemitische-gewalttaten-in-deutschland/ (Zugriff am 19.04.2021).

---

64 vgl. MIDEM, S. 61.

Botsch, Gideon (2020): ‚Rechtsextremismus und „neuer Antisemitismus"', in: Institut für Demokratie und Zivilgesellschaft (Hrsg.): *Wissen schafft Demokratie. Band 8. Schwerpunkt: Antisemitismus.* Berlin: Amadeu Antonio Stiftung, S. 16–24.

Braun, Stephan/Geisler, Alexander/Gerster, Martin (Hrsg.) (2016): *Strategien der extremen Rechten. Hintergründe - Analysen - Antworten.* Wiesbaden: Springer VS.

Butter, Michael (2021): *„Nichts ist, wie es scheint". Über Verschwörungstheorien.* 5. Aufl. Berlin: Suhrkamp.

Canovan, Margaret (2002): ‚Taking Politics to the People: Populism as the Ideology of Democracy', in: Mény, Yves/Surel, Yves (Hrsg.): *Democracies and the Populist Challenge.* Basingstoke/New York: Palgrave, S. 25–44.

Decker, Oliver/Brähler, Elmar (Hrsg.) (2020): *Autoritäre Dynamiken. Alte Ressentiments – neue Radikalität: Leipziger Autoritarismus Studie 2020.* Gießen: Psychosozial-Verlag.

Ebner, Julia/Riesselmann, Kirsten (2019): *Radikalisierungsmaschinen. Wie Extremisten die neuen Technologien nutzen und uns manipulieren.* Berlin: Suhrkamp.

Gebhardt, Mareike (2018): ‚Zwischen Repräsentation und (Real-)Präsenz. Populistische Intervalle und demokratische Temporalstrukturen aus politiktheoretischer Perspektive', in: *diskurs,* 3, S. 21–45.

Geuss, Raymond (2016): ‚Bürgerliche Philosophie und der Begriff der „Kritik"', in: Jaeggi, Rahel/Wesche, Tilo (Hrsg.): *Was ist Kritik?.* Frankfurt a. M.: Suhrkamp, S. 165–193.

Grimm, Marc (2019): ‚Erwünschte Vorzüge im Existenzkampf des Individuums: Die sozialpsychologischen Elemente der Kritischen Theorie des Antisemitismus', in: Bittlingmayer, Uwe/Demirović, Alex/Freytag, Tatjana (Hrsg.): *Handbuch Kritische Theorie.* Wiesbaden: VS Verlag für Sozialwissenschaften, S. 583–612.

Hagen, Nikolaus/Neuburger, Tobias (2020): ‚Antisemitismus der Anderen? – Einleitende Überlegungen', in: Dies. (Hrsg.): *Antisemitismus in der Migrationsgesellschaft. Theoretische Überlegungen, empirische Fallbeispiele, pädagogische Praxis.* Innsbruck: innsbruck university press, S. 9–21.

Heller, Ayline/Brähler, Elmar/Decker, Oliver (2020): ‚Rechtsextremismus – ein einheitliches Konstrukt? Ein Beitrag zur Frage der Operationalisierung anhand des Fragebogens Rechtsextremismus', in: Brähler, Elmar/Decker, Oliver/Heller, Ayline/Allroggen, Marc/Beckmann, Laura/Berth, Hendrik (Hrsg.): *Prekärer Zusammenhalt. Die Bedrohung des demokratischen Miteinanders in Deutschland.* Gießen: Psychosozial-Verlag, S. 151–173.

Hildebrand, Marius (2017): *Rechtspopulismus und Hegemonie. Der Aufstieg der SVP und die diskursive Transformation der politischen Schweiz.* Bielefeld: Transcript Verlag.

Hollewedde, Sabine (2017): ‚Der Begriff der Freiheit im Kapital', in: *Zeitschrift für kritische Sozialtheorie und Philosophie,* 4 (1–2), S. 86–113.

Horkheimer, Max 2011 [1937]: *Traditionelle und kritische Theorie. Fünf Aufsätze.* Frankfurt a. M.: Fischer.

Huster, Susanne/Decker, Oliver (2020): ‚Erschreckend viele Wähler der AfD teilen Verschwörungsmentalität und antidemokratische Einstellungen', in: *Informationsdienst Wissenschaft,* 25.02.2020. URL: https://idw-online.de/de/news732040 (Zugriff am 16.04.2021).

Imhoff, Roland (2020): ‚Antisemitismus, die Legende der jüdischen Weltverschwörung und die Psychologie der Verschwörungsmentalität', in: Institut für Demokratie und Zivilgesellschaft (Hrsg.): *Wissen schafft Demokratie. Band 8. Schwerpunkt: Antisemitismus.* Berlin: Amadeu Antonio Stiftung, S. 94–104.

Institut für Staatspolitik (2007): *Meine Ehre heißt Treue. Der Schuldkult der Deutschen.* Schnellroda.

Jaeggi, Rahel/Loick, Daniel (Hrsg.) (2017): *Nach Marx. Philosophie, Kritik, Praxis.* Berlin: Suhrkamp.

Kiess, Johannes/Decker, Oliver/Heller, Ayline/Brähler, Elmar (2020): ‚Antisemitismus als antimodernes Ressentiment: Struktur und Verbreitung eines Weltbildes‘, in: Decker, Oliver/ Brähler, Elmar (Hrsg.): *Autoritäre Dynamiken. Alte Ressentiments – neue Radikalität: Leipziger Autoritarismus Studie 2020.* Gießen: Psychosozial-Verlag, S. 211–249.

Krichhoff, Christine (2020): „„Das Gerücht über die Juden" – zur (Psycho-)Analyse von Antisemitismus und Verschwörungsideologie‘, in: Institut für Demokratie und Zivilgesellschaft (Hrsg.): *Wissen schafft Demokratie. Band 8. Schwerpunkt: Antisemitismus.* Berlin: Amadeu Antonio Stiftung, S. 104–116.

Langebach, Martin/Sturm, Michael (2015): *Erinnerungsorte der extremen Rechten.* Wiesbaden: VS Verlag für Sozialwissenschaften.

Manow, Philip (2020): *(Ent-)Demokratisierung der Demokratie. Ein Essay.* Berlin: Suhrkamp.

Marx, Karl 2013 [1867]: ‚Das Kapital. Erster Band. Der Produktionsprozeß des Kapitals‘, in: Ders./Engels, Friedrich: *Marx-Engels-Werke. Band 23.* Berlin: Karl Dietz.

Marx, Karl/ Engels, Friedrich 1990 [1845/46]: ‚Die Deutsche Ideologie. Kritik der neuesten deutschen Philosophie in ihren Repräsentanten Feuerbach, B. Bauer und Stirner, und des deutschen Sozialismus in seinen verschiedenen Propheten‘, in: Dies.: *Marx-Engels-Werke. Band 3.* Berlin: Karl Dietz, S. 9–222.

MIDEM (2021): *Corona und Rechtspopulismus. Jahresstudie.* Dresden: Mercator Forum Migration und Demokratie.

Michelsen, Danny/Walter, Franz (2014): ‚Populismus: eine „Ideologie der Demokratie"?‘ in: *Zeitschrift für Politikwissenschaft,* 24 (1–2), S. 161–174.

Müller, Jan-Werner (2017): *Was ist Populismus? Ein Essay.* Berlin Suhrkamp.

Peitz, Dirk (2019): ‚Die selbst ernannten Bürgerlichen‘, in: *ZEIT Online,* 02.09.2019. URL: https://www.zeit.de/kultur/2019-09/afd-cdu-buergerlichkeit-begriff-semantik?utm_referrer=https%3A%2F%2Fwww.google.com%2F (Zugriff am 14.04.20219).

Quent, Matthias (2018): *Rassismus, Radikalisierung, Rechtsterrorismus. Wie der NSU entstand und was er über die Gesellschaft verrät.* Weinheim: Beltz Juventa.

Ramin, Lucas von (2021): ‚Zur Rationalität der Gefühle in Zeiten des Populismus‘. in: *diskurs,* 6, S. 23–42.

Reckwitz, Andreas (2019): ‚Sehnsucht nach früher, gespaltene Mittelschicht: Soziologe Andreas Reckwitz erklärt die politische Unruhe in Europa. Gespräch mit Tilman Gerwien‘, in: *stern Online,* 13.05.2019. URL: https://www.stern.de/panorama/gesellschaft/rechtspopulismus-andreas-reckwitz-erklaert-europas-politische-unruhe-8705006.html (Zugriff am 19.04.2021).

Salzborn, Samuel (2010): *Antisemitismus als negative Leitidee der Moderne. Sozialwissenschaftliche Theorien im Vergleich.* Frankfurt a. M./New York: Campus.

Salzborn, Samuel (2019): ‚Antisemitismus in der »Alternative für Deutschland‘, in: Ders. (Hrsg.): *Antisemitismus seit 9/11. Ereignisse, Debatten, Kontroversen.* Baden-Baden: Nomos, S. 197–216.

Salzborn, Samuel (2020): *Globaler Antisemitismus. Eine Spurensuche in den Abgründen der Moderne.* Weinheim: Beltz Juventa.

Schreiter, Nikolai (2019): ‚Nicht an der Seite, an der Stelle Israels wollen sie sein. AfD, FPÖ und die Identifizierung mit dem imaginierten Angreifer', in: *sans phrase*, 14, S. 170-192.

Shapiro, Andrew (2000): *The Control Revolution. How the Internet Is Putting Individuals in Charge and Changing the World We Know.* New York: Public Affairs.

Rippl, Susanne/Seipel, Christian (2018): ‚Modernisierungsverlierer, Cultural Backlash, Postdemokratie: Was erklärt rechtspopulistische Orientierungen?', in: *Kölner Zeitschrift für Soziologie und Sozialpsychologie*, 70 (2), S. 237-254.

Vennmann, Stefan (2018): ‚Elemente des identitären Antisemitismus. Philosophische Reflexionen über die falsche Wahrheit der Identitären Bewegung', in: *diskurs*, 4, S. 1-25.

Vorländer, Hans/Herold, Maik/Schäller, Steven (2016): *PEGIDA. Entwicklung, Zusammensetzung und Deutung einer Empörungsbewegung.* Wiesbaden: VS Verlag für Sozialwissenschaften.

Weber, Max 2013 [1905]: *Die protestantische Ethik und der Geist des Kapitalismus.* München: C.H. Beck.

Carla Dondera

Antisemitismus als Begriff und Gegenstand des Rechts

Dass das Recht ein sinnvolles und notwendiges Instrument zur Bekämpfung von Antisemitismus ist, wird heute selten in Abrede gestellt. So stellt die Rechtswissenschaftlerin Aleksandra Gliszczyńska-Grabias in ihrem Aufsatz „Counteracting Antisemitism with Tools of Law: An Effort Doomed to Failure?" mit Blick auf das internationale Recht fest: „In this day and age we no longer ask whether or not we should fight antisemitism with legal regulations, but we discuss how this is to be done in the most effective way."[1]

Auch in Deutschland ist das konsequente Vorgehen gegen Antisemitismus erklärtes Ziel von Politik und Justiz.[2] Beispielhaft für die Bemühung, der gestiegenen Relevanz antisemitischer Straftaten Rechnung zu tragen, ist die 2021 in Kraft getretene Ergänzung der Strafzumessungsnorm §46 II StGB durch den Begriff „antisemitisch". Zugleich kommt in Gliszczyńska-Grabias Feststellung schon semantisch zum Ausdruck, dass „effort" nicht umstandslos mit „effective" gleichgesetzt werden kann – ein Umstand, der mit Blick auf die Rechtsprechung des letzten Jahrzehnts auch empirisch Bestätigung findet. So kommen Doris Liebscher et al. in einer jüngeren Analyse von „Antisemitismus im Spiegel des Rechts" zu dem nüchternen Urteil, „dass noch einiges zu tun ist."[3]

Diese Diskrepanz ließe sich einerseits rechtsdogmatisch auf Schwachstellen in den bereits geltenden gesetzlichen Normen zurückführen. Tatsächlich kennt das deutsche Recht keine speziellen Straftatbestände, die ausschließlich antisemitisch motivierte Straftaten erfassen. Antisemitische Motive, Aussagen und Handlungen können jedoch – sofern sie erkannt werden – im Rahmen diverser allgemeiner Normen des Strafrechts, aber auch des Zivilrechts und des Öffentlichen Rechts, adressiert werden.[4]

---

1 Gliszczyńska-Grabias 2020, S. 499.
2 vgl. Liebscher et al. 2020, S. 902.
3 ebd.
4 Für eine ausführliche Darstellung siehe Liebscher et al. 2020, S. 897 f.; spezifisch für das Privatrecht vgl. Weller/Lieberknecht 2019.

Der vorliegende Beitrag verfolgt daher die These, dass die in neueren rechtswissenschaftlichen Beiträgen identifizierten Probleme weniger auf Mängel des
bestehenden Rechts als auf dessen defizitärer Anwendung beruhen, welcher
wiederum ein defizitäres Verständnis von Antisemitismus zugrunde liegt. Entsprechend kann auch die Frage nach dem *most effective way* der rechtlichen
Antisemitismusbekämpfung nur vor dem Hintergrund einer Auseinandersetzung mit den Möglichkeiten und Grenzen einer rechtlichen Bestimmung des
Antisemitismus beantwortet werden – was mit Blick auf die Charakteristika von
Rechtsbegriffen im Allgemeinen und des Antisemitismusbegriffs im Konkreten
alles andere als trivial ist.

Der Beitrag beleuchtet die juristischen Implikationen des Begriffsproblems
anhand von drei aktuellen Versuchen, Antisemitismus mit Mitteln des Rechts zu
begegnen. Diese sind die bereits erwähnte Ergänzung der Normen zur Strafzumessung, die jüngste Rechtsprechung des Bundesverfassungsgerichts sowie der
Vorschlag, die Arbeitsdefinition Antisemitismus der *International Holocaust
Remembrance Alliance* (IHRA) als Auslegungshilfe für Gerichte und Staatsanwaltschaften zu etablieren. Die Diskussion dieser Beispiele erfolgt dabei jeweils
anhand einschlägiger Fälle aus den letzten Jahren und bildet die Grundlage für
die im zweiten Teil des Beitrags vorzunehmende Erörterung der Möglichkeiten
und Grenzen einer rechtlichen Bestimmung von Antisemitismus.

1.   Die Ergänzung des §46 II StGB und der Fall Wuppertal

Die Änderung des §46 II StGB, welcher die bei der Strafzumessung abzuwägenden Umstände normiert, wurde als Reaktion auf den antisemitischen Anschlag auf die Synagoge von Halle im Oktober 2019 als Teil des *Gesetzes gegen
Rechtsextremismus und Hasskriminalität* beschlossen und trat im April 2021 in
Kraft. Von den Gerichten bei der Strafzumessung zu berücksichtigen sind seitdem nicht mehr nur „rassistische, fremdenfeindliche oder sonstige menschenverachtende" Motive, sondern zusätzlich „antisemitische" Beweggründe und
Ziele der Täter:innen. Diese waren zwar – subsumiert unter die Merkmale rassistisch oder menschenverachtend – auch schon vorher von der Norm umfasst.[5]
Laut der Begründung des Gesetzesentwurfs verfolge die Änderung jedoch den
Zweck, die „strafschärfende Bedeutung antisemitischer Tatmotivationen" als
eine „für das-Gemeinwesen grundlegende Wertung […] gesetzlich in besonderer
Weise zu dokumentieren und zu bekräftigen."[6]

---

5 vgl. etwa von Heintschel-Heinegg 2022 in: BeckOK StGB, § 46 Rn. 37.
6 Deutscher Bundestag 2020, S. 2.

Tatsächlich fand mit der Änderung erstmals der Begriff „antisemitisch" Eingang in ein deutsches Gesetz.[7] Weniger klar scheint indes, wie dieser Begriff inhaltlich zu füllen ist – denn weder das Strafgesetzbuch noch die rechtswissenschaftliche Literatur liefern eine eindeutige oder gar verbindliche Bestimmung dessen, was Antisemitismus ist.[8] Dabei drängt die Frage nach einer juristisch anwendbaren Definition nicht nur aufgrund der, wie in der Begründung des §46 II festgehaltenen, „praktische[n] [...] Relevanz antisemitischer Straftaten, die zusammen mit den rassistischen und fremdenfeindlichen Taten den statistisch größten Teil der Hasskriminalität ausmachen"[9], sondern auch im Lichte einer lange vorherrschenden *historisierenden* – und damit zeitgenössischen Ausdrucksformen kaum Rechnung tragenden – Auslegung durch Staatsanwaltschaften und Gerichte.[10] So konstatiert Sergey Lagodinsky im Rahmen seiner Studie zum Verhältnis von antisemitischen Äußerungen und Meinungsfreiheit, aufgrund der Omnipräsenz von Verweisen „auf die NS-Rassenideologie und ihre[r] historische Bedeutung [...] in den meisten einschlägigen Urteilen und Gesetzesmaterialien" böte das deutsche Recht „keinen besonderen Rechtsschutz vor Antisemitismus, sondern einen Rechtsschutz vor Nationalsozialismus."[11]

Zwar sprechen einige neuere juristische Publikationen sowie jüngere Urteile, in denen unter anderem auch antizionistische Äußerungen als antisemitisch bewertet wurden, für ein gesteigertes Bewusstsein in Literatur und Rechtsprechung.[12] Allerdings falle, so Doris Liebscher, die juristische Beurteilung zeitgenössischer, insbesondere codierter Ausdrucksformen des Antisemitismus im Gegensatz zu solchen, die sich auf nationalsozialistische Ideologeme beziehen, noch immer „wesentlich disparater aus."[13] Zugleich sind es gerade solche Fälle, die in den letzten Jahrzehnten an Bedeutung gewonnen haben und an denen

---

7 vgl. Zechlin 2021, S. 31.
8 Liebscher et al. 2020, S. 897. Auf die Änderung des §46 folgend findet sich in der 52. Edition des Beck-OK StGB seit dem 01.02.2022 die Definition: „Antisemitisch sind alle Formen von pauschalem Judenhass, pauschaler Judenfeindlichkeit oder Judenfeindschaft", § 46, Rn. 37. Abgesehen davon, dass sich angesichts dieser Formulierungen die Fragen aufdrängen, wie sich Hass, Feindlichkeit und Feindschaft unterscheiden und inwiefern diese „pauschal" sein müssen, um als antisemitisch gelten zu können, scheint der definitorische Mehrwert für eine Konkretisierung des Antisemitismusbegriffs auch aufgrund der Allgemeinheit der Formulierung zweifelhaft.
9 Deutscher Bundestag 2020, S. 2.
10 Liebscher 2020, S. 426.
11 Lagodinsky 2013, S. 308.
12 vgl. Liebscher 2020, S. 427 m.w.N.
13 ebd., S. 426, ähnlich Liebscher et al. 2020, S. 900. Dass diese chiffrierten Formen schon seit einigen Jahrzehnten nicht die Ausnahme, sondern die Regel sind, weil sich affirmativ auf den NS beziehende Aussagen gesellschaftlich diskreditiert und auch rechtlich sanktionierbar sind, bildet unter dem Schlagwort „antisemitische Umwegkommunikation" eine der axiomatischen Annahmen der Antisemitismusforschung. Vgl. Bergmann/Erb 1986.

sich die normativen Konsequenzen eines verkürzten Begriffsverständnisses verstärkt offenbaren.[14]

„Nichts gegen Juden": Der Fall Wuppertal

Paradigmatisch hierfür steht der Fall Wuppertal, bei dem drei junge Männer mit palästinensischem Hintergrund während des Gaza-Krieges 2014 einen Brandanschlag auf die Wuppertaler Synagoge verübten. Das Amtsgericht Wuppertal verurteilte die drei Täter wegen versuchter schwerer Brandstiftung. Ein wichtiger Aspekt innerhalb des Verfahrens war dabei die insbesondere für die Strafzumessung relevante Frage, inwiefern der Tat ein antisemitisches Motiv zugrunde lag. Für ein antisemitisches Motiv in diesem konkreten Fall sprach laut Gericht der „Umstand, dass die Angeklagten als Palästinenser und Angehörige muslimischen Glaubens mit Brandsätzen eine Synagoge beworfen haben"[15], sowie die Tatsache, dass die jüdische Gemeinde in Wuppertal nichts mit dem Gaza-Krieg zu tun hat. Trotz dieser „zugegebenermaßen schwerwiegenden Indizien" könne jedoch nicht ausgeschlossen werden, dass die Angeklagten „eine Synagoge als Zeichen jüdischen Lebens zum Tatobjekt gewählt haben, um daran ihr Anliegen, Aufmerksamkeit auf den zwischen Israel und den Palästinensern lodernden Konflikt zu lenken, deutlich zu machen."[16] Außerdem zitiert das Gericht die Aussage der Angeklagten, „dass sie nichts gegen Juden hätten".[17]

Im Ergebnis verneint das Gericht eine antisemitische Tatmotivation mit dem Argument, dass den Tätern trotz objektiv antisemitischem Tatbild keine *subjektiven* antisemitischen „Beweggründe und Ziele" (§46 II S.1 StGB) nachgewiesen werden könnten. Dies verkennt jedoch die in der Antisemitismusforschung weitestgehend konsensuale Ansicht, dass sich ein antisemitisches Motiv nicht erst als unmittelbare Feindschaft gegen Jüd:innen äußern muss. Vielmehr liegt ein solches – wie auch Liebscher et al. in ihrer Kritik des Urteils herausstellen – auch dann vor, wenn „eine Mithaftung jüdischer Menschen weltweit für die Handlungen Israels konstruiert [wird], wenn sie eben nicht als Teil der Gesellschaft, sondern stets als Anhängsel oder Vertreter Israels angegriffen werden."[18]

Vor dem Hintergrund des Falls Wuppertal erscheint die Änderung des §46 II StGB zwar als wichtiger Schritt zur Hervorhebung der strafrechtlichen Relevanz antisemitischer Straftaten. Zugleich jedoch verweist er auf die Grenzen einer

---

14 vgl. Liebscher et al. 2020.
15 AG Wuppertal Urt. v. 5.2.2015–84 Ls 50 Js 156–14 / 22/14, BeckRS 2015, 116583.
16 ebd.
17 ebd.
18 Liebscher et al. 2020, S. 900.

solchen nominellen Ergänzung. Denn problematisch ist häufig nicht, dass Gerichte antisemitische Motive nicht in Betracht ziehen, sondern dass die Bejahung eines antisemitischen Motivs maßgeblich davon abhängt, wie Antisemitismus definiert wird. So kann ein antisemitischer Beweggrund auch dann negiert werden, wenn trotz wissenschaftlich einhellig als antisemitisch anerkannter Indizien eine falsche oder unvollständige Begriffsbestimmung zugrunde gelegt wird. Die Verengung des Antisemitismus auf ein antijüdisches Vorurteil, wie im vorliegenden Beispiel, trifft dann zwar möglicherweise den Begriffskern, trägt jedoch modernen Ausdrucksformen, die vor allem auf antisemitischen Codes und Chiffren beruhen, kaum Rechnung. Im Gegenteil erweist sie sich, wie Liebscher et al. analysieren, als Vorteil für die Täter, die sich antisemitischen Chiffren bedienen und zugleich verteidigend angeben, „nichts gegen Juden"[19] zu haben.[20]

2. Bezeichnung einer Person als Antisemit – Das Bundesverfassungsgericht im Fall Xavier Naidoo

Hoffnung auf eine Korrektur der sich im Fall Wuppertal zeigenden Begriffsdefizite bot die jüngste Auseinandersetzung des Bundesverfassungsgerichts mit dem chiffrierten Antisemitismus Xavier Naidoos. In einer öffentlich breit rezipierten Entscheidung hob das Gericht im November 2021 zwei Urteile auf, die einer Referentin der *Amadeu-Antonio-Stiftung* untersagt hatten, Xavier Naidoo als Antisemiten zu bezeichnen.[21] Die zivilgerichtliche Verurteilung zur Unterlassung hatte laut BVerfG die Meinungsfreiheit der Referentin verletzt, die 2017 im Rahmen einer Podiumsdiskussion zum Thema „Reichsbürger – Verschwörungsideologie mit deutscher Spezifik" auf Nachfrage aus dem Publikum gesagt hatte, Naidoo sei „Antisemit", dies sei „strukturell nachweisbar".[22]

In den der Verfassungsbeschwerde vorausgehenden Entscheidungen hatten Fachgerichte geurteilt, dass es sich bei der Äußerung der Referentin zwar „um eine Meinungsäußerung handle, die dem Schutz des Art. 5 Abs. 1 GG unterfalle."[23] Zugleich jedoch werde

> „die Bezeichnung als ‚Antisemit' in der Öffentlichkeit angesichts des historischen Bedeutungsgehalts einer solchen Qualifizierung als negativ und diskreditierend verstanden, da in dieser Bezeichnung [...] nach dem allgemeinen Verständnis zumindest auch zum Ausdruck kommt, dass die gemeinte Person die Überzeugungen teilt, die zu der

---

19 AG Wuppertal, Urt. v. 5.2.2015–84 Ls 50 Js 156–14 / 22/14, BeckRS 2015, 116583.
20 Liebscher et al. 2020, S. 902.
21 BVerfG NJW 2022, 769.
22 ebd.; OLG Nürnberg, ZUM-RD 2020, 274 Rn. 7.
23 OLG Nürnberg, ZUM-RD 2020, 274 Rn. 37.

Ermordung von 6 Millionen Juden unter der Nationalsozialistischen Schreckensherr-schaft geführt haben."[24]

Damit stelle die Aussage, Naidoo sei Antisemit, laut dem Oberlandesgericht Nürnberg eine besonders „ehrenrührige" Anschuldigung dar, deren „Pranger-wirkung" geeignet sei, Naidoo „in ein negatives Licht zu rücken und sich ab-träglich auf sein Ansehen [...] auszuwirken."[25] Dem Persönlichkeitsrecht Nai-doos sei daher infolge einer Abwägung der betroffenen Grundrechte Vorrang einzuräumen.

Das OLG Nürnberg hatte diese Begründung auf eine eingehende Diskussion und Abwägung verschiedener Antisemitismusdefinitionen gestützt, bei der es sich *gegen* ein weites, an die IHRA-Definition angelehntes Begriffsverständnis und *für* eine Antisemitismus mit „nationalsozialistisch fundierten Gedanken-gut" gleichsetzende Auslegung entschied.[26] Aufgrund dieser historisch veren-genden Interpretation folgerte es schließlich auch, die Referentin könne „[d]ie objektive Richtigkeit des tatsächlichen Äußerungsgehalts ihrer Aussage"[27] – trotz diverser Verweise auf antisemitische Codierungen in Liedtexten und Reden Naidoos – nicht hinreichend belegen.[28]

Ein Urteil gegen Antisemitismus?

Das Urteil des BVerfG stellt in mehrfacher Hinsicht eine wichtige Korrektur der fachgerichtlichen Entscheidungen da. „Völlig fern" liege zum einen die „An-nahme, die Aussage der Beschwerdeführerin habe eine Prangerwirkung", weil sich Naidoo mit seinen Aussagen freiwillig in den öffentlichen Raum begeben habe. Das OLG Nürnberg verkenne

> „die Bedeutung und Tragweite der Meinungsfreiheit, da die Beschwerdeführerin [...] eine die Öffentlichkeit wesentlich berührenden Frage erörtert – namentlich ob der Kläger als bekannter Sänger in seinen Liedtexten und durch seine Äußerungen anti-semitische Klischees und Ressentiments bedient."[29]

Indem das Urteil die hohe öffentliche Bedeutung der wissenschaftlichen und politischen Auseinandersetzung mit Antisemitismus (und seinen zeitgenössi-schen Ausprägungen) hervorhebt, sendet es demnach ein wichtiges rechtspoli-

---

24 ebd., Rn. 30.
25 ebd.
26 ebd., Rn. 61.
27 ebd.
28 ebd.
29 ebd., Rn. 22.

tisches Signal zur Stärkung der Meinungsfreiheit angesichts von Versuchen, Antisemitismusvorwürfe rechtlich zu verhindern.[30]

Nur indirekt thematisiert wird jedoch die ebenso bedeutsame, da auch für zukünftige Rechtsprechung relevante Frage, wie der Antisemitismusbegriff auszulegen ist. So kritisiert das BVerfG in erster Linie, dass sich das OLG Nürnberg nicht mit der *konkreten* Äußerung der Referentin, sondern „abstrakt – mit verschiedenen Definitionsansätzen für Antisemitismus" befasst hatte.[31] Im Ergebnis verkenne das Urteil damit „die Voraussetzungen einer verfassungsrechtlichen Anforderungen genügenden Sinnermittlung".[32] Nur in einem Nebensatz stellt das BVerfG fest, dass die Bezeichnung „Antisemit" im vorliegenden Fall aus der Perspektive eines objektiven Dritten dahingehend verstanden werden konnte, dass die Referentin die Ansichten Naidoos „für antisemitisch, also feindlich gegenüber Juden eingestellt" halte.[33] Damit weist das Gericht die historisch verengte Auslegung des OLG Nürnberg zwar im Ergebnis zurück. Allerdings nimmt es keine substantielle, etwa auf die Antisemitismusforschung bezugnehmende Kritik an der Begriffsbestimmung des OLG vor und belässt es bei einer – im besten Sinne knappen, wenn nicht reduktionistischen – Definition von Antisemitismus als judenfeindlicher Einstellung. Obwohl sich über die Auswirkungen des Urteils auf zukünftige Rechtsprechung zum Zeitpunkt der Entstehung dieses Beitrags nur mutmaßen lässt, scheint sein *begrifflicher* Mehrwert damit beschränkt.

3. Die IHRA-Arbeitsdefinition Antisemitismus und der Fall David Miller

Insgesamt verweisen die beiden Beispiele aus Gesetzgebung und Rechtsprechung einerseits auf ein gestiegenes Bewusstsein für die Notwendigkeit einer Schärfung rechtlicher Instrumente für den Kampf gegen Antisemitismus. Zugleich offenbaren sie die begrenzte Effektivität dieser Instrumente angesichts der begrifflichen Schwierigkeiten, Antisemitismus rechtlich zu bestimmen und entsprechend zu sanktionieren.

Auch vor diesem Hintergrund wird seit einigen Jahren auf politischer wie wissenschaftlicher Ebene die im Jahr 2016 von der *International Holocaust Remembrance Alliance* verabschiedete „Arbeitsdefinition Antisemitismus" diskutiert.[34] Diese definiert Antisemitismus als „bestimmte Wahrnehmung von Jü-

---

30 Liebscher et al. 2020, S. 902.
31 BVerfG NJW 2022, 769 Rn. 19.
32 ebd., Rn. 18.
33 ebd.
34 IHRA 2016.

dinnen und Juden, die sich als Hass gegenüber Jüdinnen und Juden ausdrücken kann" und sich „in Wort oder Tat gegen jüdische oder nichtjüdische Einzelpersonen und/oder deren Eigentum sowie gegen jüdische Gemeindeinstitutionen oder religiöse Einrichtungen" richtet. In einem Zusatz nennt das Dokument zudem eine Reihe aktueller Beispiele, die sich „unter Berücksichtigung des Gesamtkontexts" als antisemitisches Verhalten qualifizieren ließen.

Seit ihrer Annahme durch die IHRA wurde die Arbeitsdefinition von zahlreichen Staaten, politischen wie zivilgesellschaftlichen Organisationen, Bildungseinrichtungen und Sicherheitsbehörden als begriffliche Grundlage für die Bekämpfung von Antisemitismus angenommen und symbolisiert damit wie kaum ein anderes Dokument den Beginn einer „weltweiten Verständigung zum historischen und gegenwärtigen Judenhass".[35] Die Definition ist nicht rechtsverbindlich, wurde aber in mehreren Staaten für die strafrechtliche Verfolgung antisemitischer Angriffe empfohlen. So hat etwa das Europäische Parlament die EU-Mitgliedstaaten aufgefordert, mit der IHRA-Definition die Bemühungen der Justiz- und Strafverfolgungsbehörden um eine effizientere und wirksamere Ermittlung und strafrechtliche Verfolgung antisemitischer Angriffe zu unterstützen.[36] In Deutschland wandte sich 2019 die Bundesjustizministerin an die Justizministerien der Länder, um eine einheitliche Definition von Antisemitismus auf Basis der IHRA-Definition anzuregen.[37] Und auch in der Begründung zur Ergänzung des §46 II StGB wird die Definition (neben anderen) als „Orientierungshilfe" zur Auslegung des Begriffs „antisemitisch" genannt.[38]

Die Erfolgsgeschichte der Arbeitsdefinition ist jedoch keineswegs unangefochten. Im Gegenteil stand sie in den letzten Jahren immer wieder im Mittelpunkt kontroverser Auseinandersetzungen darüber, was Antisemitismus ist, wie er sich äußert und wie der Kampf gegen ihn zu führen ist.[39] In jüngerer Zeit haben diese Debatten auch in die rechtswissenschaftliche Diskussion vermehrt Eingang gefunden. So empfehlen Doris Liebscher et al. die Definition ausdrücklich für die juristische Praxis zur Identifizierung codierter Formen des Antisemitismus, welche in der Rechtsprechung häufig nicht erkannt würden.[40] Eine Gegenposition stellt die Einschätzung Lothar Zechlins dar, welche sich maßgeblich auf das 2019 im Auftrag der Rosa-Luxemburg-Stiftung verfasste Gutachten Peter Ullrichs stützt.[41] Dessen Quintessenz bildete die Aussage, die IHRA-Definition sei in ihrer Kernbestimmung des Antisemitismus zu vage, während es sich bei einem

---

35 Arnold 2022, S. 1.
36 vgl. Europäisches Parlament 2017.
37 vgl. Sehl 2019.
38 Deutscher Bundestag 2020, S. 11.
39 vgl. Arnold 2022; Ionescu 2022.
40 vgl. Liebscher et al. 2020, S. 902.
41 vgl. Zechlin 2021, S. 35f.

Großteil der im Zusatz aufgeführten Beispiele um lediglich potenziell antisemitische Ausdrucksformen handle.[42] Diese Kombination habe zur Folge, dass die „Einschätzung einzelner Vorfälle oder Tatbestände mittels der Arbeitsdefinition [...] eher auf den impliziten Vorverständnissen der sie Anwendenden [...] denn auf klaren Kriterien"[43] basiere, was ein Einfallstor für eine grundrechtsgefährdende Instrumentalisierung der Definition sei.[44]

Der Fall David Miller

Tatsächlich ist zur Anwendungspraxis der IHRA-Definition bisher wenig bekannt.[45] Jedoch lassen sich zur These, die IHRA-Definition begünstige eine „vorschnell[e]"[46] Klassifizierung zweideutiger Aussagen als antisemitisch, auch Gegenbeispiele anführen. Ein solches der Fall des britischen Soziologieprofessoren David Miller.

Miller war in den letzten Jahren vermehrt durch extreme antizionistische Aussagen, verschwörungsideologische Darstellungen zionistischer Netzwerke in Großbritannien sowie verbale Angriffe auf die britische *Union of Jewish Students* aufgefallen.[47] Angesichts steigenden öffentlichen Drucks gab die Universität Bristol schließlich ein Rechtsgutachten in Auftrag, welches seine Aussagen unter expliziter Berücksichtigung der IHRA-Definition juristisch einordnen sollte. Dieses jedoch sprach Millers von den erhobenen Antisemitismusvorwürfen frei – mit der Begründung, Millers Aussagen seien zwar extrem, bezögen sich aber nicht auf Jüdinnen:Juden *als Jüdinnen:Juden* oder das Judentum *als solches* und müssten daher als „political speech" charakterisiert werden.[48]

Das Gutachten ist in zweierlei Hinsicht aufschlussreich. Zum einen bezeugt es den problematischen Einfluss der sogenannten „Jerusalem Declaration on Antisemitism" (JDA), die als ausdrücklicher Gegenentwurf zur IHRA-Definition veröffentlicht wurde, im Gutachten jedoch zur konkretisierenden Auslegung derselben herangezogen wird. Laut JDA handle es sich bei Antisemitismus um „Diskriminierung, Vorurteil, Feindseligkeit oder Gewalt gegen Jüdinnen und

---

42 vgl. Ullrich 2019, S. 16.
43 ebd.
44 ebd. Differenzierungsmerkmale, die die IHRA selbst nennt, wie das Kriterium doppelter Standards oder des Gesamtkontexts, bezeichnet Ullrich als zu unbestimmt oder „knapp formuliert". Ebd., S. 15.
45 vgl. Kahn-Harris 2022, S. 1; Wetzel 2019, S. 3.
46 Ullrich 2019, S. 16.
47 vgl. Kahn-Harris 2022, S. 1 f.
48 Eine geleakte Version des Gutachtens findet sich auf der Website *Electronic Intifada*. Wenngleich diese Quelle mit Vorsicht zu behandeln ist, scheint es bisher keine Zweifel an ihrer Authentizität zu geben. Vgl. *Kahn-Harris* 2022, S. 1, Fn. 2; Electronic Intifada 2021.

Juden *als Jüdinnen und Juden*"[49] – eine Formulierung, die laut Lars Rensmann „jede Definition, die auch Formen des modernen oder modernisierten [...] Antisemitismus einbeziehen will, ad absurdum" führe und „nach strenger Auslegung fast gar keinen Antisemitismus mehr"[50] erfasse, zeichne sich dieser doch wesentlich dadurch aus, sich auf Ersatzobjekte und nicht auf Jüdinnen: Juden *als Jüdinnen:Juden* zu beziehen.[51]

Zum anderen, und das ist an dieser Stelle entscheidend, verweist der Fall Miller auf die Möglichkeit, dass Jurist:innen und Institutionen Definitionen „‚untergraben' oder einfach vernachlässigen, wenn sie sich mit Antisemitismusvorwürfen befassen."[52] Dieses zuletzt von Keith Kahn-Harris prägnant formulierte Argument scheint weder neu noch überraschend. So haben etwa Befürworter: innen der IHRA-Definition die Kritik der Instrumentalisierbarkeit immer wieder mit dem Argument zurückgewiesen, dass – wo ein böser Wille ist – keine Definition vor Instrumentalisierungen gefeit sei.[53]

Das Gerücht über die Juden

Fraglich ist jedoch, ob diese Feststellung nicht die Spezifika von Antisemitismus als zu definierendem Gegenstand unterschlägt. Denn wie Thomas Haury und Klaus Holz hervorheben, bestehen fast alle gängigen Antisemitismusdefinitionen aus einer inhaltlich weitestgehend unbestimmten Kerndefinition sowie einer konkretisierenden Aufzählung verschiedener beispielhafter Typen.[54] Diese Struktur birgt zum einen das logische Problem, dass eine solche Auflistung an sich nicht begründen kann, dass alle in ihr genannten „Typen gemeinsam Antisemitismus genannt werden dürfen", denn dafür „müsste ihr Allgemeines angegeben werden. Eben dieses Gemeinsame aber bleibt in der Regel unterbestimmt oder ganz unklar."[55] Zum anderen verweist sie darauf, dass die Spannung zwischen dem Anspruch, Antisemitismus abstrakt zu bestimmen und zugleich seine zahlreichen Erscheinungsformen zu erfassen, offenbar weder zufällig noch einfach durch besseres Definieren aufzulösen ist. Dies wiederum legt nahe, dass sie, so Philipp Lenhard, auf den Definitionsgegenstand selbst zurückgeführt

---

49 Jerusalemer Deklaration zum Antisemitismus 2021, Herv. d. Verf.
50 Rensmann 2021.
51 Zugleich weist Kahn-Harris darauf hin, dass auch dezidierte Fürsprecher der Definition argumentieren, die JDA sei falsch angewandt worden, wobei sie eigentlich die Werkzeuge bereitstelle, Millers Antisemitismus als solchen aufzudecken. *Kahn-Harris* 2022, S. 2.
52 ebd., S. 1.
53 vgl. Ionescu 2022, S. 3; ähnlich auch Wetzel 2019, S. 4.
54 vgl. Holz/Haury 2021, S. 18 f.
55 ebd.; ähnlich Lenhard 2020, S. 26 f.

werden muss: „Eine Definition verlangt Eindeutigkeit, wo doch gerade deren Gegenteil, das ‚Gerücht über die Juden' […] – die Anziehungskraft und Wirkungsmacht des Antisemitismus ausmacht."[56]

Unter der auf Adorno zurückgehenden Bezeichnung von Antisemitismus als „Gerücht"[57] kann dabei zweierlei verstanden werden. So handelt es sich beim Antisemitismus nicht nur um ein Vorurteil, sondern um eine Weltsicht, die abstrakte gesellschaftliche Phänomene und Vorgänge mit dem Wirken ‚der Juden' ‚erklären' will bzw. auf das vermeintlich Jüdische projiziert. Dass die Projektionen meist zutiefst irrational und offen widersprüchlich sind, tut der Attraktivität des Ressentiments dabei keinen Abbruch – im Gegenteil zieht der Antisemitismus als „Leidenschaft" *gerade hieraus* seine spezifische Anziehungskraft.[58] In einer prägnanten Formulierung Samuel Salzborns ist Antisemitismus damit zu verstehen als „Unfähigkeit und Unwilligkeit, abstrakt zu denken und konkret zu fühlen […], wobei die nicht ertragene Ambivalenz der Moderne auf das projiziert wird, was der/die Antisemit/in für jüdisch hält."[59]

Zum anderen ist der Antisemitismus eine dynamische Ideologie, also, was schon ein kurzer Blick auf die Geschichte des Antisemitismus zeigt, wandelbar und anpassungsfähig. Seine konkreten Ausdrucksformen hängen dabei maßgeblich davon ab, welche gesellschaftlichen Kontexte und Gelegenheitsstrukturen er vorfindet. Diese Grenzen können das Ressentiment hemmen, sie können aber auch zu einer Immunisierung des Ressentiments durch die Herausbildung antisemitischer Codes und Grauzonen führen, welche sich, so Lars Rensmann, als „subtile[s] Spiel mit Anspielungen in den Grenzen des Sagbaren" immer wieder abstrakten und generalisierbaren Kriterien entzögen.[60]

Vor dem Hintergrund dieser nur grob skizzierten Wesensmerkmale des modernen Antisemitismus erscheint die von Haury und Holz analysierte Struktur vieler Antisemitismusdefinitionen folglich nicht als kontingenter Mangel, sondern als Ausdruck des Versuchs, das „unverfügbar[e], sich jeder begrifflichen Rubrizierung entziehend[e] Wesen"[61] des Antisemitismus verständlich und praxisorientiert zu definieren. Hieran anschließend könnte (anstelle eines pauschalen Verweises auf die grundsätzliche Instrumentalisierbarkeit von Definitionen) eine Verteidigung der IHRA-Definition lauten, dass sie dem Wesen des Antisemitismus *gerade* durch ihre Unbestimmtheit Rechnung trägt. Vagheit und Präzision stünden damit nicht im Widerspruch, sondern entsprächen einander.[62]

---

56 Lenhard 2020, S. 27.
57 Adorno 2018 [1951], S. 125.
58 Salzborn 2019, S. 21.
59 ebd., S. 23.
60 Rensmann 2013, S. 167.
61 Lenhard 2020, S. 27.
62 vgl. etwa Ionescu 2022, S. 2.

4. Das Problem der Unbestimmtheit aus der Perspektive des Rechts

Fraglich ist die Plausibilität dieser Schlussfolgerung allerdings u. a. mit Blick auf ihre Implikationen für die Rechtspraxis. Denn anders als etwa die meisten sozialwissenschaftlichen Begriffe haben Rechtsbegriffe durch ihre Einbettung in das Normensystem Recht einen spezifisch *normativen* Charakter. Dies folgt zunächst aus ihrer Funktion für die Rechtsanwendung, bei der Begriffe ausgelegt, d. h. begrifflich konkretisiert werden und anschließend der jeweilige Sachverhalt unter diese konkretisierten Begriffsbestimmungen subsumiert wird. Rechtsbegriffe definieren damit den *Anwendungsbereich* einer Norm: Je nachdem, wie weit oder eng ein Begriff definiert ist, umfasst die jeweilige Regelung mehr oder weniger Phänomene.[63] Hiermit eng verknüpft ist zweitens die normative Anforderung an das Recht, möglichst bestimmt zu sein, womit nicht zuletzt der aus Demokratie- und Rechtsstaatsprinzip (Art. 20 GG) hervorgehende Zweck verfolgt wird, Rechtssicherheit zu gewährleisten und staatlicher Willkür vorzubeugen. Eine besondere Ausprägung dieses staatsrechtlichen Bestimmtheitsgebots ist der in Art. 103 II GG festgeschriebene strafrechtliche Grundsatz *nullum crimen, nulla poena sine lege certa*.[64]

Zugleich ist jedoch auch das Phänomen der Unbestimmtheit für das Recht nicht unbekannt. So müssen Rechtsnormen und Begriffe grundsätzlich auf eine Vielzahl unterschiedlicher Sachverhalte anwendbar sein; es handelt sich also schon *der Form nach* um abstrakte Begriffe. Wenngleich die strukturell erforderliche Unbestimmtheit damit auch mit den normativen Anforderungen des Bestimmtheitsgebot in Spannung tritt, ist sie für die Rechtsphilosophin Liza Mattutat „*[a]ls Formbestimmung* [...] weder gut noch schlecht, weder fort- noch rückschrittlich. Sie ist einfach etwas, mit dem wir umgehen müssen."[65]

Gleiches trifft freilich auf den Antisemitismusbegriff zu, bei dem die Unbestimmtheit als Formbestimmung eine ebenso irreduzible Komponente bildet – mit der es einen Umgang zu findet gilt. Analog lässt sich aber auch das normative Bestimmtheitserfordernis deuten: Denn offenbar kann die Anerkennung der Tatsache, dass sowohl Rechtsbegriffen im Allgemeinen als auch Antisemitismusdefinitionen im Besonderen ein Moment der Unbestimmtheit innewohnt, *nicht bedeuten,* dass ihre Auslegung letztlich willkürlich oder beliebig ist.

Was jedoch folgt hieraus mit Blick auf die Rechtspraxis? Der letzte Abschnitt skizziert einige – freilich nicht abgeschlossene – Überlegungen zu den prakti-

---

63 vgl. Lagodinsky 2013, S. 19.
64 vgl. Remmert in: Herzog et al., GG, Art 103 Rn. 1.
65 Mattutat 2016, S. 497.

schen Implikationen der hier vorgenommenen Begriffsanalyse für den juristischen Umgang mit Antisemitismus.

Erstens bietet die Betrachtung von Unbestimmtheit als Formbestimmung parallel zum Recht nicht nur Aufschluss über bestimmte Probleme bei der Auslegung und Anwendung von Begriffen, so wie sie hier exemplarisch anhand der drei Fälle diskutiert wurden. Sie verweist zugleich auf den Ursprung dieser Probleme und somit auch auf das Wesen des Antisemitismus selbst: Die Reflexion der Unbestimmtheit als Form bildet in diesem Sinne den ersten Schritt zur inhaltlichen Bestimmung, d. h. Auslegung und Anwendung des Begriffs. So kann die Einsicht in den, die Unbestimmtheit bedingenden, projektiven und wandelbaren Charakter des antisemitischen Ressentiments zum einen für chiffrierte Formen des Antisemitismus sensibilisieren und einer reduktionistischen Auslegung vorbeugen. Zweitens verweist sie auf die Tatsache, dass antisemitische Ausdrucksformen maßgeblich durch die sie umgebenden gesellschaftlichen Kontexte beeinflusst sind. Mutmaßlich antisemitische Aussagen und Handlungen müssen daher, so Sina Arnold, „im Zusammenhang mit der Sinnstruktur der Semantik betrachtet und mit gesellschaftlichen Strukturen und Prozessen verbunden werden."[66]

Dies setzt freilich ein Wissen über zeitgenössische Formen des Antisemitismus sowie ihre spezifischen Verschränkungen mit sozialen wie politischen Dynamiken voraus. Denn auch wenn das Unbestimmtheitsmoment für den Antisemitismus und seine Definitionen konstitutiv ist, sind die meisten Erscheinungsformen des Phänomens selbst nicht beliebig, sondern beruhen auf teils über Jahrhunderte tradierten und kulturell verankerten Mustern und Motiven. Die in der IHRA-Definition enthaltene Auflistung aktueller Beispiele für solche Erscheinungsformen kann hier Orientierung bieten.[67] Schließlich folgt aus der obigen Analyse jedoch auch, dass die Suche nach dem *most effective way* rechtlicher Antisemitismusbekämpfung nicht bei der Etablierung einer bestimmten Definition stehenbleiben darf, sondern insbesondere auch die Aus- und Weiterbildung von – letztlich für die Auslegung des Begriffs und den entsprechenden Rechtsfolgen verantwortlichen – Jurist:innen adressieren muss.

---

66 Arnold 2022, S. 3.
67 Zur Einordnung der Beispiele sowie zur Veranschaulichung guter Anwendungspraxis vgl. insbesondere Europäische Kommission et al. 2021.

Bibliografie

Adorno, Theodor W. (2018) [1951]: *Minima Moralia. Reflexionen aus dem beschädigten Leben.* 11. Aufl. Frankfurt a. M.: Suhrkamp.

Arnold, Sina (2022): ‚Eine Definition für die Praxis‘, in: *conflict & communication online*, 21 (1). URL: https://regener-online.de/journalcco/2022_1/pdf/arnold2022_dt.pdf (Zugriff am 02.04.2022).

Bergmann, Werner/Erb, Rainer (1983): ‚Kommunikationslatenz, Moral und öffentliche Meinung. Theoretische Überlegungen zum Antisemitismus in der Bundesrepublik Deutschland‘, in: *Kölner Zeitschrift für Soziologie und Sozialpsychologie*, 38 (2), S. 223–246.

Deutscher Bundestag (2020): Entwurf eines Gesetzes zur Änderung des Strafgesetzbuchs – Strafzumessung bei antisemitischen Straftaten, Drucksache 19/16399. URL: https://dser ver.bundestag.de/btd/19/163/1916399.pdf (Zugriff am 02.04.2022).

Europäische Kommission et al. (Hg.) (2021): *Handbuch zur praktischen Anwendung der IHRA-Arbeitsdefinition von Antisemitismus.* Luxemburg: Publications Office of the European Union. URL: https://data.europa.eu/doi/10.2838/687372 (Zugriff am 10.06.2022).

Europäisches Parlament (2017): Resolution on combating anti-Semitism, 2692. URL: https://www.europarl.europa.eu/doceo/document/B-8-2017-0383_EN.html (Zugriff am 02.04.2022).

Gliszczyńska-Grabias, Aleksandra (2020): ‚Counteracting Antisemitism with Tools of Law: An Effort Doomed to Failure?‘, in: Lange, Armin/ Mayerhofer, Kerstin/ Porat, Dina/ Schiffmann, Lawrence H. (Hg.): *Comprehending and Confronting Antisemitism. A Multi-Faceted Approach.* Berlin/Boston: De Gruyter, S. 489–502.

Herzog, Roman/Scholz, Rupert/Herdegen, Matthias/Klein, Hans (2022): *Grundgesetz Kommentar.* 95. EL. München: C.H. Beck.

Holz, Klaus/Haury, Thomas (2021): *Antisemitismus gegen Israel.* Hamburg: Hamburger Edition.

IHRA – International Holocaust Remembrance Alliance (2016): Arbeitsdefinition Antisemitismus. URL: https://www.holocaustremembrance.com/de/resources/working-de finitions-charters/arbeitsdefinition-von-antisemitismus (Zugriff am 05.10.2021).

Ionescu, Dana (2022): ‚Die Antisemitismusdefinition der IHRA im Handgemenge. Eine kritische Diskussion der Mobilisierungen gegen die erste internationale Antisemitismusdefinition‘, in: *conflict & communication online*, 21 (1). URL: https://regener-on line.de/journalcco/2022_1/pdf/ionescu2022_dt.pdf (Zugriff am 02.04.2022).

Jerusalemer Deklaration zum Antisemitismus (2021). URL: https://jerusalemdeclaration.o rg/wp-content/uploads/2021/03/JDA-deutsch-final.ok_.pdf (Zugriff am 02.04.2021).

Kahn-Harris, Keith (2022): ‚Was wir über die IHRA nicht wissen: Praktiken der Subversion und Vernachlässigung‘, in: *conflict & communication online*, 21 (1). URL: https://re gener-online.de/journalcco/2022_1/pdf/kahn-harris2022.pdf (Zugriff am 02.04.2022).

Lagodinsky, Sergey (2013): *Kontexte des Antisemitismus. Rechtliche und gesellschaftliche Aspekte der Meinungsfreiheit und ihrer Schranken.* Berlin: Metropol.

Lenhard, Philipp (2020): ‚Undefinierbar. Die jüngsten Debatten um die „Arbeitsdefinition Antisemitismus" sind eine Farce‘, in: *sans phrase*, 16, S. 24–28.

Liebscher, Doris (2020): ‚Sind Juden weiß? Von den Schwierigkeiten des rechtlichen Umgangs mit Antisemitismus‘, in: *Jahrbuch für Antisemitismusforschung*, 29, S. 422–452.

Liebscher, Doris/Lagodinsky, Sergey/Pietrczyk, Kristin/Steinitz, Benjamin (2020): ‚Antisemitismus im Spiegel des Rechts‘, in: *Neue Juristische Online-Zeitschrift*, 30, S. 897–902.

Mattutat, Liza (2016): ‚Das Problem der Unbestimmtheit des Rechts. Konsequenzen für die theoretische und die praktische Rechtskritik‘, in: *Kritische Justiz*, 49 (4), S. 496–508.

Rensmann, Lars (2013): ‚Die Ausgrenzung des Eigenen und die Exklusion der „Anderen“ Zur politischen Psychologie des Antisemitismus heute‘, in: *Psychoanalyse*, 2, S. 157–191.

Rensmann, Lars (2021): Die Jerusalemer Erklärung. Eine Kritik aus Sicht der Antisemitismusforschung, in: *Belltower News*, 25.05.2021. URL: https://www.belltower.news/die -jerusalemer-erklaerung-eine-kritik-aus-sicht-der-antisemitismusforschung-116093/ (Zugriff am 02.04.2022).

Salzborn, Samuel (2019): *Globaler Antisemitismus. Eine Spurensuche in den Abgründen der Moderne*. Bonn: Bundeszentrale für politische Bildung.

Sehl, Markus (2019): ‚Klare Antisemitismus-Definition für die Länder‘, in: *Legal Tribute Online*, 15.04.2019. URL: http://www.lto.de/recht/justiz/j/bmjv-antisemitismus-defini tion-justiz-laender-judenhass-verfolgung-staatsanwaltschaft/ (Zugriff am 02.04.2022).

Ullrich, Peter (2019): *Gutachten zur ‚Arbeitsdefinition Antisemitismus‘ der International Holocaust Rememberance Alliance*. Berlin: Rosa-Luxemburg-Stiftung. URL: https:// www.rosalux.de/publikation/id/41168/gutachten-zur-arbeitsdefinition-antisemitismu s-der-ihra (Zugriff am 17.05.2022).

von Heintschel-Heinegg, Bernd (2022): *Beck'scher Online-Kommentar StGB. 52. Ed.* München: C.H. Beck.

Weller, Marc-Philippe/Lieberknecht, Markus (2019): ‚Antisemitismus – Antworten des Privatrechts‘, in: *Juristenzeitung*, 74 (7), S. 317–368.

Wetzel, Juliane (2019): Ein Kommentar zum Gutachten von Peter Ullrich über die „Working Definition of Antisemitism“ der International Holocaust Remembrance Alliance (IHRA). URL: https://www.tu-berlin.de/fileadmin/i65/Veranstaltungen/2019/Stellung nahme_Wetzel.pdf (Zugriff am 02.04.2022).

Winstanley, Asa (2021): ‚Second Bristol report exonerated David Miller of anti-Semitism‘, in: *Electronic Intifada*, 26.11.2021. URL: https://electronicintifada.net/blogs/asa-winstanley /second-bristol-report-exonerated-david-miller-anti-semitism (Zugriff am 02.04.2022).

Zechlin, Lothar (2021): ‚Antisemitismus als Rechtsbegriff. Wann ist Israelkritik antisemitisch und wann ist sie es nicht?‘, in: *Kritische Justiz*, 54 (1), S. 31–46.

II. Antisemitismus(-kritik) in feministischen Diskursen

Kerstin Dembsky

„Das war für mich als Feministin am schwersten zu begreifen". Feministische Positionen zu Antisemitismen in der Bundesrepublik (1976–2001)

Anlässlich des 50. Jahrestages der Novemberpogrome erschien in der feministi-schen Zeitschrift *Emma* von Oktober bis Dezember 1988 eine dreiteilige Serie zum Thema „Jüdinnen". Darin schilderte die *Emma*-Mitgründerin und Autorin „der ersten Stunde"[1], Viola Roggenkamp, erstmals ihre eigene Biographie – und sie adressierte damit ein Problem, das westdeutsche Feministinnen selbst betraf: Lange Zeit hatte sie „Freundinnen, selbst Feministinnen"[2] nicht erzählt, dass sie Jüdin ist. Lange Zeit hielt sie es für normal, „[m]it Antisemitismus zu rechnen, sofort aufzuhorchen, aber womöglich nichts zu sagen [...]. Sogar in der Frau-enbewegung. Das war für mich als Feministin am schwersten zu begreifen, aber ich habe es hingenommen. Zunächst."[3] Jetzt wollte Roggenkamp ihrem „Schweigen"[4] über Antisemitismus auch unter Feministinnen ein Ende bereiten.

Das Verhältnis des *Feminismus* zum *Antisemitismus*[5] wird in der Forschung seit einigen Jahren diskutiert. Aktuelle Debatten drehen sich in erster Linie um die Unterstützung der BDS-Kampagne durch Feministinnen wie Judith Butler, Laurie Penny, Linda Sarsour und Angela Davis sowie um Pinkwashing-Vorwürfe gegen Israel.[6] Sie erwecken jedoch mitunter den Eindruck, Feministinnen über-nähmen lediglich antiimperialistische Standpunkte, die keinen nennenswerten Bezug zur feministischen Theorie und Geschichte haben. Obwohl sich der Fe-minismus als soziale Bewegung und politische Idee stets in Auseinandersetzung mit anderen Bewegungen und Theorien entwickelt hat, ist er dennoch auch in einem gewissen Maße durch eigenständige Bildungsprozesse gekennzeichnet.[7]

---

1 Schwarzer 1990, S. 23.
2 Roggenkamp 1988, S. 45.
3 ebd.
4 ebd., S. 44.
5 Die Kursivsetzung macht darauf aufmerksam, dass die genannten Phänomene in Wahrheit aus verschiedenen, historisch sich wandelnden Formen und Strömungen bestehen.
6 vgl. exemplarisch Stögner 2019; Haug 2018; Uhlig 2017. Siehe hierzu auch den Beitrag von Randi Becker in diesem Band.
7 vgl. Maurer 2015, S. 33f.

Dieser Aufsatz gibt einen Überblick über die wichtigsten Positionen, die Feministinnen in der Bundesrepublik seit Beginn der Neuen Frauenbewegung Anfang der 1970er Jahre zu verschiedenen Formen des Antisemitismus eingenommen haben. Mittels der Methode der Zeitschriftenanalyse arbeitet er insbesondere die inhaltliche Komplexität, Mehrstimmigkeit, Entwicklung und Widersprüchlichkeit des feministischen Diskurses heraus und schlägt einen Bogen von der Neuen Frauenbewegung zu aktuellen feministischen Debatten. Er verdeutlicht zum einen, welche feministischen Haltungen zu Antisemitismen und zur Schoa mit Haltungen, die in der gesamten bundesdeutschen Gesellschaft verbreitet waren, korrespondierten. Zum anderen macht er auf Besonderheiten des Feminismus als emanzipatorische Bewegung, die an dem Thema Antisemitismus stets auch das Thema Geschlecht verhandelte, aufmerksam.

Untersucht werden die feministischen Zeitschriften *Courage* (1976–1984), *Emma* (seit 1977), *Wir Frauen* (seit 1979), *Beiträge zur feministischen Theorie und Praxis* (1978–2008), *Feministische Studien* (seit 1982), *Schlangenbrut* (1983–2013) und *Metis* (1992–2001). Während *Courage*, *Emma* und *Wir Frauen* eine journalistische Ausrichtung haben, sind die übrigen akademische Fachzeitschriften, die im Zuge der Entwicklung einer feministischen Wissenschaft entstanden. Die *Beiträge* und *Feministischen Studien* sind der feministischen Sozialwissenschaft, die *Schlangenbrut* ist der christlich-feministischen Theologie sowie dem spirituellen Feminismus und *Metis* der feministischen Geschichtswissenschaft zuzuordnen. Daneben steht die *Courage* für differenzfeministische, *Emma* und *Wir Frauen* vertreten gleichheitsfeministische Positionen,[8] während letztere zudem sozialistisch geprägt ist.

Die Quellenauswahl soll jedoch nicht den Eindruck erwecken, feministische Theorien und Aktivitäten könnten auf diese Weise erschöpfend erfasst werden. Zugleich kann die Methode der Zeitschriftenanalyse keine allgemeinen Aussagen über das genaue Ausmaß von Antisemitismus innerhalb der feministischen Bewegung liefern. Da Antisemitismus seit 1945 im öffentlichen Raum zunehmend tabuisiert wurde und seither vor allem im privaten Raum zum Ausdruck kommt beziehungsweise über Umwege kommuniziert wird,[9] ist anzunehmen, dass dies auch auf feministische Gruppen und Bewegungen zutrifft. Bei der Analyse der feministischen Zeitschriften ist vielmehr die Frage erkenntnisleitend, zu welchem Zeitpunkt Feministinnen öffentlich Formen des Antisemitismus äußerten, kritisierten, diskutierten oder akzeptierten und inwiefern dies in den verschieden ausgerichteten feministischen Zeitschriften variierte.

---

8 bzgl. der Unterscheidung von Gleichheits- und Differenzfeminismus bzw. sozialem und kulturellem Feminismus vgl. Schulz 2003.
9 vgl. Bergmann/Erb 1986.

Der Untersuchungszeitraum endet mit dem Jahr 2001. Anfang der 2000er-Jahre wurden nicht nur wichtige feministische Zeitschriften wie *Metis* und die *Beiträge* eingestellt. Auch die Debatte über *feministischen Antisemitismus*, die Mitte der 1980er Jahre von vor allem jüdischen Feministinnen initiiert worden war, ging zu Ende. Viele der Kritikerinnen zogen sich aus dem deutschen feministischen Kontext zurück, da sie „abgekämpft, müde und resigniert"[10] waren und Bündnisversuche mit anderen marginalisierten Frauen als „auf breiter Ebene gescheitert"[11] betrachteten. Einen wichtigen Schritt hin zur Aufarbeitung dieser Debatten unternahmen feministische Autorinnen bereits 1994 mit dem Sammelband „Der feministische ‚Sündenfall'? Antisemitische Vorurteile in der Frauenbewegung".[12] Weitere hilfreiche Darstellungen wurden nach 2001 u.a. von Astrid Messerschmidt, Ljiljana Radonić, Birgit Schmidt und Debora Antmann veröffentlicht.[13]

Ihre unterschiedlichen Analyseschwerpunkte führt dieser Aufsatz zusammen und erweitert sie um die bisher wenig beachtete Dimension des israelbezogenen Antisemitismus. Zugleich liegt der Fokus noch stärker auf dem historischen Wandel des Verhältnisses von Feministinnen zum Antisemitismus, um auf diese Weise Transformationen und Kontinuitäten sichtbar zu machen. Die Darstellung orientiert sich dabei an den folgenden fünf Leitthemen, die für die Auseinandersetzung mit Antisemitismus in den genannten feministischen Zeitschriften zwischen 1976 und 2001 zentral gewesen sind: 1.) Das Verhältnis von Sexismus, Rassismus und Antisemitismus; 2.) NS-Täterinnenschaft und Antisemitismus von Frauen; 3.) Die Rolle des Judentums im Patriarchat; 4.) Israel und der Nahostkonflikt; und 5.) Jüdische Frauen und Feministinnen.

1. Das Verhältnis von Sexismus, Rassismus und Antisemitismus

Um das Leid von Frauen erfassen und analysieren zu können, schufen US-amerikanische Feministinnen in den 1960er Jahren in Anlehnung an den Begriff „racism" den Begriff „sexism".[14] Durch das von Marielouise Janssen-Jurreit veröffentlichte Werk „Sexismus. Über die Abtreibung der Frauenfrage"[15] fand der Begriff 1976 auch Eingang in den Sprachgebrauch deutscher Feministinnen. Myra Marx Ferree hat darauf hingewiesen, dass die Beziehungen zwischen feministischen und antirassistischen Gruppierungen in den 1960er Jahren in den

---

10 Baader 1999, S. 91 f.
11 Gelbin 1999, S. 88.
12 Kohn-Ley/Korotin 1994.
13 vgl. Messerschmidt 2003, S. 158–184; Radonić 2004, S. 132–159; Schmidt 2007; Antmann 2017.
14 Brockhaus o. J.
15 Janssen-Jurreit 1976.

USA besonders eng, feministisch-antirassistische Bündnisse „völlig normal"[16] gewesen seien. In der Bundesrepublik seien hingegen Klasse und Geschlecht parallelisiert worden, da der „Bezug auf ‚Rasse' – aus nachvollziehbaren historischen Gründen – als Analogie ungeeignet war".[17] Im Gegensatz hierzu teilt dieser Aufsatz die These, dass die Parallelisierung von Sexismus und Antisemitismus, von Judenverfolgung und Frauenunterdrückung eine ganz wesentliche Bedeutung für die kollektive Identitätsbildung von westdeutschen Feministinnen sowie die Legitimierung ihrer Forderungen hatte.[18]

Die Gleichsetzung von Sexismus und Antisemitismus tauchte bereits in dem 1975 ins Deutsche übersetzten Werk „Feminismus oder Tod" der französischen Feministin Françoise d'Eaubonne, das zu einem Klassiker des Ökofeminismus werden sollte, auf. In der Einleitung bezeichnete sie Frauenfeindschaft als „geschlechtlichen Rassismus", der stets auf die „Hitlersche Endlösung"[19] hinauslaufe: „[W]ir haben Unheil über die Welt gebracht, haben Christus getötet, den Tod auf Erden verschuldet, wir verdarben die Seele, wir leerten die Geldbeutel […]. Man hatte uns im Mittelalter oft verbrannt – wie die Juden; aber wir waren immer noch da."[20] In den folgenden Jahren spielte der Bezug auf die Hexe als Symbol- und Identifikationsfigur für westdeutsche Feministinnen eine wichtige Rolle.[21] Dabei reichte das Spektrum von Kneipennamen wie „Blocksberg", über die jährlichen „Walpurgisnacht-Demonstrationen" gegen sexualisierte Gewalt bis hin zu Feministinnen, die versuchten, ein angeblich verschüttetes, uraltes Hexenwissen in sich wiederzuentdecken oder sich sogar selbst als Hexe verstanden.[22]

Nachdem die Fernsehserie „Holocaust" Anfang 1979 „zu einem unerwarteten Medienereignis"[23] geworden war, wuchs das Wissen über die nationalsozialistische Judenverfolgung innerhalb der deutschen Bevölkerung beträchtlich an und der Begriff „Holocaust" wurde im deutschen Kontext gebräuchlich.[24] Viele Feministinnen hielten es zunächst „für legitim, auch die Massenvernichtung der Frauen durch Feuer als Holocaust zu bezeichnen."[25] Im Anschluss daran sprach etwa die feministische Autorin und Übersetzerin Erika Wisselinck, die auch zahlreiche Artikel in der Zeitschrift *Schlangenbrut* veröffentlichte, von den He-

---

16 Ferree 2018, S. 52.
17 ebd., S. 50.
18 vgl. Heschel 1994, S. 167; Schmidt 2007.
19 Eaubonne 1975, S. 15.
20 ebd., S. 30.
21 vgl. Voltmer 2019.
22 vgl. Schmidt 2007.
23 Bergmann 1995, S. 81.
24 vgl. Bösch 2019, S. 363–395.
25 Wisselinck 1987, S. 8.

xenverfolgungen als „Frauen-Holocaust"[26]. Dies sollte aus heutiger Sicht nicht fälschlicherweise als eine unreflektierte Gleichsetzung mangels besserem Wissen betrachtet werden. Vielmehr wurde der Holocaust gezielt instrumentalisiert, um das Leid von Frauen zu belegen und Schuldvorwürfe gegen sie abzuwehren.

Im Jahr 1987 klärte die jüdisch-US-amerikanische Theologin Susannah Heschel während einer Vortragsreise in Deutschland über Antisemitismus in der christlich-feministischen Theologie auf, gab der *Schlangenbrut* ein umfangreiches Interview und veröffentlichte einen Aufsatz in dieser.[27] Die *Schlangenbrut* druckte daraufhin einen Leserinnenbrief der Matriarchatsforscherin Barbara Bade-Theisen ab. In diesem forderte sie hinsichtlich des Gedenkens an das erstmalige Erscheinen des „Hexenhammers" vor 500 Jahren: „Dieser Frauen-Holocaust, diese nachhaltige Auslöschung unseres Selbst-Bewußtseins, diese uns noch heute eingebrannte Angst [...] müßten doch das vordringliche Thema dieses ganzen Jahres für uns Frauen sein!!!"[28]

Und auch in der *Emma* veröffentlichte Alice Schwarzer parallel zum dritten Teil der Serie „Jüdinnen" im Dezember 1988, in dem Heschel die Kritik an feministischen Theologinnen wiederholt hatte,[29] einen Vortrag mit dem Titel „Wir modernen Hexen", den sie im Rahmen der Frauenringvorlesung zum Thema „Hexen" im Sommersemester 1987 an der Universität zu Köln gehalten hatte. In diesem erläuterte sie eindrücklich:

> „Warum beschäftigt sich die neue Frauenbewegung heute so intensiv mit dem Thema ‚Hexen'? Meine Antwort: [...] Die Hexenverfolgung ist ein Teil unserer Geschichte, und zwar ein ganz besonders schmerzlicher, dramatischer Teil: die Hexenverfolgungen sind sozusagen der Holocaust der Frauen."[30]

Eine Parallele zur Schoa sah sie darüber hinaus auch in der „Entmenschlichung von Frauen durch die Pornographie."[31]

Im Gegensatz zur *Emma*, *Courage* und *Schlangenbrut* wurden die Hexenverfolgungen in den feministischen Fachzeitschriften *Beiträge zur feministischen Theorie und Praxis*, *Feministische Studien* und *Metis* kaum thematisiert, geschweige denn mit der nationalsozialistischen Judenverfolgung gleichgesetzt. Ausgehend von der in den 1980er Jahren von schwarzen Feministinnen in den USA entwickelten Intersektionalitätsforschung wurden Sexismus und Rassismus

---

26 ebd., S. 11.
27 vgl. Rieger 1987a; Heschel 1987.
28 Pade-Theisen 1987. Durch die fehlerhafte Zitation durch Heschel 1994, S. 167 wurde unter Bezugnahme auf diese in der Vergangenheit leider mehrfach behauptet, die *Schlangenbrut* hätte 1988 „zum Jahr des Holocausts an den Frauen" erklärt. Vgl. exemplarisch Radonić 2004, S. 141.
29 vgl. Heschel 1988.
30 Schwarzer 1988, S. 12.
31 ebd., S. 16.

zunehmend als jeweils spezifische, jedoch miteinander verflochtene Phänomene analysiert. Antisemitismus wurde dabei allerdings größtenteils als eine Form des Rassismus wahrgenommen und bezüglich seiner historischen und gegenwärtigen Dimension marginalisiert.[32] Eine Ausnahme bildete die von 1992 bis 2001 erschienene Zeitschrift *Metis*, die sich auf jüdische Geschlechtergeschichte und geschlechtssensible Antisemitismusforschung konzentrierte. In den *Beiträgen* meldeten sich zu Beginn der 1990er Jahre ebenfalls jüdische Feministinnen zu Wort, die auf ihre spezifischen Erfahrungen mit verschiedenen Formen des Antisemitismus im deutschen Feminismus aufmerksam machten.[33]

2.   NS-Täterinnenschaft und Antisemitismus von Frauen

Im Zusammenhang mit der Gleichsetzung von Antisemitismus und Sexismus wurde in den 1970er Jahren auch der *Faschismus* zu einer „universell einsetzbaren Kritikformel"[34]. Mit dieser belegten Feministinnen ihre Gegner:innen sowie Verhältnisse und Erscheinungen, die sie als sexistisch bewerteten, wie zum Beispiel die Pornographie („Sexualfaschismus"[35]). Durch die Parallelisierung mit dem *Faschismus* wurde der Nationalsozialismus zur historischen Arena, in der die Deutungskämpfe um das Wesen von Frauen ausgetragen wurden. Dabei standen die These vom Nationalsozialismus als Extremform des Patriarchats und die Frage nach dem Verhältnis der Unterdrückung von Frauen und ihrer Täterinnenschaft im Zentrum.[36] In der *Emma* wurde gemäß ihrer gleichheitsfeministischen Ausrichtung von Beginn an betont, dass Frauen weder bessere noch schlechtere Menschen seien als Männer. Entsprechend wurde auch die NS-Täterinnenschaft früh thematisiert.[37] Daneben standen allerdings auch Darstellungen, welche den Antisemitismus von Frauen relativierten, wie der Artikel „Fremdenhaß – eine Männerkrankheit?" von Margarete Mitscherlich-Nielsen im April 1982. Ausgehend von Freuds Konzept der Kastrationsangst kam sie zu dem Ergebnis, dass Antisemitismus in einem engen Zusammenhang mit der typisch männlichen Sozialisation stehe. Frauen übernähmen diese sogenannten „männlichen" Ressentiments zwar auch, weil sie von der Anerkennung durch Männer abhängig seien, ihre eigentliche psychische Disposition mache sie aber nicht für diese anfällig. Entsprechend führten die Frauenemanzipation und die

---

32 vgl. Stögner 2019.
33 vgl. Jacoby/Magiriba Lwanga 1990; Jacoby 1993.
34 Hammerstein 2008.
35 Schröder 1976, S. 22.
36 vgl. Radonić 2004.
37 vgl. Schwarzer 1979; Paczensky 1979.

Abschaffung des Patriarchats laut Mitscherlich-Nielsen automatisch auch zur Beseitigung des Antisemitismus.[38]

In der differenzfeministisch orientierten Zeitschrift *Courage* wurden Frauen im Nationalsozialismus eher als Opfer statt als Täterinnen dargestellt.[39] Das Blatt wurde allerdings 1984 eingestellt, bevor die Debatte um die NS-Täterinnenschaft und die Relativierungstendenzen innerhalb des Feminismus begonnen hatte. Das Augenmerk der eher sozialistisch ausgerichteten Zeitschrift *Wir Frauen* lag hingegen auf dem Widerstandskampf von Frauen gegen den Nationalsozialismus. Innerhalb der sich etablierenden feministischen Sozialwissenschaft wurde ab 1983 das Konzept der weiblichen Mittäterschaft von Christina Thürmer-Rohr diskutiert, das sich jedoch anfangs nicht auf den Nationalsozialismus, sondern auf einen drohenden atomaren Krieg bezog.[40] Erst ab Mitte der 1980er Jahre begannen Sozialwissenschaftlerinnen und Historikerinnen, die Geschichte von NS-Täterinnen zu erforschen und ihren Antisemitismus anzuerkennen.[41]

3.   Die Rolle des Judentums im Patriarchat

In den 1970er und 1980er Jahren prägte die sogenannte Matriarchatsforschung insbesondere differenzfeministische Strömungen. Sie wurde mitunter auch an Universitäten betrieben und gelehrt, im Laufe der 1990er Jahre jedoch vom akademischen Feminismus weitgehend verdrängt. Matriarchatsforscherinnen gingen von der Existenz frühgeschichtlicher Matriarchate aus, die mit der Entstehung des Patriarchats abgeschafft worden seien. In den früheren Schriften der Matriarchatsforschung wurde vor allem das Judentum als erste monotheistische Religion für die Zerstörung der Matriarchate und die Verbreitung patriarchaler Werte verantwortlich gemacht. Auf diese Weise entstand eine Form der Patriarchatskritik, die in ihrem Kern antijudaistisch war.[42] Im Zuge dessen wurden bis Mitte der 1980er Jahre in den Zeitschriften *Emma* und *Courage* unkritische Artikel zur Matriarchatsforschung gedruckt, die mitunter deren Antijudaismus reproduzierten.[43]

Die Matriarchatstheorie wurde zunächst auch innerhalb der christlich-feministischen Theologie stark rezipiert und weitergeführt. Christlich-feministische Theologinnen untersuchten das Erste Testament auf Spuren der einstigen Ma-

---

38 vgl. Mitscherlich-Nielsen 1982.
39 vgl. Woopen 2019.
40 vgl. Thürmer-Rohr 1983 und 1988.
41 vgl. exemplarisch Koonz 1986; Windaus-Walser 1988; Frauen gegen Antisemitismus 1993.
42 vgl. Ziege 2005 sowie den Beitrag von Christian Kleindienst in diesem Band. Zu dem Begriff „Antijudaismus" und seiner Relevanz nach 1945 vgl. Töllner 2022.
43 vgl. o. A. 1977; Strobl 1977.

triarchate, die das Judentum angeblich zu verdecken versucht hätte.[44] Nach der Intervention von unter anderem Susannah Heschel wurde der damit verbundene Antijudaismus jedoch auch umfassend diskutiert und zum Teil revidiert.[45] Wenngleich nicht alle Theologinnen die Kritik annahmen, führte diese doch insgesamt dazu, dass Antijudaismus innerhalb der christlich-feministischen Theologie an den Rand gedrängt wurde. Auch in der Matriarchatsforschung wurde das Sprechen vom angeblich jüdischen Ursprung des Patriarchats eher zur Ausnahme als zur Regel. In der Jubiläumsausgabe der *Schlangenbrut* von 1993 erklärte Ilse Müllner in einer Zusammenfassung der Antijudaismusdiskussion der Jahre 1986/87, die Frage nach dem Antijudaismus gehöre inzwischen „zum Standardrepertoire der theologisch arbeitenden Feministinnen."[46]

4. Israel und der Nahostkonflikt

Im Jahr 1979 veröffentlichte die palästinensische Journalistin und Aktivistin Raymonda Tawil ihre Autobiographie „Mein Gefängnis hat viele Mauern"[47] auf Deutsch. Nach ihrer Lesereise in der Bundesrepublik und in Österreich rückte das Schicksal palästinensischer Frauen in den Fokus westdeutscher Feministinnen. Dabei wurde jedoch weniger Tawils Kritik an der patriarchalen palästinensischen Gesellschaft, sondern vielmehr ihre Anprangerung einer angeblich „weitgehend unkritisch pro-israelisch"[48] eingestellten deutschen Presse rezipiert. Das größte Interesse bestand allerdings laut Tawil an ihrem Verhältnis zum Terrorismus, den sie in einem „überfüllten Hörsaal" der Universität Bonn als Freiheitskampf und palästinensische Résistance bezeichnete.[49] Zugleich beschrieb sie die palästinensischen Frauen als besonders fortschrittlich: „Wir sind die emanzipiertesten Frauen in der gesamten arabischen Welt."[50] Ähnlich argumentierte Leila Chaled, die sich 1969 und 1970 an zwei Flugzeugentführungen beteiligt hatte, in einem Interview mit der *Courage* im August 1981: „Wir versuchen klarzumachen, daß Ehre etwas anderes bedeutet als Jungfräulichkeit, nämlich, daß wir unser Land wiederbekommen. In dieser Ehre, für Palästina zu kämpfen, sind sich Mann und Frau gleich."[51]

---

44 vgl. Rauch 1985.
45 vgl. Rieger 1987b; Siegele-Wenschkewitz 1988.
46 Müllner 1993, J 5.
47 Tawil 1979.
48 Strobl 1980, S. 20.
49 ebd., S. 22.
50 ebd., S. 24.
51 Ganter 1981, S. 15.

Große Teile der westdeutschen Linken hatten sich bereits im Anschluss an den Sechstagekrieg 1967 und die im Zuge dessen zunehmende Unterstützung der bundesdeutschen Bevölkerung und der Springer-Presse für den Staat Israel von diesem abgewendet. Sie erklärten sich fortan solidarisch mit den Palästinenser: innen, die sie zu den durch Imperialismus und Rassismus unterdrückten Völkern der Erde zählten.[52] Eine vergleichbar einseitige Deutung des Nahostkonfliktes wurde nun auch unter westdeutschen Feministinnen deutlich. Dabei wurden jedoch auch ganz eigene feministische Sehnsüchte auf palästinensische Frauen projiziert, indem ihre Gewalt gegen Israel als Kampf für Frauenemanzipation verherrlicht wurde. Die Lebensrealität von Israelinnen wurde hingegen ausgeblendet. Sie wurden nur erwähnt, wenn sie die israelische Politik gegenüber Palästina verurteilten und sich dagegen engagierten, wie zum Beispiel die Gruppe „Women in Black", die im Jahr 1988 erstmals in Erscheinung trat.[53] Besonders viel Aufmerksamkeit erhielten der Nahostkonflikt und der einseitige Kampf für die Rechte der Palästinenserinnen in der Zeitschrift *Wir Frauen*. Die *Beiträge*, *Feministischen Studien* und *Metis* blendeten die Geschichte und Gegenwart Israels hingegen gänzlich aus, obwohl insbesondere die Konzentration der *Metis* auf jüdische Geschlechtergeschichte wichtige Anknüpfungspunkte hierfür geboten hätte. Insgesamt wurde die feministische Auseinandersetzung mit dem Nahostkonflikt in den 1970er bis 1990er Jahren bis heute kaum kritisiert.[54]

5.   Jüdische Frauen und Feministinnen

Während inzwischen einige Publikationen zur Beteiligung jüdischer Frauen an der ersten Frauenbewegung im späten 19. und frühen 20. Jahrhundert in Deutschland vorliegen,[55] ist über das Engagement von Jüdinnen in der westdeutschen Neuen Frauenbewegung bzw. über Exklusions- oder Inklusionsmechanismen nichtjüdischer Feministinnen ihnen gegenüber wenig bekannt.[56] Dabei stammen einige der wichtigsten feministischen Schriften, die zuerst in den USA und später auch auf Deutsch veröffentlicht und vielfach gelesen wurden, von jüdischen Frauen.[57] In Frankreich wurde die Gruppe *féminin, masculin, avenir* (FMA) 1967 als eine der ersten feministischen Gruppen überhaupt von Anne Zelensky und Jacqueline Hogasen gegründet. Zusammen mit weiteren Frauen planten sie im August 1970 eine Demonstration in Gedenken an „die

---

52   vgl. Bergmann/Erb 1995, S. 53; Holz/Haury 2021, S. 143–161.
53   vgl. exemplarisch Helman/Rapoport 1998.
54   Ausnahmen bilden: Broder 1981; Kohn-Ley 1994.
55   vgl. exemplarisch Kaplan 1981; Fassmann 1996; Grandner/Saurer 2005.
56   Eine Ausnahme bildet: Antmann 2017.
57   vgl. exemplarisch Friedan 1966 [1963]; Chesler 1974 [1972]; Firestone 1975 [1970].

noch unbekanntere Frau des unbekannten Soldaten", die als Geburtsstunde des *Mouvement de Libération des Femmes* gilt.[58]

In Deutschland gründete Sharon Adler 1999 das Online-Magazin *Aviva*, unter anderem weil jüdische Frauen in feministischen Medien ihrer Meinung nach bis dahin kaum eine Rolle gespielt hatten.[59] In der Tat gab es nur wenige jüdische Journalistinnen wie Viola Roggenkamp, Peggy Parnass und Erica Fischer, die regelmäßig in deutschsprachigen feministischen und nichtfeministischen Zeitschriften publizierten. Daneben veröffentlichten auch die Mitglieder des lesbisch-feministischen Schabbeskreises, der sich 1984 in Westberlin zusammengeschlossen hatte, einige Beiträge.[60]

Jüdische Frauen tauchten indes in den feministischen Zeitschriften durchaus auf. Von Beginn an wurden zahlreiche Artikel über jüdische Schriftstellerinnen, Malerinnen, Fotografinnen, Architektinnen, Schauspielerinnen, Psychoanalytikerinnen sowie über weibliche Opfer der Schoa und jüdische Widerstandskämpferinnen veröffentlicht. Allerdings erschienen diese dabei eher als „Heroinen der Vernunft und der Emanzipation"[61] und wurden der eigenen feministischen Wir-Gruppe zugeordnet, ohne dass divergierende Erfahrungen und Deutungen jüdischer Frauen einbezogen wurden. Die in den Äußerungen jüdischer Frauen aufscheinende Differenz war für nichtjüdische Feministinnen bis in die 1980er Jahre hinein scheinbar schwer zu akzeptieren. Die *Emma* veröffentlichte beispielsweise 1980 einen Auszug aus Lea Fleischmanns Buch „Dies ist nicht mein Land", in dem die Autorin beschreibt, warum sie als Jüdin nicht länger in Deutschland leben kann, sondern nach Israel auswandern wird. Neben dem Text hatte die Redaktion die in der Zeitschrift immer wieder auftauchende Comicfigur namens Emma platziert. Diese wendete sich mit missmutigem Blick von den Zeilen ab und fragte: „Und wohin, zum Kuckuck, soll ich auswandern...?"[62]

6.   Schlussbemerkung

Die Analyse der feministischen Zeitschriften *Courage, Emma, Wir Frauen, Schlangenbrut, Beiträge zur feministischen Theorie und Praxis, Feministische Studien* und *Metis* in dem Zeitraum von 1976 bis 2001 zeigt, dass die feministische Bewegung in der Bundesrepublik ein vielschichtiges und dynamisches Verhältnis

---

58 vgl. Schulz 2014, S. 319–321.
59 vgl. Schmidt 2020.
60 vgl. Jacoby/Magiriba Lwanga 1990; Jacoby 1993 sowie den Beitrag von Christian Kleindienst in diesem Band.
61 Sichtermann 1983, S. 36.
62 Fleischmann 1980, S. 28.

zu verschiedenen Formen des Antisemitismus hatte. In den 1970er und 1980er Jahren spielten die Gleichsetzung von Sexismus, Rassismus und Antisemitismus sowie die Reduzierung des Antisemitismus, Faschismus und Nationalsozialismus auf einen Nebenwiderspruch des Patriarchats eine wichtige Rolle für die Herausbildung einer neuen weiblichen und feministischen Identität. Besonders in der christlich und spirituell orientierten Zeitschrift *Schlangenbrut* wurden ebenfalls diverse antijudaistische Ressentiments sichtbar. Dabei wurde unter anderem die Frage nach dem Ursprung des Patriarchats anhand der Matriarchatstheorie verhandelt. Diese diente als eine Art rückwärtsgewandte Utopie, die das Judentum dafür verantwortlich machte, dass die angeblich einstmals existierenden, friedlichen, matriarchalen Gesellschaftsformen sich nicht durchsetzen konnten. Angesichts der Kritik von insbesondere jüdischen, aber auch nichtjüdischen Feministinnen wurden die NS-Täterinnenschaft und der Antisemitismus von Frauen nach und nach anerkannt und zum Forschungsgegenstand. Auch der Antijudaismus in der christlich-feministischen Theologie wurde reflektiert, sodass sich zu Beginn der 1990er Jahre bereits eine kritische Haltung ihm gegenüber durchgesetzt hatte. Die Parallelisierung von Sexismus und Antisemitismus, von Judenverfolgung und Frauenunterdrückung sind hingegen ebenso wie der israelbezogene Antisemitismus von Feministinnen bis heute wenig kritisiert und revidiert worden. Die in den 1980er Jahren von schwarzen Feministinnen in den USA entwickelte Intersektionalitätsforschung hat zwar den Anstoß gegeben, Unterschiede und Gemeinsamkeiten von Sexismus und Rassismus herauszuarbeiten und ihre komplexen Verflechtungen ohne Konkurrenzgedanken zu analysieren. Antisemitismus wird von dieser hingegen bis heute eher am Rande behandelt statt ihn mit Blick auf sein spezifisches, von Sexismus und Rassismus divergierendes Wesen zu integrieren, wenngleich fruchtbare Ansätze hierzu bereits existieren.[63] Durch eine solche stärkere Einbeziehung des Antisemitismus wäre auch eine ausgewogenere Wahrnehmung des Nahostkonfliktes möglich, die noch dazu seine Geschlechterdimension anerkennt. Die feministischen Bildungsprozesse zum Thema Antisemitismus seit Beginn der 1970er Jahre haben also durchaus Erfolge aufzuweisen. Nichtsdestotrotz gibt es noch blinde Flecken, die einer detaillierteren und selbstkritischeren Betrachtung bedürfen. Auf diese Weise könnte die feministische Forschung einen Beitrag dazu leisten, das Lagerdenken in der Erforschung und politischen Bekämpfung verschiedener Ungleichheitsideologien zu überwinden und nachhaltige Allianzen zu bilden.

---

63 vgl. Stögner 2019.

Bibliografie

Antmann, Debora (2017): ‚Der lesbisch feministische Schabbeskreis. Die Geschichte eines fast vergessenen jüdisch-feministischen Widerstands‘, in: *Jalta. Positionen zur jüdischen Gegenwart*, 1, S. 28–36.

Baader, Benjamin M. [Maria] (1999): ‚Zum Abschied. Über den Versuch, als jüdische Feministin in der Berliner Frauenszene einen Platz zu finden‘, in: Hügel, Ika u. a. (Hrsg.): *Entfernte Verbindungen. Rassismus, Antisemitismus, Klassenunterdrückung.* 2. Aufl. Berlin: Orlanda-Frauenverlag, S. 82–94.

Bergmann, Werner/Erb, Rainer (1986): ‚Kommunikationslatenz, Moral und öffentliche Meinung. Theoretische Überlegungen zum Antisemitismus in der Bundesrepublik Deutschland‘, in: *Kölner Zeitschrift für Soziologie und Sozialpsychologie*, 38 (2), S. 223–246.

Bergmann, Werner/Erb, Rainer (1995): ‚Wie antisemitisch sind die Deutschen? Meinungsumfragen 1945-1994‘, in: Benz, Wolfgang (Hrsg.): *Antisemitismus in Deutschland. Zur Aktualität eines Vorurteils.* München: dtv, S. 47–63.

Bergmann, Werner (1995): ‚Antisemitismus in öffentlichen Konflikten 1949–1994‘, in: Benz, Wolfgang (Hrsg.): *Antisemitismus in Deutschland. Zur Aktualität eines Vorurteils.* München: dtv, S. 64–88.

Bösch, Frank (2019): *Zeitenwende 1979. Als die Welt von heute begann.* München: C.H. Beck.

Brockhaus (o. J.): ‚Sexismus‘, in: *Brockhaus. Das Online-Lexikon.* URL: https://brockhaus.de/ecs/enzy/article/sexismus (Zugriff am 04. 05. 2022).

Broder, Henryk M. (1981): „„Ihr bleibt die Kinder Eurer Eltern". „Euer Jude von heute ist der Staat Israel". Die neue deutsche linke und der alltägliche Antisemitismus‘, in: *Zeit Online*, 27. 02. 1981. URL: https://www.zeit.de/1981/10/ihr-bleibt-die-kinder-eurer-eltern (Zugriff am 04. 05. 2022).

Chesler, Phyllis (1974) [1972]: *Frauen – das verrückte Geschlecht?* Reinbek bei Hamburg: Rowohlt.

Eaubonne, Françoise d’ (1975) [1974]: *Feminismus oder Tod.* München: Frauenoffensive.

Fassmann, Irmgard Maya (1996): *Jüdinnen in der deutschen Frauenbewegung 1865–1919.* Hildesheim/Zürich/New York: Olms.

Ferree, Myra Marx (2018): *Feminismen. Die deutsche Frauenbewegung in globaler Perspektive.* Frankfurt a. M./New York: Campus.

Firestone, Shulamith (1975) [1970]: *Frauenbefreiung und sexuelle Revolution.* Frankfurt a. M.: Fischer Taschenbuch.

Fleischmann, Lea (1980): ‚Dies ist nicht mein Land‘, in: *Emma*, 3, S. 26–29.

Frauen gegen Antisemitismus (1993): ‚Der Nationalsozialismus als Extremform des Patriarchats. Zur Leugnung der Täterschaft von Frauen und zur Tabuisierung des Antisemitismus in der Auseinandersetzung mit dem NS‘, in: *Beiträge zur feministischen Theorie und Praxis*, 35, S. 77–89.

Friedan, Betty (1966) [1963]: *Der Weiblichkeitswahn oder die Mystifizierung der Frau.* Reinbek bei Hamburg: Rowohlt.

Ganter, Elvira (1981): ‚Die Ehre, für Palästina zu kämpfen. Gespräche im Libanon‘, in: *Courage*, 8, S. 13–15.

Gelbin, Cathy S. (1999): ‚Die jüdische Thematik im (multi)kulturellen Diskurs der Bundesrepublik‘, in: dies./Konuk, Kader/Piesche, Peggy (Hrsg.): *AufBrüche. Kulturelle Produktionen von Migrantinnen, Schwarzen und jüdischen Frauen in Deutschland.* Königstein/Taunus: Ulrike Helmer, S. 87–111.

Grandner, Margarete/Saurer, Edith (Hrsg.) (2005): *Geschlecht, Religion und Engagement. Die jüdischen Frauenbewegungen im deutschsprachigen Raum.* Wien/Köln/Weimar: Böhlau.

Hammerstein, Katrin (2008): ‚Wider den Muff von 1000 Jahren. Die 68er Bewegung und der Nationalsozialismus‘, in: *Bundeszentrale für politische Bildung*, 05.06.2008. URL: https://www.bpb.de/themen/zeit-kulturgeschichte/68er-bewegung/51791/wider-den-m uff-von-1000-jahren/ (Zugriff am 04.05.2022).

Haug, Franziska (2018): ‚Antisemitismus – ein Nebenwiderspruch in queerfeministischen Diskursen?‘, in: Theorie, Kritik & Aktion Berlin u.a. (Hrsg.): *(K)eine Diskussion! Antisemitismus in der radikalen Linken.* Berlin, S. 47–57. URL: https://keinediskussion.nob logs.org/files/2018/01/K_eine-Diskussion-web.pdf (Zugriff am 04.05.2022).

Helman, Sara/Rapoport, Tamar (1998): ‚Frauen in Schwarz. Eine Herausforderung für die Geschlechterordnung und Gesellschaftspolitik in Israel‘, in: *Feministische Studien*, 1, S. 7–24.

Heschel, Susannah (1987): ‚Jüdisch-Christlicher Dialog über Feminismus und Religion‘, in: *Schlangenbrut*, 16, S. 9–13.

Heschel, Susannah (1988): ‚Ermordeten die Juden die Göttin?‘, in: *Emma*, 12, S. 26–31.

Heschel, Susannah (1994): ‚Konfigurationen des Patriarchats, des Judentums und des Nazismus im deutschen feministischen Denken‘, in: Kohn-Ley, Charlotte/Korotin, Ilse (Hrsg.): *Der feministische „Sündenfall"? Antisemitische Vorurteile in der Frauenbewegung.* Wien: Picus, S. 160–208.

Holz, Klaus/Haury, Thomas (2021): *Antisemitismus gegen Israel.* Hamburg: Hamburger Edition.

Jacoby, Jessica/Magiriba Lwanga, Gotlinde (1990): ‚Was „sie" schon immer über Antisemitismus wissen wollte, aber nie zu denken wagte‘, in: *Beiträge zur feministischen Theorie und Praxis*, 27, S. 95–105.

Jacoby, Jessica (1993): ‚Die Metamorphosen der Fledermäuse. Eine tragische Komödie im antikisierenden Stil‘, in: *Beiträge zur feministischen Theorie und Praxis*, 35, S. 55–75.

Janssen-Jurreit, Marielouise (1976): *Sexismus. Über die Abtreibung der Frauenfrage.* München: Hanser.

Kaplan, Marion A. (1981): *Die jüdische Frauenbewegung in Deutschland. Organisation und Ziele des Jüdischen Frauenbundes 1904–1938.* Hamburg: Christians.

Kohn-Ley, Charlotte/Korotin, Ilse (Hrsg.) (1994): *Der feministische „Sündenfall"? Antisemitische Vorurteile in der Frauenbewegung.* Wien: Picus.

Kohn-Ley, Charlotte (1994): ‚Antisemitische Mütter – anti-zionistische Töchter?‘, in: Dies./ Korotin, Ilse (Hrsg.): *Der feministische „Sündenfall"? Antisemitische Vorurteile in der Frauenbewegung.* Wien: Picus, S. 209–230.

Koonz, Claudia (1986): ‚Das „zweite" Geschlecht im „Dritten Reich"‘, in: *Feministische Studien*, 2, S. 14–33.

Maurer, Susanne (2015): ‚Wie erforschen, was sich bewegt? Forschungsmethodische Überlegungen im Kontext einer reflexiven Historiographie‘, in: *Ariadne. Forum für Frauen- und Geschlechtergeschichte*, 67/68, S. 30–39.

Messerschmidt, Astrid (2003): *Bildung als Kritik der Erinnerung. Lernprozesse in Geschlechterdiskursen zum Holocaust-Gedächtnis.* Frankfurt a. M.: Brandes & Apsel.

Mitscherlich-Nielsen, Margarete (1982): ‚Fremdenhaß – eine Männerkrankheit?', in: *Emma*, 4, S. 36–39.

Müllner, Ilse (1993): ‚Die Gretchenfrage. Zur Antijudaismusdiskussion in der Schlangenbrut', in: *Schlangenbrut*, 41, J. 5–7.

O. A. (1977): ‚Am Anfang war die Frau', in: *Emma*, 8, S. 54–56.

Paczensky, Susanne von (1979): ‚Majdanek: 34 Jahre danach', in: *Emma*, 1, S. 20–28.

Pade-Theisen, Barbara (1987): o. T., in: *Schlangenbrut*, 17, S. 34.

Radonić, Ljiljana (2004): *Die friedfertige Antisemitin? Kritische Theorie über Geschlechterverhältnis und Antisemitismus.* Frankfurt a. M.: Lang.

Rauch, Judith (1985): ‚Matriarchat und Macht. Interview mit Gerda Weiler', in: *Schlangenbrut*, 9, S. 31–40.

Rieger, Renate (1987a): ‚Jüdischer Feminismus ist eine Analyse der Realität, aus der wir handeln müssen', in: *Schlangenbrut*, 16, S. 6–9.

Rieger, Renate (1987b): „Ich möchte meine Arbeit von jüdischen Feministinnen befragen lassen…" Gespräch mit Gerda Weiler', in: *Schlangenbrut*, 17, S. 30–31.

Roggenkamp, Viola (1988): ‚Schweigen', in: *Emma*, 11, S. 44–45.

Schmidt, Birgit (2007): *Freundliche Frauen. Eine Kritik an der Juden- und Frauenfeindlichkeit des esoterischen Feminismus.* Aschaffenburg: Alibri.

Schmidt, Till (2020): „In den Medien spielten Frauen kaum eine Rolle". Die Journalistin über 20 Jahre AVIVA, jüdische Feministinnen und die Diskriminierung von Frauen', in: *Jüdische Allgemeine Online*, 13.02.2020. URL: https://www.juedische-allgemeine.de/unsere-woche/in-den-medien-spielten-frauen-kaum-eine-rolle/ (Zugriff am 04.05.2022).

Schröder, Hannelore (1976): ‚Zum politischen und ökonomischen System des Patriarchalismus. Kritik und Ergänzung zum Beitrag von Rosemarie Nave-Herz u.a. in der Ausgabe B 50/75', in: *Aus Politik und Zeitgeschichte*, 26 (31), S. 17–41.

Schulz, Kristina (2003): ‚Feminismuskonzeptionen in den 1970er Jahren im deutsch-französischen Vergleich', in: *Feministische Studien*, 1, S. 98–110.

Schulz, Kristina (2014): ‚Organisation und Institutionalisierung: Aspekte der Wirkungsproblematik sozialer Bewegungen am Beispiel der neuen Frauenbewegung in Frankreich, der Bundesrepublik und der Schweiz', in: Mittag, Jürgen/Stadtland, Helke (Hrsg.): *Theoretische Ansätze und Konzepte der Forschung über soziale Bewegungen in der Geschichtswissenschaft.* Essen: Klartext, S. 315–337.

Schwarzer, Alice (1979): ‚Was ich mit Majdanek zu tun habe', in: *Emma*, 1, S. 5.

Schwarzer, Alice (1988): ‚Wir modernen Hexen', in: *Emma*, 12, S. 12–16.

Schwarzer, Alice (1990): ‚Die Preisträgerinnen', in: *Emma*, 7, S. 20–23.

Sichtermann, Barbara (1983): ‚Der dreifache Fluch', in: *Emma*, 11, S. 36–37.

Siegele-Wenschkewitz, Leonore (Hrsg.) (1988): *Verdrängte Vergangenheit, die uns bedrängt. Feministische Theologie in der Verantwortung für die Geschichte.* München: Kaiser.

Stögner, Karin (2019): ‚Wie inklusiv ist Intersektionalität? Neue soziale Bewegungen, Identitätspolitik und Antisemitismus', in: Salzborn, Samuel (Hrsg.): *Antisemitismus seit 9/11. Ereignisse, Debatten, Kontroversen.* Baden-Baden: Nomos, S. 385–402.

Strobl, Ingrid (1977): ‚Die Hexen', in: *Emma*, 10, S. 14–21.

Strobl, Ingrid (1980): „Mein Gefängnis hat viele Mauern"', in: *Emma*, 8, S. 20–24.

Tawil, Raymonda (1979): *Mein Gefängnis hat viele Mauern. Eine Palästinenserin berichtet.* Bonn: Neue Gesellschaft.

Thürmer-Rohr, Christina (1983): ‚Aus der Täuschung in die Ent-Täuschung. Zur Mittäterschaft von Frauen‘, in: *Beiträge zur feministischen Theorie und Praxis*, 8, S. 11–15.

Thürmer-Rohr, Christina (1988): ‚Fachtagung: Mittäterschaft von Frauen – ein Konzept feministischer Forschung und Ausbildung‘, in: *Beiträge zur feministischen Theorie und Praxis*, 21/22, S. 211–214.

Töllner, Axel (2022): ‚Von christlichem Antijudaismus im modernen Antisemitismus‘, in: *Zeitschrift für Religion, Gesellschaft und Politik*, 6, S. 139–159. DOI: https://doi.org /10.1007/s41682-022-00101-8.

Uhlig, Tom (2017): ‚Unheimliche Animositäten. Antisemitismus in queerfeministischen und postkolonialen Kontexten‘, in: *Gezeit*, 2, S. 26–29. URL: https://www.fv-gewi.at/ge zeit/archiv/2017/unheimliche-animositaeten/ (Zugriff am 04.05.2022).

Voltmer, Rita (2019): ‚„Tremate, tremate, le streghe son tornate!" Zur Wirkmacht des Hexen-Narrativs in den europäischen Frauenbewegungen‘, in: Schaser, Angelika/ Schraut, Sylvia (Hrsg.): *Erinnern, vergessen, umdeuten? Europäische Frauenbewegungen im 19. und 20. Jahrhundert.* Frankfurt a. M./New York: Campus, S. 70–94.

Windaus-Walser, Karin (1988): ‚Gnade der weiblichen Geburt? Zum Umgang der Frauenforschung mit Nationalsozialismus und Antisemitismus‘, in: *Feministische Beiträge*, 1, S. 102–115.

Wisselink, Erika (1987): *Hexen. Warum wir so wenig von ihrer Geschichte erfahren und was davon auch noch falsch ist. Analyse einer Verdrängung.* 2. Aufl. München: Frauenoffensive.

Woopen, Clara (2019): ‚Frauenbewegte Opferidentifizierung? Der Nationalsozialismus in der feministischen Zeitschrift *Courage* (1976–1984)‘, in: *Jahrbuch für Antisemitismusforschung*, 28, S. 200–224.

Ziege, Eva-Maria (2005): ‚Die Bedeutung des Antisemitismus in der Rezeption der Mutterrechtstheorie‘, in: A.G. Gender-Killer (Hrsg.): *Antisemitismus und Geschlecht. Von „effiminierten Juden", „maskulinisierten Jüdinnen" und anderen Geschlechterbildern.* Münster: Unrast, S. 143–170.

Christian Kleindienst[1]

Antisemitismus und Geschlecht – Zur Integration und Kritik antisemitischer Ressentiments in der (west-)deutschen und US-amerikanischen Frauenbewegung (1970–2001)

In den Diskussionen der sozialwissenschaftlichen Antisemitismusforschung um wandelbare Artikulationsformen erfuhr das Verhältnis von Antisemitismus und Geschlecht bisher kaum Beachtung. Die wissenschaftliche Literatur zu Antisemitismus fokussierte im Wesentlichen auf männliche Antisemiten, auch wenn in den letzten Jahren vereinzelte Beiträge erschienen sind, die auf antisemitische Frauen sowie Antisemitismus und Geschlecht reflektiert haben. Eine erste systematische Darstellung dieser Beiträge legte Dana Ionescu im Jahr 2015 vor.[2] In ihrem Aufsatz „Die Figur der Antisemitin" gab Ionescu einen Forschungsüberblick über zentrale Beiträge, die sich mit Antisemitismus von Frauen und der Frage möglicher geschlechterspezifischer Unterschiede beschäftigten. Im Mittelpunkt ihrer chronologischen Darstellung standen psychoanalytische Ansätze sowie jüngere sozialpsychologisch-empirische Untersuchungen, in denen Geschlecht und Antisemitismus thematisiert werden. Dies möchte ich, erstens, zum Anlass nehmen, die Begrenztheit psychoanalytisch fundierter Beiträge zum Verhältnis von Antisemitismus und Geschlecht kritisch zu diskutieren und den Erkenntniswert von geschlechterhistorischen Perspektiven auf Antisemitismus nachzuzeichnen. Zweitens möchte ich in kondensierter Form antisemitismusbezogene Diskursstränge in feministischen Bewegungskontexten der Bundesrepublik und den USA zwischen 1970–2001 in Hinblick auf verflechtungsgeschichtliche Dimensionen skizzieren. Diese sind vorläufige Ergebnisse der diskursanalytischen Auswertung und historischen Kontextualisierung feministischer Publikationen und Archivalien im Rahmen meines Dissertationsprojektes.

1 Ausdrücklich sei Kerstin Dembsky, Franz Winkler und Leonhard Riep für ihre hilfreichen Anmerkungen zur Überarbeitung des Vortragsmanuskripts gedankt.
2 vgl. Ionescu 2015, S. 273–292.

1.   Antisemitismusforschung und Geschlecht

Die Auseinandersetzung mit antisemitischen Frauen in der Antisemitismusforschung setzte erst relativ spät ein, u. a. angestoßen durch kontroverse Debatten um nationalsozialistische Täterinnenschaft seit Ende der 1980er Jahre.[3] Eine Ausnahme stellten die in den 1940er Jahren im Umfeld des Instituts für Sozialforschung (IfS) entstandenen empirischen Studien in den USA dar. Bereits in der unveröffentlichten Studie *Anti-Semitism among American Labor* (1944–45) reflektierten die Forscher:innen antisemitische Einstellungsmuster entlang verschiedener Strukturkategorien, darunter auch Geschlecht.[4] Insbesondere die in den USA durchgeführte Vorstudie zur antisemitischen Persönlichkeit, welche 1945 unter dem Titel *Some Personality Factors in Anti-Semitism* erschien, nahm Geschlecht als relevante Kategorie für Theorien des Antisemitismus wahr. Dies war vor allem dem kriegsbedingten Mangel an männlichen Teilnehmern der Untersuchung geschuldet, welcher zu einer deutlichen Überrepräsentation von Frauen führte, die 76 der 100 Studierenden ausmachten.[5] Die Studie, in der es vorrangig um die Untersuchung autoritärer Persönlichkeitsstrukturen ging, hielt jedoch fest, dass Unterschiede bei Frauen und Männern sich nur in der Artikulation des Antisemitismus, nicht aber in den zugrunde liegenden Persönlichkeitsstrukturen ausmachen ließen. Diese könnten durch gesellschaftlich hergestellte, geschlechterspezifische Rollenerwartungen erklärt werden.[6] Ferner bemühte sich Theodor W. Adorno im Januar 1945 – inspiriert durch die Radioforschung Herta Herzogs – bei Max Horkheimer um ein *Research Project on Antisemitism among house wives*, welches dieser jedoch ablehnte.[7] So oblag es in der groß angelegten, interdisziplinären Studie *The Authoritarian Personality*, welche 1950 erschien, Else Frenkel-Brunswik, das Verhältnis von Geschlecht und antisemitischer Persönlichkeit zu vertiefen.[8]

---

3 vgl. Gehmacher 1994, S. 131–159; Gravenhorst 1990, S. 17–37.
4 vgl. Ziege 2009, S. 325–337; dies. 2012, S. 93–127; Collomp 2011, S. 423–426; Jewish Labor Committee Records, Tamiment Library & Wagner Labor Archives, New York University (JLCR), WAG.025.001, Box: 53 A, Reel 161–164, Antisemitism among American labor : report on a research project conducted by the Institute of Social Research Columbia University in 1944–1945, Mikrofilmkopie der unveröffentlichten Studie in 4 Bänden, New York, Reel 161, S. 179–184.
5 vgl. Frenkel-Brunswik/Sanford 1945, S. 271. Der Aufsatz erschien ein Jahr später in leicht aktualisierter Form in einem Schlüsselwerk der frühen Antisemitismusforschung: Vgl. dies. 1946, S. 96–124.
6 vgl. Frenkel-Brunswik/Sanford 1945, S. 288.
7 vgl. Ziege 2009, S. 163–164. Ziege wies in ihrer Studie darauf hin, dass dieses Forschungsinteresse Adornos auf sexistischen Assoziationsketten beruhe. So hielt Adorno u. a. in seinem Memorandum fest: „affinity between Antisemitism and female psychology *per se*.". Adorno 2005, S. 458. Vgl. Ziege 2004, dies. 2003.
8 vgl. Ziege 2009, S. 164; Umrath 2018, S. 863–869; Adorno et al. 1950, S. 390–441.

Wie die Soziologin Eva-Maria Ziege und der Antisemitismusforscher Werner Bergmann übereinstimmend betonen, markieren die Studien im Umfeld des IfS in den 1940er Jahren einen innovativen Auftakt der sozialwissenschaftlichen Antisemitismusforschung. Die außergewöhnliche Produktivität speiste sich nicht zuletzt aus den pluralisierenden Einflüssen auf das IfS im amerikanischen Exil, dem transatlantischen Wissenstransfer und der Kooperation zwischen amerikanischen und aus Europa emigrierten Wissenschaftler:innen sowie der Interdisziplinarität der Studien.[9] „Ein derartiges, theoretisch angeleitetes interdisziplinäres Forschungsvorhaben hat es seitdem nicht mehr gegeben", so Bergmann.[10] Wie Dana Ionescu hervorhob, wurden diese Überlegungen zu Antisemitismus und Geschlecht vorerst nicht fortgeführt und erst 1993 mit der deutschen Veröffentlichung des aus der Vorstudie hervorgegangenen Forschungsberichts zur antisemitischen Persönlichkeit von Else Frenkel-Brunswik und Robert Nevitt Sanford wieder aufgegriffen.[11] Ferner verweist Ionescu darauf, dass das Verhältnis von Antisemitismus und Geschlecht in geschichtswissenschaftlichen Beiträgen der Täterinnenforschung und Studien der empirischen Sozialforschung sowie oftmals in theoretischen, psychoanalytisch fundierten Beiträgen diskutiert wurde.[12] Insgesamt lässt sich festhalten, dass in der Antisemitismusforschung Überlegungen zu Geschlecht und Antisemitismus nach wie vor ein Randphänomen sind und lediglich vereinzelte Versuche einer theoretischen Reflexion auf Antisemitismus von Frauen existieren, die sich durch heterogene, zumeist psychoanalytisch fundierte Erklärungsansätze auszeichnen, in denen autoritäre Persönlichkeitsstrukturen, unerhellte, verdrängte Triebregungen, und gesellschaftliche Geschlechterbilder im Mittelpunkt stehen.[13]

Im Anschluss an Dana Ionescus Aufsatz lassen sich zwei ineinandergreifende Problematisierungen vornehmen: Erstens fokussierte die Antisemitismusforschung primär auf Männer als Antisemiten und invisibilisierte Frauen. Geschlecht ist nur eine nachrangige Kategorie, die erst in jüngeren Beiträgen thematisiert wurde. Zweitens fand die wissenschaftliche Auseinandersetzung mit Antisemitismus und Frauen vornehmlich in Beiträgen psychoanalytisch orientierter Forschungsperspektiven statt. Die Stärke dieser psychoanalytischen und sozialpsychologischen Zugänge liegt insbesondere in der Rekonstruktion von Persönlichkeitsstrukturen, der Erklärung unterschiedlicher Anfälligkeiten für

---

9 vgl. Ziege 2009, S. 156–158, 264–269, 282–284; Bergmann 2004, S. 220.

10 Bergmann 2004, S. 220.

11 vgl. Ionescu 2015, S. 275; Frenkel-Brunswik/Sanford 1993, S. 119–147; Gehmacher 1994, S. 149–150.

12 vgl. Ionescu 2015, S. 275–289. Die Thematisierung von geschlechterspezifischen Differenzen in der empirischen Sozialforschung fällt jedoch zumeist äußerst knapp aus. Vgl. bspw. Bergmann/Erb 1991, S. 83–87.

13 vgl. Ionescu 2015, S. 289.

antisemitische oder andere autoritäre Einstellungen sowie der Einbeziehung emotionaler Faktoren.[14] Wie der Psychoanalytiker Otto Fenichel bereits 1946 anmerkte, liegt jedoch die Begrenztheit dieser Perspektiven in der Schwierigkeit der Übertragung einer psychoanalytischen Theorie des Individuums auf die Ebene der Gesellschaft: „Da die Psychoanalyse eine Methode der Behandlung oder Untersuchung des Seelenlebens einzelner ist, kann es strenggenommen nur eine Psychoanalyse des Antisemiten, nicht aber des Antisemitismus geben."[15] Folglich ließe sich vielmehr von einer Theorie der Antisemit:innen sprechen als von einer Theorie des Antisemitismus. Es ist davon auszugehen, dass in den psychoanalytisch fundierten Beiträgen gerade die gesellschaftlichen Momente, die Einbettung von antisemitischen Vorstellungen in Sinn- und Bedeutungs-systeme aus dem Blick sozialwissenschaftlicher Forschung geraten. In der psy-choanalytischen, mikrosozialen Fokussierung der Beiträge schlägt sich nicht zuletzt eine Tendenz der Enthistorisierung und Entkontextualisierung nieder, die oftmals mit überzeitlichen und generalisierenden Schlussfolgerungen ein-hergeht. Ein Desiderat der Antisemitismusforschung bleiben Studien, welche Antisemitismus von Frauen im Zusammenhang mit spezifischen historischen und sozialen Kontexten untersuchen und nach der kulturellen Einbettung von antisemitischen Vorstellungen in andere Sinnzusammenhänge fragen.

Im Anschluss an Shulamit Volkovs Aufsatz „Antisemitism as a Cultural Code" und methodischen Überlegungen zur Diskurs- und Dispositivanalyse möchte ich daher eine Forschungsperspektive vorschlagen, welche die Grenzen der psy-choanalytischen Zugänge bearbeitet, indem sie die gesellschaftlichen Sinnver-mittlungsinstanzen einbezieht.[16] Die hier vorgeschlagene Perspektive analysiert Antisemitismus und Geschlecht im Zusammenhang mit spezifischen histori-schen und sozialen Kontexten und fragt nach der kulturellen Einbettung von

---

14 In den 1950 erschienen Studien *The Authoritarian Personality* und *Anti-Semitism and Emotional Disorder* werden Emotionen wie Angst insbesondere in Hinblick auf psychische Dispositionen untersucht. Vgl. Ackerman/Jahoda 1950, S. 27–29. Samuel Salzborn spricht in Anschluss an Jean-Paul Sartre von einer Dynamik von Weltanschauung und Leidenschaft, um die emotionale Dimension zu adressieren. Vgl. Salzborn 2016, S. 37–57; ders. 2021, S. 120–141.

15 Fenichel 1993, S. 35. Diese Formulierung findet sich bereits in der englischen Erstveröf-fentlichung des Sammelbandes. Vgl. Fenichel 1946, S. 11. Bereits in seinem 1937 in Prag gehaltenen Vortrag adressiert Fenichel „the limitation of the psychological explanation". Fenichel 1940, S. 39. Dana Ionescu verweist darauf, dass auch Detlev Claussen in seinen psychoanalytischen Reflexionen auf Antisemitismus diesen Gedanken wieder aufgriff. Vgl. Claussen 1987, S. 7; Ionescu 2015, S. 274.

16 vgl. Volkov 1978, S. 25–46. Volkov zeichnete historisch nach, wie der moderne Antisemitis-mus – im Gegensatz zum christlichen Antijudaismus – sich in den siebziger Jahren des 19. Jahrhunderts in der Verschränkung mit Ideen und Einstellungen konstituierte, welche nur wenig oder gar nichts mit der Abwertung von Jüdinnen und Juden zu tun hatten, und gerade dadurch zu einem wesentlichen Element kultureller Deutungsprozesse wurde.

antisemitischen Vorstellungen in andere Sinnzusammenhänge und der Einbettung in kollektiv geteilte Wissensordnungen und soziale Praktiken. Dies rückt die Frage in den Vordergrund, in welchen Diskurssträngen eine Verschränkung mit zeitgenössischen Formen des Antisemitismus vorgenommen wurde und wie dies geschah. Diese kulturtheoretische Perspektive auf Antisemitismus eröffnet Fragen nach der Rationalisierung, Plausibilisierung, der Verschränkung antisemitischer Vorstellungen mit verschiedenen Diskursfeldern und der Verengung und Erweiterung des Sagbarkeitsfeldes. Die Frage, inwiefern weiterführende Forschungsarbeiten zu Antisemitismus und Geschlecht jenseits der von Ionescu besprochenen und recht überschaubaren Literatur gewinnbringend sein könnten, verweist zudem auf den spezifischen Erkenntniswert geschlechtertheoretischer respektive geschlechterhistorischer Reflexionen auf Antisemitismus. Dieser besteht in der Schärfung des Blicks auf das vielschichtige Phänomen durch die Analyse geschlechterspezifischer Artikulationsvarianten, vergeschlechtlichter antisemitischer Bilder sowie die Einbeziehung des Denkens, Fühlens und Handelns von Antisemitinnen. Die geschlechterhistorische Erweiterung ermöglicht eine differenziertere Analyse von Antisemitismus, eine kritische Überprüfung von Gewissheiten in der Antisemitismusforschung und verspricht, jenes Phänomen besser zu verstehen. Dieser Perspektivierung folgt auch das laufende verflechtungsgeschichtliche Dissertationsprojekt, dass sich der seit den 1970er resp. 1980er Jahren intensiviert geführten Auseinandersetzungen um Antisemitismus in Kontexten der Frauen- und Lesbenbewegungen der USA und der Bundesrepublik widmet und dessen vorläufige Ergebnisse ich im Folgenden in Hinblick auf die verflechtungsgeschichtliche Dimension kursorisch umreißen werde.[17] Diesbezüglich geht es mir zum einen darum, als was Antisemitismus verhandelt wurde, wie dieser in feministische Deutungen integriert wurde und

---

17 Eine Fokussierung auf feministische Bewegungen zwischen 1970–2001 bietet sich hinsichtlich der Untersuchungsperspektive auf Antisemitismus, Frauen und Geschlecht aus forschungspraktischen und auch inhaltlichen Gründen an, wie die starke Reflexivität auf die Kategorie Geschlecht der Akteur:innen, die Eingang in die weitestgehend öffentlich geführten und konflikthaften diskursiven Aushandlungsprozesse um Antisemitismus fand. Das heißt, die Thematisierung von Antisemitismus fand zumeist vor dem Hintergrund umstrittener und umkämpfter Konzeptualisierungen von Weiblichkeit und Männlichkeit statt. Anders als bspw. in rechtsradikalen Kontexten, kann es in den sich selbst als progressiv verstehenden Lesben- und Frauenbewegungen keine explizit affirmative Bezugnahme auf Antisemitismus geben. Daher lassen sich Momente der Einbettung und Vermittlung von antisemitischen Ressentiments mit feministischen Anliegen und geschlechterbezogenen Konzeptualisierungen entlang von konfliktuellen Aushandlungsprozessen besonders gut rekonstruieren. Ausgewertet wurden neben Grauer Literatur, Archivalien von Akteur:innengruppen und Sammelbänden vor allem Kongress- und Tagungsberichte sowie feministische Zeitschriften, u. a. *Emma, Courage, Die Schwarze Botin, Beiträge zur feministischen Theorie und Praxis, Publik-Forum, Schlangenbrut, IHRSINN, LesbenStich, Femina Politica, Feministische Studien, Ms., Off Our Backs, Conditions, Sojourner, Sinister Wisdom, Big Mama Rag, NWSA Journal.*

auf welche Art und Weise dieser sich artikulierte. Zum anderen möchte ich diese Auseinandersetzungen um Antisemitismus in den Frauenbewegungen in den USA und der Bundesrepublik rekonstruieren, um die neuen Wissensräume und Konfliktfelder zu erschließen, die sich seitdem in feministischen Bewegungen entfalteten.

2. Diskursstränge und Artikulationsvarianten des Antisemitismus in der Lesben- und Frauenbewegung der Bundesrepublik und den USA

Die 1980er und 1990er Jahren lassen sich als eine Auf- und Umbruchszeit der Frauenbewegungen interpretieren, in der die Selbstverständlichkeit eines feministischen ‚Wir' zunehmend kritisch befragt wurde. Insbesondere die in der dominanten differenzfeministischen Deutung eines vermeintlich universalen politischen Subjektes *Frau* angelegte Tendenz, die Heterogenität der Erfahrung von Frauen abzublenden, war Gegenstand konfliktueller Auseinandersetzungen, die unter den Stichworten Differenzen und Unterschiede diskutiert wurden.[18] Wenngleich sich dafür vereinzelte Beispiele bereits im 19. Jahrhundert nachweisen lassen, wie die Verbindung von abolitionistischen und feministischen Ideen durch Sojourner Truth, wurde die vorkritische Selbstverständlichkeit des Kollektivsingulars Frauenbewegung durch die Thematisierung von Differenzen, Rassismus und Antisemitismus seit den 1970er Jahren in den USA und den 1980er Jahren in der Bundesrepublik zunehmend herausgefordert. Diese vornehmlich in feministischen Zeitschriften und auf Kongressen geführten Debatten richteten das Augenmerk auf die Bedeutung von Antisemitismus, Rassismus, Antiziganismus und Ableismus für die konkreten Lebensverhältnisse von Frauen und wurden oftmals von Schwarzen, jüdischen, migrantischen und anderen marginalisierten Feminist:innen initiiert.[19] Diese machten auf die fehlende Sensibilität in der Frauen- und Lesbenbewegung aufmerksam und trugen maßgeblich zur Dynamisierung, Pluralisierung und Kontestierung des Selbstverständnisses feministischer Bewegungen und ihrer Kritik an gesellschaftlichen Verhältnissen und ihren Widersprüchen bei. Die vertiefenden Auseinandersetzungen mit Differenzen zwischen Feminist:innen war zugleich Ausgangspunkt verbindender Suchbewegungen eines neuen Gemeinsamen und möglicher Allianzen marginalisierter Feminist:innen.[20]

---

18 vgl. Lenz 2010, S. 707–716; Annecke et al. 1990, S. 5–8; Gehmacher 2021; Marzell 2021 sowie den Beitrag von Kerstin Dembsky in diesem Band.
19 vgl. Lennox 1995, S. 134–139.
20 vgl. Hark et al. 2015, S. 99–103.

Im Zentrum der Aushandlungen und politischen Kämpfe um Antisemitismus innerhalb der Frauen- und Lesbenbewegung in der Bundesrepublik lassen sich insbesondere zwei zentrale Akteur:innengruppen herausstellen: der 1984 gegründete *lesbisch-feministische Schabbeskreis* und die *AG Frauen gegen Antisemitismus*, in denen sich jüdische und nicht-jüdische Mitglieder u. a. mit zeitgenössischem Antisemitismus im Kontext der Frauen- und Lesbenbewegung auseinandersetzten und diesen aktiv problematisierten.[21] Als Teilnehmer:innen von feministischen Veranstaltungen sowie als Autor:innen von Beiträgen in Sammelbänden und feministischen Zeitschriften sowie politischer Streitschriften beteiligten sich diese Gruppen und Akteur:innen wie Dagmar Schultz, Birgit Rommelspacher, Claudia Schoppmann oder Leonore Siegele-Wenschkewitz an Kontroversen um das Fortleben von Antisemitismus in der deutschen Gesellschaft und in Teilen der Frauenbewegung. Sie problematisierten u. a. nationalsozialistische (Mit-)Täterinnenschaft, identifikatorische Frauengeschichtsschreibung und die Reaktivierung christlich-antijudaistischer Stereotype in Teilen der feministischen Theologie und Patriarchatskritik sowie israelbezogenen Antisemitismus, der oftmals gegen Jüdinnen und Juden in der Bundesrepublik ausagiert wurde. Ähnliche Gruppen, wie der radikalfeministisch-lesbische Zusammenschluss *Di Vilde Chayes* und *Feminists Against Anti-Semitism* konstituierten sich an der US-amerikanischen Ostküste.[22] Jene relativ kleinen Gruppen, die sich einer Kritik des Antisemitismus innerhalb feministischer Bewegungsräume verschrieben hatten und maßgeblich zur Problematisierung antisemitischer Vorstellungen in der Frauenbewegung beitrugen, kontestierten damit nicht zuletzt vermeintliche Gewissheiten und Selbstbilder feministischer Bewegungen, indem sie zentrale Widersprüche und unabgegoltene Versprechen adressierten.

In Hinblick auf das analysierte Quellenmaterial lassen sich verschiedene antisemitismusbezogene Diskursstränge identifizieren, entlang derer Antisemitismus in der Bundesrepublik und den USA verhandelt wurde und sich stellenweise artikulierte. So lassen sich für beide Untersuchungskontexte Diskursstränge der Nicht-Wahrnehmung von Antisemitismus (I) rekonstruieren, welche um Defizitdiagnosen antisemitismussensiblen Denkens, Handelns und Fühlens sowie die Invisibilisierung jüdischer Feminist:innen kreisen. Dies gilt auch für Aushandlungsprozesse um die Aktualisierung antijudaistischer Motive in Teilen der feministischen Theologie und Matriarchatsforschung (II) und Formen eines oftmals gegen jüdische Feminist:innen ausagierten israelbezogenen Antisemitismus (III). Dennoch lassen sich auch zentrale Unterschiede und Spezifika der jeweiligen gesellschaftlichen Situierung der Diskursstränge herausarbeiten. Während sich in der Bundesrepublik Antisemitismus, auch in Teilen der Frauen- und

---

21 vgl. Antmann 2017, S. 28–36; dies. 2015, S. 101–112; dies. 2019.
22 vgl. Antler 2018, S. 279–314, 330–331.

Lesbenbewegung, oftmals als sekundärer Schuldabwehrantisemitismus (IV) artikulierte, lassen sich im US-amerikanischen Diskurs mit dem weit verbreiteten negativen Stereotyp der Jewish-American Princess (JAP) oder der Rationalisierung von Antisemitismus entlang Black-Jewish Tensions divergierende Elemente identifizieren.[23] Eine zentrale Differenz in Hinblick auf die Artikulierbarkeit antisemitischer Ressentiments beider Untersuchungskontexte kann bezüglich der Thematisierung jüdischer Körper im US-amerikanischen Kontext herausgestellt werden, in denen körperbezogene Deutungen, u. a. in Bezug auf die „Jewish Nose" und die Inkorporierung antisemitischer Vorstellungen mitunter in Form von chirurgischen Eingriffen, kontrovers diskutiert wurden.[24] Diesen Diskussionen ist im deutschen Untersuchungskontext keine solche Relevanz beizumessen, da die Bezugnahmen auf eine vermeintlich spezifisch jüdische Körperlichkeit vor dem Hintergrund der Shoah im postnazistischen Deutschland stark tabuisiert waren und sich Antisemitismus vornehmlich über Umwegkommunikation und codierte Formen artikulierte, sodass Diskussionen um „Jewish Noses" und den „Jewish Body" außerhalb des Sagbarkeitsfeldes lagen.[25] Welche Vorstellungen ohne negative Sanktionierung als sagbar erschienen, was als antisemitisch galt oder nicht, war hochgradig umkämpft und unterlag historischen Wandlungen. Obgleich sie sich stellenweise überlagerten, lassen sich nicht nur bezüglich der jeweiligen Kontexte, Akteur:innen und Themata wesentliche Unterschiede zwischen den Diskurssträngen herausstellen, sondern auch hinsichtlich der Strategien der Verengung und Erweiterung des Sagbarkeitsfelds, welche die Sichtbarkeit, Problematisierbarkeit und Artikulierbarkeit von antisemitischen Vorstellungen in feministischen Bewegungsräumen betrafen. Dies umfasste sowohl Relativierungsstrategien und die Leugnung antisemitischer Gehalte, verschiedene Abwehr-

---

23 So zirkulierten in Deutschland u. a. die Behauptung der Nationalsozialismus sei ein männliches Problem (personelle Externalisierung), Forderungen nach einem Schlussstrich und die Behauptung, dass Antisemitismus weitestgehend aufgearbeitet und überthematisiert sei (zeitliche Externalisierung) oder manichäische Viktimisierungsnarrative einer identifikatorischen Frauengeschichtsschreibung, in der u. a. Opferzahlen der Hexenverfolgung gegen die Opfer der Shoah aufgerechnet wurden. Als exemplarisch kann eine Variante der Schlussstrichforderung gelten, welche der Soziologin und feministische Aktivistin Dagmar Schultz auf Thematisierungsversuche von Rassismus und Antisemitismus entgegnet wurde: „Ein weiteres Argument, das ich zu hören bekam, [...] war, schließlich sei es an der Zeit, daß ,wir Frauen' uns endlich einmal um uns selbst kümmern. Eine Frau argumentierte, es gäbe schließlich nur 60.000 Juden, aber 30 Millionen Frauen in der Bundesrepublik." Schultz 1993, S. 161. Vgl. bzgl. der Analyse von Courage auch Woopen 2019, S. 200–224; Torton Beck 1992, S. 87–95.

24 vgl. Gilman 1991, S. 169–193; ders. 1999, S. 88–90; Schrank 2007, S. 18–42; Hödl 2007, S. 63–77.

25 In den untersuchten westdeutschen feministischen Diskurssträngen gab es keine derart signifikanten körperbezogenen Deutungen wie im US-amerikanischen Untersuchungskontext. Dies lässt sich womöglich durch die stärkere Tabuisierung der Bezugnahmen auf „jüdische Körper" in der postnazistischen westdeutschen Öffentlichkeit erklären. Vgl. Stern 1990, S. 180–196.

und Externalisierungsstrategien und Legitimations- und Rechtfertigungsstrategien als auch unterschiedliche Problematisierungsweisen, die Teil der oftmals konfliktuellen Aushandlungsprozesse um das Sicht- und Sagbarkeitsfeld waren.[26] Dass die untersuchten Diskursstränge jedoch keineswegs in nationalen abgeschlossenen Diskursräumen stattfanden, sondern von transkulturellen Verflechtungen durchzogen waren und nicht ohne die wechselseitigen Bezugnahmen rekonstruierbar und verstehbar sind, möchte ich im Folgenden entlang zweier Diskursstränge nachzeichnen.

Nicht-Wahrnehmung und Leugnung

Die seit den 1980er Jahren intensiviert geführten Auseinandersetzungen mit Antisemitismus in der Frauen- und Lesbenbewegung der Bundesrepublik, welche in vielen Fällen von Akteur:innen im Umfeld des Schabbeskreises angestoßen wurden, fokussierten zunächst auf den Aufweis eines Mangels antisemitismussensiblen und -kritischen Denkens, Handelns und Fühlens einerseits und der Anerkennung jüdisch-feministischer Lebensrealitäten andererseits sowie möglicher Gründe dieser Abwesenheiten. Dies berührte nicht zuletzt die Frage, was feministische Emanzipation bedeutet, wer damit gemeint war und warum in feministischen Gesellschaftsentwürfen trotz der Shoah die Idee einer Welt ohne Antisemitismus häufig unartikuliert blieb. Oftmals waren diese Defizitdiagnosen mit dem Aufruf zu einer eingehenden Beschäftigung mit Antisemitismus verbunden. Die feministische Theologin Katharina von Kellenbach betrachtete dies ferner als eine Kernaufgabe feministischer Gesellschaftskritik und akzentuierte: „Antijudaismus/Antisemitismus ist ein genuin feministisches Thema."[27] Dass dies jedoch keine Selbstverständlichkeit war, zeigte nicht zuletzt der Aufsatz „Was ‚sie' schon immer über Antisemitismus wissen wollte, aber nie zu denken wagte", welcher als einer der Schlüsseltexte dieser Auseinandersetzungen gelten kann.[28] Der 1990 von den ehemaligen Schabbeskreis-Mitgliedern Jessica Jacoby und Gotlinde Magiriba Lwanga formulierte Aufsatz arbeitete spezifische Artikulationsformen des Antisemitismus innerhalb der Frauenbewegung heraus und entfaltete daran anschließend eine eingreifende Kritik am Umgang mit Antisemitismus in feministischen Bewegungskontexten. Die Autorinnen versammelten darin verschiedene Aspekte, die sie mit der Ausblendung oder Leugnung von

---

26 vgl. Jäger 2001, S. 83–84.
27 von Kellenbach 1987, S. 41.
28 vgl. Jacoby/Magiriba Lwanga 1990, S. 95–105. In den Auseinandersetzungen mit Antisemitismus wurde der Aufsatz zu einem relevanten Bezugspunkt, wenngleich die Bezugnahmen keineswegs stets affirmativ waren, wie die kritischen Kommentierungen von Gehmacher verdeutlichen. Vgl. Gehmacher 1994, S. 145–148.

Antisemitismus in Verbindung brachten. Sie konstatierten, dass dies nicht nur auf den Mangel an Interesse und Wissen, sondern vor allem auf irreführende, verdeckende Vorstellungen von Antisemitismus und Judentum zurückzuführen sei – bspw. die dominante Assoziation mit Nationalsozialismus, die Antisemitismus auf eliminatorische Formen verenge, die Vorstellung einer Identität von Antisemitismus und Rassismus, welche die Unterschiede und Besonderheiten antisemitischer Weltdeutungen ausblende oder die Deutung als vorrangig religiöses und damit für säkulare Teile unerhebliches Problem. Ähnliche Forderungen, Antisemitismuskritik als feministisches Anliegen anzuerkennen, fanden sich auch in dem vielbeachteten emblematischen Aufsatz „The Politics of Jewish Invisibility" der jüdisch-amerikanischen Feministin Evelyn Torton Beck, welcher 1994 auch in deutscher Übersetzung erschien.[29] Auch Torton Beck zeichnete in ihrem Aufsatz Emanzipationsblockaden und Momente des Verkennens nach. So zirkulierte in den USA u. a. die Behauptung, Antisemitismus richte sich gleichermaßen gegen Araber:innen, die aus einer ahistorischen und rassifizierenden Lesart von *semitic* resultierte und als Relativierungsstrategie diente.[30] Die Bedeutung wechselseitiger Bezug- und Einflussnahmen lässt sich jedoch nicht nur hinsichtlich der Rezeption US-amerikanischer Schriften akzentuieren, sondern auch auf personeller Ebene nachzeichnen. So diagnostizierten auf der „Tagung von/für ethnische und afro-deutsche Minderheiten", welche vom 8–10. Juni 1990 in Bremen stattfand, die US-amerikanischen Schabbeskreis-Mitglieder Elaine Großmann und Laura Radosh einen eklatanten Mangel an Wissen über jüdisches Leben und Israel, welcher oftmals mit antisemitischen Vorstellungen korrespondiere. Die Einschätzung beider war eng mit der Differenzerfahrung von US-amerikanischem und deutschem Kontext verbunden, welche die beiden Jüdinnen in ihrem Tagungsbeitrag ausführlich thematisierten.[31]

Antisemitismus und Matriarchatsdiskurs

Ende der 1980er Jahre entzündete sich an einigen Thesen der Matriarchatsforschung und der feministisch-christlichen Theologie eine intensiv geführte Debatte um Antisemitismus und Antijudaismus in der Frauenbewegung der Bundesrepublik. Der über die feministische Theologie hinausgehende Versuch, die Ursprünge des Patriachats im Ersten Testament respektive im Tanach zu finden, ging einher mit der Dämonisierung von Juden und Jüdinnen als Zerstörer einer als matriarchal imaginierten vor-jüdischen Welt und ihren Göttinnen sowie der

---

29 vgl. Torton Beck 1988, S. 94–95.
30 vgl. ebd., S. 95.
31 Radosh/Großmann 1992, S. 26–30.

Reaktivierung christlich-antijudaistischer Stereotype unter feministischen Vorzeichen. Den evangelischen Theologinnen Christa Mulack und Hanna Wolff galt Jesus Christus als feministische Überwinderfigur des als ausschließlich patriarchal wahrgenommenen Jüdischen und deuteten das klassische antijudaistische Gottesmord-Motiv als Vernichtung des Weiblichen.[32] Diese Attribuierung von christlich als weiblich-feministisch und jüdisch als patriarchal-mörderisch bildete die Grundlage für die Konstruktion eines manichäischen Weltbildes, in dem das Judentum die Position des absolut Bösen einnahm. Diese feministische Aktualisierung des christlichen Antijudaismus lässt sich in einem Satz des Schabbeskreis-Mitglieds Cathy Gelbins kondensieren: „Galten Juden in älteren christlichen Theologien als Mörder des christlichen Heilands, so fungierten sie in diesen neueren feministischen Diskursen als Zerstörer des Göttinnenkultes und damit angeblich matriarchaler Gesellschaftsformen."[33] Eine besonders drastische Zuspitzung dieser Thesen nahm die Matriarchatsforscherin Gerda Weiler vor. Sie schrieb Jüdinnen und Juden die Schuld an der Shoah zu, indem sie diese als Konsequenz der Zerstörung des Matriarchats durch das Judentum deutete.[34]

Die Debatte um Antijudaismus in der Frauenbewegung setzte in den USA bereits Ende der 1970er Jahre ein. Dort machten die feministisch-jüdischen Theologinnen Judith Plaskow und Annette Daum auf antijudaistische Tendenzen in Schriften der Feministischen Theologie aufmerksam.[35] Im deutschsprachigen Raum entzündete sich die intensiv geführte Debatte erst 1986 u. a. an den Beiträgen von Susannah Heschel und Katharina von Kellenbach.[36] Die Debatten waren jedoch nicht vollständig abgeschlossen und abgrenzbar, sondern zeichneten sich vielmehr durch eine personelle und ideelle Verwobenheit aus. Dies betraf einerseits die amerikanische Debatte, die immer wieder als Referenz innerhalb der deutschsprachigen Auseinandersetzung angeführt wurde und andererseits Akteurinnen wie die amerikanisch-jüdische Theologin Susannah Heschel oder Katharina von Kellenbach, welche ihren Promotionsaufenthalt an der Temple University in Philadelphia als prägendes Moment zur Reflexion von Antisemitismus anführte.[37] So wies die AG Frauen gegen Antisemitismus in einem Aufsatz darauf hin, dass es bezüglich der Auseinandersetzung mit zeitgenössischem Antisemitismus in der feministischen Theologie eines externen

---

32 vgl. Mulack 1987, S. 154–156; Wolff 1979, S. 127 sowie den Beitrag von Kerstin Dembsky in diesem Band.
33 Gelbin 1999, S. 95.
34 vgl. Weiler 1984, S. 32–35.
35 vgl. Plaskow 1978, S. 306–309; dies. 1980, S. 11–12; Daum 1980, S. 12–13.
36 Beide nahmen an der von Leonore Siegele-Wenschkewitz organisierten Tagung Feministische Theologie und jüdisch-christliches Gespräch teil, welche vom 19. bis 21. November 1986 in Arnoldshain stattfand. Vgl. Siegele-Wenschkewitz 1988; Heschel 1987, S. 28–29; von Kellenbach 1987, S. 40–48.
37 vgl. von Kellenbach 1994, S. 1–6.

Impulses einer amerikanisch-jüdischen Religionswissenschaftlerin bedurfte.[38] In der Tat war Susannah Heschel eine der zentralen Initiatorinnen der heftig geführten Diskussion um Antijudaismus im Kontext feministischer Theologie und Matriarchatsforschung.

3. Ausblick

Diese exemplarisch herausgegriffenen und kursorisch umrissenen Diskursstränge sind – ebenso wie die anderen genannten – Teil einer darüber hinausweisenden, komplexen, asynchronen Verflechtungsgeschichte, die jenseits des methodologischen Nationalismus antisemitismusbezogene Wissensräume und Konfliktfelder erschließen soll. Obwohl sich im Vergleich von US-amerikanischem und (west-)deutschem Untersuchungskontext nicht nur hinsichtlich des sekundären (Schuldabwehr-)Antisemitismus deutliche Unterschiede in den Artikulationsvarianten und ihrer Einbettung sowie Ungleichzeitigkeiten herausarbeiten lassen, zeigt sich, dass die untersuchten Diskursstränge nicht ohne die wechselseitigen Bezugnahmen rekonstruierbar und verstehbar sind. Die transfer- und verflechtungsgeschichtliche Perspektive eröffnet zudem weitergehende Fragen, u. a. nach der Veränderlichkeit und dem Wandel des Erkennens von Antisemitismus und der Anschlussfähigkeit unterschiedlicher Artikulationsvarianten durch den Transfer von Ideen, Konzepten und Personen. Diese ermöglicht daher auch die kritische Überprüfung von Thesen wie derjenigen, dass die Rezeption und Adaption US-amerikanischer, feministischer Theoriebildung zu Ausblendungen von Antisemitismus führte, da sich innerhalb intersektionaler Konzeptualisierungen und ihren zugrundeliegenden Strukturkategorien (race, gender, class) Antisemitismus nicht hinreichend beschreiben und erklären ließe.[39] Des Weiteren wird die zukünftige Arbeit des Dissertationsprojektes stärker widerständige Praktiken und Reaktionen auf Antisemitismus von jüdischen und nicht-jüdischen Akteur:innen in feministischen Bewegungskontexten einbeziehen – eine Leerstelle, die Reinhard Rürup für die historische Antisemitismusforschung beschrieb.[40] Nicht zuletzt sollen auch emotionsgeschichtliche Aspekte kontextualisierend bearbeitet werden.

---

38 vgl. Frauen gegen Antisemitismus 1993, S. 86.
39 Diese These vertrat jüngst Karin Stögner in ihrem Aufsatz „Intersektionalität von Ideologien", der den Versuch unternimmt, Intersektionalität ideologiekritisch und nicht identitätspolitisch zu denken. Vgl. Stögner 2017, S. 25–45.
40 Vgl. Rürup 2004, S. 134–135.

Bibliographie

Ungedruckte Quellen

Jewish Labor Committee Records, Tamiment Library & Wagner Labor Archives, New York University (JLCR), WAG.025.001, Box: 53 A, Reel 161–164, ‚Antisemitism among American labor: report on a research project conducted by the Institute of Social Research Columbia University in 1944–1945‘, Mikrofilmkopie der unveröffentlichten Studie in 4 Bänden, New York.

Gedruckte Quellen und Literatur

Ackerman, Nathan W./Jahoda, Marie (1950): *Anti-Semitism and Emotional Disorder. A Psychoanalytic Interpretation.* 1. Aufl. New York: Harper.

Adorno, Theodor W. (2005): ‚Research Project on Antisemitism among house wives, Memorandum 15.1.1945‘, in: Gödde, Christoph/Lonitz, Henri (Hrsg.): *Briefe und Briefwechsel 1945–1949.* 1. Aufl. Frankfurt a. M.: Suhrkamp, S. 457–460.

Adorno, Theodor W./Frenkel-Brunswik, Else/Levinson, Daniel J./Sanford, R. Nevitt (1950): *The Authoritarian Personality.* New York, NY: Harper & Brothers.

Annecke, Ute/Ehrhardt, Heidrun/Hehr, Inge/Möller, Carola/Notz, Gisela/Sauer-Burghard, Brunhilde/Wichterich, Christa (1990): ‚Editorial‘, in: *Beiträge zur feministischen Theorie und Praxis*, 13 (27), S. 5–8.

Antler, Joyce (2018): *Jewish Radical Feminism. Voices from the Women's Liberation Movement.* New York: New York University Press.

Antmann, Debora (2015): ‚Vom Vergessen und Erinnern. Ein Portrait der AG ‚Frauen gegen Antisemitismus‘‘, in: Attia, Iman/Köbsell, Swantje/Prasad, Nivedita (Hrsg.): *Dominanzkultur reloaded. Neue Texte zu gesellschaftlichen Machtverhältnissen und ihren Wechselwirkungen.* Bielefeld: transcript, S. 101–112.

Antmann, Debora (2017): ‚Der lesbisch feministische Schabbeskreis. Die Geschichte eines fast vergessenen jüdisch-feministischen Widerstands‘, in: *Jalta. Positionen zur jüdischen Gegenwart*, 1, S. 28–36.

Antmann, Debora (2019): ‚lesbisch feministischer Schabbeskreis‘, in: *Digitales Deutsches Frauenarchiv*, 06.03.2019. URL: https://www.digitales-deutsches-frauenarchiv.de/akte urinnen/lesbisch-feministischer-schabbeskreis (Zugriff am 15.03.2022).

Beck, Evelyn Torton (1988): ‚The Politics of Jewish Invisibility‘, in: *NWSA Journal*, 1 (1), S. 93–102.

Beck, Evelyn Torton (1992): ‚From ‚Kike to Jap‘: How misogyny, anti-semitism, and racism construct the Jewish American Princess‘, in: Andersen, Margaret L. (Hrsg.): *Race, class, and gender. An anthology.* 2. Aufl. Belmont, CA: Wadsworth, S. 87–95.

Bergmann, Werner (2004): ‚Starker Auftakt – schwach im Abgang. Antisemitismusforschung in den Sozialwissenschaften‘, in: Bergmann, Werner/Körte, Mona (Hrsg.): *Antisemitismusforschung in den Wissenschaften.* Berlin: Metropol, S. 219–239.

Bergmann, Werner/Erb, Rainer (1991): *Antisemitismus in der Bundesrepublik Deutschland.* Wiesbaden: VS Verlag für Sozialwissenschaften.

Claussen, Detlev (1987): ‚Über Psychoanalyse und Antisemitismus', in: *PSYCHE*, 41 (1), S. 1–21.

Collomp, Catherine (2011): „Anti-Semitism among American Labor': a study by the refugee scholars of the Frankfurt School of Sociology at the end of World War II', in: *Labor History*, 52 (4), S. 417–439.

Daum, Annette (1980): ‚Blaming Jews for the Death of the Goddess', in: *Lilith*, 7, S. 12–13.

Else Frenkel-Brunswik/R. Nevitt Sanford (1946): ‚The Anti-Semitic Personality. A Research Report', in: Simmel, Ernst (Hrsg.): *Anti-Semitism. A social disease*. New York, NY: International Univ. Press, S. 96–124.

Fenichel, Otto (1940): ‚Psychoanalysis of Antisemitism', in: *American Imago*, 1 (2), S. 24–39.

Fenichel, Otto (1946): ‚Elements of a psychoanalytic theory of anti-Semitism', in: Simmel, Ernst (Hrsg.): *Anti-Semitism. A social disease*. New York, NY: International Univ. Press, S. 11–32.

Fenichel, Otto (1993): ‚Elemente einer psychoanalytischen Theorie des Antisemitismus', in: Simmel, Ernst (Hrsg.): *Antisemitismus*. Frankfurt a. M.: S. Fischer, S. 35–57.

Frauen gegen Antisemitismus (1993): ‚Der Nationalsozialismus als Extremform des Patriarchats : Zur Leugnung der Täterschaft von Frauen und zur Tabuisierung des Antisemitismus in der Auseinandersetzung mit dem NS', in: *Beiträge zur feministischen Theorie und Praxis*, 16 (35), S. 77–89.

Frenkel-Brunswik, Else/Sanford, R. Nevitt (1945): ‚Some Personality Factors in Anti-Semitism', in: *The Journal of Psychology*, 20 (2), S. 271–291.

Frenkel-Brunswik, Else/Sanford, R. Nevitt (1993): ‚Die antisemitische Persönlichkeit. Ein Forschungsbericht.', in: Simmel, Ernst (Hrsg.): *Antisemitismus*. Frankfurt a. M.: S. Fischer, S. 119–147.

Gehmacher, Johanna (1994): ‚Feministische Geschichtsforschung und die Frage nach Antisemitismus von Frauen', in: Kohn-Ley, Charlotte/Korotin, Ilse (Hrsg.): *Der feministische „Sündenfall"? Antisemitische Vorurteile in der Frauenbewegung*. Wien: Picus, S. 131–159.

Gehmacher, Johanna (2021): ‚The Production of Historical Feminisms, Part Two: Transnational Strategies and the Feminist ‚We", in: *German Historical Institute London Blog*, 17.06.2021. URL: https://ghil.hypotheses.org/477#identifier_4_477 (Zugriff am 01.07. 2021).

Gelbin, Cathy (1999): ‚Die jüdische Thematik im (multi)kulturellen Diskurs der Bundesrepublik', in: Gelbin, Cathy S./Konuk, Kader/Piesche, Peggy (Hrsg.): *AufBrüche. Kulturelle Produktionen von Migrantinnen, Schwarzen und jüdischen Frauen in Deutschland*. Königstein: Helmer, S. 87–111.

Gilman, Sander L. (1991): *The Jew's Body*. New York: Routledge.

Gilman, Sander L. (1999): *Making the Body Beautiful. A Cultural History of Aesthetic Surgery*. Princeton, N.J., Chichester: Princeton University Press.

Gravenhorst, Lerke (1990): ‚Nehmen wir Nationalsozialismus und Auschwitz ausreichend als unser negatives Eigentum in Anspruch? Zu Problemen im feministisch-sozialwissenschaftlichen Diskurs in der Bundesrepublik Deutschland', in: Gravenhorst, Lerke/ Tatschmurat, Carmen (Hrsg.): *Töchter-Fragen. NS-Frauen-Geschichte*, S. 17–37.

Hark, Sabine/Jaeggi, Rahel/Kerner, Ina/Meißner, Hanna/Saar, Martin (2015): ‚Das umkämpfte Allgemeine und das neue Gemeinsame. Solidarität ohne Identität', in: *Femi-*

nistische Studien. Zeitschrift für interdisziplinäre Frauen- und Geschlechterforschung, 33 (1), S. 99–103.

Heschel, Susannah (1987): ‚Leserinnenbrief zur Antisemitismusdebatte in Schlangenbrut 17/1987‘, in: *Schlangenbrut: streitschrift für feministisch und religiös interessierte Frauen,* 18, S. 28–29.

Hödl, Klaus (2007): ‚Der „jüdische Körper“ in seiner Differenz. Textuelle und performative Konstruktionen‘, in: Junge, Torsten/Schmincke, Imke (Hrsg.): *Marginalisierte Körper. Zur Soziologie und Geschichte des anderen Körpers.* 1. Aufl. Münster: Unrast, S. 63–77.

Ionescu, Dana (2015): ‚Die Figur der Antisemitin‘, in: *Jahrbuch für Antisemitismusforschung,* 24, S. 273–292.

Jacoby, Jessica/Magiriba Lwanga, Gotlinde (1990): ‚Was ‚sie‘ schon immer über Antisemitismus wissen wollte, aber nie zu denken wagte‘, in: *Beiträge zur feministischen Theorie und Praxis,* 13 (27), S. 95–105.

Jäger, Siegfried (2001): ‚Diskurs und Wissen. Theoretische und methodische Aspekte einer Kritischen Diskurs- und Dispositivanalyse‘, in: Keller, Reiner/Hirseland, Andreas/Schneider, Werner/Viehöver, Willy (Hrsg.): *Handbuch Sozialwissenschaftliche Diskursanalyse. Band I: Theorien und Methoden.* Wiesbaden: VS Verlag für Sozialwissenschaften, S. 81–112.

Kellenbach, Katharina von (1987): ‚Vom Weyb, Jüd und itlichen Teuffelen. Feminismus und Antisemitismus‘, in: *Schlangenbrut: streitschrift für feministisch und religiös interessierte Frauen,* 17, S. 40–48.

Kellenbach, Katharina von (1994): *Anti-Judaism in Feminist Religious Writings.* Atlanta: Scholars Press.

Lennox, Sara (1995): ‚Geteilter Feminismus. Der Umgang mit Differenzen unter Frauen in Deutschland und den USA‘, in: *Freiburger FrauenStudien,* 1, S. 133–149.

Lenz, Ilse (2010): *Die neue Frauenbewegung in Deutschland. Abschied vom kleinen Unterschied: eine Quellensammlung.* 2. Aufl. Wiesbaden: VS Verlag für Sozialwissenschaften.

Marzell, Pia (2021): ‚„Sind wir uns denn so fremd?“. Aufbrüche in der Rassismusdebatte der Frauenbewegung‘, in: *History | Sexuality | Law,* 08. 03. 2021. URL: https://hsl.hypotheses.org/1608 (Zugriff am 06. 04. 2021).

Mulack, Christa (1987): *Jesus, der Gesalbte der Frauen. Weiblichkeit als Grundlage christlicher Ethik.* Stuttgart: Kreuz.

Plaskow, Judith (1978): ‚Christian Feminism and Anti-Judaism‘, in: *Cross Currents,* 28 (3), S. 306–309.

Plaskow, Judith (1980): ‚Blaming Jews for Inventing Patriarchy‘, in: *Lilith,* 7, S. 11–12.

Radosh, Laura/Großmann, Elaine (1992): ‚Jüdische Identität und Heimat‘, in: Ayim, May/Prasad, Nivedita (Hrsg.): *Wege zu Bündnissen: Dokumentation. Tagung von/für ethnische und afro-deutsche Minderheiten, Bremen 8. – 10. Juni 1990 und 2. bundesweiter Kongreß von und für Immigrantinnen, Schwarze deutsche, jüdische und im Exil lebende Frauen – Berlin, 3. – 6. Oktober 1991.* Berlin, S. 26–30.

Rürup, Reinhard (2004): ‚Der moderne Antisemitismus und die Entwicklung der historischen Antisemitismusforschung‘, in: Bergmann, Werner/Körte, Mona (Hrsg.): *Antisemitismusforschung in den Wissenschaften.* Berlin: Metropol, S. 117–135.

Salzborn, Samuel (2016): ‚Weltanschauung und Leidenschaft', in: Busch, Charlotte/Gehrlein, Martin/Uhlig, Tom David (Hrsg.): *Schiefheilungen. Zeitgenössische Betrachtungen über Antisemitismus.* Wiesbaden: Springer VS, S. 37–57.

Salzborn, Samuel (2021): ‚Emotionen und Antisemitismus. Ein Streifzug durch die Geschichte der Antisemitismustheorien', in: Schüler-Springorum, Stefanie/Süselbeck, Jan (Hrsg.): *Emotionen und Antisemitismus. Geschichte – Literatur – Theorie.* Göttingen: Wallstein, S. 120–141.

Schrank, Bernice (2007): „„Cutting Off Your Nose to Spite Your Race": Jewish Stereotypes, Media Images, Cultural Hybridity', in: *Shofar,* 25 (4), S. 18–42.

Schultz, Dagmar (1993): ‚Kein Ort nur für uns allein. Weiße Frauen auf dem Weg zu Bündnissen', in: Hügel-Marshall, Ika/Lange, Chris/Ayim, May/Bubeck, Ilona/Aktaş, Gülşen/Schultz, Dagmar (Hrsg.): *Entfernte Verbindungen. Rassismus, Antisemitismus, Klassenunterdrückung.* Berlin: Orlanda-Frauenverlag, S. 157–187.

Siegele-Wenschkewitz, Leonore (Hrsg.) (1988): *Verdrängte Vergangenheit, die uns bedrängt. Feministische Theologie in der Verantwortung für die Geschichte.* München: Kaiser.

Stern, Frank (1990): ‚Entstehung, Bedeutung und Funktion des Philosemitismus in Westdeutschland nach 1945', in: Bergmann, Werner/Erb, Rainer (Hrsg.): *Antisemitismus in der politischen Kultur nach 1945.* Wiesbaden: VS Verlag für Sozialwissenschaften, S. 180–196.

Stögner, Karin (2017): „„Intersektionalität von Ideologien". Antisemitismus, Sexismus und das Verhältnis von Gesellschaft und Natur', in: *Psychologie & Gesellschaftskritik,* 41 (2), S. 25–45.

Umrath, Barbara (2018): ‚A Feminist Reading of the Frankfurt School's Studies on Authoritarianism and Its Relevance for Understanding Authoritarian Tendencies in Germany Today', in: *South Atlantic Quarterly,* 117 (4), S. 861–878.

Volkov, Shulamit (1978): ‚Antisemitism as a Cultural Code. Reflections on the History and Historiography of Antisemitism in Imperial Germany', in: *The Leo Baeck Institute Yearbook,* 23 (1), S. 25–46.

Weiler, Gerda (1984): *Ich verwerfe im Lande die Kriege. Das verborgene Matriarchat im Alten Testament.* 1. Aufl. München: Frauenoffensive.

Wolff, Hanna (1979): *Jesus, der Mann. Die Gestalt Jesu in tiefenpsychologischer Sicht.* 4. Aufl. Stuttgart: Radius.

Woopen, Clara (2019): ‚Frauenbewegte Opferidentifizierung? Der Nationalsozialismus in der feministischen Zeitschrift Courage (1976–1984)', in: *Jahrbuch für Antisemitismusforschung,* 28, S. 200–224.

Ziege, Eva-Maria (2003): ‚The Fetish-Character of „Woman". On a Letter From Theodor W. Adorno to Erich Fromm Written in 1937', in: *Logos. Journal for modern society and culture,* 2(4), o. S.

Ziege, Eva-Maria (2004): ‚Die „Kritik des ‚Weiblichen'" bei T. W. Adorno und die frühe Kritische Theorie', in: *Die Philosophin,* 15 (30), S. 129–140.

Ziege, Eva-Maria (2009): *Antisemitismus und Gesellschaftstheorie. Die Frankfurter Schule im amerikanischen Exil.* Frankfurt a. M.: Suhrkamp.

Ziege, Eva-Maria (2012): ‚Patterns within prejudice: antisemitism in the United States in the 1940s', in: *Patterns of Prejudice,* 46 (2), S. 93–127.

Randi Becker

Zur Integration von Antisemitismus in aktuelle (queer-) feministische Theorien am Beispiel von Angela Davis und Jasbir Puar

Im Sommer 2021 fand in Berlin die *Internationalistische Queer Pride* statt, welche die Virulenz des Antisemitismus in aktuellen queeren und feministischen Strömungen verdeutlichte: Zettel mit möglichen Parolen wie „From the river to the see, Palestine will be free" wurden verteilt und Pressefotograf:innen wurden als „Zionistenpresse" beschimpft.[1] In den letzten Jahren fallen insbesondere feministische Strömungen, die sich als queer, antirassistisch und/oder antikolonial beschreiben, mit antisemitischen Aussagen auf.

Antisemitismus ist zwar „ein gesamtgesellschaftliches, gruppen- und milieu-übergreifendes Phänomen", kann aber auch in seinem spezifischen Auftreten innerhalb einer bestimmten Gruppe oder eines Milieus analysiert werden. Denn entsprechende Milieus oder Gruppen integrieren „spezifische Erscheinungsformen des Antisemitismus in ihre Identitätsentwürfe und Weltanschauungen".[2] In der Antisemitismusforschung wird so insbesondere zwischen christlichem, islamischem, rechtem oder linkem Antisemitismus unterschieden. Während bei Analysen dieser Antisemitismen häufig die Zugehörigkeit der Antisemitin oder des Antisemiten im Fokus stehen kann, also rechter Antisemitismus als Antisemitismus von Rechten, halte ich insbesondere bei sich als progressiv verstehenden Bewegungen die Frage der Anschlussfähigkeit der Theorien für antisemitische Ressentiments für zielführender. Die Feststellung, dass es Feministinnen gibt, die auch Antisemitinnen sind, ist zwar wichtig, hilft aber bei der Frage, wieso auch progressive, an Emanzipation interessierte Bewegungen und Aktivistinnen antisemitisch argumentieren, nicht weiter. Deshalb möchte ich dafür plädieren, Antisemitismus in sozialen Bewegungen und Gruppen mit Fokus auf die Art und Weise, wie dieser in bestehende Ideologien integriert wird, zu untersuchen. Antisemitische Äußerungen auf feministischen Demonstrationen sind nicht zufällig, sondern Resultat von Anknüpfungspunkten für Antisemitismus auch innerhalb feministischer Theorien. Eine Rekonstruktion dieser Theorien kann diese An-

---

1 Achtelik 2021.
2 Bernstein 2020, S. 43.

knüpfungspunkte offenlegen. Antisemitische Äußerungen auf feministischen Demonstrationen sind nicht zufällig, sondern Resultat von Anknüpfungspunkten für Antisemitismus auch innerhalb feministischer Theorien. Eine Rekonstruktion dieser Theorien kann diese Anknüpfungspunkte offenlegen.

Exemplarisch werden so im Folgenden die Theorien von Angela Davis und Jasbir K. Puar analysiert: Beide dienen aktuellen nationalen und globalen Bewegungen als (feministische) Vordenkerinnen – Angela Davis als antirassistische, Jasbir K. Puar als queere Ikone. Auch in deutschen feministischen Kontexten werden sie breit rezipiert. So wird Jasbir K. Puar regelmäßig zu Konferenzen und Vorträgen an deutsche Universitäten eingeladen, zuletzt etwa 2021 von der Hochschule für Bildende Künste – Städelschule in Frankfurt.[3] Angela Davis hat globale antirassistische Proteste in den USA inspiriert und genoss auch in der DDR große Solidarität.[4] Heute gehören ihre Texte zum Grundkanon feministischer Lektüre auch an deutschen Hochschulen, die sie im Rahmen der Gender Studies zum Beispiel durch die Benennung einer Gender- und Diversity Studies-Gastprofessur ehren.[5] Beide Autorinnen verknüpfen in ihren Theorien (queer-)feministische Thesen und Forderungen mit antisemitischen Narrativen, werden dafür aber in den Gender Studies kaum kritisiert. Jedoch sind sowohl die theoretischen Hintergründe als auch die Themen und Thesen, an die der Antisemitismus anknüpft, sehr unterschiedlich. Die Analyse der antisemitischen Ressentiments und ihrer jeweils spezifischen Verknüpfung mit (queer-)feministischen Thesen muss demnach an der Rekonstruktion ihrer jeweiligen Weltsicht ansetzen.

Die Analyse der antisemitischen Ressentiments und ihrer jeweils spezifischen Verknüpfung mit (queer-)feministischen Thesen muss demnach an der Rekonstruktion ihrer jeweiligen Weltsicht ansetzen. Wie werden einzelne Stereotype in diese Weltsicht integriert? An welche theoretischen Vorannahmen knüpfen diese Stereotype an? In Bezug auf Antisemitismus in aktuellen Feminismen bedeutet dies, nach den konkreten Anknüpfungspunkten für antisemitische Narrative innerhalb der Theorien zu fragen. Diese Herangehensweise ermöglicht es, offenzulegen, wo Identitätsentwürfe und Weltanschauungen, gerade in sich als emanzipatorisch verstehenden Bewegungen und Theorien, anschlussfähig für Antisemitismus sind. Die ausgewählten Autorinnen stehen so nicht als individuelle Theoretikerinnen im Fokus, sondern werden Gegenstand einer exemplarischen Analyse, die über die bloße Feststellung von Antisemitismus hinaus problematische Grundannahmen offenlegt. In Bezug auf Antisemitismus in aktuellen Feminismen bedeutet dies, nach den konkreten Anknüpfungspunkten für antisemiti-

---

3 vgl. Schindler 2021.
4 vgl. Binkele 2020.
5 vgl. Cornelia Goethe Zentrum o. J.

sche Narrative innerhalb der Theorien zu fragen. Diese Herangehensweise ermöglicht es, offenzulegen, wo Identitätsentwürfe und Weltanschauungen, gerade in sich als emanzipatorisch verstehenden Bewegungen und Theorien, anschlussfähig für Antisemitismus sind. Die ausgewählten Autorinnen stehen so nicht als individuelle Theoretikerinnen im Fokus, sondern werden Gegenstand einer exemplarischen Analyse, die über die bloße Feststellung von Antisemitismus hinaus problematische Grundannahmen offenlegt, welche die Anschlussfähigkeit von Antisemitismus in (queer-)feministischen Bewegungen erst ermöglichen. Dabei hat die (Re-)Produktion antisemitischer Ressentiments in der deutschen Frauenbewegung Tradition und ist nicht erst Ergebnis eines Imports US-amerikanischer Debatten. Vielmehr können von Davis und Puar geäußerte antisemitische Narrative auf fruchtbaren Boden fallen.

1.   Ein Blick zurück – Antisemitismus in der deutschen Frauenbewegung

Antisemitismus hat Tradition in der deutschen Frauenbewegung[6] und wurde dabei auf eine spezifische Weise mit feministischen Thesen verknüpft. Ljiljana Radonić macht verschiedene Narrative des feministischen Antisemitismus aus: Mit dem Begriff des „weiblichen Opfermythos" im Kontext des Nationalsozialismus fasst sie feministische Theorien, die „dem weiblichen Wesen eine natürliche Widerständigkeit" zusprachen und „jegliche Täterinnenschaft von Frauen im Nationalsozialismus" leugneten, sowie Theorien, die „Frauen zwar als Täterinnen erwähnen", innerhalb derer ihre „Handlungen aber rationalisiert werden", etwa als „von Männern instrumentalisierte Frauen".[7] Diese Opfer-Täter-Umkehr resultiert so in Thesen wie: „Frauen seien im ‚Dritten Reich' genauso wie Juden Opfer patriarchaler Herrschaft gewesen"[8].

Als „spezifisch feministische Ausprägung des Antisemitismus" christlicher Prägung benennt Radonić Matriarchatsforscherinnen in feministischer Theologie, die Jahwe als „den Mörder der Göttinnen" begreifen, so also das Judentum für die Zerstörung des Matriarchats verantwortlich machen, „Jesus als Träger weiblicher Züge, [...] der die ‚weiblichen' Werte der Güte und Menschlichkeit hochhalte", verstehen, dem sie ein Bild von Juden entgegensetzen, „die auf ihrer stagnierenden, regressiven Religion beharrten und deshalb schuld daran sein, dass die weiblichen Werte sich nicht durchsetzen konnten".[9] Das Judentum er-

---

6 vgl. die Beiträge von Kerstin Dembsky und Christian Kleindienst in diesem Band.
7 Radonić 2018, S. 33f.
8 ebd., S. 55.
9 ebd., S. 57f.

scheint in solchen Thesen als „krank machendes Gottesbild", in dem Konzen-
trationslager und Holocaust teils als daraus resultierend begriffen werden.[10]
Auch im esoterischen Feminismus lassen sich den Holocaust relativierende
Vergleiche, insbesondere mit der Hexenverfolgung, finden.

Das „spezifisch feministische Element" dieser Narrative sei, „dass ‚die Juden'
als personifizierbare Schuldige für ‚das Patriarchat' imaginiert werden, aber auch
für alles Schlechte in der eigenen Religion".[11] Antisemitismus wird so in feministische Theorien integriert, Geschlechterfragen werden mit christlich-antijü-
dischen, sekundär-[12] oder israelbezogen-antisemitischen Thesen verbunden.
Claudia Koonz, die sich mit Täterinnen im NS beschäftigt hat, appelliert: „ich
hoffe, daß meine Arbeit Akademikerinnen und politisch aktiven [sic!] Frauen
gleichermaßen dagegen immunisieren wird, mit ‚Weiblichkeit' Politik zu machen
oder das, was Frauen tun, zu substantialisieren."[13] Denn antisemitische Narrative
in der Frauenbewegung seit 1945 knüpfen an Versuche an, mit Weiblichkeit
Politik zu machen: bei Matriarchatsforscherinnen bzw. in der feministischen
Theologie mit dem christlich-antijudaistischen Ziel, das Christentum durch
Abgrenzung vom Judentum in Verbindung mit Geschlecht zu romantisieren. Im
Rahmen von antisemitischen Vergleichen zwischen Holocaust und Hexenverfolgung wird aus dem Wunsch, an die Verfolgung von Frauen als Hexen zu
erinnern, eine Relativierung des Holocaust. In Theorien, welche die Täterinnenschaft im NS relativieren, wird die Vorstellung der friedfertigen Frau derart
essentialisiert, dass (antisemitische) Gewalt von Frauen undenkbar wird. Feministische Antisemitismen haben sich so in unterschiedlichen Strömungen zwar je
unterschiedlich in kontextabhängige Argumentationen eingefügt. Gemeinsam
ist ihnen aber die Motivation, Frauen in ihrem spezifischen Kontext so abzu-
bilden, dass sie im Rahmen einer feministischen Weltanschauung zur Identifikation taugen, ohne die historischen Fakten (etwa reales Handeln von Frauen im
NS, Qualität von Hexenverfolgung im Verhältnis zum Holocaust) vernunftge-
leitet zu reflektieren. Nach Karin Windaus-Walser ist dies Ausdruck des „Bedürfnis[ses], sich mit der Geschichte der Frauen [...] zu identifizieren".[14]

Die Verknüpfung von Geschlechterfragen und antisemitischen Narrativen hat
sich im Laufe der Frauenbewegung genauso verändert wie die Frauenbewegung
selbst. Mit Weiblichkeit wird im Feminismus seit den 1990er Jahren keine oder

---

10 vgl. ebd.
11 ebd., S. 60.
12 Sekundärer Antisemitismus meint Formen des Antisemitismus nach 1945, die den Holocaust
    leugnen oder relativieren. Im Kontext von feministischen Antisemitismen sind damit Nar-
    rative gemeint, die die Täterinnenschaft von Frauen leugnen sowie den Holocaust auf rela-
    tivierende Weise mit Gewalt von Frauen vergleichen.
13 Koonz 1991, S. 36.
14 Windaus-Walser 1988, S. 103.

kaum mehr Politik gemacht. Denn der Fokus von feministischen Theoretiker:
innen und Forscher:innen hat sich insbesondere mit Etablierung der *Queer
Theory* vom Forschungsgegenstand der Frau/en hin zu Fragen der geschlechtlichen Identität und Sexualität, zu Fragen der Rechte von LGBTIQ verschoben.
Zeitgleich lässt sich im englisch- und deutschsprachigen Raum ein verstärkter
Fokus auf Diskriminierungskategorien jenseits von Geschlecht beobachten: Die
wichtigen Impulse der schwarzen Frauenbewegung, Rassismus im Feminismus
und in feministischen Theorien zu reflektieren, haben zu einer inhaltlichen
Verschiebung geführt: Intersektionale[15] Analysen, Sexualität, Rassismus, Kolo-
nialismusaufarbeitung oder die Rolle von Behinderung rücken in den Vordergrund feministischer und queerer Betrachtungen. Im Folgenden wird daher
gefragt: Wie wirken sich diese Verschiebungen auf die Integration von Antisemitismus im aktuellen Feminismus aus? Welche theoretischen Grundierungen
liegen aktuellen antisemitischen Narrativen heute zugrunde? Was bedeutet dies
für die Reflexion und Kritik des feministischen Antisemitismus?

2.   Angela Davis – Black feminism as BDS support

Angela Davis gilt als Ikone der schwarzen Bürgerrechtsbewegung und ist eme-
ritierte Professorin in den Abteilungen History of Consciousness und Feminist
Studies der University of California. Ihr Aktivismus und Werk steht so für Antirassismus und Feminismus. Im Folgenden wird anhand des Bandes *Freedom is
a Constant Struggle. Ferguson, Palestine and the Foundations of a Movement*
sinnverstehend rekonstruiert, wie antisemitische Passagen in ihre Weltsicht integriert werden.

Israelbezogener Antisemitismus als zentrales Anliegen des Black Feminism

Angela Davis kritisiert den „struggle for white middle-class women's rights,
pushing out working-class and poor women, pushing out Black women, Latinas,
and other women of color from the discursive field covered by the category
‚women'".[16] Diesem ausschließenden Feminismus setzt sie einen schwarzen Feminismus entgegen, der die „intersection of race, class, sexuality and gender"[17] in
den Fokus der Betrachtung rückt. Davis steht so für einen intersektionalen Feminismus, den sie wie folgt beschreibt:

---

15 vgl. zur Frage von Antisemitismus in Intersektionalitätstheorien Becker 2020.
16 Davis 2016, S. 95.
17 ebd., S. 99.

„Black feminism emerged as a theoretical and practical effort demonstrating that race, gender, and class are inseparable in the social world we inhabit. [...] We are still faced with the challenge of understanding the complex ways race, class, gender, sexuality, nation, and ability are intertwined – but also how we move beyond these categories to understand the interrelationships of ideas and processes that seem to be separate and unrelated. Insisting on the connections between struggles and racism in the US and struggles against Israeli repression of Palestinians, in this sense, is a feminist process."[18]

Davis markiert damit den „Kampf gegen die israelische Unterdrückung der Palästinenser" als feministischen Kampf: Doch obwohl sie mit der Bezugnahme auf Feminismus beginnt und endet, erläutert sie die Verbindung zwischen Geschlecht und der „israelischen Unterdrückung" nicht. Mit dem Verweis auf Intersektionalität greift sie so zwar ein feministisches Paradigma auf, die Setzung der Solidarität mit den Palästinenser:innen als feministischer Prozess bleibt aber unbegründet. Zentraler als Geschlecht scheint in diesem Begründungszusammenhang der Rassismus: entgegen der realen multikulturellen israelischen Gesellschaft setzt Davis Israelis als weiß, Palästinenser:innen als schwarz.[19]

Schwarz und Weiß als Schablone

Rassismus, verstanden insbesondere als Unterdrückung Schwarzer durch Weiße, ist für Davis ein zentrales Muster, Ungerechtigkeiten zu erklären. Im Versuch, zur globalen Solidarität im Kampf gegen Rassismus aufzurufen, werden so Unterschiede eingeebnet: Der sogenannte Nahostkonflikt, Rassismus in den USA sowie die südafrikanische Apartheid werden unterschiedslos zu Beispielen für rassistische Unterdrückung. Antirassistische Solidarität wird zu einem Anknüpfungspunkt für relativierende Vergleiche:

„Just as the struggle to end South African apartheid was embraced by people all over the world and was incoporated into many social justice agendas, solidarity with Palestine must likewise be taken up by organizations and movements involved in progressive causes all over the world."[20]

Derartige Apartheidsvergleiche beschreibt Monika Schwarz-Friesel als konstitutiv für israelbezogenen Antisemitismus: Israel fungiere dabei als Chiffre, mit der nicht das konkrete Land erfasst, sondern de-kontextualisierende Analogien und verzerrende Schuldzuweisungen geäußert werden. Häufig werden so geschichtsrelativierende Vergleiche angestellt, die vornehmlich den Nationalso-

---

18 ebd., S. 3 ff.
19 vgl. Stögner, S. 96 f.
20 Davis 2016, S. 10 f.

zialismus oder die südafrikanische Apartheid als Referenzobjekte nutzen.[21]
Was konkret antirassistischer Kampf bedeuten kann, macht Davis in einem Interview klar, als sie zum Einsatz von Gewalt im Rahmen des Kampfes der Palästinenser:innen befragt wird:

> „Solidarity movements are, of course, by their very nature nonviolent. In South Africa
> [...] the ANC and the SACP came to the conclusion that they needed an armed wing of
> their movement [...]. They had every right to make that decision. Likewise, it is up to the
> Palestinian people to employ the methods they deem most likely to succeed in their
> struggle. At the same time, it is clear that if Israel is isolated politically and econom-
> ically, as the BDS campaign is striving to do, Israel could not continue to implement its
> apartheid practices.“[22]

Neben der Gleichsetzung des sogenannten Nahostkonflikts mit der südafrikanischen Apartheid rechtfertigt sie so Selbstmordanschläge von Palästinenser:innen als legitimen, antirassistischen Widerstand.

Die zionistische Lobby als Krake

Nach Unterschieden der Antiapartheidsbewegungen gefragt[23], betont Davis, es sei die mächtige zionistische Lobby, die den Kampf der Palästinasolidarischen heute vom Kampf der Antiapartheidskämpfer:innen unterscheide:

> „what is different is the existence of a powerful Zionist lobby. Certainly there was a
> powerful apartheid lobby, but it did not have nearly the influence as the Zionist lobby,
> which can be seen in terms of Black religion; its tentacles reach into the Black church,
> there have been direct efforts to, on the part of the state of Israel, to recruit significant
> Black figures.“[24]

Mit diesem Bild der zionistischen Krake ruft Davis eine schon im Nationalsozialismus gängige Metapher für eine imaginierte jüdische Weltverschwörung auf: die Krake, welche die Erde mit ihren Tentakeln umschlingt, bei Davis bis in die schwarze Community und dadurch global Einfluss nimmt und Unheil bringt. Sie schließt so an den Mythos jüdischer Allmacht, der Idee des ‚Weltjudentums‘, an, für die etwa in der NS-Propagandazeitung ‚Der Stürmer‘ ebenfalls die Krake als antisemitische Metapher für jüdische Kontrolle (und die Notwendigkeit ihrer Vernichtung) genutzt wurde.[25]

---

21 vgl. Schwarz-Friesel 2021.
22 Davis 2016, S. 9ff.
23 vgl. Davis 2016, S. 43.
24 Davis 2016, S. 43ff.
25 vgl. Amadeu Antonio Stiftung, S. 27.

Gefängnisse und der War on Terror

Für Angela Davis ist die Kritik an Gefängnissen und Sicherheitsinfrastrukturen ein zentrales Element ihrer Theorie des Rassismus, denn: „Racism [...] has always involved a measure of criminalization", „over a period of decades and centuries Black people have been dehumanized [...] and so the representational politics [...] have equated Black with criminal".[26] Ihre Kritik an Gefängnissen und Sicherheitsinfrastrukturen sowie die von ihr als Rassismus gedeutete Zuschreibung des Terrorist:in-Seins sind zugleich wesentliche Bezugspunkte für ihre Parallelisierung von sogenanntem Nahostkonflikt und Apartheid:

> „We are now confronted with the task of assisting our sisters and brothers in Palestine as they battle against Israeli apartheid today. Their struggles have many similarities with those against South African apartheid, one of the most salient being the ideological condemnation of their freedom efforts under the rubric of terrorism."[27]

Sicherheitsinfrastrukturen wie das (britische) Sicherheitsunternehmen G4S sind für die Kommunistin Davis Ausdruck eines repressiven Neoliberalismus, der unter dem Deckmantel der Sicherheit Rassismus und Unterdrückung durchsetzt. Israel steht damit in ihrer Konstruktion nicht nur für *einen*, sondern *den* kapitalistischen, rassistischen Staat par excellence, der in Zusammenarbeit mit solchen Unternehmen Palästinenser:innen unterdrückt:

> „G4S is especially important because it participates directly and blatantly in the maintenance and reproduction of repressive apparatuses in Palestine – prisons, checkpoints, the apartheid wall, to name only a few examples. G4S represents the growing insistence on what is called ‚security' under the neoliberal state and ideologies of security [...]."[28]

Diese neoliberale Sicherheitspolitik dient ihr als argumentatives Bindeglied zwischen verschiedensten „Separierungsprozessen": „from the Palestinian experience of political incarceration and torture to racist technologies of separation and apartheid; from the wall in Israel to prison-like schools in the US and the wall along the US-Mexico border."[29]

Davis' Fokussierung auf Gefängnisse bildet dann auch die zentrale Basis für ihre ‚Wahrnehmung' von Gaza:

> „we were all thoroughly shocked to discover that the repression associated with Israeli settler colonialism was so evident [...] The wall, the concrete, the razor wire everywhere conveyed the impression that we were in prison. One misstep and one can be arrested

---

26 Davis 2016, S. 33f.
27 ebd., S. 53.
28 ebd., S. 55.
29 ebd., S. 55f.

and hauled off to prison; one can be transferred from an open-air prison to a closed prison."[30]

Israel – verantwortlich für den Mord in Ferguson

Anhand des rassistischen Mords an Michael Brown in Ferguson unterstellt Davis, dass Polizeigewalt gegen Schwarze in den USA Ergebnis des Einflusses Israels auf die Sicherheitsinfrastruktur in den USA sei, wenn sie schreibt:

„The militarization of the police in the US, of police forces all over the country has been accomplished in part with the aid of the Israeli government, which has been sharing its training with police forces all over the country since the period of 9/11. As a matter of fact, the St. Louis County Police chief [...] received ‚counterterrorism' training in Israel. County sheriffs and police chiefs from all over the country, agents of the FBI, and bomb technicians have been traveling to Israel to get lessons in how to combat terrorism."[31]

Sie konstruiert hier eine Kausalität zwischen Sicherheitstrainings durch Israelis und rassistischer Gewalt in den USA,[32] um einen Schuldigen für Polizeigewalt auszumachen, der aber außerhalb der Handelnden, also der konkreten Polizist: innen, sondern in „Juden als personifizierbare[n] Schuldigen[n]"[33] liegt.

Der Holocaust als Motivation für BDS-Aktivismus

Der Holocaust wird mit Davis' Schablone von Schwarz und Weiß zu einem allgemeinen Beispiel für rassistische Ausgrenzung. So führt sie den Holocaust an, um die Unterstützung der antisemitischen BDS Kampagne zu begründen:

„Just as we say ‚never again' with respect to fascism that produced the Holocaust, we should also say ‚never again' with respect to apartheid in South Africa, and in the southern US. That means, first and foremost, that we will have to expand and deepen our solidarity with the people of Palestine. People of all genders and sexualities. People inside and outside prison walls, inside and outside the apartheid wall. [...] Support BDS! Palestine will be free!"[34]

Auch in diesem Zitat scheinen Gender und Sexualität zwar als allgemeine Begründung für die Positionierung für BDS auf, der Zusammenhang von Befreiung von Frauen oder LGBTIQ mit der BDS-Kampagne wird aber in keiner Form

---

30 ebd., S. 59.
31 ebd., S. 138.
32 vgl. zu diesen antisemitischen Vorwürfen den Faktencheck von Lee 2020.
33 Radonić 2018, S. 60.
34 Davis 2016, S. 60.

begründet. Vielmehr dient Rassismus als herangezogene Begründung: Der Holocaust wird als rassistisches Verbrechen gedeutet, das beliebig mit anderen rassistischen Verbrechen wie der südafrikanischen Apartheid vergleichbar wäre.
Aus beidem, Holocaust und Apartheid, wird die Notwendigkeit eines Kampfes
gegen Rassismus abgeleitet, der wiederum heute im Nahostkonflikt aufscheinen
würde. Diese Verknüpfung des Kampfs gegen Rassismus mit dem Kampf gegen
Israel, als rassistischer Staat schlechthin imaginiert, bildet die zentrale Grund-
annahme, auf der Davis' antisemitische Aussagen fußen.

3.   Jasbir Puar – Queer-Sein als konstitutiv für den suicide bomber[35]

Jasbir Puar ist Professorin und Graduate Director of Women's and Gender
Studies an der Rutger University in New-Brunswick, New Jersey und eine welt-
weit bekannte und rezipierte Queertheoretikerin. Sie veröffentlichte 2007 das
Buch *Terrorist Assemblages: Homonationalism in Queer Times*, das aus queerer
Perspektive die Figur des Terroristen „untersucht" sowie 2017 *The Right to Maim:
Debility, Capacity, Disability*, welches die Funktion von Behinderung im Rahmen
von Nationalismus und Kriegen beleuchtet. Sie wird im Rahmen der Gender und
Queer Studies weltweit zu Vorträgen eingeladen, insbesondere in den Vereinig-
ten Staaten von Amerika sowie in Deutschland.

Queere Terrorist:innen

Mit dem Begriff des „Homonationalismus" beschreibt sie in *Terrorist Assemblages* die veränderte Einbindung queerer Personen in den neoliberalen Staat, die
früher als ‚Perverse' angesehen und mit dem Tod assoziiert worden seien und
heute als Teil des normalen Lebens, als nationale Subjekte begriffen werden
würden.[36] Sie stünde in enger Verbindung mit Politiken der Sicherheit, da sich die
Figur des Queeren, Perversen von weißen Schwulen oder Lesben, die nun nationale Subjekte seien, auf rassistische Weise auf andere, schwarze und rassifi-
zierte Subjekte verschoben hätte, in einem Prozess „of the management of queer
life at the expense of sexually and racially perverse death in relation to the
contemporary politics of securization"[37]. Der Terrorist wird im Homonationalismus zum Gegenbild des patriotisch-weißen *Gay*:

---

35 vgl. Puar 2007, S. 221.
36 vgl. ebd., S. xii.
37 ebd., S. xiii.

„the Orientalist invocation of the terrorist is one discursive tactic that disaggregates U.S. national gays and queers from racial and sexual others, foregrounding a collusion between homosexuality and American nationalism that is generated both by national rhetorics of patriotic inclusion and by gay and queer subjects themselves: homo-nationalism."[38]

Die (sehr notwendige) Frage, „what is queer about the terrorist?"[39] beantwortet sie mit Verweis auf sexuelle Devianz: Queer sei alles, was als sexuell deviant betrachtet würde. Damit sind in „homonationalist times" weiße *Gays* in den USA keine *Queers* mehr, sondern nur noch *gay national subjects*. Diese neue Normalität, der Einbindung von *Gays* in Staat, Häuslichkeit und Konsum bezeichnet sie als „Homonormativität".[40]

Queerness hat so nichts mehr mit realer Sexualität zu tun, sondern wird zum Synonym für „dissenting, resistant, and alternative"[41], der Terrorist wird qua homonationalistischer Zuschreibung zu einer queeren Figur, ohne dass Puar sein Handeln oder seine reale Sexualität überhaupt in den Blick nimmt. „The queer terrorist" ist dementsprechend eine Figur des Widerstandes, den die *national white gays* längst aufgegeben hätten: „Self-annihilation is the ultimate form of resistance; [...] suicide bombers are ‚a sign of life' emanating from the violent conditions of life's impossibility, the ‚impossibility of making a life.'"[42] Mit Verweisen auf Achille Mbembe, dessen antisemitisch grundierte Theorie sie weiterspinnt,[43] konstruiert Puar insbesondere den „palestinian suicide bomber" als Ideal dieses imaginierten queeren Widerstandes,[44] in Anlehnung an Gayatri Chakravorty Spivak ist *suicide bombing* eine „modality of expression and communication for the subaltern".[45]

Israels Gay Propaganda War

An *Terrorist Assemblage* anschließend entwickelt Puar in den folgenden Jahren den Vorwurf des *Pinkwashings*. In einem 2010 im *Guardian* erschienen Artikel beschreibt sie *Pinkwashing* als „marketing of a modern Israel as a gay-friendly Israel", „a potent method through which the terms of Israeli occupation of Palestine are reiterated – Israel is civilised, Palestinians are barbaric, homo-

---

38 ebd., S. 39.
39 ebd., S. xxiii.
40 vgl. ebd., S. 38.
41 ebd., S. 205.
42 ebd., S. 216.
43 vgl. dazu Becker 2021.
44 vgl. Puar 2007, S. 217.
45 ebd., S. 218.

phobic uncivilised, suicide-bombing fanatics". *Pinkwashing* begreift sie demnach, anschließend an das antisemitische Bild des listigen Juden, als Methode des Staates Israels, durch LGBTIQ-freundliche Politik die eigenen „wartime activities" zu verschleiern.[46]

In *The Right to Maim* führt sie diese antisemitische Verschwörungstheorie noch weiter aus: *Pinkwashing* diene zum einen dem Ziel, den Zionismus unter *Gays* zu bewerben, aber insbesondere auch als „disciplining of Palestinian queers", als „an intense mode of subjugation of Palestinians under settler colonial rule".[47] So wird aus LGBTIQ-freundlicher Gesetzgebung eine hinterhältige Falle des „Judenstaates Israel", der damit die Palästinenser:innen kolonialistisch knechte und gleichzeitig versuche, die Welt an der Nase herum zu führen. Puar bettet dies theoretisch durch Überlegungen in Anlehnung an Gayatri Spivak ein: Die „homosexual question", die Frage nach den Rechten von LGBTIQ, habe die „womens question", die Frage nach Frauenrechten, im Rahmen rassistischer Instrumentalisierungsprozesse abgelöst,[48] zur Begründung kolonialer Herrschaft würde nun folgendes Dictum herangezogen: „white queers (queer men?) saving brown homosexuals from brown heterosexuals".[49]

Zionismus als „racialized and eugenic"

Zionismus wird in *The Right to Maim*, welches insbesondere Biopolitiken der Kriegsführung, die verstümmeln, aber nicht töten, aus einer vermeintlichen Perspektive der *Disability Studies* thematisiert, zum Inbegriff von Rassismus und Ableismus.

Zionismus habe aus dem „sickly jew" der Diaspora im Rahmen der Staatsgründung ein „image of a strong jewish body" kreieren wollen. Diese Rehabilitierung sei „from the onset racialized" sowie heteronormativ, weil sie dem Bild der „male Jews as ‚female'" eine „healthy, heterosexual transformation" entgegengesetzt habe.[50] Zionismus sei eugenisch, unterstellt Puar Nadia Abu El-Haj zitierend, denn Ansichten einer degenerierten jüdischen Rasse wären von Juden selbst geteilt worden und hätten die Idee des Zionismus als neuer Nation befeuert:

> „there was also another source of inspiration for the commitment to Hebrew labor [...] the assessment by Jewish physicians and social sciences of ‚the Jews' as a degenerate race

---

46 Puar 2010.
47 Puar 2017, S. 96.
48 vgl. ebd., S. 98.
49 ebd., S. 99.
50 ebd., S. 102.

and their eugenic framework for imagining a ‚solution‘ to the problem, that is a revived and reborn Hebrew nation in Palestine.“[51]

Dass die Vorstellung einer degenerierten jüdischen „Rasse“ eine nationalsozialistische und keine jüdische darstellt, unterschlägt sie hier, um eine ideologische Kontinuität von „eugenischen“, real aber antisemitischen Vorstellungen im Nationalsozialismus bis hin zur Gründung des Staates Israels zu behaupten. Anschließend an diese antisemitischen Ausführungen zur Staatsgründung konstruiert sie eine biopolitische Verschwörung, die den israelischen Staat heute in den Blick nimmt: Hinter der in ihren Augen nur scheinbar humanitären Strategie des israelischen Militärs, Palästinenser:innen in Auseinandersetzungen nicht zu töten, sondern nur unschädlich zu machen, verberge sich in Wahrheit eine tückische biopolitische Strategie, die Behinderung als Strafe, die schlimmer sei als der Tod, vorsehe: „The consequence of believing that disability is worse than death is simple: ‚not killing‘ Palestinians while rendering them systematically and utterly debilitated is not humanitarian sparing of death. It is instead a biopolitical usage and articulation of the right to maim.“[52] Teil der israelischen biopolitischen Strategie sei in Anlehnung an die oben beschriebene Rehabilitierung eine „pronatalist agenda, typically ascribed to ‚Biblical prescription, the trauma of the Holocaust, and present day demographic politics‘“.[53] Die Steigerung der Geburtenrate sei „encouraged as a rehabilitation from the Holocaust“ sowie Ergebnis von „state policies encouraging motherhood“.[54] Gleichzeitig sei dieser Pronatalismus eugenisch und rassistisch:

> „The excelling of ART [assisted reproductive technology, Anm. d. Verf.] in Israel has a biopolitics of population racism intrinsic to its logic. Starting with an unapologetically eugenic approach to imperfect fetuses, selective abortions [...] are advocated through loose legal strictures and genetic counseling for the screening and aborting of fetuses with any kind of ‚malformation‘.“[55]

Sie verbindet diese These mit dem Argument des *Pinkwashings*, indem sie unterstellt, der Staat Israel habe kein Interesse an LGBTIQ-Rechten, sondern wolle durch die Einbindung von *Gays* in die Reproduktion von jüdischen Kindern die Besatzung stützen: „This capacitation of reproduction services the goals of the occupation [...], through the biopolitics of population reproduction and the cultivation of a racially elevated Israeli body politic“.[56] Puar's *The Right to Maim* lässt sich so als durchaus komplexe Verschwörungstheorie lesen, welche die

---

51 ebd., S. 103.
52 ebd., S. 108.
53 ebd., S. 111.
54 ebd., S. 112.
55 ebd., S. 113f.
56 ebd., S. 117.

unterstellte Instrumentalisierung von *Gay Rights* durch Israel in eine Deutung des Nahostkonflikts einbindet, in der die Israelis für tückische Kriegsführung stehen, welche die Palästinenser:innen verkrüppeln, zu Behinderten machen soll, während in Israel die (jüdische) Reproduktion rücksichtslos vorangetrieben würde, auf eugenische und rassistische Art und Weise.

Der Holocaust als Motivation, zu verstümmeln

Innerhalb dieser Verschwörungstheorie nimmt der Holocaust eine zentrale Funktion ein: Er sei ein Grund für die behauptete biopolitische Strategie:

> „Allen Feldman alludes to one reason why ‚make die' and even ‚let die' cannot usefully serve the mandate of the postgenocidal Israeli state: ‚The alleged manufacture of telegenic death by the Palestinians implies their subjugated knowledge of genocidal truth that both attracts and threatens Netanyahu – for in a Euro-American public sphere acculturated to the Holocaust, Palestinians become more attractive and rhetorically persuasive when dead than when alive […]. Netanyahu attacks telegenic death because he fears the population bomb of Palestinian dead and wounded, wherein they become symbolic jews.'"[57]

Das Festhalten an der Besonderheit des Holocaust deutet sie dabei als „exceptionalizing [the] Holocaust" zugunsten der vermeintlich biopolitischen und kolonialistischen Strategie Israels:

> „Given that Israel in particular and Jewish populations in general have thoroughly hijacked the discourse of trauma through exceptionalizing Holocaust victimization, Palestinian trauma is overshadowed, […] through ‚[…] practices that re-named trauma and suffering of the dispossessed with colonial terminology'."[58]

5.   Fazit

Antisemitische Narrative entstehen bei Angela Davis insbesondere über die folgende Argumentation: Feminismus muss antirassistisch sein, Antirassismus ist die uneingeschränkte Solidarisierung mit *People of Color*, im Nahostkonflikt liest sie Palästinenser:innen als schwarz, Israelis als weiß. Deshalb muss schwarzer Feminismus antizionistisch sein und die antisemitische BDS-Kampagne unterstützen. Im Rahmen dieser antirassistischen Schablone werden bei ihr sowohl südafrikanische Apartheid, der sogenannte Nahostkonflikt sowie rassistische Polizeigewalt zu vergleichbaren Ereignissen, die denselben rassisti-

---

57 ebd., S. 147.
58 Puar 2015, S. 16.

schen Ursprung hätten. Insbesondere nach 9/11 fokussiert sich Davis auf Kritiken von Gefängnissen, die Anknüpfungspunkte für antisemitische Vorstellungen wie „Gaza as an open-air prison" bieten und ihr die Möglichkeit geben, in regressiv-antikapitalistischer Manier globale Konzerne wie G4S mit dem Judentum, konkret mit dem Staat Israel, zu verknüpfen. Verschwörungstheoretische Passagen zu Verbindungen zwischen Ferguson und israelischen Sicherheitskräften sowie dem Einfluss der zionistischen Lobby in der Schwarzen Kirche fügen sich bei Davis ein in eine Kritik am globalen Neoliberalismus, der in ihren Arbeiten mit dem Einfluss Israels assoziiert wird.

Bei Jasbir Puar wird Antisemitismus insbesondere anhand des Vorwurfes des *Pinkwashings* integriert: Die Gleichsetzung von Queerness und Widerstand ermöglicht es ihr, insbesondere vom Westen als Terrorist:innen bezeichnete Personen als *queer* zu fassen und diese in eine komplexe Verschwörungstheorie zu integrieren, in der Israels biopolitisches Staatshandeln Palästinenser:innen kolonialistisch und rassistisch verkrüppelt, während Jüdinnen und Juden sich auf eugenische und rassistische Weise reproduzieren würden.

Bei beiden Autorinnen fällt außerdem die Einbettung der antisemitischen Narrative in eine Kritik des Neoliberalismus oder Kapitalismus auf, die in antisemitischer Manier Israel als *den* neoliberalen Staat ausmacht: hier finden sich aktualisierte Vorstellungen von der Identifizierung von Juden mit Geld, die in eine antisemitischen Wirtschaftskritik mündet.[59]

> „Das Pathische am Antisemitismus ist nicht das projektive Verhalten als solches, sondern der Ausfall der Reflexion darin. Indem das Subjekt nicht mehr vermag, dem Objekt zurückzugeben, was es von ihm empfangen hat, wird es selbst nicht reicher sondern ärmer. Es verliert die Reflexion nach beiden Richtungen: da es nicht mehr den Gegenstand reflektiert, reflektiert es nicht mehr auf sich und verliert so die Fähigkeit zur Differenz"[60],

schreiben Max Horkheimer und Theodor W. Adorno in den *Elementen des Antisemitismus*. Antisemitismus heftet sich an dichotome Weltbilder, kann insbesondere in Theorien integriert werden, die ihren Gegenstand nicht mehr reflektieren, sondern zugunsten einer dichotom-manichäischen Weltanschauung Ereignisse so umdeuten, dass sie zu dieser Weltanschauung passen.

In aktuellen feministischen und queer-feministischen Theorien bildet sich diese Unfähigkeit zur Differenzierung insbesondere anhand der Setzungen von einem als feministisch verstandenen Antirassismus ab, der mehr als Schablone fungiert denn als Instrument zur Analyse differenter Ereignisse und Kontexte sowie durch die undifferenzierte und unreflektierte Affirmation des Handelns von als unterdrückt oder subaltern verstandenen Personen oder Gruppen.

---

59 vgl. KIgA Berlin 2019.
60 Adorno/Horkheimer 2011, S. 199.

Die Veränderungen des Feminismus spiegeln sich auch in feministischen Antisemitismen wider: Politik wird weniger mit Weiblichkeit, sondern mit der Instrumentalisierung von Queer- und Schwarzsein für antisemitische Erzählungen gemacht. Beide hier analysierten Theoretikerinnen argumentieren nicht zufällig antisemitisch, sie verorten sich vielmehr in einem spezifischen theoretischen und aktivistischen Kontext, beziehen sich auf spezifische Theoretiker: innen[61] und konstruieren dichotome Weltanschauungen, die eine differenzierte Betrachtung, insbesondere von Israel, verunmöglichen. Ihre antisemitischen Aussagen leiten sich aus theoretischen Bezugspunkten her, die es weiter zu erforschen gilt.

Karin Stögner hat vorgeschlagen, Antisemitismus als intersektionale Ideologie (schlechthin) zu betrachten, die in sich selbst homophobe, rassistische, nationalistische und sexistische Elemente vereint.[62] Ich möchte daran anknüpfend vorschlagen, eine intersektionale Analyse des Antisemitismus insbesondere mit Fokus auf seine Integration in Weltanschauungen und Ideologien zu erforschen: Denn diese Integration von Antisemitismus in – gerade sich als progressiv verstehende – Theorien erfolgt selbst als Kreuzung verschiedener Ideologien und/ oder Theorien: Versatzstücke aus (queer-)feministischer, aus postkolonialer, klassisch linker, antikapitalistischer oder antirassistischer Theorie bilden Ausgangspunkte für die Integration antisemitischer Narrative, die es offenzulegen gilt, um als Queer-Feminist:in, postkoloniale Theoretiker:in, Linke:r, Kapitalismuskritiker:in oder Antirassist:in eigene (absolute und dichotome) Setzungen reflektieren zu können und zur Fähigkeit zur Differenz(ierung) zurück zu finden.

Bibliografie

Achtelik, Kirsten (2021): ‚Antisemitischer Quark', in: *jungle.world*, 29.07.2021. URL: https://jungle.world/artikel/2021/30/antisemitischer-quark (Zugriff am 05.05.2022).
Amadeu Antonio Stiftung (2021): *Deconstruct Antisemitism! Antisemitische Codes und Metaphern erkennen*. Berlin: Amadeu Antonio Stiftung. URL: https://www.amadeu-an tonio-stiftung.de/wp-content/uploads/2021/11/210922_aas_broschuere-da-105x148_w eb_doppelseiten.pdf (Zugriff am 28.03.2022).
Binkele, Moritz (2020): ‚Von ‚Freiheit für Angela Davis' bis Black Lives Matter. Interview mit Kata Krasznahorkai über Black Power in Osteuropa, Angela Davis und ihre Rezeption heute', in: *Wissenschaftsportal L.I.S.A. Gerda Henkel Stiftung*, 06.10.2020. URL: https://lisa.gerda-henkel-stiftung.de/angela_davis (Zugriff am 05.05.2022).

---

61 Insbesondere bei Puar sind ihre Bezüge in antisemitischen Passagen zu Agamben, Foucault, Spivak, Said und Mbembe auffällig.
62 vgl. Stögner 2017, S. 41f.

Becker, Randi (2020): ,Kein Platz für Jüdinnen? Antisemitismus und Intersektionalität', in: *genderblog*, 03.10.2020. URL: https://www.gender-blog.de/beitrag/antisemitismus-inte rsektionalitaet (Zugriff am 27.03.2022).

Becker, Randi (2021): ,Gleichheit und Differenz. Achille Mbembe, der Holocaust und das Judentum', in: Gerber, Jan (Hrsg.): *Die Untiefen des Postkolonialismus. Hallische Jahrbücher #1*. Berlin: Edition TIAMAT, S. 104–119.

Cornelia Goethe Centrum (o.J.): ,*Angela Davis-Gastprofessur für internationale Gender und Diversity Studies'*. URL: https://www.cgc.uni-frankfurt.de/angela-davis-gastprofes sur-fuer-internationale-gender-und-diversity-studies/ (Zugriff am 05.05.2022).

Davis, Angela (2016): *Freedom is a Constant Struggle. Ferguson, Palestine, and the Foundations of a Movement*. Chicago: Haymarket Books.

Horkheimer, Max/Adorno, Theodor W. (2011) [1944/47]: *Dialektik der Aufklärung, Philosophische Fragmente*. 20. Aufl. Frankfurt a. M.: S. Fischer.

KIgA Berlin (2019): *Widerspruchstoleranz. Ein Methodenhandbuch zu antisemitismuskritischer Bildungsarbeit*. Berlin: Kreuzberger Initiative gegen Antisemitismus. URL: https://www.kiga-berlin.org/uploads/KIgA_Widerspruchstoleranz3_2019.pdf (Zugriff am 06.05.2022).

Koonz, Claudia (1991): *Mütter im Vaterland. Frauen im Dritten Reich*. Freiburg i. Br.: Verlag Traute Hensch.

Lee, Georgina (2020): ,Fact Check: Did Israeli secret service teach Floyd police to kneel on neck?', in: *Channel 4 News Online*, 26.06.2020. URL: https://www.channel4.com/ne ws/factcheck/factcheck-did-israeli-secret-service-teach-floyd-police-to-kneel-on-neck (Zugriff am 19.07.2022).

Puar, Jasbir K. (2007): *Terrorist Assemblages. Homonationalism in Queer Times*. Durham and London: Duke University Press.

Puar, Jasbir K. (2010): ,Israel's gay propaganda war', in: *The Guardian Online*, 01.07.2010. URL: https://www.theguardian.com/commentisfree/2010/jul/01/israels-gay-propagan da-war (Zugriff am 26.03.2022).

Puar, Jasbir K. (2015): ,The ,Right' to Maim: Disablement and Inhumanist Biopolitics in Palestine', in: *borderlands*, 14 (1). URL: https://thenamesofoccupation.files.wordpre ss.com/2021/05/jasbir-puar-right-to-maim.pdf (Zugriff am 27.03.2022).

Puar, Jasbir K. (2017): *The Right to Maim. Debility, Capacity, Disability*. Durham and London: Duke University Press.

Radonić, Ljiljana (2018): *Die friedfertige Antisemitin reloaded. Weibliche Opfermythen und geschlechtsspezifische antisemitische „Schiefheilung"*. Graz: CLIO.

Schindler, Frederik (2021): ,Keine staatlichen Gelder für Israelhass', in: *Die Welt Online*, 19.10.2021. URL: https://www.welt.de/debatte/kommentare/article235164384/Vortr agseinladung-an-Jasbir-Puar-Keine-staatlichen-Gelder-fuer-Israelhass.html (Zugriff am 05.05.2022).

Schmidt, Birgit (2007): *Freundliche Frauen. Eine Kritik an der Juden- und Frauenfeindlichkeit des esoterischen Feminismus*. Aschaffenburg: Alibri Verlag.

Schwarz-Friesel, Monika (2020): ,Israelbezogener Antisemitismus und der lange Atem des Anti-Judaismus – Von ,Brunnenvergiftern, Kindermördern, Landräuber", in: Institut für Demokratie und Zivilgesellschaft (Hrsg.): *Wissen schaft Demokratie. Schwerpunkt Antisemitismus, Band 8*. Jena: Institut für Demokratie und Zivilgesellschaft, S. 42–57. URL: https://www.idz-jena.de/wsddet/wsd8-5/ (Zugriff am 30.03.2022).

Stögner, Karin (2017): „Intersektionalität von Ideologien', Antisemitismus, Sexismus und das Verhältnis von Gesellschaft und Natur', in: *Psychologie & Gesellschaftskritik*, 2, S. 25–45.

Windaus-Walser, Karin (1988): ,Gnade der weiblichen Geburt? Zum Umgang der Frauenforschung mit Nationalsozialismus und Antisemitismus', in: *Feministische Studien*, 1, S. 102–115.

III. Die mediale (Re-)Produktion von Antisemitismus in Pop- und Subkultur

Frederik Fuß

N.W.A. gegen die ‚NWO'. Antisemitismus im US-Hip-Hop

Häufig heißt es, durch Hip-Hop würden Marginalisierte und Unterdrückte eine Stimme bekommen und könnten auf ihre Lage aufmerksam machen. Selten fehlt hierbei der Verweis auf die Herkunft der Musik in den schwarzen Ghettos der USA. So berechtigt diese Zuschreibung auch ist, so sehr lässt sie außer Acht, dass die Rapper:innen, die eben jenen Ghettos entstammen, meist nicht nur soziale Missstände thematisieren, sondern auch Erklärungen hierfür liefern, die sich aus antisemitischen Verschwörungstheorien speisen. So soll in diesem Beitrag aufgezeigt werden, dass es in der inzwischen über 50-jährigen Geschichte dieser Musik und Kultur eine bereits seit ihrer Entstehung vorhandene Verbindung zu islamistischen Sekten und weiteren ideologisch problematischen Gruppierungen gibt, deren Einfluss Hip-Hop auch heute noch prägt und Antisemitismus und Verschwörungstheorien zu einem wiederkehrenden und akzeptierten Motiv innerhalb der Hip-Hop-Community in den USA macht.

Hierfür werden die ideologischen Akteur:innen und ihr Einfluss auf Hip-Hop skizziert, die Geschichte des Hip-Hop nachgezeichnet und die sich hieraus ergebende spezielle Form des Antisemitismus dargestellt.

1. Black Nationalism

Die Universal Negro Improvement Association und Marcus Garvey

Besonders prägend für den *Black Nationalism* und auch für den Hip-Hop war Marcus Garvey, der 1914 die *Universal Negro Improvement Association* (UNIA) gründete – sowohl Garvey als auch die UNIA werden regelmäßig in Hip-Hop-Texten besungen. Die UNIA wurde zur weltweit größten schwarzen Organisation überhaupt.[1] Das politische Programm, welches Garvey mit der UNIA verfolgte, war recht deutlich. Es zielte auf die Separierung von schwarzen und weißen

---

1 Zu Garveys Werdegang, Gründung und Verbreitung der UNIA vgl. Vincent 1971, S. 92 ff.

Menschen.[2] Der Slogan ‚Back to Africa' wurde von ihm geprägt. Er formte die Idee, dass alle Schwarzen unabhängig von Religion, Sprache oder Klasse Teil einer Nation seien, deren angestammter Platz der afrikanische Kontinent sei und es ein freies und gutes Leben für die Schwarzen nur dort geben könne.[3] Es wurden zahlreiche Unternehmen gegründet, um Geld für Umsiedlungen nach Afrika zu erwirtschaften, aber auch, um eine von Weißen unabhängige Ökonomie aufzubauen. Dabei lehnte er jede Kooperation mit Weißen an sich ab, denn die Befreiung der Schwarzen müsse ihr eigenes Werk sein. Schwarz war in Garveys Ansicht, wer mehr als ein Sechzehntel ‚schwarzen Blutes'[4] hatte. Es wurde also zumindest der Theorie nach penibel vermessen, wer Schwarze:r, wer ein ‚Mischling' und wer Weiße:r war. Entsprechend sprach sich Garvey auch gegen ‚Race-Mixing' oder gegen ‚Mixed-Marriages' aus. Es wundert kaum mehr, dass es bei aller Ablehnung von Kooperation mit Weißen immer wieder zu punktuellen Annäherungen mit dem Ku-Klux-Klan kam – man hätte ja mehr oder weniger gemeinsame Ziele.[5] Auch die *Nation of Islam*, die im nächsten Abschnitt behandelt wird, ließ sich bereits mit weißen Rassist:innen ein. Es kam zu verschiedenen Zusammenkünften zwischen NOI-Vertreter:innen und Mitgliedern der *American Nazi Party*, die Grundlage bildete, dass beide Organisationen die jüdische Vormachtstellung ablehnen würden.[6] Abschließend zu Garvey: Gerade seine prägenden Vorstellungen der schwarzen Nation sind es, die sich auch auf die Black Muslim Gruppierungen und auf alle weiteren Teile des *Black Nationalism* ausgewirkt haben und dazu beitragen, soziale Konflikte im Weltbild dieser Gruppen permanent zu rassifizieren, die ‚Rassenfrage' zu einer Art Hauptwiderspruch zu erheben.

Die Nation of Islam und Louis Farrakhan

1930 wurde die *Nation of Islam* (NOI) als Abspaltung der Sekte *Moorish Science Temple* gegründet, 1933 übernahm Elijah Muhammad die Führung, wandelte die Gruppe in eine zentralistische Organisation und entwickelte den noch heute bestehenden ideologischen Kurs.[7] Der 1933 geborene Calypsosänger Louis Eugene Walcott stieß Anfang der 1950er Jahre zur NOI, nannte sich daraufhin Louis X und anschließend Louis Farrakhan. Er wurde von Malcolm X zum Prediger für

---

2 vgl. ebd., S. 194.
3 vgl. ebd., S. 168.
4 vgl. ebd., S. 194.
5 vgl. ebd., S. 127, 190 f. Garvey änderte seine Position zum KKK mehrfach – mal anbiedernd, mal ablehnend.
6 vgl.: McPheeters 2015.
7 vgl.: Jacob 1994, S. 38.

die NOI ausgebildet. Nach dem Bruch zwischen Malcolm X und der NOI be-
drohte Farrakhan diesen mit dem Tod, was ihn lange in den Verdacht brachte, die
Ermordung von Malcolm X veranlasst zu haben. Nachdem auch Elijah Muhammad 1975 starb, übernahm Farrakhan 1978 endgültig die Führung der NOI
und setzte den radikalen, antisemitischen und rassistischen Kurs der NOI fort.[8]
Jan Kage zufolge vertritt die NOI eine eigenwillige Koraninterpretation, die „klar
als soziales Produkt der USA erkennbar"[9] sei. Der NOI nach sind die Weißen erst
vor 6000 Jahren von einem wahnsinnigen Wissenschaftler namens Yakub erschaffen worden, der in ihnen alle schlechten Charaktereigenschaften vereint
habe. Bis zu diesem Zeitpunkt habe es auf der Erde nur schwarze Menschen
gegeben, die alle dem seit 66 Millionen Jahren bestehenden Stamm Shabazz
angehörten. Als die Weißen auf der Erde waren, hätten sie begonnen, mit List,
Lüge und Gewalt ein Herrschaftssystem über die Schwarzen zu errichten.[10] In der
Erzählung sind die Weißen das Produkt des Teufels bzw. jede:r Weiße der Teufel
in Person. Da es kein Zusammenleben mit dem Teufel geben kann, ist die einzige
Lösung die Separierung der Schwarzen und Weißen. Die NOI strebte lange einen
eigenen Staat auf dem Gebiet der USA an, in den 80er Jahren ging sie dazu über,
lediglich getrennte Institutionen für Schwarze und Weiße schaffen zu wollen,
da 90 % der schwarzen US-Bürger:innen keine Trennung des Gesamtstaates
wünschten.[11] Zudem wird eine ökonomische Eigenständigkeit angestrebt, es
sollen rein schwarze Wirtschaftskreisläufe entstehen.[12] Die NOI hat eine Reihe
von Unternehmen aufgebaut und Kapital angehäuft, um dieses Ziel zu erreichen.
Dabei sind Farrakhans Kontakte zum damaligen libyschen Machthaber Gaddafi
hilfreich gewesen, von diesem erhielt er einen zinsfreien Millionenkredit.[13] Farrakhan und die NOI fallen insbesondere durch ihren Antisemitismus auf. Farrakhan hat öffentlich zu Protokoll gegeben, Hitler zu bewundern.[14] Die NOI
macht ‚die Juden' immer wieder für die Sklaverei verantwortlich und vertreibt die
‚Protokolle der Weisen von Zion'.[15] Farrakhan äußert sich auch antizionistisch
und beklagt unter anderem, dass die USA mehr Geld für Israel ausgäben als an
Entwicklungshilfe für den gesamten afrikanischen Kontinent. Farrakhan bezeichnete auch Obama wegen seiner Libyen-Politik als einen ‚jüdischen Präsidenten' und unterstellt ‚den Juden', sie wären für die Terroranschläge vom

---

8   vgl. Hielscher 2018.
9   Kage 2016, S. 33.
10 vgl. ebd., S. 34.
11 vgl. Hielscher/Sorge 1985.
12 vgl. ebd.; Jabob 1993, S. 38.
13 vgl. Hielscher 2018.
14 vgl. Hielscher/Sorge 1985.
15 vgl. Jabob 1993, S. 192.

11. September 2001 verantwortlich.[16] Der Einfluss der NOI auf Hip-Hop drückt sich vielfältig aus bzw. wird auch ganz unterschiedlich zur Schau gestellt. Es gibt Rapper:innen, deren Lieder die Propaganda der NOI wiedergeben, bei anderen werden Reden von Farrakhan mit seichten Beats unterlegt und als eigene Tracks auf Alben veröffentlicht und nahezu jede:r mehr oder weniger bedeutende Rapper:in der 80er und 90er Jahre hat Farrakhan schon einmal in einer dem Album beigefügten Dankesliste erwähnt.[17]

Five Percent Nation

Die zweite für den Hip-Hop relevante islamistische Sekte ist die *Five Percent Nation*. Günther Jacob bezeichnete sie als eine rassistisch-elitäre Abspaltung der *Nation of Islam*.[18] Im Kern trifft diese Beschreibung, jedoch müssen die Five Percenter genauer betrachtet werden.

Die Sekte wurde 1963 von Clarence 13X in Harlem gegründet. Von der NOI übernahm sie unter anderem die Geschichte des Yakub, woraus sich die Erzählung des weißen Teufels ergibt, also die Rassifizierung aller sozialer Probleme bereits angelegt ist. Neu ist die Idee, dass alle schwarzen Männer selbst Götter sind – Allah habe die Menschen (bzw. die Männer) nach seinem Ebenbild geschaffen, also seien sie auch selbst Götter. Frauen verkörpern die Erde – entsprechend auch alles Naturhafte und auf Reproduktion Gerichtete, was damit verbunden wird. Hieraus ergibt sich auch der alternativ gebrauchte Name *Nation of Gods and Earths*. Untermauert wird diese Weltdeutung mit der Behauptung, Allah sei ein Akronym für Arm-Leg-Leg-Arm-Head – also den menschlichen Körper.[19] Die fünf Prozent im Namen beziehen sich auf das weitere verschwörungstheoretische Weltbild. Demnach sind 85 % der Menschen verblendet und können die Wahrheit nicht erkennen, zehn Prozent erkennen weite Teile der Wahrheit, nutzen dieses Wissen aber, um die Massen zu unterdrücken und auszubeuten. Die letzten fünf Prozent sind die Erleuchteten, die ihren gottgleichen Status (den die Massen durch ihre Verblendung verloren haben bzw. nicht erkennen können) und ihr Wissen nutzen, um die 85 % mittels Bildung zu befreien.[20] Teile dieses Wissens sind das eigens entwickelte Supreme-Alphabet und die Supreme-Mathematics, in der jedem Buchstaben und jeder Zahl eigene

---

16 vgl. Hielscher 2018.
17 vgl. Jacob 1994, S. 34.
18 vgl. ebd., S. 191.
19 vgl. Killmann 2015a; Killmann 2014.
20 vgl. Gooden 2019.

Bedeutungen zugeschrieben werden. Im Hip-Hop von Five Percentern ergibt sich die Sinnhaftigkeit von Texten so oft nur für ‚Eingeweihte'.[21]

Die *Five Percent Nation* hielt sich öffentlich lange zurück und gelangte erst durch Hip-Hop zu größerer Bekanntheit. Hatten sich Rapper:innen in den 80er Jahren trotz eindeutiger Texte – wie bei Rakim – nicht öffentlich zur *Five Percent Nation* bekannt, änderte sich dies in den 90er Jahren.[22] Nicht zuletzt der *Wu-Tang Clan* hat zur Erhöhung des Bekanntheitsgrades beigetragen.[23] Der Name des Kopfes des Clans, RZA, bedeutet nicht nur ‚razor' sondern im Supreme-Alphabet ‚Ruler Zig Zag Allah'. Etwas relativieren muss man die Bewertung Jacobs' allerdings, da man die Lehre von den Göttern und Erden offenbar immer weniger rassisch begreift, sondern ethisch. Ein Gott ist, wer richtig handelt, Gutes tut, ein Teufel, wer Schlechtes tut, alles unabhängig von der Hautfarbe – zumindest stellen es sowohl RZA als auch andere Five Percenter so dar, außerdem werden sogar Weiße in die Organisation aufgenommen.[24] Bemerkenswert ist hier, dass der Wu-Tang Clan eine der wenigen Rap-Gruppen sind, die sich in ihren Liedern offen gegen Antisemitismus aussprechen[25] und zu ihren assoziierten Rapper:innen – den Killa Bees – den jüdischen und pro-zionistischen Rapper Remedy zählen. All das trotz ihrer Mitgliedschaft in einer islamischen Sekte, die ein verschwörungstheoretisches Weltbild propagiert.[26]

2. Die Geschichte des Hip-Hop

Nimmt man experimentelle DJ's der ausgehenden 1960er Jahre aus, lässt sich das Entstehungsdatum der Hip-Hop-Kultur auf das Jahr 1973 datieren, als Kool DJ Herc in der New Yorker Bronx bei der Geburtstagsparty seiner Schwester auflegte und mit seinem neuartigen Stil, Platten zu mischen, den Grundstein für die weitere Entwicklung legte. Darauf folgten die sogenannten Blockpartys in den schwarzen Vierteln New Yorks, bei denen er auflegte (im weiteren Verlauf mit Coke La Rock, quasi dem ersten MC), aus denen sich eine neue Clubkultur entwickelte und sich weitere DJs etablierten, unter ihnen Afrika Bambaataa und Grandmaster Flash.[27] Erzählt Kool DJ Herc von der ersten Party, merkt er an, dass die Straßengangs zu dieser Zeit Partys terrorisierten, jedoch seine in Ruhe ließen,

---

21 Diese Codes sind im digitalen Zeitalter allerdings durchaus ohne Hürden zu recherchieren.
22 vgl. Killmann 2015.
23 vgl. Gooden: Rappers 2019.
24 vgl. Kage 2016, S. 123 f.; Killmann 2014; Killmann 2015a.
25 vgl. Wu-Tang Clan 2014; Wu-Tang Clan 1998.
26 vgl. Knight 2013a.
27 vgl. Kage 2016, S. 47 ff.

weil sie die Musik mochten.[28] Eine etwas andere Variante der Geschichte erzählen Anhänger:innen der *Five Percent Nation*. Ihnen zufolge waren sie – bzw. ihre damaligen Glaubensbrüder – es, die die Sicherheit auf den Partys von Kool DJ Herc garantierten.[29] Die Variante der Geschichte wirkt nicht abwegig, da auch Kool DJ Herc ein Five Percenter ist.[30] Die frühen kommerziellen Erfolge (wie die Sugarhill Gang) waren frei von politischen Parolen und die gesamte Szene eher partyorientiert. Auch die ersten politischen Texte waren noch frei vom islamistischen Einfluss und reflektierten eher das Leben im Ghetto – wie zum Beispiel „The Message" von Grandmaster Flash. Mit der Politisierung des Raps, die sich vor allem 1984 um die Präsidentschaftskandidatur des Afroamerikaners Jesse Jackson vollzog, wuchs das Interesse der Rapper:innen an den Inhalten von Black Muslim-Gruppen und dem schwarzen Nationalismus.[31] Bereits vor dieser Phase waren neben Kool DJ Herc weitere wichtige Akteur:innen Verbindungen mit ähnlichen Gruppen eingegangen. Afrika Bambaataa zum Beispiel, dem die Zusammenführung der verschiedenen Elemente der Hip-Hop Kultur zugeschrieben wird, wurde Mitglied der NOI und war Gründervater der 1973 ins Leben gerufenen *Zulu Nation*. Mit dieser verfolgt er ein pazifistisches und auf den Weltfrieden ausgerichtetes politisches Programm, das gerade in Bezug auf vermeintliche Differenzen der ‚Rassen' der NOI entgegensteht. Die inhaltlichen Unterschiede verdeckte er über Appelle an die ‚Brüderlichkeit', womit er letztlich die NOI in ihrem islamistischen Programm stärkte, da er sie weder kritisierte noch seine Mitgliedschaft Raum für Abgrenzung ließ.[32] Auch zahlreiche andere Rapper fielen mit Verbindungen zur NOI, der *Five Percent Nation* oder dem *Black Nationalism* auf, unter ihnen Erik B. & Rakim (bzw. Rakim Allah), X-Clan, Public Enemy, Big Daddy Kane, N.W.A. (bzw. Ice Cube und MC Ren), Brand Nubian und auch Boogy Down Productions/KRS-One.[33] Auch einige Ausdrücke und Teile des Habitus, die für den Hip-Hop prägend sind, reklamieren Five Percenter als ursprünglich ihre für sich. So das Wort „Peace" als Gruß oder der Ausruf „Word", wenn ein:e Rapper:in die „Wahrheit" sagt bzw. die Zustände, wie sie sind, benennt. Aber auch das populäre Kürzel „G", was heutzutage für Gangsta steht, soll von ihnen stammen, die sich als „Gods", kurz „G's" bezeichnen.[34] Prägend für den Hip-Hop der 80er Jahre war die Gruppe N.W.A., in deren Nachwirken sich jedoch der islamistische Einfluss zeigte. N.W.A. wurde bereits 1986 von Dr. Dre, Eazy-E, Arabian Prince und Ice Cube gegründet. Mit

---

28 vgl. Wheeler/Dunn 2016, 06:02–06:59 min.
29 vgl. Killmann 2014.
30 vgl. ebd.
31 vgl. Jacob 1994, S. 42 f.
32 vgl. ebd: S. 41 f., 94 ff., 102 ff. 119 ff., 199 ff.; sowie Killmann 2014; Jacob 2002.
33 vgl. Jacob 1994, S. 43.
34 vgl. Killmann 2014.

dem Album „Straight outta Compton" erlangten sie einen Kultstatus, der bis heute anhält. Gemeinsam mit anderen Rappern der Westküste haben sie erheblich zu dem beigetragen, was unter Gangsta-Rap verstanden wird: die Selbstinszenierung als harter, durchsetzungsfähiger, gewalttätiger Mann in einer feindlichen Umwelt. Im Gegensatz zu späteren Gangsta-Rappern gestaltete sich diese feindliche Umwelt nicht lediglich aus konkurrierenden Gangs um die Vorherrschaft im Drogenverkauf, sondern nahm Bezug auf das reale Leid der schwarzen Jugend in den Ghettos und die rassistische Polizeigewalt.[35] Sie selbst sahen sich als eine Art Reporter aus einem Kriegsgebiet, dessen Fronten anhand von Rassengrenzen durch die amerikanischen Städte verliefen.[36] Gegen den Song „Fuck tha Police", der diese Konflikte besonders deutlich zum Ausdruck bringt, wollte sogar das FBI vorgehen.[37] Nach der Auflösung der Gruppe wegen finanzieller Streitigkeiten kam Ice Cube beim New Yorker Label *Bomb Squad* von Public Enemy unter, wo er sein erstes Soloalbum „AmeriKKKa's Most Wanted" produzierte. Durch die Nähe zu Public Enemy und ihrem islamistisch geprägten Umfeld kam auch Ice Cube in Verbindung mit der NOI und deren Ideenwelt.[38] Auf dem Album beschuldigt er den ehemaligen N.W.A. Manager Jerry Heller, der auch Jude ist, für den Bruch verantwortlich zu sein und benutzt die Figur des ‚Haus-Negers', um die Treue der anderen Bandmitgliedern zu ihrem Manager zu diskreditieren. Im Sinne der NOI wird Heller als Teufel bezeichnet, der die Band gelenkt hätte und dessen man sich durch eine Kugel in seinen Tempel (als Bezugnahme auf Hellers jüdischen Glauben) entledigen müsse.[39] Ice Cube kam der NOI zunehmend näher, begann ab 1991 öffentlich über deren Lehren zu sprechen und bekam von ihr Personen- wie Saalschutz gestellt.[40] Auch auf seinem zweiten Soloalbum „Death Certificate" rezipiert er die Rassenideologie der NOI positiv und droht Koreaner:innen damit, ihre Häuser anzuzünden, wenn sie sich in

---

35 Je nachdem, wie man Gangsta-Rap definiert, ist dies keine treffende Beschreibung der Entwicklung. Es lässt sich aber sicherlich mit Recht behaupten, dass die Hochphase des politisierten Hip-Hops, der gleichzeitig kommerziell extrem erfolgreich war, vorbei ist und aktuell thematisch eher Sex, Drogen, Geld, Gewalt und das eigene Image als ‚Hustler'/‚Pimp' im Mittelpunkt stehen. Diese Elemente waren bei N.W.A. und anderen Gangsta-Rappern der 80er und 90er Jahre bereits vorhanden – bei einigen auch zentral – definierten aber nicht das gesamte Genre. Abseits der medialen Wahrnehmung definieren sich auch immer noch wesentlich mehr Rapper mit einem weitreichendem thematischen Spektrum als Gangsta-Rapper.
36 vgl. Kage 2016, S. 80f.
37 vgl. ebd., S. 81.
38 vgl. Westhoff 2016.
39 vgl. Ice Cube 1990. In einem Interview 2015 gab Ice Cube an, zu bereuen, Hellers jüdischen Hintergrund thematisiert zu haben, dies habe viel zerstört und er hätte sich auf die Taten Hellers fokussieren sollen, die er kritisieren wollte – selbstverständlich sei er kein Antisemit. Vgl. Wolff 2015.
40 vgl. Westhoff 2016.

schwarzen Vierteln niederlassen sollten.[41] Das *Simon Wiesenthal Center* forderte einen Verkaufsstopp wegen Antisemitismus und Rassismus.[42] Auch auf den darauf folgenden Alben behielt Ice Cube diesen Kurs bei, heute verhält er sich jedoch etwas distanzierter zur NOI, fällt aber in den vergangenen Jahren immer wieder durch Antisemitismus auf. 2015 griff er einen Rabbi in Las Vegas an[43] und 2020 postete er mehrere antisemitische Tweets.[44] Interessant ist jedoch die politische Wendung, die er seitdem vollzog. Nach einem längeren Gespräch mit Morton Klein, dem Vorsitzenden der konservativen *Zionist Organisation of America* (ZOA), sprach er sich gegen Antisemitismus aus und trat als Redner auf der Konferenz der ZOA auf,[45] obwohl Klein Zionist ist und die *Black Lives Matter*-Bewegung wegen Antisemitismus kritisierte.[46]

Da im Zusammenhang mit Antisemitismus und N.W.A. meist nur Ice Cube erwähnt wird,[47] sei noch angemerkt, dass der 1987 zur Gruppe gestoßene MC Ren Ice Cube in nichts nachsteht. Er trat ebenfalls der NOI bei, was sich zunehmend in seinen Texten widerspiegelte und arbeitete später ebenfalls mit Public Enemy zusammen.[48] Public Enemy, deren Inszenierung mit Uniformen und der Tanz-Gruppe Security of The First World (S1W) optisch an den Sicherheitsdienst der NOI angelehnt ist, fielen immer wieder mit Antisemitismus auf. Auf ihren Platten und in Interviews nahmen sie eindeutig positiv Bezug auf den NOI-Führer Louis Farrakhan. Der Rapper Chuck D ‚verteidigte‘ Farrakhan gegen den Vorwurf des Antisemitismus mit dem Verweis darauf, dass die Öffentlichkeit ihn nur zum Schweigen bringen wolle, weil er schwarz sei und die Wahrheit sage – nachdem sich Farrakhan offen antisemitisch geäußert hatte.[49] Der Public Enemy-Rapper Professor Griff erklärte 1990 in einem Interview, die „Mehrheit der Juden" sei verantwortlich für „die Mehrzahl der Schweinereien auf dieser Welt".[50] Im Mai 1989 bereits sagte Griff, „[w]enn die Palästinenser nach den Waffen greifen und in Israel einmarschieren würden und alle Juden umbrächten, wäre das perfekt"[51], was allerdings öffentlich kaum beachtet wurde. Nach Protesten von jüdischen Organisationen und der Presse zogen Public Enemy die Reißleine und Chuck D gab das Ausscheiden von Griff aus der Band bekannt – es sei alles ein Missverständnis gewesen, sich nicht an Absprachen gehalten worden, kei-

---

41 vgl. Ice Cube 1991.
42 vgl. Philips 1991.
43 vgl. JTA 2015.
44 vgl. Stern 2020.
45 vgl. Hanau 2020.
46 vgl. Kampeas 2020.
47 Exemplarisch sei hier Jacob 1994 genannt.
48 vgl. Sprenger 2015. Exemplarisch vgl. MC Rens Album „The Villain in Black" von 1996.
49 vgl. Jacob 1994, S. 41.
50 zit. n. Jacob 2002.
51 zit. n. Kage 2016, S. 77.

neswegs wäre Public Enemy antisemitisch.[52] Auf dem darauffolgendem Album inszenierten sie sich jedoch als Opfer einer Hetzkampagne[53] und spielten mit christlich-antijudaistischen Bildern in ihren Texten.[54] Inzwischen ist Griff wieder Mitglied der Band – ohne dass dies für Aufsehen gesorgt hätte. Dass es keinerlei Änderungen in Griffs Ansichten gab, lässt sich aus einem Skandal von 2020 um Nick Cannon ablesen. Der Rapper und Moderator Cannon tauschte sich in seinem Podcast am 30. Juni 2020 mit Griff über den vermeintlich ungerechtfertigten Rauswurf bei Public Enemy – der einer jüdischen Lobby anzulasten sei – und die vermeintliche Macht der Rothschilds aus. Cannon verlor nach der Ausstrahlung des Podcast seine Show bei *ViacomCBS*, woraufhin er sich per Twitter für seine diversen antisemitischen Äußerungen entschuldigte – Professor Griff, der keine ökonomischen Folgen zu spüren bekam, distanzierte sich nicht. Cannon beklagte daraufhin, dass er für seine Entschuldigung von der eigenen Community angefeindet wurde – ihm wurde Verrat vorgeworfen und er sei eingeknickt, nachdem er ‚Wahrheiten' aussprach.[55] Bis heute steht die Mehrheit der US-Rapper einer der erwähnten islamischen Sekten nahe. Ein Beispiel hierfür ist auch der in der 90er Jahren erfolgreiche Rapper Paris, der sich während seines Studiums der NOI annäherte und immer wieder mit Elementen des *Black Nationalism* spielt.[56] Einerseits zeigt er die unerträglichen Lebensbedingungen der afroamerikanischen Community auf, andererseits vermengt er die Kritik an diesen mit abstrusen Verschwörungstheorien. So seien die Drogen, der Kampf gegen die Drogen, der Kapitalismus überhaupt, das Christentum, Homosexualität, ‚westliche Dekadenz' und einiges mehr lediglich Mittel der US-Regierung, um einen Genozid an der schwarzen Bevölkerung durchzuführen.[57] Dabei ergeht er sich in Mord- und Vergewaltigungsfantasien gegen weiße Frauen.[58] Ein weiteres Beispiel ist der Rapper Lord Jamar, der in den letzten Jahren das Programm der Five Percenter wieder radikalisierte.[59]

---

52 vgl. ebd.: S. 78.
53 vgl. Public Enemy 1990.
54 vgl. ebd.
55 vgl. Feldman 2021.
56 vgl. Guerilla Funk Recordings o. J.
57 vgl. exemplarisch: Paris 1992a.
58 vgl. Paris 1992.
59 Knight 2013.

3. ‚Schwarzer' Antisemitismus

Der Antisemitismus und der Hang zu Verschwörungstheorien lassen sich aber nicht alleine durch den Einfluss dieser Sekten erklären, denn auch deren Antisemitismus ist so spezifisch, dass er einer eigenen Begründung bedarf und sich nicht wie islamischer Antisemitismus, der religiös begründet wird, erklären lässt.

Die Ursachen finden sich in der Geschichte – genauer in der Geschichte der Sklaverei und des Rassismus in den USA und deren Nachwirken auf die schwarze Bevölkerung. Aus diesem Nachwirken ist in den USA ein spezifisch ‚schwarzer' Antisemitismus entstanden. Dabei sind die Protagonist:innen – also die Rapper: innen – relevant, nicht die Form ihres Ausdrucks. Es gibt keinen notwendigen Zusammenhang zwischen Form und Inhalt. Sprechgesang ist nicht per se antisemitisch – er ist es, wenn er von Antisemit:innen gemacht wird. Auffällig am Hip-Hop ist aber, dass um ihn herum eine Kultur geschaffen wurde, in der Antisemitismus ein integraler Bestandteil ist. Da in den USA eine Mehrheit der Akteure schwarz ist und diese eine andere Form des Antisemitismus transportieren als nicht-schwarze Rapper, liegt der weitere Fokus auf dieser speziellen Form des Antisemitismus.

Die Gründe für diesen liegen, wie oben angemerkt, im Nachwirken der Geschichte von Rassismus, Kolonialismus und Sklaverei auf die Individuen. Genau genommen geht es um die Subjektkonstitution dieser rassifizierten Individuen. Welchen Prozessen, die eine Akzeptanz von Verschwörungstheorien und Antisemitismus als Erklärung für die Komplexität der Welt begünstigen, sind sie ausgeliefert?

Achille Mbembe spricht im Anschluss an Du Bois von einem ‚doppelten Bewusstsein' der Schwarzen in den USA, welches daher rühre, dass sie einer ausgegrenzten Minderheit angehören, der abgesprochen wird, im eigenen Land heimisch zu sein. Der afrikanische Kontinent wird hierdurch mythisch aufgeladen und zum Objekt der Sehnsucht, zum Symbol einer Zeit vor Versklavung und Kolonisation.[60] Für die Entstehung des doppelten Bewusstseins, welches letztlich eine Entfremdung von der Mehrheitsgesellschaft darstellt, ist die Geschichte elementar: Die Sklaverei im entstehenden Kapitalismus brachte diesen Typus des Menschen hervor, indem dieser darauf reduziert wurde, dass ihm ein ökonomischer Mehrwert abgepresst werden sollte.[61] Hier spiele der Rassismus eine entscheidende Rolle, so Mbembe, weil er es erlaube, „Menschen in verschiedene Kategorien mit angeblich unterschiedlichen physischen und geistigen Eigenschaften einzuordnen."[62] Dabei werde der Nationalismus mobilisiert, in dem

---

60 vgl. Mbembe 2016, S. 57ff.
61 vgl. ebd. S. 97f.
62 ebd., S. 115.

„jede Rasse eine eigene und in sich abgeschlossene Totalität"[63] darstelle. Für schwarze Menschen, ergebe sich hieraus, dass ihre Subjektivierung ausschließlich im Diskurs von Sklaverei, Kolonialismus und Apartheid stattfinde, sie sich als vornehmlich unter äußeren Umständen leidende Subjekte konstituieren würden.[64] In den Versuchen, nicht mehr, wie durch sklavische Ausbeutung bedingt, das eigene Leben „notgedrungen nur im Modus der Wiederholung"[65] zu führen, sondern „sich in ein Subjekt [zu] verwandeln, das fähig ist, sich in die Zukunft zu projizieren und sich in ein Begehren einzubringen"[66], wurden zwei Faktoren bedeutend gemacht. Zum einen der bisherige Status des leidenden Subjekts, zum anderen die von Weißen errichtete Differenz der Rasse und Kultur, „die […] den Kern der kolonialen Theorien der Minderwertigkeit und Ungleichheit bildet."[67] Damit definierten sich Schwarze auf der Grundlage von Nationalismus und Rassismus neu, erlangten aber noch keine Handlungsfähigkeit oder Autonomie durch diese Konstitution, welche auch schwerlich aus der Übernahme der zugeschriebenen Opferrolle erreicht werden könne. Aus dieser würden sich zudem weitere Problemlagen ableiten:

> „Im Kern des Paradigmas der Viktimisierung findet sich ein Geschichtsbild, das die Geschichte als Abfolge von Schicksalsschlägen begreift. Sie wird danach im Wesentlichen von Kräften gelenkt, die sich unserem Einfluss entziehen und sich in einem krampfartigen, immer gleichen, linearen Zyklus nach dem Muster einer Verschwörung endlos wiederholen. Die Verschwörung ist das Werk eines mehr oder weniger verborgenen äußeren Feindes, der sich stets auch auf Komplizen im Inneren stützt. Das konspirative Geschichtsverständnis wird als radikaler Diskurs der Emanzipation und Autonomie präsentiert, als Grundlage einer angeblich afrikanischen Politik."[68]

Dieses Verständnis bildet die ideologische Grundlage des schwarzen Nationalismus, wie auch des Panafrikanismus. Die Verschwörung, die hinter der realen und gefühlten Ohnmacht vermutet wird, bereitet den Boden, um jene als handelnde Akteur:innen zu vermuten, die schon immer als Internationalist:innen, Wucherer, Weltenlenker:innen und wurzelloses Volk verdächtigt wurden – die Juden und Jüdinnen.

Die Solidarität, die zwischen Schwarzen und Jüdinnen und Juden möglich wäre, da sie beide in weiten Teilen der Geschichte Ausgrenzung und Abwertung sowie physische und psychische Vernichtung erlebt haben, wird dadurch unterbunden, dass die rassistischen Annahmen gegen Schwarze durch diese selbst positiv gewendet werden. „Als Diskurs der Umkehrung entnimmt er seine Grund-

---

63 ebd., S. 116.
64 vgl. ebd., S. 151 f., 169.
65 ebd., S. 281.
66 ebd., S. 282.
67 vgl. ebd., S. 169.
68 ebd.

kategorien den Mythen, die er abzulehnen vorgibt, und reproduziert deren Di-
chotomie"[69], woraus folgt, dass es nicht zum Problem wird, dass Menschen
rassifiziert werden – ihnen also auf Grund ihrer äußeren Erscheinung physische
und psychische Eigenschaften und Wesensmerkmale zugeschrieben werden –
sondern einzig in der Herabwürdigung der ‚eigenen Rasse'.[70] Es wird im Sinne
einer Blut-und-Boden-Ideologie eine Äquivalenz zwischen ‚Rasse' und Geogra-
phie hergestellt – Afrikaner:in ist, wer schwarz ist. Afrika wird das Land der
Schwarzen.[71] Staatsbürger:in und Volksgenoss:in werden eins und – so Mbembe –
die „Rasse dient als Beweis (oder zuweilen als Rechtfertigung) für die Existenz der
Nation."[72] Die Lösung, die der Panafrikanismus hieraus ableitet, ist konsequent:
Back to Africa. Jedes Volk habe seinen angestammten Lebensraum, in dem es
ohne Einmischung leben solle, der der Schwarzen sei in Afrika.

Das Muster zieht sich als Grundstruktur durch die weiteren ideologischen
Gruppierungen schwarzer Menschen in den USA – vor allem die Black Muslim-
Bewegungen. Im Kern wird die Rassifizierung, die durch den europäischen
Rassismus, den Kolonialismus und die Sklaverei vorgenommen wurde, einer
positiven Wendung unterzogen und jegliches soziale Verhältnis ordnet sich
dieser Diskurslinie unter. Hierdurch erklärt sich, warum sich der Islam der NOI
oder der Five Percenter so klar als soziales Produkt der USA beschreiben lassen.

Olaf Kistenmacher hat aufgezeigt, dass Verschwörungstheorien immer zumindest einen Hang zum Antisemitismus aufweisen, auch wenn dieser sich nicht
notwendigerweise Bahn brechen muss.[73] Betrachten wir die von Mbembe beschriebene Subjektkonstitution, wird klar, dass der Antisemitismus hierin angelegt ist und nur der Schritt unternommen werden muss, ‚die Schuldigen'
konkret zu benennen, um in den offenen Antisemitismus überzugehen. Es ist
somit in keinster Weise verwunderlich, dass dieser Schritt massenhaft offen
vollzogen wird, wo eine Auseinandersetzung mit sozialen Problemen stattfindet
– also sowohl bei den Black Muslims als auch im Hip-Hop.

Selbstverständlich läuft nicht jede Bestrebung schwarzer Menschen auf Unabhängigkeit oder Gleichberechtigung in diesem Muster ab – entscheidend sind
die weiteren gesellschaftlichen Zusammenhänge, wie auch die je individuelle
Verinnerlichung der ideologischen Fragmente. Beschrieben wurde hier nur ein
Muster, nach dem sich die Subjektivierung vollziehen *kann*. Dass die Black Po-
wer-Bewegung in den USA – die nicht zuletzt von Black Muslim-Gruppen und
schwarzen Nationalisten getragen wurde – in weiten Teilen ebenfalls eine derartige Entwicklung durchlaufen hat, also die Verschwörungstheorie zu einem

---

69 vgl. ebd., S. 176.
70 vgl. ebd., S. 173.
71 vgl. ebd., S. 174f.
72 ebd., S. 172.
73 vgl. Kistenmacher 2019.

entscheidenden Faktor der eigenen Politik erklärt hat, woraus sich ein virulenter Antisemitismus entwickelte, hat bereits Earl Raab 1970 aufgezeigt.[74] Daran anschließend könnte diskutiert werden, ob Achille Mbembe nicht sehr viel über seine eigene Subjektivierung verraten hat. Seine antisemitischen Äußerungen im Bezug auf Israel[75] lassen es zumindest möglich erscheinen, dass in der *Kritik der schwarzen Vernunft* auch eine Selbststudie vorgenommen wurde. Seine Argumentation würde so immerhin versteh- und erklärbar.

Abschließend lässt sich zu Hip-Hop zusammenfassend festhalten, dass es natürlich auch nicht-antisemitischen Rap gibt, dass nicht alle Rapper:innen Antisemit:innen sind. Relevant scheint aber für den Antisemitismus im Hip-Hop, dass es in der Entstehung eine enge Verbindung zu antisemitischen Ideologien gab, diese sich in weiten Teilen der Szene auch heute noch halten und dass dadurch vor allem eine Atmosphäre geschaffen wird, in der Antisemitismus als völlig normal und alltäglich wahrgenommen wird. Angesichts des Erfolgs, den viele Rapper:innen haben, kommt hinzu, dass relativ unklar ist, wie sich antisemitische Texte auf jugendliche Hörer:innen auswirken bzw. wie sehr Verschwörungstheorien geglaubt werden, wenn sie von den Rapidolen propagiert werden.[76]

Bibliografie

Feldman, Ari (2021): ‚Nick Cannon and Public Enemy's Professor Griff were both called antisemitic. Only one recovered' in: *Forward Online*, 17.01.2021. URL: https://forwa rd.com/news/454330/nick-cannon-antisemitism-public-enemy-professor-griff (Zugriff am 25.04.2022).

Gooden, Tai (2019): ‚Showtime's New Wu-Tang Docu-Series Highlights How 5 Percent Nation Influenced The Group', in *Bustle*, 10.05.2019. URL: https://www.bustle.com /p/what-rappers-are-in-five-40percent-nation-besides-wu-tang-clan-of-mics-men-exp lains-its-influence-on-hip-hop-17856792 (Zugriff am 25.04.2022).

Grigat, Stephan (2020): ‚Zionismus und Universalismus', in: *taz Online*, 10.05.2020. URL: https://taz.de/Debatte-um-Achille-Mbembe/!5681657/ (Zugriff am 29.03.2022).

---

74 Raab beschreibt, wie sich im Kampf um Anerkennung Teile der schwarzen Bürgerrechtsbewegung von einer „black positiveness" zu einem „black expressivism" entwickeln, der sich maßgeblich auf abstrakte antisemitische Symbole und Mythen gründet und bestimmend für die politische Praxis dieser Bewegung wird, womit sich den weißen Rassisten in ihrem Antisemitismus wieder annähern. Vgl. Raab 1970.

75 Mbmbe fiel 2020 mit antisemitischen Äußerungen über Israel auf und geriet massiv in Kritik. Vgl. Grigat 2020.

76 Eine erste Studie an der Universität Bielefeld legt nahe, dass den Aussagen von Rapper:innen von Jugendlichen ein hohes Maß an Authentizität und somit Glaubwürdigkeit zugesprochen wird. Vgl.: Zentrum für Prävention und Intervention im Kindes- und Jugendalter o.J.

Guerilla Funk Recordings (o. J.): ‚Paris‘, in: *Guerilla Funk Recordings*. URL: https://www.g uerrillafunk.com/paris (Zugriff am 29.03.2022).

Hanau, Shira (2020): ‚Ice Cube to headline ZOA gala months after anti-Semitic tweets‘, in: *Times of Israel Online*, 13.11.2020. URL: https://www.timesofisrael.com/ice-cube-to -headline-zoa-gala-months-after-anti-semitic-tweets/ (Zugriff am 25.04.2022).

Hielscher, Hans (2018): ‚Die Stunde des Hasspredigers‘, in: *Spiegel Online*, 11.05.2018. URL: https://www.spiegel.de/geschichte/nation-of-islam-fuehrer-louis-farrakhan-die-grosse-stunde-des-verhassten-radikalen-a-1206720.html (Zugriff am 25.04.2022).

Hielscher, Hans/Sorge, Helmut (1985): „„Jetzt überträgt Gott uns die Herrschaft“. Der radikale amerikanischen Schwarzenführer Louis Farrakhan über Schwarz und Weiß in Amerika‘, in *Spiegel Online*, 09.06.1985. URL: https://www.spiegel.de/spiegel/print/d -13514305.html (Zugriff am 25.04.2022).

Ice Cube (1990): ‚No Vaseline‘, in: *Genius*. URL: https://genius.com/Ice-cube-no-vaseline -lyrics (Zugriff am 29.03.2022).

Ice Cube (1991): ‚Black Korea‘, in: *Genius*. URL: https://genius.com/Ice-cube-black-korea -lyrics (Zugriff am 29.03.2022).

Jacob, Günther (1994): *Agit-Pop. Schwarze Musik und weiße Hörer. Texte zu Rassismus und Nationalismus – HipHop und Raggamuffin*. 3. Aufl. Berlin: Edition ID-Archiv.

Jacob, Günther (2002): „„Don’t Believe The Hype“. Antisemitismus im US-amerikanischen HipHop‘, in: *trend*, o.D. URL: http://www.trend.infopartisan.net/trd0206/t260206.html (Zugriff am 25.04.2022).

JTA (2015): ‚Ice Cube melts down, ‚beats up rabbi‘‘, in: *Times of Israel Online*, 29.05.2015. URL: https://www.timesofisrael.com/rapper-ice-cube-melts-down-allegedly-beats-up-rabbi/ (Zugriff am 25.04.2022).

Kage, Jan (2016): *American Rap. Explizite Lyrics, US-HipHop und Identität*. 5. Aufl. Mainz: Ventil.

Kampeas, Ron (2020): ‚At time of racial strife, US Jewish groups call to expel ZOA from umbrella org‘, in: *Times of Israel Online*, 10.06.2020. URL: https://www.timesofisra el.com/at-time-of-racial-strife-us-jewish-groups-call-to-expel-zoa-from-umbrella-org/ (Zugriff am 25.04.2022).

Killmann, Philipp (2014): ‚Unter Göttern – 50 Jahre Five Percent Nation‘, in: *All Good*, 06. 10.2014. URL: https://allgood.de/features/reportagen/unter-goettern-50-jahre-five-per cent-nation/ (Zugriff 25.04.2022).

Killmann, Philipp (2015): ‚Von Rappern und Göttern – Der Einfluss der Five Percent Nation auf den US-HipHop‘, in: *Vice*, 24.06.2015. URL: https://www.vice.com/de/article /rqp377/five-percent-nation-die-goetter-des-hiphop-361 (Zugriff 25.04.2022).

Killmann, Philipp (2015a): ‚Wie ein Frankfurter ein schwarznationalistischer „Five Per-center“ wurde – ohne schwarz zu sein‘, in: *Vice*, 24.06.2015. URL: https://www.vice.com /de/article/gq3m79/wie-ein-deutscher-ein-schwarznationalistischer-five-percenter-wu rde-492 (Zugriff am 25.04.2022).

Kistenmacher, Olaf (2019): ‚Wer dahintersteckt. Warum sind so viele Verschwörungs-ideologien antisemitisch?‘, in: *iz3w*, 371, S. 24–26.

Knight, Michael Muhammad (2013): ‚Kanye West in a Kilt Has Lord Jamar So Hard Right Now‘, in: *Vice*, 06.02.2013. URL: https://www.vice.com/en/article/ex5wnm/kanye-we st-in-a-kilt-has-lord-jamar-so-hard-right-now (Zugriff am 25.04.2022).

Knight, Michael Muhammad (2013a): ,Lifting Up My Skirt', in: *Vice*, 12.02.2013. URL: https://www.vice.com/en_us/article/bny453/lifting-up-my-skirt (Zugriff am 25.04.2020).

Mbembe, Achille (2016): *Kritik der schwarzen Vernunft*. Bonn: Bundeszentrale für politische Bildung.

McPheeters, Sam (2015): ,Als Malcolm X mit den Nazis', in: *Vice*, 23.06.2015. URL: https://www.vice.com/de/article/4wp7qn/malcolm-x-und-die-nazis-0001031-v11n4 (Zugriff am 25.04.2022).

MC Ren (1996): ,The Villain in Black', in: *Genius*. URL: https://genius.com/albums/Mc-ren/The-villain-in-black (Zugriff am 29.03.2022).

Paris (1992): ,Guerillas in the Mist', in: *Genius*. URL: https://genius.com/Paris-rap-guerrillas-in-the-mist-lyrics (Zugriff am 29.03.2022).

Paris (1992a): ,Make Way for a Panther', in: *Genius*. URL: https://genius.com/Paris-rap-make-way-for-a-panther-lyrics [29.03.2022].

Philips, Chuck (1991): ,Wiesenthal Center Denounces Ice Cube's Album', in: *Los Angeles Times Online*, 02.11.1991. URL: https://www.latimes.com/archives/la-xpm-1991-11-02-ca-735-story.html (Zugriff am 25.04.2022).

Public Enemy (1990): ,Anti-Nigger Machine', in: *Songtexte*. URL: https://www.songtexte.com/songtext/public-enemy/anti-nigger-machine-13875d19.html [29.03.2022].

Raab, Earl (1970): ,*The Black Revolution and the Jewish Question'*, in: Hentoff, Nat (Hrsg.): *Black Anti-Semitism and Jewish Racism*. New York: Schocken, S. 15–41.

Sprenger, Laura (2015): ,N.W.A. – Die Vergessenen: MC Ren', in: *Rap.de*, 29.08.2015. URL: https://rap.de/allgemein/64749-n-w-a-die-vergessenen-mc-ren/ (Zugriff am 25.04.2022).

Stern, Marlow (2020): ,Ice Cube's Long, Disturbing History of Anti-Semitism', in: *The Daily Beast*, 11.06.2020. URL: https://www.thedailybeast.com/ice-cubes-long-disturbing-history-of-anti-semitism?ref=scroll (Zugriff am 25.04.2022).

Vincent, Theodore G. (1971): *Black Power And The Garvey Movement*. Berkeley: Ramparts.

Westhoff, Ben (2016): „Allah und ich sind alte Kumpels" – Ice Cube, Alkohol und die Nation of Islam', in: *All Good*, 16.09.2016. URL: https://allgood.de/diesdas/news/allah-und-ich-sind-alte-kumpels-ice-cube-alkohol-und-die-nation-of-islam/ (Zugriff am 25.04.2022).

Wheeler, Darby/Dunn, Sam (2016): *Hip-Hop Evolution*. Staffel 1, Episode 1. USA.

Wolff, Fabian (2015): „Wir brauchen keine Knarren und Kugeln"', in: *Tagesspiegel Online*, 25.08.2015. URL: https://www.tagesspiegel.de/kultur/ice-cube-zum-film-straight-outta-compton-ich-hasse-doch-keine-frauen-/12228276-2.html (Zugriff am 25.04.2022).

Wu-Tang Clan (2014): ,Crushed Egos', in: *Genius*. URL: https://genius.com/Wu-tang-clan-crushed-egos-lyrics (Zugriff am 29.03.2022).

Wu-Tang Clan (1998): ,Never Again', in: *AZLyrics*. URL: https://www.azlyrics.com/lyrics/wutangclan/neveragain.html (Zugriff am 25.04.2022).

Zentrum für Prävention und Intervention im Kindes- und Jugendalter (o.J.): Die Suszeptibilität von Jugendlichen für Antisemitismus im Gangsta Rap und Möglichkeiten der Prävention, in: *Universität Bielefeld*. URL: https://www.uni-bielefeld.de/fakultaeten/erziehungswissenschaft/zpi/projekte/antisemitismus-gangsta-rap/ (Zugriff am 25.04.2022).

Matthias Engel / Sebastian Hebler / Severin Schwalb[1]

Antisemitismus in digitalen Spielen. Eine interdisziplinäre Bestandsaufnahme zwischen Game Studies und Antisemitismusforschung

Antisemitismus in seinen verschiedenen Erscheinungsformen im Kontext von digitalen Spielen zu thematisieren, bietet sich im selben Maße an wie bei anderen Mediengattungen. Im Unterschied insbesondere zur Literaturwissenschaft ist das junge Medium jedoch noch wenig erforscht, dabei gibt es in digitalen Spielen zahlreiche Ansatzpunkte für Forschung zum Thema Antisemitismus. Es gilt, nicht nur die Eigenheiten der Gamer:innen, der Communities und den gesellschaftlichen Diskurs zu Spielen, sondern auch die Eigenheiten des Mediums selbst zu beachten. Dieser Artikel beschäftigt sich daher mit Antisemitismus in Game-Communities, der Darstellung antisemitischer Verfolgung und von Jüdinnen:Juden in Games sowie antisemitischen Stereotypen in Game-Narrativen.

1.   Antisemitismus in Game-Communities

Der Begriff Games-Szene – ähnlich wie ‚Gaming-Community‘ im Singular – suggeriert fälschlicherweise eine einheitliche, kleine Gruppe von Spielenden, obwohl im Jahr 2021 58 Prozent der Deutschen digitale Spiele nutzten.[2] In dieser vielfältigen Spielekultur finden sich verschiedene Persönlichkeiten, Plattformen oder Subkulturen, die sich antisemitisch oder anders menschenfeindlich geäußert haben oder entsprechende Äußerungen ohne Gegenrede stehen lassen. Dieses Kapitel soll Schlaglichter auf relevante Ereignisse werfen.

Als erstes Beispiel ist der schwedische YouTuber Felix „PewDiePie" Kjellberg zu nennen. PewDiePie war lange der erfolgreichste YouTuber der Welt. Aktuell hat er 110 Millionen Abonnent:innen, womit er diesen Titel für den Bereich Gaming noch inne hat. 2017 nutzte PewDiePie in einem seiner Videos die Seite *Fiverr*, die Dienstleistungen ab dem Gegenwert der namensgebenden fünf Dollar

1 Wir danken Irmelin Schwalb, Philipp Wilhelm Kranemann, Pan Stablo, Lena Engel und Samuel Stern für ihre konstruktiven Anmerkungen.
2 vgl. Game 2021.

vermittelt.[3] In diesem Video beauftragt er zwei junge Inder, ein Schild mit der Botschaft „Death to all Jews" hochzuhalten. Außerdem ist PewDiePies angebliche erste Reaktion zu sehen, in der er sich überrascht und schockiert darüber zeigt, dass seine Anweisung tatsächlich umgesetzt wurde. Nachdem das Video in der Öffentlichkeit kritisiert wurde und Sponsoren und Werbepartner ihre Verträge mit PewDiePie kündigten, reagierte dieser mit einem Entschuldigungsstatement: Er unterstütze keine Hass verbreitenden Gruppen und sei an Unterhaltung, nicht an ernsten politische Botschaften interessiert.[4] Bei PewDiePie ist dieses Muster allerdings kein Einzelfall. Immer wieder fiel er durch die Verwendung von rechtsextremer Symbolik auf.[5]

PewDiePie ist in doppelter Hinsicht für eine Betrachtung antisemitischer Erzählungen in der Spielekultur relevant: Zum einen zeigt sein Fall, dass Erfolg dort trotz (oder gerade wegen)[6] wiederholter Annäherungen an rechtsextreme Positionen möglich ist. Zum anderen ist die Rechtfertigungsstrategie, menschenfeindliche Äußerungen als Ironie oder Satire zu framen, in unterschiedlichen Spiele-Communities verbreitet.[7] Diese Diskursstrategie findet sich auch im nächsten Fallbeispiel der sogenannten #GamerGate-Bewegung. Unter diesem Hashtag formierte sich im Jahr 2014 ein digitaler Mob, der sich angeblich für mehr Ethik im Spielejournalismus einsetzen wollte. Attackiert wurden jedoch vor allem weibliche Kritikerinnen der Spieleindustrie,[8] so dass die GamerGate-Kampagne in der Rückschau primär als misogyn und antifeministisch eingeordnet wird.[9] Im Verlauf von GamerGate wurden wiederholt antisemitische Narrative aufgegriffen. Dazu zählt vor allem die Verschwörungserzählung, die Berichterstattung der amerikanische Spielepresse werde von einer geheimen Elite gesteuert.[10] Eines der Opfer des Mobs war die Vloggerin Anita Sarkeesian, die eine Videoreihe schwarmfinanziert hatte, in der sie frauenfeindliche Erzählmuster in Videospielen analysierte. Hierfür wurde sie von der GamerGate-Bewegung angegriffen, erhielt Vergewaltigungs- und Morddrohungen und musste einen Vortrag wegen eines angedrohten Amoklaufs absagen.[11] In den direkten Angriffen auf Sarkeesian finden sich antisemitische Topoi. So rekurrieren ver-

---

3 Das Originalvideo wurde gelöscht, auf YouTube finden sich noch zahlreiche Re-uploads, etwa: https://www.youtube.com/watch?v=ul2bgoJds84 (Zugriff am 10.06.2022).
4 vgl. Solon 2017.
5 vgl. Kühl 2017.
6 vgl. Strick 2018, S. 114.
7 vgl. Koopmann 2020.
8 vgl. Wofford 2014.
9 vgl. Schwarz 2020, S. 132ff.
10 vgl. Keinen Pixel den Faschisten! 2020, S. 7f.
11 vgl. Wingfield 2014.

schiedene über sie verbreitete Karikaturen auf antijüdische Stereotypen.[12] Statt der antisemitischen Darstellung eines Rabbis mit übergroßer Nase, der selbst Hakenkreuze an eine Synagoge schmiert, ist es in der Darstellung von GamerGate Sarkeesian, die mit den gleichen Gesichtsmerkmalen beim Verbreiten von Hassbotschaften über sich selbst ertappt wird (s. Abb. 1). Die Behauptung ist, dass der Hass der GamerGate-Kampagne als false flag-Aktion durch die Opfer selbst verbreitet würde, um die Kampagne als Ganzes zu delegitimieren. Eine andere Karikatur basiert auf dem ‚Happy Merchant‘, einer etablierten antisemitischen Darstellung von ‚den Juden‘ als Vertretern der Zirkulationssphäre.[13] Hier wird Sarkeesian mit dem antisemitischen Stereotyp der Gier verknüpft, die als zentrale Motivation für ihr feministsches Handeln dargestellt wird (s. Abb. 2).

Abbildung 1: Antisemitische Karikatur über Anita Sarkeesian (aus Sigl 2014).

Der Anschlag von Halle und gamifizierter Terrorismus

Ein zentrales Ereignis, das zu einer verstärkten Betrachtung der Verstrickungen zwischen Spielekultur und Antisemitismus geführt hat, war der Terroranschlag am 9. Oktober 2019 in Halle. Der Täter tötete Jana L. und Kevin S., sein eigentliches Ziel waren jedoch die Teilnehmenden der Jom Kippur-Feierlichkeiten in der

---

12 Die gezeigten Abbildungen wurden über Twitter, 4chan oder 8chan verbreitet und vom Journalisten Rainer Sigl (2014) gesammelt.
13 vgl. ADL.

Abbildung 2: Antisemitische Karikatur über Anita Sarkeesian (aus Sigl 2014).

Synagoge.[14] Der Täter war um eine große Öffentlichkeit bemüht. Im Stil des Terroranschlags von Christchurch übertrug er seine Tat per Livestream ins Internet, wofür er die Spiele-Streaming-Seite *Twitch* nutzte.[15] In dieser Übertragung gibt sich der Täter als überzeugter Antisemit zu erkennen: Der Holocaust sei nie passiert, ‚die Juden‘ seien verantwortlich für die Einwanderung muslimischer Migrant:innen in den Westen. Letzterer Vorwurf folgt der Verschwörungserzählung des Großen Austauschs[16], die auch durch den Attentäter von Christchurch verbreitet wurde.[17] Im Kontext dieses Terroranschlags werden häufig Bezüge zur Spielkultur gezogen: So wird die Kameraperspektive des Livestreams mit der Ästhetik von Ego-Shootern in Verbindung gebracht.[18] Inwiefern es sich dabei um eine beabsichtige Bezugnahme handelt, ist jedoch fraglich. Die Befestigung der Kamera scheint eher der Notwendigkeit freier Hände geschuldet zu sein, als gezielt eine Shooter-Ästhetik nachahmen zu wollen.

---

14 vgl. Speit 2020.
15 vgl. Hegemann/Schmees 2019.
16 vgl. Séville 2019.
17 vgl. Speit 2020, S. 101.
18 vgl. Sieber 2019.

Eindeutiger werden die Bezüge bei der Wahl der Livestream-Plattform. Zwar bietet *Twitch* auch unabhängig vom Gaming eine der bekanntesten Livestream-Infrastrukturen, der Täter entschied sich damit jedoch bewusst gegen die Möglichkeit des Facebook-Livestreams, die sein Vorbild, der Christchurch-Attentäter, gewählt hatte. Außerdem gamifizierte[19] der Täter von Halle seinen Terroranschlag. So setzte sich der Attentäter Zusatzziele, in der Spielekultur als Achievements bekannt.

Diese Gamifizierung des Terrors ist kein neues Phänomen. In digitalen Bestenlisten werden Terroranschläge seit Jahren nach der Zahl der Todesopfer bewertet. Diese Highscores folgen einer Leistungslogik, welche die Spielekultur durchzieht. Die leistungsorientierte Abgrenzung untereinander wird als eines der zentralen identitätsstiftenden Elemente vieler Spieler:innen gesehen und ist auch beim Attentäter von Halle erkennbar.[20] Sie ist ein zentraler Grund für abwertendes und toxisches Verhalten innerhalb verschiedener Spielecommunities.[21] In Halle, aber auch in anderen Fällen rechten Terrors wie beim Anschlag 2016 im und am Olympia-Einkaufszentrum in München wurde von sogenannten einsamen Wölfen, also einzeln agierenden Tätern, ausgegangen. Bei näherer Betrachtung wird aber deutlich, dass sich diese auf Gamingplattformen wie *Steam*[22], insbesondere aber auf Imageboards digital vernetzt und radikalisiert haben. Die Existenz von rechtsradikalen Nutzerprofilen und Gruppen auf *Steam* ist seit dem Anschlag 2016 in München bekannt. Der Täter hatte sich dort in Gruppen wie dem „Anti-Refugee-Club" vernetzt.[23] Auf die Existenz solcher rechtsextremen Profile und Gruppen verwiesen Akteur:innen aus dem Umfeld der Spielekultur auch in den folgenden Jahren immer wieder.[24] Die Normalisierung der Verwendung nationalsozialistischer, antisemitischer oder rassistischer Begriffe und Symbole als Provokation wird dabei von Rechtsextremen genutzt, um ihre Propaganda im Kontext der Spielekultur zu etablieren und zu verbreiten.

---

19 Unter Gamifizierung versteht man den Einsatz von Spielelementen außerhalb von Spielen.
20 vgl. Speit 2020.
21 vgl. Paul 2018.
22 *Steam* ist die weltweit größte Vertriebs- und Kommunikationsplattform für Spiele.
23 vgl. Sieber 2019.
24 vgl. Huberts 2018.

Das Neonazi-Jump and Run Heimat Defender: Rebellion

Das Spiel HEIMAT DEFENDER: REBELLION wurde 2020 vom Verein *Ein Prozent für unser Land* (kurz: Ein Prozent) veröffentlicht.[25] In HEIMAT DEFENDER kämpfen verschiedene Akteure der Neuen Rechten im Jahr 2084 gegen die „Globohomo Corp.", einen Konzern, der Nationalstaaten ersetzt und die Kontrolle über Europa inne hat. Dieser wird durch Figuren repräsentiert, die beispielsweise an Angela Merkel, Heiko Maas oder Jan Böhmermann angelehnt sind.

Im Namen „Globohomo" steckt der Verweis auf zwei der zentralen Feindbilder des Spiels. Zum einen ist das die LGBTQ-Szene und ihre Unterstützer:innen, die als künstlich durch Propaganda erzeugte Identitäten und als Gefahr für Kinder dargestellt werden. Daneben wird die erwähnte Führungsriege der Corp. mit dem antisemitischen Code der ‚Globalisten' bezeichnet.[26] In HEIMAT DEFENDER werden sie dabei durch verschiedene Anspielungen mit der bereits erwähnten Verschwörungserzählung des Großen Austauschs in Verbindung gebracht. Die antisemitischen Erzählmuster werden am Ende des Spiels umso deutlicher, als sich der jüdische Milliardär George Soros, Ziel vieler Verschwörungserzählungen, als der eigentliche Kopf hinter der Corp. herausstellt. Bei der bis dahin angenommenen Führungsfigur, dem durch Angela Merkel repräsentierten „Verwalter", handelte es sich nur um eine Marionette. In HEIMAT DEFENDER wird versucht, die menschenfeindlichen Äußerungen als provokativ-satirischen Beitrag darzustellen. Das Spiel ruft jedoch auch zum „Widerstand vor der Tür" auf. Unter anderem wegen dieses Aufrufs, aber vor allem wegen der LGBTQ-Feindlichkeit wurde das Spiel von der Bundeszentrale für Kinder- und Jugendmedienschutz indiziert. Antisemitismus fand in der Indizierungsbegründung keine Beachtung.[27]

Rechtsextreme Propagandaspiele stehen jedoch nicht stellvertretend für die gesamte Spieleindustrie. Im Vergleich zu den international vermarkteten Kulturprodukten erreichen sie ein deutlich kleineres Publikum. Das folgende Kapitel widmet sich solchen international erfolgreichen Titel, um aufzuzeigen, wie diese mit dem Judentum in ihren Erzählungen umgehen.

---

25 Bei *Ein Prozent* handelt es sich um ein zentrales (Finanzierungs-)Netzwerk der sogenannten *Neuen Rechten.*
26 vgl. Grumke 2017.
27 vgl. BpjM 2020.

2.   Die Darstellung antisemitischer Verfolgung, des Judentums und von Jüdinnen:Juden in Games

In Deutschland ist die Verbreitung von verfassungsfeindlicher Propaganda und Kennzeichen verboten. Die sogenannte Sozialadäquanzklausel erlaubt die Verwendung dieser Symbole jedoch zur Aufklärung, der Abwehr verfassungswidriger Bestrebungen, in der Kunst, der Wissenschaft und der Berichterstattung.[28]

Bekannt für Brüche mit den Tabus Nationalsozialismus und Shoah ist die genreprägende Ego-Shooter-Reihe WOLFENSTEIN, in der Nazis die Antagonisten für einen jüdischen Rachefeldzug darstellen. WOLFENSTEIN 3D wurde im Jahr 1994 in Deutschland aber nicht wegen der Hakenkreuze und auch nicht wegen des Horst-Wessel-Liedes im Hauptmenü indiziert, sondern aufgrund der „spielimmanente[n] Verherrlichung des Selbstjustizgedankens sowie [der] positive[n] Bewertung und Gewichtung anreißerisch gestalteter Todesszenarien."[29] Im Jahr 1998 urteilte das OLG Frankfurt dann gegen einen Rechtsextremisten, der über sein Online-Forum neben nationalsozialistischen Inhalten auch WOLFENSTEIN 3D verbreitete. In der damaligen Urteilsbegründung wurde dies schlicht mit dem Verbot von Kennzeichen verfassungswidriger Organisationen begründet, die Sozialadäquanzklausel wurde nicht in Betracht gezogen.[30] In der öffentlichen Wahrnehmung hielt sich daraufhin für rund 20 Jahre als Faustregel der Irrtum, Hakenkreuze seien in Deutschland in Games grundsätzlich verboten. Die Publisher handelten in der Folge in aller Regel in vorauseilendem Gehorsam und zensierten ihre Spiele selbst.[31]

Debatten darüber, ob und wie der Holocaust in Spielen dargestellt werden sollte, gab es etwa bezüglich des WOLFENSTEIN-Spiels THE NEW ORDER von 2014. In der internationalen Version gibt es eine Szene, in der man sich in einem KZ durch Leichen hindurch aus einem Ofen befreit. Gegen Vorwürfe der Geschmacklosigkeit wehrt sich der Publisher Bethesda trotz der eindeutigen Bezüge zur Shoah mit dem Argument, das Spiel sei eindeutig in einer alternativen Realität zu verorten und versucht, sich so gegen die Kritik zu immunisieren.[32]

Lobend als Tabu-Brecher erwähnen Game-Journalist:innen und -Forscher:innen WOLFENSTEIN II: THE NEW COLOSSUS. Nur hier werde der „industrielle Massenmord an den Juden und Jüdinnen Europas [...] in aller Deutlichkeit angesprochen."[33] Wie THE NEW ORDER wurde auch THE NEW COLOSSUS für den Markt in Deutschland angepasst. Nationalsozialistische Symbole wie Haken-

---

28   vgl. §86 (4) StGB.
29   BpjS 1994; vgl. Meßmer 2019.
30   ebd.
31   vgl. Meßmer 2019.
32   vgl. Hoffman 2014.
33   Görgen/Pfister 2020.

kreuze wurden entfernt, das „Dritte Reich" in „Regime" umbenannt. Die Figur „Adolf Hitler" trägt den Namen „Heiler" und die jüdische Herkunft des Protagonisten wurde entfernt.[34] Im deutschen Games-Journalismus hat dies zu viel Kritik geführt. Ausgerechnet hierzulande seien die Verweise auf die Opfer des Zweiten Weltkrieges aus dem Spiel getilgt worden.[35]

Im Jahr 2018 kam Bewegung in die Hakenkreuz-Debatte als zwei Spiele veröffentlicht wurden, die klar zur Aufklärung über den Nationalsozialismus angelegt sind. THROUGH THE DARKEST OF TIMES und ATTENTAT 1942 erhielten eine USK-Freigabe ab 12 Jahren.[36] Für die Games-Industrie ist diese Entscheidung ein wichtiger Schritt: Games werden als Kunst, Kulturgut und sogar als pädagogisch wertvoll anerkannt.[37] THROUGH THE DARKEST OF TIMES kann in Sachen politischer Bildung mit digitalen Spielen als Meilenstein betrachtet werden.[38] Infolgedessen wurden die erwähnten WOLFENSTEIN-Titel in Deutschland ungekürzt veröffentlicht.[39] Andere Spiele werden weiterhin aufgrund der verfassungsfeindlichen Symbolik nicht freigegeben. Beim Shooter POST SCRIPTUM etwa ist die Sozialadäquanz nicht gegeben, denn man kann als Nazi-Soldat spielen und es gibt keine geschichtliche Einordnung.[40]

Für erfolgreiche Ego-Shooter-Reihen wie CALL OF DUTY oder BATTLEFIELD dient der Zweite Weltkrieg als zentrales Setting. Dabei beschränken sich diese Spiele meist auf die militärische Seite des Krieges und entpolitisieren ihn.[41] Der Fokus liegt auf den letzten Kriegsjahren, der D-Day dient vielen als Eröffnungsszene.[42] Darstellungen der Shoah gibt es mittlerweile zwar einige, aber mit dem Phänomen Antisemitismus im Allgemeinen tut sich die Spielebranche nach wie vor schwer.[43] Das „vermeintliche Spaßmedium"[44] erscheint nicht adäquat für ein Thema, das ernster kaum sein könnte. Zudem hat die Annahme, Nazi-Symbolik sei in der Mediengattung gänzlich verboten, den Diskurs über die Frage einer adäquaten Darstellung der Shoah in digitalen Spielen in Deutschland über rund zwei Jahrzehnte gehemmt.

Eine ähnliche Zurückhaltung lässt sich auch bei der Darstellung von Jüdinnen: Juden in Games erkennen.

---

34 vgl. Odak/Herold 2017.
35 vgl. Briesenick 2017.
36 vgl. Just 2019.
37 vg. USK 2018.
38 vgl. Engel 2020.
39 vgl. Just 2019.
40 vgl. ebd.
41 vgl. Pfister 2019.
42 vgl. Friedrich 2020, S. 261.
43 vgl. Schiffer 2020.
44 Pfister 2018.

„There aren't a lot of Jews in video games"[45]

In ihrer sicher nicht vollständigen „kurzen Geschichte jüdischer Videospiel-Figuren"[46] kommt die Journalistin Mimi Halper auf rund 15 mehr oder weniger bekannte Spiele mit größtenteils flachen jüdischen Figuren. Lobend hebt sie drei Spiele hervor, die jüdische Figuren auf verschiedene Art einfließen lassen: BioShock, Marvel's Spider-Man und The Last of Us Part II. Das Action-Adventure The Last of Us Part II wurde von der Kritik viel gelobt – unter anderem für die Diversität bei der Gestaltung der Figuren. Es gibt eine jüdische Nicht-Spieler-Figur namens Dina. In einer Szene in einer Synagoge erzählt sie von ihrer Familie, die den Holocaust überlebte. Im Dialog werden Aspekte jüdischen Glaubens und Lebens thematisiert.[47] Klischeehaft, wenn auch nicht unbedingt antisemitisch, sind Darstellungen wie in Grand Theft Auto IV. Im Action-Game kommt eine jüdische Gang vor, die „jüdischer Mob" genannt wird. Sie handeln mit Diamanten und sind für ihre Skrupellosigkeit bekannt. Abseits des Mainstreams finden sich einige Indie-Games, die sich zentral um jüdisches Leben drehen. Im Adventure The Shivah spielt man einen Rabbi. Das Jump-and-Run Angry Jew spielt mit Klischees über Jüdinnen:Juden.[48]

Präsenz und Abwesenheit des Judentums in historischen Games

Das Judentum kommt nur selten in historischen Strategiespielen vor. Es gibt jedoch Ausnahmen: In Civilization IV kann das Judentum als Religion erforscht und daraufhin verschiedene jüdische Gebäude erbaut werden. Im Mittelalter-Strategiespiel Crusader Kings II wird die jüdische Fraktion durch das DLC[49] Sons of Abraham spielbar.

Einige bekannte Titel lassen Jüdinnen:Juden entgegen der historischen Realität in der Spielwelt aus. Das Action-Adventure Assassin's Creed: Origins spielt als historische Fiktion im ptolemäischen Ägypten um 50 vor Christus. Der Anspruch an die Authentizität ist hoch, denn der Entdeckungstour-Modus von Origins wird als interaktives Lernmittel für die Geschichtsvermittlung verhandelt.[50] Zu dieser Zeit lebten vor allem in Alexandria zahlreiche Jüdinnen:Juden.[51] Im Spiel wird das jüdische Viertel von Alexandria mit der Großen Synagoge

---

45 Schreier 2014.
46 vgl. Halpern 2021.
47 vgl. The Last of Us Part II 2020.
48 vgl. Deitcher 2021.
49 DLC = Downloadable Content.
50 vgl. Gaumann 2018.
51 vgl. Kasher 1985, S. 1–27.

dargestellt. Es gibt allerdings keine als jüdisch erkennbaren Figuren im Spiel. Es fällt nicht leicht, zu bewerten, ob dies der historischen Authentizität widerspricht, denn es ist fraglich, inwiefern Jüdinnen:Juden damals von den Angehörigen der anderen Religionen unterscheidbar waren, insbesondere weil der hellenische Einfluss auf Jüdinnen:Juden in Alexandria groß war.[52]

Das erfolgreiche Rollenspiel KINGDOM COME: DELIVERANCE spielt in Böhmen um das Jahr 1400. Das Spiel wird mit einem großen Anspruch auf historische Korrektheit vermarktet. Zur Repräsentation von nicht-weißen Menschen in KINGDOM COME gab es nach der Veröffentlichung eine Debatte, auch aufgrund des nationalistisch geprägten Plots, der anschlussfähig für neurechte Erzählungen ist.[53] Der Chefentwickler Daniel Vávra, der als rechtsoffen gilt,[54] betonte im Rahmen dieser Diskussion die Existenz jüdischer Bewohner:innen im betreffenden Gebiet.[55] In der Tat sind jüdische Kaufleute in Böhmen bereits um die Mitte des 11. Jahrhunderts belegt.[56] Im spielinternen Lexikon „Codex" heißt es dazu:

> „Doch im Laufe der Jahrhunderte hatten ihre florierenden Aktivitäten als Händler und Geldverleiher bereits für Unmut in großen Teilen der Gesellschaft gesorgt [...]. Tatsächlich hatten die Juden Gold importiert und nutzten es, um Pferde, Pelze oder Sklaven zu erwerben. Deswegen wurden ihre Rechte zunehmend eingeengt."

Der hier suggerierte Reichtum der jüdischen Bevölkerung bedient ein Klischee, das der historischen Realität so nicht entspricht.[57] Im Codex-Eintrag lässt sich zudem wörtlich der antisemitische Vorwurf wiedererkennen, die Jüdinnen: Juden seien selbst schuld am Antisemitismus.[58] Jüdische Figuren sind im Spiel nicht klar erkennbar und das Judentum wird nicht weiter thematisiert. Ob hier die fehlende Repräsentanz der Jüdinnen:Juden der historischen Authentizität widerspricht, ist wiederum uneindeutig. Zwar hatten im 13. Jahrhundert in Europa Obrigkeiten Kleidervorschriften für Jüdinnen:Juden erlassen, jedoch ist unklar, ob diese eingehalten wurden. In der Frühen Neuzeit gab es je nach Gebiet verschiedene Vorschriften, die häufig nicht befolgt wurden.[59]

Neben expliziten Darstellungen von Jüdinnen:Juden und des Judentums existieren auch abstraktere Darstellungen, zum Beispiel im Fantasy-Genre. Hier müssen Metaphern und Strukturen interpretiert werden, um Antisemitismus zu erkennen.

---

52 vgl. ebd.
53 vgl. von Au 2018.
54 vgl. Game Two 2018.
55 vgl. Gamestar 2018.
56 vgl. Gottheil et al. 1906.
57 vgl. Herzig 2010.
58 vgl. Schwarz-Friesel 2015.
59 vgl. Aust 2016.

3.   Antisemitische Stereotype in Game-Narrativen

Narrative digitaler Spieler sind fest in ihren kulturellen Kontext eingebunden. Meist unbewusst verwendete und tradierte antisemitische Stereotype, Differenzkonstruktionen und Codes finden sich in praktisch allen Kulturformen. Die Kulturwissenschaften identifizieren und kritisieren diese Topoi.[60] Dabei sollten negative Darstellungen nicht vorbehaltlos durch eine Interpretation im Sinne antisemitischer Darstellungtraditionen reproduziert werden. Eine kritische Analyse der gattungsspezifischen Narrationen muss Ambivalenzen herausarbeiten. Zum einen weil Spuren antisemitischer Tradition seit der Antike Teil abendländischer Kultur geworden sind. Zum anderen weil diese aufgrund heutiger weitgehender gesellschaftlicher Ächtung in den meisten Fällen nicht offen vorkommen.[61] Daher sollte nicht jegliche negative visuelle Repräsentanz mit antisemitischen Darstellungen verwechselt werden, aber auch Ähnlichkeiten zu antisemitischen Karikaturen nicht als Zufall interpretiert werden. Im Folgenden werden prägnante Beispiele für antisemitische Stereotype in Game-Narrativen beschrieben. Im Kontext dieses Abschnitts wird keine Nähe von bestimmten Produkten oder Publishern zu extrem rechten Akteuren oder antisemitischen Organisationen nahegelegt, zumal sich Antisemitismus in allen gesellschaftlichen Milieus findet.[62] Ebenfalls soll keine gleichwertige Verurteilung der kritisierbaren Darstellungen im Vergleich zu offen antisemitischen Veröffentlichungen, wie im Rest des Artikels thematisiert, nahegelegt werden. Ähnlichkeiten zu historischen Ereignissen sollten nicht, insbesondere nicht ahistorisch, herbeiinterpretiert werden. Nicht jedes „Volk", das in einem fiktiven Medium verfolgt wird, sollte mit realen geschichtlichen Ereignissen in Verbindung gebracht werden. Wichtig ist insbesondere die Haltung des Werkes hierzu, wobei dies nachzuweisen häufig schwierig ist und moderne digitale Spiele hochgradig arbeitsteilige Gemeinschaftsproduktionen mit gewaltigen Entwicklungskosten sind, in denen der Einfluss einzelner Akteur:innen nur selten nachgewiesen werden kann. Umso relevanter ist es jedoch, grundlegende kulturelle Narrationen herauszuarbeiten, die auf die gesamte mediale (Re-)Produktionsumgebung einwirken.

An dieser Stelle sollen antisemitische popkulturelle Erzählfiguren thematisiert werden, nicht die reine Darstellung antisemitischer Praxis. Verschiedene Spiele verwenden städtische Ghettos als Handlungsorte, die denjenigen nachempfunden sind, in denen in Europa im Mittelalter oder der frühen Neuzeit Jüdinnen:Juden leben mussten. Ein Beispiel hierfür ist THE ELDER SCROLLS V:

---

60 vgl. Schwarz-Friesel/Raynharts 2013; Wojcik 2013; Zacher 2016.
61 vgl. Kiess et al. 2020, S. 219–242.
62 vgl. ebd.

SKYRIM, wo Dunkelelfen zwangsweise in einem eigenen Viertel leben müssen. Ähnlich bei DRAGON AGE, in dem allgemein Rassismus gegenüber Elfen kritisch dargestellt wird. Ebenfalls nur kurz hingewiesen werden soll auf die abstrahierte Verwendung des Handlungsortes Konzentrationslager oder von Völkermord im allgemeinen Sinn jenseits von Antisemitismus. Bei DETROIT: BECOME HUMAN gibt es Vernichtungslager für Androiden. Schwierig einzuschätzen sind Beispiele wie die GTA-Reihe, die zahlreiche ironische postmoderne Referenzen und Zitate enthält.[63] Problematisch ist jedoch, wenn Diskriminierung innerhalb der Spielwelt zwar thematisiert und kritisiert wird, wie in BIOSHOCK INFINITE jedoch durch die deutsche Übersetzung antisemitische Elemente verstärkt werden.[64]

Verschwörungserzählungen

Zahlreiche digitale Spiele enthalten gesellschaftlich tradierte Verschwörungserzählungen als narrative Elemente. Diese sind nicht immer explizit antisemitisch, aber viele beinhalten antisemitische Aspekte bzw. sind strukturell antisemitisch.[65] Der Glaube an Verschwörungsmythen kann eine Ausprägung antisemitischer Haltungen sein und überzeugte Antisemit:innen legitimieren ihre Weltwahrnehmung oft mit dem Vorhandensein angeblicher Verschwörungen.[66] Deshalb ist die Normalisierung von Verschwörungsdenken durch populäre Erzählungen im Alltag problematisch. Sie faszinieren viele Rezipierende, weil sie überraschen, mit der Aufdeckung verborgener Geheimnisse spielen und ermöglichen, dass eine vermeintliche Wahrheit in detektivischer Manier aufgedeckt wird. Dementsprechend häufig finden sie sich in diversen medialen Formen[67] und in zahlreichen digitalen Spielen. Als prominentes Beispiel beinhaltet jeder Teil der Reihe RESIDENT EVIL sie und verbindet dies mit Variationen rund um medizinische Geheimforschungen.

Fantasy-Elemente

Ein weit verbreitetes Genre in Computerspielen ist Fantasy. In den *Game Studies* gibt es erste Analysen, die bestimmte Topoi als antisemitisch kennzeichnen. Entscheidend geprägt und popularisiert wurde das gesamte Genre von der Fantasiewelt, die J. R. R. Tolkien in den Romanen DER HOBBIT (1937) und DER

---

63 vgl. Kushner 2012.
64 vgl. Mayer 2013.
65 vgl. Young 2020.
66 vgl. Lelle/Balsam 2020.
67 vgl. Hurst 2014, S. 245–257.

HERR DER RINGE (1954/55) beschrieben hat. Dementsprechend lässt sich der Ursprung einiger zum Teil als antisemitisch aufgefasster Motive direkt oder indirekt auf Tolkien zurückführen.

Tolkiensche Zwerge können als Symbole für ‚die Juden' betrachtet werden, weil der Autor die Verbindung selbst hergestellt hat.[68] Zahlreiche Äquivalenzen lassen zu, dass man Zwerge jüdisch interpretiert: Die zwergische Sprache ist an die hebräische (bzw. semitische) Sprache(n) angelehnt; der Heimatverlust der Zwerge aufgrund eines Drachens und die Aufrechterhaltung von Heimatgefühlen inklusive der Anspielung auf die Klagelieder, die von Jüdinnen:Juden gelesen werden, wenn sie der Zerstörung Jerusalems gedenken. Problematisch ist die gleichzeitige Verkörperung antisemitischer Stereotype. Zwerge werden als berechnend, gierig, unredlich und egoistisch dargestellt, ihre körperliche Gestalt mit übergroßer Nasen ähnelt antisemitischen Karikaturen.[69] Das Beschriebene gilt insbesondere für den HOBBIT. Im Lichte der Erfahrungen der nationalsozialistischen Aggressionen veränderte Tolkien die Konzeption der Zwerge graduell. Auch seine ablehnende Haltung gegenüber dem nationalsozialistischen Deutschland steht damit in Zusammenhang.[70] In jedem Fall war Tolkien wählerisch in seinen um nordische und mittelalterliche mythologische Elemente angereicherten Anleihen, indem er den allgegenwärtigen Antisemitismus spätestens seit dem realen Mittelalter ausließ.[71] Es findet sich in seinem Werk jedoch ein ambivalentes Verhältnis, das von unbewussten antisemitischen Spuren geprägt wird,[72] wie sie sich in der englischen Literaturtradition insgesamt ausmachen lassen.[73] Da die internationale Phantastik stark von Tolkien beeinflusst wurde, sind zahlreiche Setzungen entsprechend prägend für die Gesamtheit des Genres in unterschiedlicher medialer Form. Das Fantasy-Pen-&-Paper-Rollenspiel DUNGEONS & DRAGONS steht zum Beispiel in dieser Tradition und ist seinerseits extrem prägend für zahlreiche Rollenspiele geworden oder wurde direkt umgesetzt in Games wie DND, DUNGEON und BALDURS GATE. Die Verknüpfung von Geldgier, Zwergen und Drachen findet sich zum Beispiel auch im deutschen Fantasy-Pen-&-Paper-Rollenspiel DAS SCHWARZE AUGE und den darauf basierenden Games wie DRAKENSANG.

Viele digitale Spiele bauen neben den genannten Fantasytropes auch auf dem Cthulhu-Mythos auf. Der historisch gewachsene Korpus an Erzählungen, der auf H. P. Lovecraft und andere Autor:innen der Horrorliteratur zurückgeht, hat

---

68 vgl. Vink 2013, S. 123.
69 vgl. Brackmann 2010, S. 88–94; Vink 2013, S. 126.
70 vgl. Vink 2013, S. 134 f.
71 vgl. ebd. S. 123 f.
72 vgl. Brackmann 2010, S. 94–103.
73 vgl. ebd., S. 88–94.

zahlreiche Spuren in der Popkultur hinterlassen.[74] Kritisiert wird immer wieder der deutlich nachweisbare Antisemitismus, der dem Gründungsvater des Mythos, Lovecraft, zu eigen war.[75]

Eine besondere Herausforderung stellt die Bewertung von Open World-Spielen mit ihren zahlreichen Handlungsmöglichkeiten dar. So identifizieren sich Rechtsextreme in THE ELDER SCROLLS V: SKYRIM mit den nordischen Sturmmänteln und setzen deren Kampf gegen das kosmopolitische Kaiserreich mit ihrem eigenen in der realen Welt gleich. Diese Interpretation empfinden sie zu ihrer eigenen Überraschung als von der Rahmenhandlung des Spiels nahegelegt. Die Beschreibung der Spezies der Thalmor-Elfen, die mit Jüdinnen:Juden assoziiert werden kann, fällt negativ aus. Spieler:innen finden Konflikte vor, in denen die ethnisch homogenen Gruppen positiv und Multikulturalität sowie Kosmopolitismus äquivalent zu antisemitischen Ressentiments als zersetzende Kräfte dargestellt werden. Rechtsextreme eignen sich die Erzählung von SKYRIM an und empfinden die Spielhandlung als einen potentiellen Ankerpunkt zur Bekehrung unideologisierter Spielender.[76]

Struktureller Antisemitismus

Eine relevante Quelle antisemitischer narrativer Elemente stellt struktureller Antisemitismus dar, der sich zum Beispiel auch in Form verkürzter Kapitalismuskritik zeigen kann.[77] Hierbei findet eine Personalisierung negativer Auswirkungen der kapitalistischen Produktionsweise statt, die, statt komplexe Wirtschaftsbeziehungen zu analysieren, diese einer bestimmten Gruppe anlastet. Ziele sind hierbei im Normalfall ‚die Juden' bzw. strukturell ähnliche Codierungen wie ‚wurzellose Kosmopoliten'. Bestimmte Volksgruppen oder Völker werden ausschließlich als ‚Wucherer' und Händler markiert, ihnen werden parasitäre Eigenschaften zugeordnet oder sie handelten allein aus Gewinnmaximierungsabsicht. Diese Dehumanisierung findet sich zum Beispiel in Form der Reptilienrasse „Teladi" in der X-Spielereihe (X: BEYOND THE FRONTIER) oder in Form extrem mächtiger Firmen wie im Fall von CYBERPUNK 2077.

Das HARRY POTTER-Universum mit seinen diversen Umsetzungen im Bereich digitaler Spiele transportiert unter anderem in HARRY POTTER UND DIE HEILIGTÜMER DES TODES – TEIL 2 die als antisemitisch kritisierte Darstellung der Kobolde vergleichbar mit nationalsozialistischen Propagandadarstellungen.

---

74 vgl. House 2017.
75 vgl. Loges 2021.
76 vgl. Bjørkelo 2020.
77 vgl. Fava 2021; Schmiedinger 2004; Weisband 2017, in Anlehnung an Haury 2002, S. 105–158.

Hier zeigt sich auch eine Verschränkung zu einer verkürzten Kapitalismuskritik.[78] Das zum Zeitpunkt der Erarbeitung dieses Beitrags noch nicht erschienene Game HOGWARTS LEGACY scheint Kobolde als Antagonisten darzustellen.[79] Bei der Betrachtachtung des Spiels nach seiner Veröffentlichung ist daher ein besonderes Augenmerk auf seinen Umgang mit antisemitischen Erzählelementen zu legen. Die bekannte Rollenspiel-Reihe THE WITCHER kann als Reflexion auf den polnischen Antisemitismus interpretiert werden,[80] affirmiert allerdings auch antisemitische Stereotype: Die bekanntesten Banken im Witcher-Universum gehören Zwergen.

Im Fantasy-Genre zeigt sich Antisemitismus demnach in der Struktur der Erzählung, insbesondere in Form von Verschwörungserzählungen, aber auch in Form von Figuren der jeweiligen Fantasy-Welt, deren Darstellung an antisemitische Stereotype und Topoi anknüpft.

4. Fazit

Im Kontext verschiedener Gaming-Communities tritt vor allem die antisemitische Verschwörungserzählung der geheimen Verschwörung einer Elite immer wieder in unterschiedlicher Form auf. Ohne die explizite Charakterisierung dieser Eliten als jüdisch ist dieser implizite Antisemitismus anschlussfähiger für breite Bevölkerungsgruppen. Je nach Kontext kann dies auch offener geschehen und entweder auf konkrete Personen bezogen oder mit etablierten antisemitischen Stereotypen verknüpft werden.

Am Beispiel PewDiePies und seiner Fans wird die Verweigerung der kritischen Auseinandersetzung mit problematischen Inhalten deutlich, die sich in der Diskussion über verschiedene der in diesem Artikel beschriebenen Thematiken wiederfinden lassen. Auch wenn sich dieser Artikel auf antisemitische Äußerungen fokussierte, lassen sich die Diskurse auf den Umgang mit anderen menschenfeindlichen Äußerungen übertragen. Teile der Communities sehen digitale Spiele und Produkte in ihrem Kontext als reine Unterhaltung, die unabhängig von der Sphäre politischer Diskurse existieren solle. Die menschenfeindlichen Äußerungen werden dabei häufig als eigentlich harmlose Provokationen verharmlost. Der Versuch der sogenannten ‚Neuen Rechten‘, mit einem digitalen Spiel voller antisemitischer Erzählmuster in diesem als unpolitisch wahrgenommenen Raum Propaganda zu verbreiten, zeigt jedoch, dass diese Sichtweise der Realität kaum standhalten kann.

---

78 vgl. Babenhauserheide 2018, S. 332–343.
79 vgl. Warner Bros. DE 2022.
80 vgl. Baumann 2016.

Der Zweite Weltkrieg ist als Setting für Ego-Shooter und Strategiespiele gängig. Dabei wird die Shoah in der Regel wenig bis gar nicht thematisiert. Von 1998 bis 2018 fand in Deutschland keine Darstellung von Nazi-Symbolik in Computerspielen statt. Dies liegt sowohl in der unklaren Rechtslage als auch in der Selbstzensur der Publisher begründet. Somit stehen auch Debatten über die Darstellung der Shoah in digitalen Spielen noch am Anfang. Auch jüdische Figuren treten in Computerspielen selten auf. Games in historischen Settings des Mittelalters und der Antike lassen das Judentum in der Regel ganz außen vor.

In Narrative digitaler Spiele als massenmediale Erzeugnisse finden sich oftmals Versatzstücke von strukturellem Antisemitismus. Die kritische Analyse dieser Aspekte ermöglicht auch ein besseres Verständnis antisemitischer Kontinuitäten im kulturellen Gedächtnis einer Gesellschaft, das sich gerade in der unbewussten Reproduktion antisemitischer Topoi in Games widerspiegelt.

Neben den beschriebenen Negativbeispielen gibt es in der deutschen Spielekultur aber auch vermehrt Projekte aus Zivilgesellschaft oder Spieleindustrie, die sich gegen Antisemitismus und gruppenbezogene Menschenfeindlichkeit im Gaming einsetzen. Die Initiative *Keinen Pixel den Faschisten!* oder das Projekt *Good Gaming – Well Played Democracy* arbeiten durch Recherchen, Strategien zur Gegenrede oder digitales Streetworking an einer antifaschistischen Digitalkultur. Andere Akteure wie die *Stiftung digitale Spielekultur* oder der *Arbeitskreis Geschichtswissenschaft und Digitale Spiele* fördern die Möglichkeit zur notwendigen kritischen Auseinandersetzung mit der Geschichte im Kontext digitaler Spiele.

Bibliografie

ADL (2022): ‚The Happy Merchant‘, in: *Anti-Defamation League*, o. D. URL: https://www.adl.org/education/references/hate-symbols/the-happy-merchant (Zugiff am 03.05.2022).

Aust, Cornelia (2016): ‚Essay zu Jüdische Kleiderordnungen: Die visuelle Ordnung der frühneuzeitlichen Gesellschaft‘, in: *Religion und Politik. Eine Quellenanthologie zu gesellschaftlichen Konjunkturen in der Neuzeit*, o. D. URL: https://wiki.ieg-mainz.de/konjunkturen/index.php?title=Essay_zu_J%C3%BCdische_Kleiderordnungen:_Die_visuell e_Ordnung_der_fr%C3%BChneuzeitlichen_Gesellschaft (Zugriff am 02.05.2022).

Babenhauserheide, Melanie (2018): *Harry Potter und die Widersprüche der Kulturindustrie*. Bielefeld: transcript.

Bjørkelo, Kristian (2020): ‚Elves are Jews with Pointy Ears and Gay Magic. White Nationalist Readings of The Elder Scrolls V: Skyrim‘, in: *Game Studies,* 20 (3), o. S.

Brackmann, Rebecca (2010): „Dwarves are Not Heroes“: Antisemitism and the Dwarves in J.R.R. Tolkien’s Writing‘, in: *Mythlore: A Journal of J.R.R. Tolkien,* 28 (3), o. S.

Briesenick, Stefan (2017): ‚Warum die deutsche Version von Wolfenstein II nicht dieselbe Geschichte erzählt', in: *Gamereactor.de*, 19.12.2017. URL: https://www.gamereactor.de /warum-die-deutsche-version-von-wolfenstein-ii-nicht-dieselbe-geschichte-erzahlt/ (Zugriff am 02.05.2022).

BpjM (2020): Entscheidung Nr. 6322 vom 07.12.2020.

BpjS (1994): Entscheidung Nr. 4601 (V) vom 12.07.1994.

Deitcher, Jay (2021): ‚Mendel's Quest, aka Angry Jew, Helped Me Embrace My Heritage' in: *Wired*, 05.07.2021. URL: https://www.wired.com/story/mendels-quest-angry-jew-embr ace-my-jewish-heritage/ (Zugriff am 03.05.2022).

Engel, Matthias (2020): ‚Through the Darkest of Times', in: *Spielbar*, 26.02.2020. URL: https://www.spielbar.de/spiele/150150 (Zugriff am 03.05.2022).

Fava, Rosa (2021): ‚Struktureller Antisemitismus als personalisierende Ökonomie- und Gesellschaftskritik', in: *Amadeu Antonio Stiftung*, 26.01.2021. URL: https://www.amade u-antonio-stiftung.de/tacheles-66273/ (Zugriff am 03.05.2022).

Friedrich, Jörg (2020): ‚You Do Have Responsibility! How Games trivialize Fascism, why this should concern us and how we could change it', in: Lorber, Martin/Zimmermann, Felix (Hrsg.): *History in Games: Contingencies of an Authentic Past*. Bielefeld: transcript, S. 259–276.

Game (2021): ‚Infografik Deutscher Games-Markt 2021', in: *game*, o. D. URL: https:// www.game.de/marktdaten/infografik-deutscher-games-markt-2021/ (Zugriff am 03.05. 2022).

Game Two (2018): ‚Kingdom Come: Deliverance, Fe, Kontroverse: Games-Journalismus in der Kritik | Game Two #59', in: *Youtube*, 24.02.2018. URL: https://www.youtube.com/wa tch?v=IixibjXXFVY (Zugriff am 03.05.2022).

Gamestar (2018): ‚Das komplette Statement von Daniel Vavra', in: *Gamestar*, 05.05.2021. URL: https://www.eurogamer.de/kingdom-come-deliverance-nebenquest-jungfer-in-noeten (Zugriff am 03.05.2022).

GamingIsFun (2020): ‚THE LAST OF US PART II [Ellie and Dina visit Synagogue – Dina's joke about being Jewish] PS4 PRO', in: *Youtube*, 22.06.2020. URL: https://youtu.be /8rMzPIuRcXs (Zugriff am 03.05.2022).

Gaumann, Ann-Kristin (2018): ‚Assassin's Creed Origins Discovery Tour', in: *Spielbar*, 05.09.2018. URL: https://www.spielbar.de/node/149573 (Zugriff am 03.05.2022).

Görgen, Arno/Pfister, Eugen (2020): ‚Tabu Konzentrationslager – Die Profanisierung des Massenmordes', in: *Gain*, 18.05.2020. URL: https://www.gain-magazin.de/tabu-konzen trationslager-die-profanisierung-des-massenmordes/ (Zugriff am 03.05.2022).

Gottheil, Richard/Grunwald, Max/Kurrein, Adolf (1906): ‚Bohemia', in: *The Jewish Encyclopedia*. New York: Funk & Wagnalls, S. 286.

Grumke, Thomas (2018): ‚Globalisierte Anti-Globalisten – was Rechtsextremisten überall auf der Welt gemeinsam haben', in: *Bundeszentrale für politische Bildung*, 21.04.2017. URL: https://www.bpb.de/246894 (Zugriff am 03.05.2022).

Halpern, Mimi (2021): ‚A brief history of Jewish video game characters', in: *Times of Israel*, 20.06.2021. URL: https://www.timesofisrael.com/a-brief-history-of-jewish-video-game -characters/ (Zugriff am 03.05.2022).

Haury, Thomas (2002): *Antisemitismus von Links. Kommunistische Ideologie, Nationalismus und Antizionismus in der frühen DDR*. Hamburg: Hamburger Edition.

Herzig, Arno (2010): ‚1350–1630: Periode einer langen Krise', in: *Bundeszentrale für politische Bildung*, 05.08.2010. URL: https://www.bpb.de/shop/zeitschriften/izpb/7661 (Zugriff am 03.05.2022).

Hoffman, Jordan (2021): ‚Major new game set at Nazi concentration camp is top seller', in: *Times of Israel*, 17.06.2014. URL: https://www.timesofisrael.com/major-new-game-se t-at-nazi-concentration-camp-is-top-seller/ (Abruf am 03.05.2022).

House, Wes (2021): ‚We Can't Ignore H.P. Lovecraft's White Supremacy', in: *lithub*, 26.09. 2017. URL: https://lithub.com/we-cant-ignore-h-p-lovecrafts-white-supremacy/ (Zugriff am 03.05.2022).

Huberts, Christian (2018): ‚Mein Dampf: Die rechtsextreme Parallelwelt auf der Games-Plattform Steam', in: *Der Standard*, 26.06.2018. URL: https://www.derstandard.at/sto ry/2000082229261 (Zugriff am 03.05.2022).

Huberts, Christian/Zimmermann, Felix (2020): ‚Tutorial', in: Zimmermann, Olaf/Falk, Felix (Hrsg.): *Handbuch Gameskultur*. Berlin: Deutscher Kulturrat e.V., S. 12–19.

Hurst, Matthias (2014): ‚Verschwörungen und Verschwörungstheorien im Film', in: Anton, Andreas/Schetsche, Michael/Walter, Michael K. (Hrsg.): *Konspiration. Soziologie des Verschwörungsdenkens*. Wiesbaden: Springer VS.

Just, Christian (2019): ‚Ein feiner Unterschied – NS-Symbolik in Spielen', in: *Inside Games*, 10.07.2019. URL: https://insidegames.de/artikel/2019/07/ein-feiner-unterschied (03.05. 2022).

Kasher, Aryeh (1985): *The Jews in Hellenistic and Roman Egypt*. Tübingen: Mohr Siebeck.

Keinen Pixel den Faschisten! (2020): *GamerGate, eine Retrospektive*. URL: https://keinenpi xeldenfaschisten.de/wp-content/uploads/2020/11/GamerGate-eine-Retrospektive.pdf (Zugriff am 03.05.2022).

Kiess, Johannes/Decker, Oliver/Heller, Ayline/Brähle, Elmar (2020): ‚Antisemitismus als antimodernes Ressentiment: Struktur und Verbreitung eines Weltbildes', in: Decker, Oliver/Brähler, Elmar (Hrsg.): *Autoritäre Dynamiken: Alte Ressentiments – neue Radikalität. Leipziger Autoritarismus Studie 2020*. Gießen: Psychosozial-Verlag, S. 211– 248.

Köhler, Stefan (2017): ‚25 Jahre Wolfenstein 3D', in: *Gamestar*, 05.05.2017. URL: https:// www.gamestar.de/3313666 (Zugriff am 03.05.2022).

Koopman, Jan-Paul (2020): ‚Alles nur ein Spass? Über die Debatte um „Killerspiele" und den Zusammenhang von gespielter und realer Gewalt', in: Baeck, Jean-Philipp/Speit, Andreas (Hrsg.): *Rechte Ego-Shooter. Von der virtuellen Hetze zum Livestream-Attentat*. Bonn: Bundeszentrale für politische Bildung, S. 154–174.

Kushner, David (2012): *Jacked: The Outlaw Story of Grand Theft Auto*. London: Wiley.

Kühl, Eike (2021): ‚PewDiePie: YouTuber, Teenieschwarm, Antisemit?', in: *Zeit Online*, 14.02.2017. URL: https://www.zeit.de/digital/internet/2017-02/pewdiepie-antisemitis mus-disney-youtube (03.05.2022).

Lelle, Nikolas/Balsam, Johanna (2020): ‚Struktureller Antisemitismus ist Antisemitismus (noch) ohne Juden', in: *Amadeu Antonio Stiftung*, 09.12.2020. URL: https://www.amade u-antonio-stiftung.de/tacheles-66257 (Zugriff am 03.05.2022).

Loges, Luise (2021): ‚Nazi-UFOs über den Bergen des Wahnsinns: Der Rassismus des H.P. Lovecraft und das Rollenspiel', in: *Teilzeithelden*, 29.03.2021. URL: https://www.teilzeit helden.de/2021/03/29 (Zugriff am 03.05.2022).

Mayer, Jürgen (2013): ‚Zensur: deutsche Version von „BioShock Infinite" kaschiert und verlängert Antisemitismus', in: *Almrausch*, 07.04.2013. URL: https://almrausch.word press.com/2013/04/07/zensur-deutsche-version-von-bioshock-infinite-kaschiert-und-verlangert-antisemitismus/ (Zugriff am 03.05.2022).

Odak, Sandro/Herold, Michael (2017): ‚Deutsche Wolfenstein-2-Version – Das sagt der Anwalt: „Das Hakenkreuz-Verbot ist ein Irrglaube"', in: *Gamestar*, 22.11.2017. URL: https://www.gamestar.de/3322561 (Zugriff am 03.05.2022).

Paul, Christopher (2018): *The Toxic Meritocracy of Videogames. Why Gaming Culture Is the Worst*. Minneapolis: University of Minnesota Press.

Pfister, Eugen (2018): ‚„Where the line of decency is drawn". Imaginationen des Holocaust in digitalen Spielen', in: *Hypotheses*, 26.09.2018. URL: https://spielkult.hypotheses.org /1962 (Zugriff am 03.05.2022).

Pfister, Eugen (2019): ‚Man spielt nicht mit Hakenkreuzen!', in: von Lünen, Alexander/ Lewis, Katherine J./Litherland, Benjamin/Cullum, Pat (Hrsg.): *Historia Ludens: The Playing Historian*. New York: Routledge, S. 267-284.

Schwarz, Karolin (2020): *Hasskrieger. Der neue globale Rechtsextremismus*. Bonn: Herder.

Schiffer, Christian (2020): ‚Der blinde Fleck', in: *Deutschlandfunk Kultur*, 07.01.2020. URL: https://www.deutschlandfunk.de/antisemitismus-in-computerspielen-der-blinde-flec k-100.html (Zugriff am 03.05.2022).

Schmidinger, Thomas (2004): ‚Spiel ohne Grenzen. Zu- und Gegenstand der Antiglobali-sierungsbewegung', in: AStA der Geschwister-Scholl-Universität München (Hrsg.): *Spiel ohne Grenzen – Zu- und Gegenstand der Antiglobalisierungsbewegung*. Berlin, S. 15–25.

Schreier, Jason (2014): ‚About Jewish Stereotypes And Video Games…', in: *Kotaku*, 28.01. 2014. URL: https://kotaku.com/a-more-interesting-way-to-talk-about-jews-in-video-g ame-1510840238 (Zugriff am 03.05.2022).

Schwarz-Friesel, Monika (2015): ‚Aktueller Antisemitismus', in: *Bundeszentrale für poli-tische Bildung*, 07. September 2015. URL: https://www.bpb.de/211516 (Zugriff am 03.05. 2022).

Séville, Astrid (2019): ‚Vom Sagbaren zum Machbaren? Rechtspopulistische Sprache und Gewalt', in: *Aus Politik und Zeitgeschichte*, 69 (49/50), S. 33–38.

Sieber, Roland (2019): ‚Anschlag von Halle – Inszeniert wie ein Ego-Shooter', in: *der rechte rand*, 10.2019. URL: https://www.der-rechte-rand.de/archive/5454/halle-anschlag-ego-shooter/ (Zugriff am 03.05.2022).

Sigl, Rainer (2014): ‚GamerGate: Gamification & Propaganda', in: *Videogametourism*, 04. 11.2014. URL: https://videogametourism.at/content/gamergate-gamification-propaga nda (Zugriff am 03.05.2022).

Solon, Olivia (2017): ‚Disney severs ties with YouTube star PewDiePie over antisemitic videos' in: *The Guardian Online*, 14.02.2017. URL: https://www.theguardian.com/tech nology/2017/feb/13/pewdiepie-youtube-star-disney-antisemitic-videos (Zugriff 10.06. 2022).

Speit, Andreas (2020): ‚Der Jude und die Weiblichkeit – Zwei alte Feindbilder. Hinter-gründe zur Gedankenwelt von Stephan Balliet', in: Baeck, Jean-Philipp/Speit, Andreas (Hrsg.): *Rechte Ego-Shooter. Von der virtuellen Hetze zum Livestream-Attentat*. Bonn: Ch. Links Verlag, S. 87–107.

Strick, Simon (2018): ‚Alt-Right-Affekte. Provokationen und Online-Taktiken‘, in: *Zeitschrift für Medienwissenschaft*, 10 (2), S. 113–125.

USK (2018): ‚Erstes Spiel unter Berücksichtigung der Sozialadäquanz gekennzeichnet‘, in: *Unterhaltungssoftware Selbstkontrolle*, 15.08.2018. URL: https://usk.de/erstes-spiel-un ter-beruecksichtigung-der-sozialadaequanz-gekennzeichnet/ (Zugriff am 03.05.2022).

Vink, Renée (2013): ‚„Jewish" Dwarves: Tolkien and Anti-Semitic Stereotyping‘, in: *Tolkien Studies,* 10 (1), S. 123–145.

von Au, Caspar (2018): ‚Kingdom Come: Deliverance. Überall nur weiße Ritter‘, in: *Süddeutsche Zeitung*, 22.02.2018. URL: https://www.sueddeutsche.de/digital/kingdom-co me-deliverance-ueberall-nur-weisse-ritter-1.3878743 (Zugriff am 02.05.2022).

Warner Bros. DE (2022): ‚HOGWARTS LEGACY – Gameplay-Video Deutsch German‘, in: *YouTube*, 18.03.2022. URL: https://www.youtube.com/watch?v=r2QtLbEELnI (Zugriff am 03.05.2022).

Wofford, Taylor (2014): ‚Is GamerGate About Media Ethics or Harassing Women? Harassment, the Data Shows‘, in: *Newsweek*, 25.10.2014. URL: https://www.newsweek.com /279736 (Zugriff am 03.05.2022).

Weisband, Marina (2017): ‚Über strukturellen Antisemitismus‘, in: *Marina Weisband Blog*, 29.08.2017. URL: https://marinaweisband.de/ueber-strukturellen-antisemitismus/ (Zugriff am 03.05.2022).

Wingfield, Nick (2014): ‚Feminist Critics of Video Games Facing Threats in ‚GamerGate‘ Campaign‘, in: *The New York Times Online*, 16.10.2014. URL: https://nyti.ms/30U1cyd (Zugriff am 03.05.2022).

Young, Helen (2020): ‚Die Normalisierung von Verschwörungserzählungen: Videospiele, Gewalt und der rechte Rand‘, in: *Keinen Pixel den Faschisten!*, 21.08.2020. URL: https://keinenpixeldenfaschisten.de/2020/08/21/die-normalisierung-von-verschwoeru ngserzaehlungen-videospiele-gewalt-und-der-rechte-rand/ (Zugriff am 03.05.2022)

Astrid Juckenack

Antisemitic Discourses and Discourses of Holocaust Denial in the Far-Right Videogame *Angry Goy II*

1.   Introduction

Since the early days of its invention, the Internet has offered possibilities for public discourse and the exchange of ideas on the one hand,[1] and been steeped in discrimination and misinformation making use of the unique freedoms offered to perpetuate age-old hostility and discrimination via platforms reaching people around the globe, on the other. Created in 1995, the White Supremacist website *Stormfront* "was the first major hate site on the Internet"[2] and is still a major forum for White Supremacists and supporters of the far-right. The creation and online distribution of hate speech material has since been thriving, "with over 30,000 websites, online forums, and social networks currently operating across the web."[3]

Antisemitism has long had its place among the vast array of hate speech and propaganda encountered across media outlets and interest groups and continues to be an oft-resorted-to tool of right-wing populism and right-wing extremism.[4] As a result of the liberties afforded by the Internet, these trends can be observed online as well. Within this context, the present paper sets out to explore a fringe phenomenon of far-right online hate speech and propaganda, perhaps at the periphery not only of the mainstream, but of right-wing online culture as well. Specifically, this paper sets out to examine non-commercially produced right-wing games containing antisemitic propaganda, with a particular focus on the game *Angry Goy II*. Early low-tech versions of these games emerged in the 1980 s[5] and have since been regulated,[6] continually re-emerging, being distributed, while continuing to circulate online. Previous research has been conducted on both

---

1 cf. Klein 2017, p. 4.
2 Southern Poverty Law Center n.d.
3 Klein 2017, p. 3.
4 cf. Bronner 2019, p. xii.
5 cf. Der Standard 2017.
6 ibid.

commercially produced video games as well as serious games used for educational purposes[7] containing World War II and/or Holocaust history. Among the commercial games, *Call of Duty* and *Wolfenstein* seem to have received particular attention.[8] These games fit within the overarching discourse of an ongoing debate on the digitization of war- and Holocaust-memory,[9] and the role of the Holocaust in a globalized world as part of a cross-cultural collective memory.[10] However, propaganda Holocaust games appear to have been included only in a few recent studies.[11] In the light of the available scholarly research, it appears that there is a distinct gap pertaining to games featuring content that falls within the scope of antisemitic hate speech and propaganda, despite their relatively long history.

The goal herein is to analyze the discourses encountered within such games. On the micro-level, this chapter will be exploratory, asking *inter alia* how antisemitism and Holocaust denial are expressed in one game of the genre, *Angry Goy II*. On the macro-level, the aim is further to begin to situate these games within the wider social structures of antisemitic hate speech in right-wing online spaces. This way, a contribution can be made to understanding these spaces as complex structures in which ideology is expressed through a wide variety of sources that may, to a degree, look familiar to mainstream media.

2.   Antisemitism as Social Theory

Theoretically, this paper builds, first, on three core social functions of antisemitism, and second, on the relevance of secondary antisemitism, the function of and critical perspectives on Holocaust denial.[12] In Jean-Paul Sartre's early assertions on antisemitism, he relates the term to antisemites rather than Jews, iterating that "[the antisemite] is a man who is afraid. Not of the Jews [...] [but] of his own consciousness, of his liberty, of his instincts, of his responsibilities, of solitariness, of change, of society, and of the world – of everything except the Jews."[13] While I do not seek to define inherent personality traits of antisemitic individuals, some of the spheres alluded to by Sartre appear pertinent nevertheless: the relevance of (perceptions of and beliefs about) broader social structures and disruptions thereof. Adopting the view of antisemitism as a potent

---

7 cf. Fisher 2011.

8 See for example Cooper 2015; Saucier 2015; Allison 2010; Backe 2018; Kingepp 2007; Gagnon 2010; Gish 2010; Ramsay 2015.

9 Regarding this debate, see for example Reading 2003.

10 cf. Kansteiner 2017.

11 cf. Seriff 2018.

12 cf. Lang 2010.

13 Sartre 1948, p. 38.

social theory, three *structural principles of antisemitic thought,* identified by Thomas Haury[14] and further discussed by Heiko Beyer[15] inform the analysis.

The first structural principle is the "rationalization of social change"[16] in the process of which social and political structures and changes are causally attributed to Jews,[17] but bear limited[18] or no[19] relation to the actualities of Jewish life in modern societies. It, hence, constitutes the "concretization (personification) of abstract power relations."[20] Second, expressions of antisemitism can take on a stabilizing societal and political function via the "affect-based externalization of negative aspects of the self."[21] Thus, both on an individual psychological as well as on a social level,[22] ambivalences or negative traits are cast onto Jewish people. This, in turn, creates a distinctly separate and malevolent entity against which the dominant group defines itself but also inherently struggles against.[23] Third, antisemitic appeals are a "semantic construction of collective identity"[24] in that a stronger, positive in-group identity is created by constructing Jews as an ethnically and inherently inferior out-group.[25] As antisemitic constructions negotiate questions of (non-)belonging to society as well as to the nation, they cast Jews as enemies or in the more ominous role of *strangers* who are potential enemies but cannot be situated unambiguously.[26] Expressions of antisemitism can themselves be a way of signaling belonging and shedding ambiguity.[27]

Secondary Antisemitism

The Holocaust posed a challenge to the subsequent expression of antisemitism. *Secondary antisemitism* emerged as a set of tropes and expressions maintaining a superior ethno-nationalist identity whilst legitimizing the very creation of such an identity.[28] Hence, secondary antisemitism rejects or minimizes responsibilities connected to the Holocaust[29] and consequently entails expressions of antisemitism

---

14 Haury 2002.
15 Beyer 2015.
16 ibid., p. 577. [own translation]
17 ibid., p. 577.
18 cf. Arendt 1951, p. 5ff.
19 cf. Sartre 1948, p. 49.
20 Beyer 2015, p. 578 [own translation]
21 ibid., p. 576. [own translation]
22 cf. Salzborn 2010.
23 cf. Sartre 1948, pp. 28–29.
24 Beyer 2015, p. 581. [own translation]
25 cf. ibid. 2015, p. 581; Sartre 1948, p. 18.
26 cf. Baumann 1990, p. 145.; Haury 2002, p.84ff.
27 cf. Beyer 2015, p. 581–582; Volkov 2006, p. 52.
28 cf. Rensmann 2017, p. 5.
29 cf. Beyer 2015, p. 583.

that specifically relate to the Holocaust. While it is a modern phenomenon, it nevertheless appeals to established antisemitic stereotypes.[30]

Denial of the Holocaust encompasses both "hardcore denial", the explicit denial of the Holocaust as a historical event, and "softcore denial",[31] encompassing *distortion, universalization,* as well as *relativization, trivialization, and projection of guilt.*[32] "Hardcore denial"[33] may be more prevalent among extremist groups rather than in the societal mainstream.[34] Berel Lang identifies three common arguments of denial: downplaying of the number of victims, a claim of the inadequacy of the means of destruction to achieve the number of victims, and the refutation of the genocidal intent.[35] However, he goes on to focus on "denial's deep structure – its 'thick' meaning rhetorically and epistemically," and thereby attempts to understand Holocaust denial in a more complex way.[36] Lang recognizes a difference between those who deny the Holocaust but would have condemned it and those who deny it but would defend the genocidal undertaking.[37] Further, Lang describes a spectrum between Holocaust acknowledgment and denial, which allows for not only ignorance but also indifference and variations in social and personal contexts.[38] Lang also touches on the question of the 'integrity' of Holocaust deniers, i.e. whether they knowingly perpetuate a fraudulent narrative,[39] similar to Deborah Lipstadt's assertion that "in the case of deniers, there are facts, opinions, and *lies.*"[40] The presence of such a spectrum of denial – of its extent, nuances, and underlying aims and convictions – further underscores the complexities of attitudes and positions encountered, to which one ought to respond accordingly.

3.   Method and Material

In the pursuit of this analysis, I take guidance from the three-dimensional critical discourse analysis, which seems particularly suited to both analyze the discourses and mechanisms of the game on the micro-level, as well as situate them critically

---

30 cf. Lipstadt 2020, pp. 74–75.
31 cf. Heni 2008, p. 75 ff.
32 ibid., pp. 76–86.
33 ibid. 2008.
34 cf. Lipstadt 2020.
35 cf. Lang 2010, pp. 157.
36 ibid. , pp. 158.
37 ibid., pp. 159 f.
38 ibid., pp. 160.
39 ibid., pp. 161.
40 Lipstadt 2020, p. 74.

as a component of established power structures.[41] Though they are predominantly not *text*, I herein consider video games as discourse, extending beyond literal text but rather including symbols, imagery, sound, plot, and interaction/game-play. This micro-level analysis is the priority set within this chapter. The *discursive practices*, relating to the consumption, production, and reproduction of the material, may be inferred in part based on the attitudes expressed towards and options provided to the player. However, the knowledge and availability of information about the popularity, distribution, and consumption of the material are extremely limited, and there can only be an initial approximation.[42] The *sociocultural/social practices*,[43] concerned with the power relations expressed in the material and its production, may similarly and with great caution be inferred from the content of the game, though significant facets of the relevant social practices other than discourse lie beyond the scope of the material. A single game is hardly representative of an entire corpus of games spanning decades. However, to include a wider corpus in the analysis presented in this chapter would have exceeded its scope. *Angry Goy II*, moreover, appears to fit into the tradition of far-right games rather well.[44] Hence, its analysis can be a helpful basis for understanding current games of this genre.

Angry Goy II is a 2018 production released under the pseudonym *Moon Man*. It was hence not commercially produced and is difficult to attribute to a specific person or group. Its opening screen features the claim "artwork by Ben Garrison", but it is unlikely that the cartoonist, whose right-leaning work has been altered by the far right in the past,[45] has contributed to the game. There is an initial statement explaining that the game is intended as a joke and neither causes nor intends to cause violence. The game offers two main types of gameplay: A plot-based *campaign mode*, as well as a shorter-lived *survival option*. In the survival game, the selected character is attacked by socially liberal protesters and is tasked with shooting the protestors until they manage to overwhelm and kill the player. The plot-based game, on which the analysis presented herein is based, is divided into five *acts*. The player has to rescue several individuals associated with right-wing discourses and politics, shooting characters fashioned after their respective stereotypes in different settings and defeating a more challenging opponent of the end of each act. These settings include the retreat of the communist group *Red Terror*,[46] LGBTQ+ people kidnapping former US Vice Presi-

41 cf. Fairclough 2010, p. 31.
42 cf. Jørgensen/Philips 2002, p. 68; Locke 2004, p. 69.
43 cf. Locke 2004, p. 42.
44 For a comprehensive overview of the games, see Selepak 2010.
45 cf. Grey Ellis 2017.
46 AngryGoy II, Act 1.

dent Mike Pence,[47] a Black neighborhood dubbed an *Urban Diverse* holding captive Swedish YouTuber PewDiePie,[48] the *Fake News Network* holding captive Jared Taylor,[49] and finally, Donald Trump being rescued from a *Global Jewish Supremacy Headquarters* building.[50]

4. Analysis

This leaves three areas to explore further herein: The way Jews are portrayed, the way the Holocaust is portrayed, and the way the player is portrayed within in the game.

4.1 Who Has Angered the Angry Goy?

Perhaps unsurprisingly, the game makes use of antisemitic stereotypes liberally. However, their discourses place Jews at the core of not just some perceived problems, but rather at the very source of exploitative structures.

Religious and Mythical Elements

Antisemitism can constitute a means of establishing a group identity in contrast to a constructed Jewish 'other',[51] and of stabilizing an identity by externalizing negative traits onto Jews.[52] Both processes are detectable in *Angry Goy II*. The game draws from stereotypical and caricatural notions of Jews. 'The Jew' is set apart as an 'other', on grounds drawing extensively from Christian antisemitism and stereotypes about Jewish religious and mythical markers and practices. Golem statues are scattered throughout the *Jewish Supremacy Headquarters* building,[53] as are pictures of a burning Jesus on the cross. Some of the characters make Yiddish exclamations, others religious ones such as "we will destroy you like the Amalekites", further referencing religious lore. *Rootless Cosmopolitan*, the opponent of the fifth and final act, angrily exclaims,

> "[a]nd when a gentile strikes a jew, the penalty is death! You have no hope of saving your people. The Talmudic Prophecy has already foretold – Of a future where there are but

---

47 ibid., Act 2.
48 ibid., Act 3.
49 ibid., Act 4.
50 ibid., Act 5.
51 Beyer 2015, p. 582f.
52 ibid., p. 576.
53 Angry Goy II, Act 5.

two peoples. The Jews, and the slaves. 2800 slaves for every jew! But not you. No, not you. You and all the children of Edom, must be WIPED FROM the EARTH! You GOYIM are BEASTS in human form, made only to serve us."[54]

In the game, then, the allegation of 'Jewish supremacy' legitimizes White Supremacy and necessitates a decidedly antisemitic stance. The final opponents encountered at the end of each level/act of the game intensify the depth of purported Jewish violence and reiterate its links to religious belief, underscoring the "affect-based externalization of negative aspects of the self",[55] but this theme permeates the game further. In the Jewish headquarters building, there is a statue of Baruch Goldstein, an American-Israeli man who perpetrated a massacre against Palestinian Muslims.[56] Signs throughout the building call for violence against non-Jewish people. All of this creates an image of Jews as deeply and inherently violent, and creates a clear-cut, external 'evil'. These roles attribute to Jews a deeply held malice towards the people and society with whom they live. The religious devotion at the core of this animosity evokes a notion of inherent incompatibility with the non-Jewish mainstream, which a group seeking to mercilessly exploit and destroy the other cannot be reconciled with. Furthermore, this narrative accuses Jews of many of the traits and intentions the player seems to personify, such as feigning persecution, victimizing vulnerable people, or plotting large-scale murder. Hence, the game provides a narrative that is unambiguous and creates a clear enemy. Malice and conflict that could exist and spark conflict within the own group are projected onto Jews as an out-group, creating an image that necessitates and thereby justifies a violent response.

Enemies and Strangers

Zygmunt Bauman points towards the conception of Jews as "neither friend nor enemy"[57], referring to the alleged ubiquitous yet everlasting presence of Jews, rendering them difficult to grasp yet influential on overarching social structures. As has been outlined above, Jews are marked throughout the game. Their highly stereotypical portrayal makes them unambiguous and easily identifiable. Their position is also not left ambiguous – they are clearly enemies, clearly a threat. Nevertheless, while this is made clear concerning the player, their general presence in society, outside of the headquarters, is suggested as being covert. The headquarters building itself, then, is strictly Jewish, with a sign at its entrance declaring "No Goyim Allowed. NO EXCEPTIONS." Other allusions to Jewish

---

54 ibid.
55 Beyer 2015, p. 576. [own translation.]
56 cf. Eisen 2011, p. 157.
57 Baumann 1990. p. 145.

otherness and covertness occur throughout Act 5, for example in one of the background songs which states that Jews "claim they are whit when they push their shit",[58] meaning here Israeli interests and an EU open-border policy. Notably, the latter would include broader population movements, thereby attributing e.g. migration and seeking asylum by non-Jewish people to something malicious brought about at the hands of Jews. This alleges that Jews look but are not white, fit into society well enough to exploit it but will, ultimately, certainly act to its detriment. It also alludes to Israel as an alternative place of belonging which undercuts Jewish people's loyalties to other nations.

Domination in the Shadows

When such malicious influences are brought up, this often occurs within the context of broader social trends, systems, and changes, in order to rationalize which some groups may revert to antisemitic patterns.[59] How this takes place does not relate to Jewish lived realities at the time, but rather to the uncertainties and perceptions of those forging these stereotypes.[60] Across the game (except for act 2), Jews are seen as connected to broader global power structures, such as communism,[61] the news media[62], and other forms of media such as the pornography industry and social media.[63] The character *Rootless Cosmopolitan*[64] is the final opponent of the game, and act 4's opponent *Media Boss Shill*, the head of an anti-white 'fake news' media network, is revealed to be Jewish and exploiting his non-Jewish employees as well. Even the *Red Terror* refers to himself as "Mordecai" in one part of his monologue.[65]

The characters are greedy and exploitative, take joy in violent acts, and deceive the world in the name of Jews and the Israeli state. Similarly, the *Jewish Supremacy Headquarters* building[66] contains a display of the globe enclosed in a black cage, surrounded by Torah scrolls, the words 'Greater Israel' written below. In another room in the headquarters building, graphs show the supposed connection between "love for Jews" and a decline in "racial pride," between decreasing "antisemitism" and rising "jewish control",[67] as well as between "tolerance" and "testosterone." Another sign lists the bullet points "print money,

---

58 Angry Goy II, Act 5.
59 cf. Beyer 2015, p. 577.
60 cf. Sartre 1948, p. 49 ff; Beyer 2015, p. 577.
61 Angry Goy II, Act 1.
62 ibid., Act 4.
63 ibid., Act 3.
64 ibid., Act 5.
65 ibid., Act 1.
66 ibid., Act 5.
67 Spelling as in original.

loan money, raise interest, take power," thereby outlining a way of claiming social control.[68] Short video clips featured between sections of the game show scholar Barbara Spectre, who has published on Jewish life and pan-Europeanism among other topics, labeling her a "Jewess" and menace to social stability.[69] Thus, changes and challenges – to the demographic trends in societies, notions of manhood, relations between nations, or international finances – are constructed both as negative in general, as well as of *Jewish* origin in particular. Antisemitism here is not the explanation of one of many alleged harms encountered in the world, but rather an explanatory structure for a host of supposedly harmful developments.[70] Thus, by 'explaining' Jews through various means, the game also offers an explanation not only of Jews and Judaism but of the world more generally.

4.2   The Holocaust As An Item of Discourse

The Holocaust features prominently in the discourses encountered in *Angry Goy II*, especially throughout Act 5 in the *Jewish Supremacy Headquarters*. Throughout the headquarter building, denialist and relativizing slogans are uttered and encountered frequently, for example, the Jewish figures pathetically exclaim, "never forget the six million" or "it's another Shoah!" A sign passed multiple times throughout the act reads "Prevent Another Fake Holocaust!" and implies a flawed representation and distortion of the initial historical event, especially in the context of the statements uttered by the Jewish characters.[71] Rensmann and Beyer both assert that denial or minimization of the Holocaust can serve to distance oneself from the responsibilities that emerge from the event,[72] which the game's disparaging discourses about the Holocaust would conceivably achieve.

During the credits following the end of *Angry Goy II's* quest mode, the music playing is also denialist. The revised lyrics of the song "I'm Gonna Be (500 Miles)" by the band *The Proclaimers* extols "When I wake up, well I know I'm gonna be, I'm gonna be the man who wakes up to the Reich … I'm gonna be the man who's killed six million Jews."[73] Simultaneously, the dedications depicted on-screen

68 Angry Goy II, Act 5.
69 See for example Spectre 2011.
70 cf. Beyer 2015, p. 574.
71 Angry Goy II, Act 5.
72 cf. Rensmann 2017, p. 5.; Beyer 2015, pp. 583–584.
73 Angry Goy II, credits.

credit "All who have been Imprisoned for Questioning the Obvious Lies and Distortions of the So-Called 'Holocaust'. Dedicated To THE FUHRER."[74]

Thus, *Angry Goy II* minimizes and trivializes the Holocaust as it treats it as a suitable joking matter, and denies it, though to what degree exactly remains somewhat uncertain. With Berel Lang's distinction between those who deny the Holocaust but would condemn events like it, and those who would be in favor of it,[75] the statements made throughout and especially at the closing of the game appear to condone a genocide *like* the Holocaust. Finally, whether the denial expressed in the game constitutes a genuine conviction of the producers or an outright lie, in line with the questions raised by Lang and Lipstadt,[76] also cannot be determined with any certainty. *Angry Goy II*, then, reaches all the way to "hardcore denial".[77] In doing so, it rejects the responsibilities derived from the Holocaust, and also justifies its existence; i. e., a game *like* it can only exist, even framed as a joke, if it is a joke containing an inkling of the truth, rather than a joke about a hitherto unprecedented atrocity.

4.3   Who Is The Angry Goy?

As 'the Jew' is a constructed figure within antisemitic explanatory systems relating to or reflecting contemporary anxieties or social change as opposed to Jewish people's behaviors or endeavors[78], it can also serve to distinguish the outgroup *from* Jews. *Angry Goy II*, hence, features a *player* and constructs an image of who this player is that is relying on antisemitsm.

Who They Are Not

The characters players can select before starting the quest are varied – the character "the soldier" wears SS-insignia at his collar and therewith references the Holocaust quite clearly, but most of the characters are from pop-cultural and far-right contexts, e. g. Luca Trani, who perpetrated an anti-Black racist attack in Italy.[79] Female avatars are available at this point, too, but do not appear in other roles. Throughout the game, however, it stands out that the players are left remarkably undefined. The environments within the game features US-American symbols and references, such as MAGA hats and prominent US politicians.

---

74 ibid., credits.
75 Lang 2010, p. 159 f.
76 cf. Lang 2010; Lipstadt 2020.
77 Heni 2008, p. 75 ff.
78 cf. Beyer, 2015, p. 577.
79 cf. Gostoli 2018.

An "Adolf Hitler! Sieg Heil!" soundbite of a chanting crowd at the opening of the game evokes the impression of a collective sentiment perhaps shared by the player. The playable character, apart from the selected avatar, may hence be a right-wing conservative US-American, which places them within a broad and internally diverse group.

First and foremost however, the player appears to be defined as who they are *not*, based on the groups disparaged by the games' rhetoric and murdered within the context of the gameplay. They are 'not Jewish', but are excluded from a host of other attributes and identities as well. They are not, *inter alia*, Black people and people of color, LGBTQ+ individuals, journalists, leftists or liberals. Thus, the game does not do much to define the player in positive terms but excludes vast groups of people categorically. This indirectly suggests the characteristics and identity of the player as well but leaves them vague and thus open to at least some interpretation. By looking at who the player is, then, it appears that antisemitism constitutes a negative in contrast to which a coherent in-group identity may be forged or affirmed.[80]

Supreme Among White Supremacists

One can note an additional distinction between the player (and supposedly White Supremacists like them) and individuals who may share some of the player's conviction but require saving by the player nevertheless. Throughout the five acts of the game, the player saves four people: Mike Pence, PewDiePie, Jared Taylor, and finally Donald Trump. In the dialogue following their rescue, the saved characters recount their captivity, affirming the player's ideology but themselves appearing distinctly flawed. The PewDiePie figure is 'saved' from an environment populated by disparaging depictions of Black people, and explains that "[t]he Jews at Youtube banned me."[81] Compared to the actions of the player throughout the game, it is implied that his online and video-game activities are passive and insufficient.

A figure identified as Jared Taylor, founder of the White Supremacist organization *New Century Foundation*, open to Jewish membership,[82] recounts that his captivity saw him at risk of circumcision, strongly hinting that his captors were Jews.[83] In the same dialogue, he then points toward Black people as the dominant threat. Only the Trump character does not appear weak but praises the strength and heroism of the player extensively.[84] Thus, while these characters are

---

80 cf. Beyer 2015, p. 576.
81 Angry Goy II, Act 3.
82 cf. Nieli 2019, p. 143.
83 Angry Goy II, Act 4.
84 ibid., Act 5.

portrayed in a more favorable light than the marginalized people in the game – they are saved rather than slaughtered, ignorant rather than evil – their short-comings still affirm the strength of the player. The player is defined not merely in contrast to antisemitic tropes, but also in contrast to those who fail to apply these tropes appropriately, fail to identify Jews as a major threat, and are victimized as a result.

Independence and Confinement

While *Angry Goy II* attributes a vast amount of traits to Jews, and indirectly ascribes characteristics to the player, little can be grasped about these players in the abstract, though the gameplay itself may offer some indications. The game can be played on three levels of difficulty, and a multi-player option is available. However, this mode takes place offline; hence, people who already know each other may be able to play together, but it would not be able to connect others online. The game itself seems somewhat short-lived in that the acts of the quest mode all repeat the same pattern. It leaves no option to influence the course of the story independently (apart from dying). Other than hitting their prescribed targets, the players do not need any particular ability. While the final opponents engage in lengthy monologues, the player does not have a chance to respond or react. In this sense, they are irrelevant to the plot development at key moments of the game. Thus, players can consume the ideological content but not interact with it. The game places them in the role of an independent fighter but simultaneously forces them into a starkly passive role. The players' ascribed identity as, in a way, 'men of actions' appears to be undercut by the acute passivity of the gameplay.

5.   Discussion and Conclusion

Angry Goy II makes use of antisemitic tropes, revolving around religious stereotypes, conspiracy theories, world domination, and deception. Jews are cast as enemies whose presence in mainstream society can be covert but is inevitably malicious. Holocaust denial and trivialization permeate the game. Their discursive use reverses the morality of Holocaust discourses, from responsibility arising from the Holocaust to a responsibility to prevent harms derived from a large-scale conspiracy.[85] These discourses hold implications for non-Jewish groups in general and a White Supremacist in-group in particular, define them and make sense of their position in the world. Thus, they may contribute to the

---

85 cf. Beyer 2015, p. 583; Heni 2008; Rensmann 2017.

formation of a stable group identity,[86] though the in-group created exceeds being white, conservative, and non-Jewish, but appears to apply to White Supremacists in particular. Simultaneously, the game potentially places the player in an ambiguous role as well, as they consume an ideology reliant on their independent action within a context that is, in practice, highly passive.

Based on this alone, one cannot make reliable inferences as to how games like this affect a player. To this end, future research could engage with both far-right and alternative gaming communities more deeply to further explore the creation and distribution of such games, as well as any ambivalences arising from the call to independent and decisive action within the confines of a rigid and authoritative ideology. This notwithstanding, the games utter a clear call to violence and encourage casual and approving attitudes towards antisemitic tropes and stereotypes that have historically proven harmful to communities all over the world. As such, they ought to be taken seriously even in somewhat obscure material. Even if *Angry Goy II* and games like it are but a fraction of the broad landscape of far-right and White Supremacist media material,[87] they are a *part* of this mosaic nonetheless. They can and should be considered to gain a more complex and nuanced understanding of the far-right and, ultimately, of fruitful and effective responses.

Bibliography

Allison, Tanine (2010): 'The World War II Video Game, Adaption, and Postmodern History', in: *Literature/Film Quarterly*, 38 (3), p. 183–193.

Arendt, Hannah (1951): *The Origins of Totalitarianism*. San Francisco/London/New York: Harcourt Brace Jovanovich Publishers.

Backe, Hans-Joachim (2018): 'A Redneck Head on a Nazi Body. Subversive Ludo-Narrative Strategies in Wolfenstein II: The New Colossus', in: *Arts*, 7 (4), p. 1–22.

Baumann, Zygmunt (1990): 'Modernity and Ambivalence', in: *Theory, Culture & Society*, 7, p. 143–169.

Beyer, Heiko (2015): 'Theorien des Antisemitismus: Eine Systematisierung', in: *Kölner Zeitschrift für Soziologie und Sozialpsychologie*, 67, p. 573–589.

Bronner, Stephen Eric (2019): *A Rumor About the Jews. Conspiracy, Anti-Semitism, and the Protocols of Zion*. London: Palgrave Macmillan.

Cooper, Benjamin (2015): 'In This War But Not Of It. Teaching, Memory, and the Futures of Children and War', in: Kieran, David (ed.): *The War of My Generation. Youth Culture and the War on Terror*. New Brunswick, NJ: Rutgers University Press, p. 209–222.

---

86 cf. Beyer 2015, p. 581.
87 See for example DeCook 2018; Ganesh 2020; Klein/Muis 2019; Rauchfleisch/Kaiser 2020.

DeCook, Julia R. (2018): 'Memes and Symbolic Violence: #proudboys and the Use of Memes for Propaganda and the Construction of Collective Identity', in: *Learning, Media and Technology*, 43 (4), p. 500–501.

Eisen, Robert (2011): *The Peace and Violence of Judaism. From the Bible to Modern Zionism.* Oxford: Oxford University Press.

Fairclough, Norman (2010): *Critical Discourse Analysis: The Critical Study of Language.* London: Routledge.

Fisher, Stephanie (2011): 'Playing with World War II: A Small_Scale Study of Learning in Video Games', in: *Loading... The Journal of the Canadian Game Studies Association*, 5 (8), p. 71–89.

Gagnon, Frederick (2010): '"Invading Your Hearts and Minds': Call of Duty and the (Re)Writing of Militarism in U.S. Digital Games and Popular Culture', in: *European Journal of American Studies*, 5 (3), p. 1–20.

Ganesh, Bharath (2020): 'Weaponizing White Thymos: Flows of Rage in the Online Audiences of the Alt-Right', in: *Cultural Studies*, 34 (6), p. 892–924.

Gish, Harrison (2010): 'Playing the Second World War: Call of Duty and the Telling of History', in: *Eludamos. Journal of Computer Game Culture*, 4 (2), p. 167–180.

Gostoli, Ylenia (2021): 'In Their Words: African Victims of Far-Right Gun Attack', in: *Al Jazeera Online*, 11.02.2018. URL: https://www.aljazeera.com/news/2018/2/11/in-their-words-african-victims-of-far-right-gun-attack (Accessed 20.05.2022).

Grey Ellis, Emma (2017): 'The Alt-Right Found Its Favorite Cartoonist – and Almost Ruined His Life', in: *Wired*, 19.06.2017. URL: https://www.wired.com/story/ben-garrison-alt-right-cartoonist/ (Accessed 20.05.2022).

Haury, Thomas (2002): *Antisemitismus von links. Kommunistische Ideologie, Nationalismus und Antizionismus in der frühen DDR.* Hamburg, Hamburger Edition.

Heni, Clemens (2008): 'Secondary Anti-Semitism: From Hard-Core to Soft-Core Denial of the Shoah', in: *Jewish Political Studies Review*, 20 (3/4), p. 73–92.

Jorgensen, Marianne/Philipps, Louise (2002): *Discourse Analysis as Theory and Method.* Thousand Oaks, CA: SAGE.

Kansteiner, Wulf (2017): 'Transnational Holocaust Memory, Digital Culture and the End of Reception Studies', in: Sindbaek Andersen, Tea/ Tornquist-Plewa, Barbara (eds.): *The Twentieth Century in European Memory. Transcultural Mediation and Reception.* Leiden: Brill, p. 305–343.

Kingsepp, Eva (2007): 'Fighting Hyperreality With Hyperreality: History and Death in World War II Digital Games', in: *Games & Culture*, 2 (4), p. 366–375.

Klein, Adam (2017): *Fanaticism, Racism, and Rage Online.* Camden: Palgrave Macmillan.

Klein, Ofra/Muis, Jasper (2019): 'Online Discontent: Comparing Western European Far-Right Groups on Facebook', in: *European Societies*, 21 (4), p. 540–562.

Lang, Berel (2010): 'Six Questions on (or about) Holocaust Denial', in: *History and Theory*, 49 (2), p. 157–168.

Lipstadt, Deborah (2020): 'Holocaust Denial: An Antisemitic Fantasy', in: *Modern Judaism*, 40 (19), p. 71–86.

Locke, Terry (2004): *Critical Discourse Analysis.* London: Continuum.

Nieli, Russell (2019): 'Jared Taylor and White Identity', in: Sedgwick, Mark (ed.): *Key Thinkers of the Radical Right: Behind the New Threat to Liberal Democracy.* Oxford: Oxford University Press, p. 137–154.

Ramsay, Debra (2015): 'Brutal Games: 'Call of Duty' and the Cultural Narrative of World War II', in: *Cinema Journal*, 54 (2), p. 94–113.

Rauchfleisch, Adrian/Kaiser, Jonas (2020): 'The German Far-Right on YouTube: An Analysis of User Overlap and User Comments', in: *Journal of Broadcasting & Electronic Media*, 64 (3), p. 373–396.

Reading, Anna (2003), 'Digital Interactivity in Public Memory Institutions: The Uses of New Technologies in Holocaust Museums', in: *Media, Culture & Society*, 25 (1), p. 67–85.

Rensmann, Lars (2017): 'Guilt, Resentment, and Post-Holocaust Democracy: The Frankfurt School's Analysis of 'Secondary Antisemitism' in the Group Experiment and Beyond', in: *Antisemitism Studies*, 1 (1), p. 4–37.

Salzborn, Samuel (2010): 'Zur Politischen Psychologie des Antisemitismus', in: *Journal für Psychologie*, 18 (1), p. 1–22.

Sartre, Jean-Paul (1976) [1948]: *Anti-Semitism and Jew. An Exploration of the Etiology of Hate*. Trans. George J. Becker. New York: Schocken Books.

Saucier, Jeremy K. (2015): 'Calls of Duty. The World War II Combat Video Game and the Construction of the 'Next Great Generation'', in: Kieran, David (ed.): *The War of My Generation. Youth Culture and the War on Terror*. New Brunswick, NJ: Rutgers University Press, p. 128–143.

Selepak, Andrew (2010): 'Skinhead Super Mario Brithers: An Examination of Racist and Violent Games on White Supremacist Web Sites', in: *Journal of Criminal Justice and Popular Culture*, 17 (1), p. 1–47.

Seriff, Suzanne (2018): 'Holocaust War Games: Playing with Genocide', in: Magalhães, Luísa/Goldstein, Jeffrey (eds.): *Toys and Communication*. London: Palgrave Macmillan, p. 153–170.

Spectre, Barbara Lerner (2011): 'Europe: Education of Adult Jewish Leaders in a Pan-European Perspective', in: Miller, H./Grant, L./Pomson, A. (eds.): *International Handbook of Jewish Education*. Dodrecht: Springer, p. 1155–1166.

Southern Poverty Law Center (n.d.): 'Stormfront', in: *Southern Poverty Law Center*, n.d. URL: https://www.splcenter.org/fighting-hate/extremist-files/group/stormfront (Accessed 10.09.2019).

Der Standard (2017): ''Sittliche Gefahrdung': Die verbotenen Spiele der 1980er-Jahre', in: *Der Standard Online*, 21.11.2017. URL: https://www.derstandard.de/story/2000068160166/sittliche-gefaehrung-die-verbotenen-spiele-games-der-1980-jahre (Accessed 25.09.2019).

Volkov, Shulamit (2006): 'Readjusting Cultural Codes: Reflections on Anti-Semitism and Anti-Zionism', in: *The Journal of Israeli History*, 25 (1), p. 51–62.

IV. Israelbezogener Antisemitismus –
Geschichte, Wirkung und Prävention

Lea Herzig

Der DGB im Spannungsfeld „Naher Osten". Die Entwicklung der internationalen Beziehungen zwischen dem Deutschen Gewerkschaftsbund und der israelischen Histadrut

Die Entwicklung der diplomatischen Beziehungen zwischen Deutschland und Israel wurde bereits weitestgehend erforscht.[1] Dabei blieben die gewerkschaftlichen Beziehungen allerdings bisher stark unterbelichtet, werden höchstens am Rande genannt. Doch diese gewerkschaftlichen Beziehungen zwischen dem Deutschen Gewerkschaftsbund (DGB) und der Histadrut, „Israel's General Federation of Labour"[2], scheinen einen nicht unerheblichen Einfluss auf die Beziehung der beiden Staaten zu haben. Dieser Beitrag zeichnet einzelne Schritte hin zu einer gefestigten Beziehung nach und versucht dabei aufzuzeigen, wie diese immer wieder durch Formen des Antisemitismus angegriffen wurden. Zeitlich liegt dabei der Fokus auf der Periode, in der sich die Kontakte entwickelt haben bis hin zu ihrer Institutionalisierung, den Jahren 1950 bis 1975, von den ersten inoffiziellen Kontakten bis zur Unterzeichnung eines Partnerschaftsabkommens. Dabei wird im Wesentlichen teilweise unveröffentlichtes Archivmaterial, bestehend aus Protokollen des (Geschäftsführenden) Bundesvorstandes des DGB, Briefen und Vermerken, die im *Archiv der sozialen Demokratie* in Bonn eingesehen werden konnten, analysiert.

1.   Der Deutsche Gewerkschaftsbund und die israelische Histadrut

Der Deutsche Gewerkschaftsbund und die israelische Histadrut unterscheiden sich erheblich in ihrer Entstehungsgeschichte und ihrem strukturellen Aufbau. Da diese Komponenten einen wichtigen Bestandteil in ihrer politischen Ausrichtung und damit auch dem Umgang mit aktuellen Geschehnissen oder internationalen Beziehungen ausmachen, soll hierauf einleitend kurz eingegangen werden.

---

1 vgl. exemplarisch Jelinek 2004.
2 vgl. Histadrut 2022a.

Am 05. Dezember 1920 gründete sich die הַהִסְתַּדְּרוּת הַכְּלָלִית שֶׁל הָעוֹבְדִים בְּאֶרֶץ יִשְׂרָאֵל (HaHistadrut HaKlalit schel HaOwdim B'Eretz Israel) als zionistischer Verband zur Unterstützung der Staatsgründung in Haifa.[3] Die Histadrut wurde schnell zu einem wichtigen Faktor im israelischen Staatsaufbau, zu ihr gehörte neben der Gewerkschaftsabteilung[4] die Gemeinwirtschaft, die größte Bank und Zeitung, die meisten Kibbuzim, und mit einer Mitgliedschaft verband sich die Versicherung in der *Kupat Holim*[5]. Lang galt die Histadrut daher auch als „Staat im Staate"[6].

Ganz anders der DGB: Da die fehlende Einheit der Gewerkschaften in der Rückschau als eine Ursache für das Erstarken des Nationalsozialismus gesehen wurde, wurden die deutschen Gewerkschaften nach den Prinzipien von Einheit und Industrieverband, mit dem DGB als ihrem Dachverband, 1949 wieder gegründet.[7] Die einzelnen Gewerkschaften sind in ihrer Tarifarbeit und Vertretung ihrer Mitglieder souverän. Gleichzeitig ist der DGB aber ihr Vertreter in übergreifenden Fragen, weshalb alle Mitgliedsgewerkschaften durch ihre jeweiligen Vorsitzenden im Bundesvorstandes des DGB vertreten werden.[8] In der Histadrut wird hingegen nach Parteilisten gewählt, weshalb bis heute die Wahlen der Histadrut auch als Indikator für Wahlen zur Knesset, dem israelische Parlament, gewertet werden.[9] Seit den 1990er Jahren erlebte die Histadrut einen umfänglichen Wandel, in Folge wirtschaftlicher Krisen wurden weite Teile der Gemeinwirtschaft privatisiert. Damit kam es zu einem dramatischen Mitgliederschwund, der eine Neustrukturierung, hin zur *Neuen Histadrut*, erforderte.[10] Die Histadrut ist heute strukturell näher am Modell des DGB, sieht sich eher als Dachverband von in ihr organisierten Gewerkschaften.[11]

---

3 vgl. Maschke 2003, S. 115 ff.
4 Die Gewerkschaftsabteilung der Histadrut spielte erst einige Jahre nach ihrer Gründung eine entscheidende Rolle. Sie stellt eine Organisationseinheit dar, unter der die rechtlich nicht autonomen Einzelgewerkschaften weisungsbefugt zusammengefasst sind. Vgl. ebd. S. 35–40.
5 Der zeitweise größte Fonds im Gesundheitswesen Israels. Vgl. ebd., S. 72 f.
6 Fischer 1953. Siehe insbesondere Maschke 2003 zu Entstehung, Aufbau und Entwicklung der Histadrut. Außerdem zur Histadrut im Prozess der Staatsgründung Israels Tzahor 1996.
7 vgl. Schneider 2000, S. 254 ff.
8 Siehe dazu die §2 und §9 in der Satzung des DGB: Deutscher Gewerkschaftsbund 2018.
9 vgl. Drill 2017.
10 vgl. von Auer 1999.
11 vgl. Histadrut 2022b.

2.   Der Aufbau der Kontakte

Es ist davon auszugehen, dass persönliche Kontakte aus der Weimarer Zeit von späteren DGB-Gewerkschafter:innen und jüdischen Gewerkschafter:innen, welche die Shoah überlebten und nach Israel emigrierten,[12] teilweise Bestand hatten. Ein Protokoll des Bundesvorstandes zeigt, dass Ludwig Rosenberg, späterer Vorsitzender des DGB, bereits früh bezüglich Aufbauhilfen angesprochen wurde.[13] 1956 trat der DGB in den direkten Kontakt mit Vertreter:innen der Histadrut. Am 4. Dezember besuchte eine dreiköpfige Delegation hochrangiger Funktionär:innen der Histadrut eine Sitzung des DGB-Bundesvorstandes. Es fand ein kurzes Gespräch über Israel und die Verhältnisse vor Ort statt, darauf folgte eine Pressekonferenz für die Medien der Gewerkschaften.[14] Dieser erste Kontakt führte umgehend zu einem Rückbesuch: Mitglieder des Bundesvorstandes reisten im Frühjahr 1957 als erste offizielle deutsche Gewerkschaftsdelegation nach Israel.[15] Die Worte des Dankes, die die Teilnehmenden der Delegation nach ihrer Rückkehr an die Histadrut sandten, zeigen, dass dies nicht die einfachste Annäherung war und die Teilnehmenden, gehemmt durch die selbst erlebte deutsche Geschichte, anderes erwartet hatten:

> „Mit diesem Schreiben heute soll Euch vor allem aber Dank gesagt werden dafür, dass Ihr uns überhaupt die Möglichkeit zu diesem Besuch gabt, und dass Ihr die ersten entscheidenden Schritte zu freundschaftlicher Zusammenarbeit ermöglicht habt. Besonderen, herzlichen Dank auch für die grosszügige und aufrichtige Gastfreundschaft, mit der wir von Euch und überall in Israel aufgenommen wurden – eine Herzlichkeit, die uns tief beeindruckte und uns für immer verpflichtet."[16]

Von diesem Zeitpunkt an wurde versucht, die Kontakte zu verstetigen. Zum Beispiel nahmen seit 1959 regelmäßig Gäste aus Israel und von der Histadrut an Bundeskongressen des DGB teil, sandten Grußbotschaften oder hielten Grußworte.[17] Im Frühjahr 1961 reiste die erste Jugenddelegation des DGB auf Einladung der Histadrut ins Land. Ein Pressebericht schilderte nicht nur den Weg ihrer Reise und ihre mehrtägige Arbeit in einem Kibbuz, sondern auch die gemischten Erwartungen der jungen Gewerkschaftsmitglieder.[18] Auch die Teil-

---

12 Namhaft wäre hier Fritz Napthali zu nennen, Leiter der „Forschungsstelle für Wirtschaftspolitik" des Allgemeinen Deutschen Gewerkschaftsbund (ADGB, eine Vorläuferorganisation des DGB) und späterer Minister in Israel. Vgl. Tenfelde 2006, S. 6f.
13 Bundesvorstand des Deutschen Gewerkschaftsbundes 22.01.1952.
14 vgl. Schönhoven/Weber 2005, S. 86f.
15 ebd., S. 100. Zum Dank für die Gastfreundschaft spendete der DGB die Ausstattung für einen Kindergarten. Vgl. ebd., 147.
16 Richter et al. 09.04.1957.
17 Siehe dazu die Protokolle der DGB-Bundeskongresse, z.B. Deutscher Gewerkschaftsbund 1959, S. 653.
18 DGB Nachrichtendienst 06.03.1961.

nehmenden der Jugenddelegation zeigten sich überrascht über die Freundlich-
keit, die ihnen entgegengebracht wurde, sie sahen eine solche Reise als ein
wichtiges Instrument zum Abbau von Antisemitismus bei deutschen Jugendlichen, wünschten sich mehr Aufklärung über Israel in Deutschland und waren
entrüstet über die zu geringen Maßnahmen in Deutschland gegen neue und alte
Nazis.[19] In dieser Zeit thematisierte der Bundesvorstand gegenüber der Bundesregierung wiederholt die Notwendigkeit der Aufnahme diplomatischer Beziehungen zu Israel.[20] Und Institutionen des DGB, wie die *Bank für Gemeinwirtschaft*, wiedersetzten sich aktiv Boykott-Aufrufen gegen den Staat Israel.[21]
Vermutlich ist es dieses Klima der Annäherungen, das es 1962 möglich machte,
dass der Bundeskongress den vom Bundesjugendausschuss eingebrachten An-
trag 146 einstimmig beschloss und damit forderte, der Bundesvorstand möge
„sich bei der Bundesregierung nach Kräften dafür [einsetzen], daß zwischen den
Staaten Israel und der Bundesrepublik so schnell wie möglich diplomatische
Beziehungen aufgenommen werden.“[22] Dies ist insofern ein bedeutender Beschluss, da dieser ein weiteres Engagement des DGB für Beziehungen zwischen
Deutschland und Israel mit breiterer demokratischer Legitimation ermöglichte.
Zum anderen ließ dieser Beschluss es für den Bundesvorstand zu, dass der DGB
sich auch zu weiteren Vorgängen rund um Israel äußern konnte. So positionierte
sich der DGB bereits 1963 klar gegen die Arbeit deutscher Raketenforscher in
Ägypten im Namen der deutschen Verantwortung: „Gerade Deutsche haben alles
zu unterlassen, was die Existent [sic!] des Staates Israel direkt oder indirekt
bedrohen könnte, der für viele Opfer des Nationalsozialismus Zuflucht und
Heimat geworden ist.“[23] Aus diesem Verständnis heraus war es für den Geschäftsführenden Bundesvorstand auch folgerichtig, noch im selben Jahr israelische Staatsanleihen, sogenannte Israel-Bonds, zur Unterstützung zu kaufen.[24]
    Diese Entwicklungen können als Vorgeschichte einer der größten Kampagnen
des DGB in Bezug auf die Beziehungen zu Israel und der Histadrut gesehen
werden, besonders da diese Kampagne den Mitgliedern des Bundesvorstandes
aufzeigte, dass ihre Mitgliederschaft nicht unbedingt die gleichen Sympathien
hegte.

---

19 vgl. Briefe an Bundesjugendsekretär Edmund Duda, 1961. Es handelt sich um fünf unver-
    öffentlichte Briefe.
20 vgl. Schönhoven/Weber 2005, S. 616.
21 So schreibt Walter Hesselbach, Vorstandsvorsitzender der Bank für Gemeinwirtschaft, in
    einem Brief vom 23. Mai 1962 an Ludwig Rosenberg, dass sie der Aufforderung des arabi-
    schen Staatenbundes, alle Geschäftsbeziehungen zu israelischen Banken abzubrechen, nicht
    nachkommen werden. Vgl. Hesselbach 23.05.1962.
22 Deutscher Gewerkschaftsbund 1962, S. 719.
23 DGB Nachrichtendienst 03.04.1963.
24 Geschäftsführender Bundesvorstand des Deutschen Gewerkschaftsbundes 16.12.1963. Laut
    Protokoll wurden Israel-Bonds im Wert von 25.000 DM gezeichnet.

Die Unterschriftensammlung zur Aufnahme diplomatischer Beziehungen

Im März 1964 sammelte eine erste DGB-Gliederung Unterschriften zur Aufnahme von diplomatischen Beziehungen der Bundesrepublik zu Israel. Der DGB-Kreis Mannheim beteiligte sich an der „Woche der Brüderlichkeit" und der Bundesvorstand unterstützte dieses Vorhaben mit einer Pressemeldung.[25] Hermann Beermann, stellvertretender Vorsitzender, schrieb im Mai 1964 an Bundeskanzler Ludwig Erhard über die Besorgnis des DGB bezüglich der aggressiven Entwicklungen in einigen arabischen Staaten und die deutsche Verantwortung gegenüber Israel.[26] Im darauffolgenden Juni trafen sich Mitglieder des Bundesvorstandes zu einem Gespräch mit Bundeskanzler Erhard. Die Gesprächsnotizen von Ludwig Rosenberg, Vorsitzender seit 1962, zeigen, dass Israel in mehrfacher Hinsicht eine wichtige Rolle spielte. Zum einen ging es auch bei diesem Gespräch um die Beschäftigung deutscher Raketenforscher in Ägypten und das Drängen des DGB, diese gesetzlich zu untersagen. Zum anderen wurde die Novellierung des Bundesentschädigungsgesetzes besprochen und auf die diplomatische Anerkennung Israels gedrängt.[27] Nach dem Gespräch schrieb Otto Brenner, Vorsitzender der *Industriegewerkschaft Metall*, an Rosenberg mit der Bitte, den nicht ausführlich genug behandelten Punkt der diplomatischen Beziehungen zu Israel, in einem erneuten Gespräch mit dem Bundeskanzler wieder zu thematisieren. Er betonte: „Du solltest bitte daran denken, daß ja auch immer noch eine offizielle Einladung der Bundesregierung an Israel aussteht. Denke an unser Gespräch mit Gideon Neemann, was wir ihm zugesagt haben."[28] Ob es zu einem weiteren Gespräch mit Erhard kam, ist unklar.

Ludwig Rosenberg reiste im September 1964 nach Israel, traf sich dort mit Vertreter:innen der Histadrut und Außenministerin Golda Meir. Laut Meldungen der Deutschen Presse-Agentur war auch hier das dringendste Thema die Beziehung Israels zur BRD. Rosenberg schilderte seine Wahrnehmung, dass besonders das Stillhalten der Regierung bezüglich der deutschen Raketenforscher zu Misstrauen führe. Gleichzeitig betonte er aber auch den Einsatz des DGB für die Aufnahme diplomatischer Beziehungen.[29] Nach seiner Rückkehr aus Israel berichtete Rosenberg am 19. Oktober 1964 auf einer Sitzung des Geschäftsführenden Bundesvorstandes von seiner Reise. In dieser Sitzung wurde beschlossen, die Unterschriftensammlung der *Gesellschaft für christlich-jüdische Zusammenarbeit* zu unterstützen. Deren Koordinierungsrat war laut einer Be-

---

25 vgl. Schönhoven/Weber 2006, S. 87.
26 vgl. Beermann 23.05.1964.
27 vgl. Rosenberg, o.D.
28 Brenner 25.06.1964. Gideon Neemann war zu diesem Zeitpunkt Repräsentant der Histadrut in Europa.
29 vgl. dpa 30.09.1964; dpa 01.10.1964.

schlussvorlage von Bernhard Tacke, stellvertretender Vorsitzender des DGB, mit dieser Bitte an ihn herangetreten. Es wurde beschlossen, dass der DGB hierzu eigene Listen und weiteres Material erstellt und Tacke auf der Auftaktveranstaltung am 26. Oktober in Köln eine Stellungnahme abgibt.[30] Wenig später wurde folgender Beschluss gefasst:

> „Der Geschäftsführende Bundesvorstand wird dem Bundesvorstand den Entwurf zu einer Erklärung in der Bundesvorstandssitzung am 6. November 1964 vorlegen. Ausserdem soll ein Schreiben an den Bundesvorstand der Deutschen Arbeitgeberverbände sowie an alle Arbeitsdirektoren gerichtet werden. Als zusätzliche Massnahme soll ein Flugblatt in einer Auflage von 2 Millionen Exemplaren herausgegeben werden. Der Betrag von DM 30.000,– aus dem Etat der Abteilung Werbung wird bewilligt."[31]

Laut Protokoll unterstützen alle das Vorhaben, die Vorsitzenden der Gewerkschaften sagten zu, ihre Untergliederungen zu informieren, die Koordination der Unterschriftenlisten sollte über die DGB-Kreise erfolgen.[32] Die Kampagne des DGB um die Unterschriftensammlung dauerte bis zum März 1965. Es folgten öffentliche Appelle an die Bundesregierung[33], Artikel in der Gewerkschaftspresse[34] sowie Anzeigen in der *Bild-Zeitung*[35].

Doch die Sammlung von Unterschriften verlief schleppend, Ludwig Rosenberg musste wiederholt die Vorsitzenden der Gewerkschaften und DGB-Kreise an diese Aufgabe erinnern.[36] Die Berichte der DGB-Kreise zeigen, warum ihnen dies so schwerfiel, welche Ablehnung ihnen von Mitgliedern entgegenkam: Vordergründig werden die deutschen Beziehungen zu den arabischen Staaten angeführt. Dazu wird angemerkt, diese Aktion sei nicht Aufgabe des DGB und Israel würde sich mit der Forderung zur Aufhebung der Verjährungsfrist von NS-Verbrechen in innerdeutsche Angelegenheiten einmischen. Viele Kreisvorsitzende lassen jedoch auch durchblicken, dass sie sowohl bei Betriebsräten als auch der Mitgliederschaft verstärkt auf antisemitische Haltungen gestoßen sind, dass es eine große Unwissenheit über Jüdinnen:Juden und die Zeit des Nationalso-

---

30 vgl. Geschäftsführender Bundesvorstand des Deutschen Gewerkschaftsbundes 19.10.1964. Die Beschlussvorlage ist archiviert unter Tacke: Betr.: Unterschriftensammlung der Gesellschaft für christlich-jüdische Zusammenarbeit, undatiert.
31 Geschäftsführender Bundesvorstand des Deutschen Gewerkschaftsbundes 02.11.1964.
32 vgl. Schönhoven/Weber 2006, S. 130f.
33 vgl. ebd. , S. 134.
34 vgl. Rosenberg 06.11.1964.
35 vgl. Geschäftsführender Bundesvorstand des Deutschen Gewerkschaftsbundes 07.12.1964.
36 In einem Brief an die Vorsitzenden der Gewerkschaften, vgl. Rosenberg 17.11.1964. Außerdem wird im Protokoll der 94. Sitzung des Geschäftsführenden Bundesvorstandes erwähnt, dass es ein Treffen mit den DGB-Landesbezirken zur weiteren Planung geben solle.

zialismus gibt und gleichzeitig die Vorstellung besteht, das nationalsozialistische Unrecht sei bereits in Gänze abgegolten.[37]

Laut einer nicht freigegebenen Meldung der Deutschen Presse-Agentur wurde die Unterschriftensammlung durch den DGB als Fehlschlag angesehen, von den mehr als 6 Millionen Mitgliedern in DGB-Gewerkschaften kamen keine 100.000 Unterschriften zusammen.[38] Ursachen wurden neben der Vorbereitung und Durchführung sowie rechter und linker Propaganda gegen die Kampagne vor allem bei den Mitgliedern gesehen:

> „Nach einem Bericht des Kollegen Stephan diskutiert der Bundesvorstand den Verlauf der Unterschriftenaktion. Der Bundesvorstand ist der Auffassung, daß der Verlauf dieser Aktion gezeigt hat, daß der staatsbürgerlichen Bildung in der Zukunft mehr Aufmerksamkeit als bisher geschenkt werden müsse."[39]

Welche Maßnahmen in der Bundesvorstandsverwaltung angedacht wurden, zeigt eine Notiz, vermutlich des Vorstandssekretärs Johannes Naber: In dieser werden unterschiedliche Schritte benannt, wie das stetige Informieren von Mitgliedern über rechte Strukturen durch das Veranstalten von Tagungen, die Herausgabe von Bildungsmaterialien und das offene Eintreten für die Demokratie.[40] Die spätere Aufnahme von diplomatischen Beziehungen zwischen Deutschland und Israel begrüßte der DGB und sah diese gleichzeitig „auch [als] einen Erfolg seiner langjährigen Bemühungen."[41]

Normalisierung der Kontakte

Mit der Aufnahme diplomatischer Beziehungen kam es auch zwischen dem DGB und der Histadrut zu einer Normalisierung des Kontakts. Dies zeigt sich zum Beispiel an dem Grußtelegramm, das Aharon Becker, Vorsitzender der Histadrut, 1966 an den 19. Bundeskongress richtete. In diesem betont er die Wahrnehmung der Histadrut, dass der DGB immer fest an der Seite Israels stehe und es weiter eine gute Zusammenarbeit geben solle.[42] Die verstärkte Durchführung von

---

37 vgl. Berichte aus den DGB-Kreisen zur Unterschriftensammlung, 1964–1965. Insgesamt 269 Zuschriften erreichten den Bundesvorstand zwischen Dezember 1964 und Januar 1965. Einzig der Kreis Bochum scheint keine nennenswerten Komplikationen bei der Sammlung gehabt zu haben, alle anderen schildern teils offenen Antisemitismus.

38 vgl. dpa 23.02.1965.

39 Schönhoven/Weber 2006, S. 151.

40 vgl. o. A., o. D. Der DGB veröffentlichte im Folgenden eine Broschüre zur *Deutschen National-Zeitung*, die insbesondere auch den antisemitischen Charakter der Zeitung betonte. Vgl. Knütter 1966.

41 DGB Nachrichtendienst 13.05.1965.

42 vgl. Deutscher Gewerkschaftsbund 1966, S. 479.

Jugenddelegationen, die besonders Günther Stephan, Mitglied des Geschäftsführenden Bundesvorstandes, in seinem Geschäftsbericht lobte[43], kann hierfür
ebenso als ein Anzeichen für die Verstetigung der Kontakte gewertet werden. Im
selben Jahr reiste Ludwig Rosenberg nach Israel. Hiervon berichtete gerade die
israelische Presse und betonte, dass er der erste Jude sei, der Vorsitzender des
DGB wurde. Es wurde sein Verhältnis zu Deutschland beleuchtet und sein
Wunsch deutlich, dass nun endlich auch eine Histadrut-Delegation offiziell die
BRD besuchen möge.[44] Dies überrascht, haben doch Vertreter:innen der Histadrut sehr wohl schon den DGB besucht, wie oben geschildert. Doch diese
Kontakte scheinen für die Histadrut nur inoffiziell gewesen zu sein, zumindest
gegenüber der eigenen Bevölkerung. So beschreibt es auch Dov Ben-Meir:

> „Es gab nur wenige offizielle Beziehungen. Wir hatten in Israel unsere Probleme, und
> vor allem die Probleme mit Deutschland und den Deutschen. Zur Änderung dieser
> Atmosphäre hat die Histadrut viel beigetragen. Vorsichtig durften wir unsere Part-
> nerschaften mit den Verbänden des DGB […] lautwerden lassen."[45]

Etwa eine Woche nach Ende des Sechstagekrieges 1967 nahm die Histadrut die
offizielle Einladung des DGB an. Eine Delegation besuchte den DGB-Bundesvorstand.[46] Zum Sechstagekrieg hatte sich der DGB sehr deutlich positioniert,
sich klar auf die Seite der Histadrut und Israels gestellt.[47] Zur Unterstützung
kaufte der DGB u. a. Israel-Bonds im Wert von drei Millionen DM.[48]

Diese Haltung brachte dem DGB nicht nur Dank und Lob ein, im Gegenteil
zeigten sich einige Mitglieder geradewegs erbost über diesen Schritt. Die *Gewerkschaft Textil-Bekleidung* sah sich nach Unruhen und Austritten gezwungen,
ein Rundschreiben mit Informationen über den Ankauf der Israel-Bonds und die
Haltung der Gewerkschaft an ihre Geschäftsstellen zu verschicken.[49] Auch den
DGB erreichten einige Kritikschreiben, teilweise mit antisemitischen Inhalten. So

---

43 vgl. ebd., S. 106.
44 Die deutschen Übersetzungen von Artikeln aus der *Jerusalem Post* (07. 10. 1966), *Davar* (30. 9.
   1966), *Yedioth Aharonoth* (26. 9. 1966) und anderen israelischen Zeitungen finden sich im
   Nachlass Ludwig Rosenbergs: Pressespiegel zur Israelreise, 1966.
45 Ben-Meir 1982, S. 143.
46 vgl. Schönhoven/Weber 2006, S. 484 f.
47 vgl. ebd., S. 475.
48 vgl. DGB Nachrichtendienst 06. 06. 1967. Für zusätzliche Informationen in der Gewerkschaftspresse siehe z. B. Bergmann 1967 und Heydorn 1967. Außerdem Aufrufe sich an
   Demonstrationen „zur Wiederherstellung des Friedens und zur Rettung der Existenz Israels
   zu beteiligen." Vgl. DGB Nachrichtendienst 05. 06. 1967.
49 vgl. Hauptvorstand Gewerkschaft Textil-Bekleidung 20. 06. 1967. Viel Kritik ergab sich aus
   dem Missverständnis, dass es sich bei Israel-Bonds um eine Spende handeln würde und
   zudem diese Gelder sich auf den Haushalt und damit verbundene Kürzungen auswirken
   würden.

schreibt das vorgebliche[50] Mitglied Horst Huck aus Mannheim am 12. Juni 1967 an Ludwig Rosenberg und bringt damit vor allem seinen offenen Antisemitismus gegen ihn zum Ausdruck:

> „Ihnen selbst kann man eigentlich keinen Vorwurf machen, da Sie bekanntlich selbst Angehöriger des ‚jüdischen Volkes' sind. Aber Sie sollten daran denken, daß Sie hier in Deutschland und nicht in Israel sind. Trotz aller Unvoreingenommenheit der Juden gegenüber kann ich ein unbehagliches Gefühl Ihnen gegenüber nicht verbergen, da man nie genau weiß, ob sie es vorziehen, die Interessen des ‚jüdischen Volkes' oder die Interessen ihres Gastlandes zu vertreten."[51]

Und auch innerhalb des DGB kommt es nach dem Sechstagekrieg zu Kontroversen, so zum Beispiel im Zuge der *IX. Weltfestspiele der Jugend*[52] 1968 in Sofia. Der DGB entschied sich nach dem teilweisen Ausschluss von israelischen Jugendorganisationen, nur eine Beobachterdelegation zu entsenden, gegen den Widerstand des Bundesjugendausschusses.[53]

Neben den offiziellen Kontakten trat der DGB aber vor allem vermittelnd auf, so zum Beispiel 1969 beim ersten Besuch eines Histadrut-Vorsitzenden in der Bundesrepublik. Ludwig Rosenberg, inzwischen nicht mehr im Vorstand, organisierte für Aharon Becker nicht nur ein Abendessen mit Vertreter:innen aus Politik und Wirtschaft, sondern auch ein Gespräch mit Bundeskanzler Willy Brandt über die deutsche Haltung zu Israel.[54]

All diese Bemühungen des DGB zur Annäherung mit politischer und sogar finanzieller Unterstützung der Histadrut fanden ihren Höhepunkt in der Unterzeichnung eines Partnerschaftsabkommens. Am 3. September 1975 schlossen dies die Vorsitzenden Heinz Oskar Vetter und Yerucham Meshel,[55] für den DGB das einzige dieser Art.[56]

---

50 Eine Überprüfung dieser Angabe war nicht möglich.
51 (Anonyme) Briefe an Ludwig Rosenberg 1967. Hier liegen mehrere, teilweise anonyme Zuschriften vor, Antworten aber nicht.
52 Insgesamt kam es rund um diese Weltjugendspiele zu einigen Kontroversen. Vgl. Breßlein 1973. Es nahm zum ersten Mal eine Delegation des Deutschen Bundesjugendrings teil, an der sich die DGB-Jugend nicht beteiligte. Vgl. Deutscher Bundesjugendring 2003, S. 284f.
53 vgl. Schönhoven/Weber 2006, S. 712. Aus dem westdeutschen Vorbereitungskomitee hieß es, es „werden nur jene israelischen Organisationen an den Weltfestspielen nicht teilnehmen, die durch die offene Unterstützung des israelischen Vorgehens gegen verschiedene arabische Staaten sich im Widerspruch zu den grundlegenden Prinzipien der Internationalen Solidarität" verhalten, zu denen die Jugendorganisation der Histadrut anscheinend zugerechnet wurde. Vgl. Arbeitskreis Festival 14.05.1968.
54 vgl. Briefwechsel zum ersten Besuch Aharon Beckers 1969.
55 vgl. Deutscher Gewerkschaftsbund und Histadrut 03.09.1975.
56 vgl. Deutscher Gewerkschaftsbund 1995, S. 9.

3.   Kontinuität

Mit dem Abschluss des Partnerschaftsabkommens 1975 zwischen DGB und
Histadrut hat sich die Beziehung der beiden Gewerkschaftsverbände verstetigt.
Dies sieht man zum einen an den Besuchen und Grußworten der Histadrut auf
DGB-Bundeskongressen[57] und zum anderen daran, wie dieser Freundschaft
gedacht wird. So wird zu den Jubiläen der Partnerschaft teilweise mit großen
Veranstaltungen erinnert[58] oder es werden gemeinsame Denkschriften veröffentlicht[59]. Besonders die Jugenddelegationen wurden seit 1975 ausgebaut, finden nicht mehr nur auf der Ebene des Bundesjugendausschusses statt, sondern
auch auf lokaler Ebene oder sogar zwischen einzelnen Mitbestimmungsgremien
gleicher Branchen. Diese Komponente wird vor allem auch durch die Histadrut
als wichtig angesehen. Vertreter:innen der Histadrut betonen die große Anzahl
und die Bedeutung der Jugendaustausche.[60]
    Doch gleichzeitig spielt der Nahostkonflikt auch immer wieder eine Rolle. So
wirkte der DGB unter dem damaligen Bundesvorsitzenden Michael Sommer
aktiv auf der Ebene des *Internationalen Gewerkschaftsbundes* in einer vermit-
telnden Rolle auf die Histadrut und den palästinensischen Gewerkschaftsbund
(PGFTU) ein.[61] 2008 schlossen die beiden Gewerkschaftsbünde eine Vereinbarung, um die Zusammenarbeit für die Rechte palästinensischer Arbeitnehmer:
innen in Israel zu regeln. Dies beinhaltet unter anderem Zahlungen von „representation fees" an die PGFTU und die juristische Unterstützung vor israelischen Gerichten durch die Histadrut.[62]
    Was dem gegenüber steht, ist die sogenannte *Boycott-Divestments-Sanctions*
(BDS) Kampagne, die zum allumfassenden Boykott von Israel aufruft.[63] Diese
greift immer wieder die Histadrut öffentlich an und führt unter ihren unter-
stützenden Organisationen auch die PGFTU.[64] Laut Avital Shapira, Direktorin
für Internationale Beziehungen der Histadrut, befürwortet die PGFTU nur einen
Boykott von Waren aus israelischen Gebieten, alles andere würde zu Lasten der
palästinensischen Arbeitnehmer:innen gehen.[65] Die DGB-Gewerkschaften haben
sich bisher offiziell an die Seite der Histadrut und klar gegen die BDS-Kampagne
gestellt. So erklärt zum Beispiel auch Josef Holnburger, Mitglied des DGB-

---

57 Nachzulesen in den Protokollen ab Deutscher Gewerkschaftsbund 1975.
58 vgl. Programm der Israelischen Kulturtage im Rahmen der Ruhrfestspiele 1985 20.06.1985.
59 vgl. Deutscher Gewerkschaftsbund 1995.
60 vgl. Shapira 2017.
61 vgl. Sommer 2013.
62 vgl. International Trade Union Confederation 2008.
63 Mit ihrem Boykott der israelischen Wirtschaft, Kultur und Wissenschaft, wird die BDS
    Kampagne hinlänglich als antisemitisch eingestuft. Vgl. Salzborn 2013, S. 12.
64 vgl. Palestinian Civil Society 2005.
65 vgl. Herzig, 26.07.16.

Bundesjugendausschusses, den Beschluss „Boykotte boykottieren" der DGB-Jugend mit der Solidarität zu beiden Gewerkschaftsbünden.[66] Doch vereinzelt kommt es lokal zu anderen Positionierungen. Ein Beispiel kommt aus der *Gewerkschaft Erziehung und Wissenschaft* (GEW), deren Kreis Rhein-Neckar-Heidelberg 2018 eine Veranstaltung mit dem Aktivisten Shir Hever ausrichtete. Bereits in der Ankündigung dazu kommt es zu der antisemitischen Unterstellung, Israelis seien per se unsolidarisch gegenüber Palästinenser:innen.[67] Der nach der Veranstaltung veröffentlichte Bericht zeigt, dass hier eine gänzlich andere Sicht auf Histadrut und PGFTU dargestellt wurde: Die Kontakte werden negiert, die Histadrut als regierungsnah und die PGFTU als jeglicher Möglichkeiten beraubt charakterisiert.[68]

Es stellt sich also die Frage, ob die Haltung des DGB zur Partnerschaft mit der Histadrut und dabei gegen einen israelbezogenen Antisemitismus, wie ihn die BDS-Kampagne verbreitet, bei gleichzeitiger Solidarität mit der PGFTU, nur eine Haltung von Einzelnen ist. Kann es sein, dass ähnlich wie bei der Unterschriftenaktion 1964 gar nicht die Mehrheit der Mitglieder hinter dieser Haltung stehen? Dieser Frage wäre in weiterer Forschung ausführlicher auf den Grund zu gehen.

Bibliografie

Quellenverzeichnis

Archivalien aus dem Archiv der sozialen Demokratie (AdsD) in Bonn

DGB-Bundesvorstand, Abt. Vorsitzender
5/DGAI 000011
   Rosenberg, Ludwig (17.11.1964): Betrifft: Unterschriftensammlung für die Aufnahme diplomatischer Beziehungen zu Israel.
5/DGAI 000371
   Geschäftsführender Bundesvorstand des Deutschen Gewerkschaftsbundes (16.12.1963): Protokoll über die 50. Sitzung des Geschäftsführenden Bundesvorstandes.
5/DGAI 000378
   Geschäftsführender Bundesvorstand des Deutschen Gewerkschaftsbundes (19.10.1964): Protokoll über die 88. Sitzung des Geschäftsführenden Bundesvorstandes.
   Geschäftsführender Bundesvorstand des Deutschen Gewerkschaftsbundes (02.11.1964): Protokoll über die 90. Sitzung des Geschäftsführenden Bundesvorstandes.

---

66 vgl. Soli aktuell 2018.
67 vgl. GEW Kreis Rhein-Neckar-Heidelberg 2018, S. 1.
68 vgl. Bennhold 2018. Sollte es Kritik gegeben haben, wird diese im Bericht verschwiegen.

Geschäftsführender Bundesvorstand des Deutschen Gewerkschaftsbundes (07.12.1964): Protokoll über die 95. Sitzung des Geschäftsführenden Bundesvorstandes.

5/DGAI 000528

Bundesvorstand des Deutschen Gewerkschaftsbundes (22.01.1952): Protokoll der 24. Sitzung des Bundesvorstandes.

5/DGAI 001162

Tacke, Bernhard (undatiert): Betr.: Unterschriftensammlung der Gesellschaft für christlich-jüdische Zusammenarbeit.

5/DGAI 001166

Hesselbach, Walter (23.05.1962): Brief zum Boykott-Aufruf der League of Arab States. (Anonyme) Briefe an Ludwig Rosenberg (1967).

Hauptvorstand Gewerkschaft Textil-Bekleidung (20.06.1967): Rundschreiben an die Geschäftsstellen betrf. Ankauf von Israel-Bonds.

5/DGAI 001554

Brenner, Otto (25.06.1964): Brief an Ludwig Rosenberg.

5/DGAI 001666

Richter, Willi u.a. (09.04.1957): Brief an die Histadruth.

Beermann, Hermann (23.05.1964): Betr.: Tätigkeit deutscher Wissenschaftler in Ägypten.

5/DGAI 001754.

Rosenberg, Ludwig (undatiert): Notizen zur Besprechung mit Ludwig Erhard am 19. Juni 1964.

5/DGAI 001807

o.V. (undatiert): Rechtsradikale Tendenzen, Beobachtungen und Maßnahmen.

DGB-Bundesvorstand, Abt. Organisation

5/DGAL 000272

Berichte aus den DGB-Kreisen zur Unterschriftensammlung (1964–1965).

DGB-Bundesvorstand, Abt. Ausland/ Internationale Abteilung

5/DGAJ 000361

Deutscher Gewerkschaftsbund / Histadrut (03.09.1975): Vereinbarung zwischen dem israelischen Gewerkschaftsbund HISTADRUTH und dem DEUTSCHEN GEWERKSCHAFTSBUND.

DGB-Bundesvorstand, Abt. Jugend

5/DGAU 000346

an Edmund Duda (Frühjahr 1961): Berichte der ersten Jugenddelegation nach Israel.

DGB-Bundesvorstand, Abt. Kulturpolitik

5/DGCP 000066

Programm der Israelischen Kulturtage im Rahmen der Ruhrfestspiele 1985 (20.06. 1985).

NL Ludwig Rosenberg

L. R. in Israel
  Pressespiegel zur Israelreise (1966).
Israel + Freunde des Israel Aufbaues
  Briefwechsel zum ersten Besuch Aharon Beckers (1969).

Literatur

Ben-Meir, Dov (1982): *Histadrut. Die israelische Gewerkschaft.* Bonn: Verlag neue Gesellschaft.

Bennhold, Agnes (2018): ‚Rhein-Neckar/Heidelberg', in: *bildung und wissenschaft – Zeitschrift der Gewerkschaft Erziehung und Wissenschaft Baden-Württemberg*, 72 (4), S. 44.

Bergmann, Theodor (1967): ‚Wirtschaftliche und soziale Probleme im Nahen Osten', in: *Gewerkschaftliche Monatshefte*, 18 (7), S. 385–391.

Breßlein, Erwin (2003) [1973]: ‚Das IX. Festival in Sofia. Kapitel 3', in: *Aus Politik und Zeitgeschichte*, 20 (22). URL: https://www.bpb.de/shop/zeitschriften/apuz/25246/das-ix-festival-in-sofia/ (Zugriff am 24.02.2022).

Deutscher Gewerkschaftsbund (1995): *20 Jahre Partnerschaft zwischen DGB und Histadrut.* Düsseldorf: Deutscher Gewerkschaftsbund.

Deutscher Bundesjugendring (2003): *Gesellschaftliches Engagement und politische Interessenvertretung – Jugendverbände in der Verantwortung. 50 Jahre Deutscher Bundesjugendring.* Berlin: Deutscher Bundesjugendring.

Deutscher Gewerkschaftsbund (1959): *Protokoll. 5. Ordentlicher Bundeskongress.* Köln: Bund-Verlag.

Deutscher Gewerkschaftsbund (1962): *Protokoll. 6. Ordentlicher Bundeskongress.* Köln: Bund-Verlag.

Deutscher Gewerkschaftsbund (1966): *Protokoll. 7. Ordentlicher Bundeskongress.* Köln: Bund-Verlag.

Deutscher Gewerkschaftsbund (1975): *Protokoll. 10. Ordentlicher Bundeskongress.* Köln: Bund-Verlag.

Deutscher Gewerkschaftsbund (2018): ‚Satzung des Deutschen Gewerkschaftsbundes', in: *Deutscher Gewerkschaftsbund*, o.D. URL: https://www.dgb.de/-/pCF (Zugriff am 22.12.2021).

DGB Nachrichtendienst (06.03.1961): DGB-Jugend in Israel herzlich aufgenommen. Düsseldorf: Bundespressestelle des Deutschen Gewerkschaftsbundes.

DGB Nachrichtendienst (03.04.1963): DGB zur Tätigkeit deutscher Raketenforscher in Ägypten. Düsseldorf: Bundespressestelle des Deutschen Gewerkschaftsbundes.

DGB Nachrichtendienst (13.05.1965): DGB begrüßt Aufnahme diplomatischer Beziehungen mit Israel. Düsseldorf: Bundespressestelle des Deutschen Gewerkschaftsbundes.

DGB Nachrichtendienst (05.06.1967): DGB ruft zur Beteiligung an Friedenskundgebungen auf. Düsseldorf: Bundespressestelle des Deutschen Gewerkschaftsbundes.

DGB Nachrichtendienst (06.06.1967): Drei Millionen für Israel-Bonds. Düsseldorf: Bundespressestelle des Deutschen Gewerkschaftsbundes.

dpa (30.09.1964): Rosenberg bei Golda Meir. o. O.: Deutsche Presse-Agentur.

dpa (01.10.1964): rosenberg: gewerkschaftsbewegung fuer diplomatische beziehungen zu israel. Tel Aviv: Deutsche Presse-Agentur.

dpa (23.02.1965): Die Unterschriftenaktion des Deutschen Gewerkschaftsbundes für die diplomatische Anerkennung Israels war ein Fehlschlag. o.O.: Deutsche Presse-Agentur.

Drill, Micky (2017): ‚Die Wahlen zur Histadrut – die Schlacht ist geschlagen, der Krieg noch nicht vorbei', in: *Friedrich-Ebert-Stiftung*, 28.05.2017. URL: https://fes-org-il-wp.s3.e u-central-1.amazonaws.com/de/wp-content/uploads/2017/06/06094623/2017-Kurzberi cht-Wahlen-zur-Histadrut.pdf (Zugriff am 25.02.2022).

Fischer, Alfred Joachim (1953): ‚Die Histadrut – der Staat im Staate', in: *Gewerkschaftliche Monatshefte*, 4 (6), S. 353–360.

GEW Kreis Rhein-Neckar-Heidelberg (2018): ‚Gewerkschaften in Israel/Palästina', in: *Transfergesellschaft weitblick Heidelberg*, 29.01.2018. URL: http://www.weitblick-heidel berg.igm.de/termine/termin.html?id=85161 (Zugriff am 27.02.2018).

Herzig, Lea (2018): ‚International relations of the Histadrut with PGFTU, DGB and TUC. Interview mit Avital Shapira', in: Dies.: *Die israelische Histadrut und ihre internationalen Beziehungen*. Unveröff. Master-Arbeit. Berlin: Technische Universität.

Heydorn, Heinz-Joachim (1967): ‚Nahost-Konflikt und jüdische Existenz', in: *Gewerkschaftliche Monatshefte*, 18 (8), S. 461–464.

Histadrut (2022a): ‚History of histadrut', in: *Histadrut*, o.D. URL: https://www.histadrut.o rg.il/eng/History (Zugriff am 25.02.2022).

Histadrut (2022b): ‚Organizational Structure', in: *Histadrut*, o.D. URL: https://www.histad rut.org.il/eng/Organizational_structure (Zugriff am 01.03.2022).

International Trade Union Confederation (2008): ‚Israeli and Palestinian Trade Unions Reach Historic Agreement', in: *International Trade Union Confederation*, 06.08.2008. URL: https://www.ituc-csi.org/israeli-and-palestinian-trade?lang=de (Zugriff am 13.08. 2017).

Jelinek, Yeshayahu A. (2004): *Deutschland und Israel 1945–1965. Ein neurotisches Verhältnis*. München: R. Oldenbourg Verlag.

Knütter, Hans-Helmuth (1966): *Die Deutsche National-Zeitung und Soldaten-Zeitung 1965/66*. Düsseldorf: Deutscher Gewerkschaftsbund.

Maschke, Manuela (2003): *Die israelische Arbeiterorganisation Histadrut. Vom Staat im Staate zur unabhängigen Gewerkschaft*. Frankfurt am Main: Haag + Herchen.

Palestinian Civil Society (2005): ‚Palestinian Civil Society Call for BDS', in: *BDS Movement*, 09.07.2005. URL: https://bdsmovement.net/call#top (Zugriff am 16.02.2018).

Rosenberg, Ludwig (1964): ‚Israel und wir', in: *Welt der Arbeit*, 06.11.1964, S. 8.

Salzborn, Samuel (2013): ‚Israelkritik oder Antisemitismus? Kriterien für eine Unterscheidung', in: *Kirche und Israel. Neukirchener Theologische Zeitschrift*, 28 (1), S. 5–16.

Schneider, Michael (2000): *Kleine Geschichte der Gewerkschaften. Ihre Entwicklung in Deutschland von den Anfängen bis heute*. Bonn: J.H.W. Dietz Nachf.

Schönhoven, Klaus/Weber, Hermann (Hrsg.) (2005): *Quellen zur Geschichte der deutschen Gewerkschaftsbewegung im 20. Jahrhundert. Der Deutsche Gewerkschaftsbund 1956–1963, Bd. 12*. Bonn: Dietz.

Schönhoven, Klaus/Weber, Hermann (Hrsg.) (2006): *Quellen zur Geschichte der deutschen Gewerkschaftsbewegung im 20. Jahrhundert. Der Deutsche Gewerkschaftsbund 1964– 1969, Bd. 13.* Bonn: Dietz.

Schröder, Karl-Heinz (14.05.1968): *Israeli nehmen am Festival teil.* o.O: Arbeitskreis Festival.

Shapira, Avital (2017): ‚Grußwort der Histadrut. Zur 20. DGB-Bundesjugendkonferenz', in: *DGB-Jugend,* 11.11.2017. URL: https://jugend.dgb.de/dgb_jugend/ueber-uns/wer-wir-sind/bundesjugendkonferenz/bjk-2017/++co++a08fc402-c6ea-11e7-b9fe-525400d872 9f (Zugriff am 03.05.2022).

Soli aktuell (2018): ‚Boykottiert die Boykotte! Josef Holnburger über DGB-Jugend und BDS', in: *Soli aktuell,* 8–9, 2018.

Sommer, Michael (2013): ‚Israelkongress 2013 – Rede Michael Sommer (DGB)', in: *You-Tube,* 20.11.2013. URL: https://youtu.be/UByh-nNfWVg (Zugriff am 22.11.2017).

Tenfelde, Klaus (2006): ‚Gewerkschaften, Wissenschaft, Mitbestimmung. 60 Jahre WSI', in: *Hans-Böckler-Stiftung,* o.D. URL: https://www.boeckler.de/pdf/v_2006_12_07_herbstfo rum_tenfelde.pdf (Zugriff am 22.01.2022).

Tzahor, Ze'ev (1996): ‚The Histadrut: From Marginal Organization to „State-in-the-Making"', in: Reinharz, Jehuda/Shapira, Anita (Hrsg.): *Essential Papers on Zionism.* London: New York University Press, S. 473–508.

von Auer, Frank (1999): *Die Histadrut an der Jahrtausendwende.* Tel-Aviv: Friedrich-Ebert-Stiftung.

Margarita Lerman

Patria o Muerte im Nahen Osten – Der Junikrieg aus kubanischer Perspektive[1]

Am dritten Tag des sogenannten Sechstagekrieges, am 8. Juni 1967, veröffentlichte die wichtigste kubanische Staatszeitung *Granma* eine Regierungserklärung zu den Geschehnissen im Nahen Osten. Darin heißt es: „Die arabischen Völker sind heute ein weiteres Mal Opfer der globalen Strategie der imperialistischen Politik in der Welt geworden." Während die „widerständische Haltung" Ägyptens Anerkennung erfuhr, wurde Israels Vorgehen verurteilt als „[d]ieselbe Politik und dieselbe globale Strategie der Piraterie und des Verbrechens, die gegenüber den Völkern Vietnams und Laos vorgeführt wurde".[2] Die bereits so früh gefundenen eindeutigen Worte gegenüber der „israelischen Aggression", wie der Junikrieg insgesamt in der kubanischen Presse bezeichnet wurde, mögen verwundern, da der Auseinandersetzung im Sommer 1967 in der Historiografie des kubanisch-israelischen Verhältnisses kaum Beachtung geschenkt wird. Als Wendepunkt gilt vielmehr der Abbruch der diplomatischen Beziehungen im September 1973. Dem Politikwissenschaftler Arturo López-Levy zufolge ist ab diesem Zeitpunkt ein Umschwung von einem „freundschaftlich-neutralen" zu einem „feindlichen" Verhältnis zu verzeichnen,[3] und auch der Historiker Allan Metz liest Kubas „distinct reluctance to single out Israel"[4] als Beweis dafür, dass sich innerhalb der kubanischen Regierung insgesamt keine antiisraelische Haltung durchsetzen konnte. Eine genauere Betrachtung, unter anderem der Berichterstattung der *Granma*, fördert jedoch zutage, dass gerade aufgrund der zunehmenden Bedeutung, welche die Fokussierung auf die ‚Dritte Welt' im kubanischen Selbst- und Weltverständnis erhielt, eine Anpassung an entsprechende Interpretationsmuster bereits deutlich vor 1973 zu verzeichnen ist. Zu einer Zeit, in der Antikolonialismus im eigenen Nationalnarrativ an Wichtigkeit gewann, wurde Kubas Position

---

1 Dieser Beitrag fußt auf einer am Institut für Angewandte Linguistik und Translatologie der Universität Leipzig eingereichten Masterarbeit unter der Betreuung von Prof. Carsten Sinner und Prof. Monika Schwarz-Friesel.
2 O. A. 1967b, S. 1. Sofern nicht anders angegeben, stammen alle Übersetzungen von der Autorin.
3 López-Levy 2010, S. 319.
4 Metz 1993, S. 119.

im globalen Gefüge insbesondere über die Parteinahme im Junikrieg neu verhandelt.

1. Vorgeschichte

Der Beginn der kubanisch-israelischen Beziehungen war durchaus vielversprechend; gerade aufgrund der Außenseiterposition in ihren jeweiligen geographischen Kontexten hegten die Länder gegenseitig Sympathien füreinander.[5] Ihr anfangs freundliches Verhältnis hatte praktische Auswirkungen auf die jüdische Bevölkerung der Insel. Denjenigen, die sich nach den revolutionären Umbrüchen aus akuter wirtschaftlicher Not sowie aus Angst vor einer prospektiven Verschlechterung ihrer ökonomischen Situation entschieden, das Land zu verlassen, wurden Migrationsmöglichkeiten geboten, ohne als *contrarrevolucionarios* (Konterrevolutionäre) oder *gusanos* (Würmer) diffamiert zu werden.[6] Dies war beachtlich, denn wer den revolutionären Staat in seinen Anfängen zugunsten der USA verließ, wurde in der kubanischen Öffentlichkeit und Politik generell als Betrüger:in angesehen und beim Aus- bzw. Umzug nicht selten mit rohen Eiern beworfen. In der Tat hatte die wirtschaftliche Situation vieler Jüdinnen:Juden aufgrund der urbanen Reform 1960 und der Nationalisierung privater Unternehmen, die vor allem im Bereich der Schuh- und Lederproduktion begonnen hatte, Schaden genommen – zwei Geschäftsfelder, die für jüdische Unternehmer:innen eine wichtige Rolle spielten.[7] Schätzungen zufolge waren deshalb im Jahr 1963 von den vormals 11.000 bis 14.000 kubanischen Jüdinnen:Juden nur noch 2.500 verblieben, die meisten von ihnen in Havanna.[8] Bereits 1961 bot die kubanische Luftlinie *Cubana de Aviación* drei Flüge gen Israel an; die Flugzeuge flogen mit Ausreisewilligen in den Nahen Osten und mit Ziegen beladen zurück nach Kuba.[9] Mit diesen Zugeständnissen erkannte das Land eine besondere Beziehung kubanischer Jüdinnen:Juden zu Israel de facto an. Sogar als sich das diplomatische Verhältnis beider Länder im darauf folgenden Jahrzehnt verschlechterte, wirkte sich dies nicht nachweislich auf die jüdische Bevölkerung vor Ort aus.

---

5 vgl. Bejarano 2015, S. 77. Während Israel mit Kubas Unabhängigkeitskampf sympathisierte, zeigte man sich in Kuba von der Kibbuzbewegung beeindruckt.

6 vgl. López-Levy 2010, S. 302.

7 1961 wurden alle nicht-staatlichen Unternehmen in Kuba verstaatlicht – bis auf den koscheren Metzger in Havanna, der für lange Zeit der einzige private Betrieb auf der Insel bleiben sollte. Vgl. Corrales Capestany 2007, S. 48.

8 vgl. Levine 1993, S. 235f. und S. 244f.

9 vgl. Bejarano 2015, S. 78.

Die israelische Historikerin Margalit Bejarano beschreibt diese Anfangszeit als „eine heimliche Ehe, in der die Ehepartner gegenseitige Zuneigung verspüren, sich aber diskret verhalten müssen, um den Verdacht ihrer Familien nicht zu wecken".[10] So wurden Landwirtschaftsexpert:innen, die Israel Kuba in den 1960er Jahren zur Verfügung stellte, mithilfe einer israelisch-kubanischen Nichtregierungsorganisation entsandt, anstatt hierfür offizielle politische Kanäle zu nutzen.[11] Da die angespannte Situation zwischen Israel und seinen Nachbarstaaten auch die (geografischen) Handlungsspielräume des jüdischen Staates einschränkte, kann gerade seine technologische und landwirtschaftliche Unterstützung für Lateinamerika insgesamt und für Kuba im Besonderen nicht nur als humanitäres, sondern als strategisches Mittel verstanden werden, um eher reservierten Staaten Hilfsbereitschaft zu signalisieren und damit mögliche Kooperationswege zu eröffnen.[12] Wenngleich das diplomatische Verhältnis aufgrund der unterschiedlichen Blockzugehörigkeit stets von Zurückhaltung geprägt war, gab es durchaus auch auf offizieller zwischenstaatlicher Ebene Momente, die gegenseitige Sympathien illustrierten. Mordechai Arbell, in den 1960er Jahren der Botschafter Israels in Panama und Haiti, besuchte Havanna zum Beispiel kurz nach der gescheiterten Schweinebuchtinvasion und unterschrieb Vereinbarungen über landwirtschaftliche Kooperationen.[13] Als Akt der Solidaritätsbekundung gedeutet, hätte dies aufseiten der USA durchaus zumindest Unmut hervorrufen können. Und als 1963 der israelische Präsident Yitzhak Ben-Zvi starb, drückte Kuba offiziell seine Anteilnahme aus, woraufhin Ahmed Ben Bella, der damalige Präsident Algeriens, seinen angekündigten Staatsbesuch in Kuba absagte.[14]

Trotz zögerlicher Kooperationsbemühungen stand die junge revolutionäre Regierung indessen auch Israel feindlich gesinnten Staaten interessiert bis zugewandt gegenüber. So stattete Ernesto „Che" Guevara, von der kubanischen Regierung entsandt, Mitte des Jahres 1959 unter anderem dem ägyptischen Präsidenten Gamal Abdel Nasser einen Staatsbesuch ab.[15] Zu der im Januar 1966 in Havanna abgehaltenen *Conferencia Tricontinental*, die Delegierte nationaler Befreiungsbewegungen des globalen Südens zusammenbrachte, wurden auch Abgesandte der *Palestine Liberation Organization* (PLO) eingeladen, die Teilnahme einer Delegation der israelischen Linken jedoch verwehrt.[16] Die auf der

---

10 Bejarano 2009, S. 259.
11 vgl. Metz 1993, S. 118; Bejarano 2015, S. 78. Federführend war hier, wie auch in vielen anderen diplomatischen Bemühungen, Ricardo Subirana Lobo, ein langjähriger Freund Castros, der bis 1973 als Botschafter Kubas in Israel fungierte. Mehr Informationen zu seiner Personen finden sich bei Corrales Capestany 2007, S. 43–52.
12 vgl. Levine 1993, S. 256; siehe hierzu auch Kaufman 1976.
13 vgl. López-Levy 2010, S. 302.
14 vgl. Metz 1993, S. 117.
15 vgl. Koenen 2008, S. 205.
16 vgl. Böckmann 2013, S. 71.

Konferenz verabschiedete Resolution zum Nahostkonflikt beschrieb den „zionistischen Emigrantenstaat" als „Bedrohung für die Entwicklung des Fortschritts" im Nahen Osten und rief die Teilnehmenden zum Boykott Israels auf.[17] Kubanische Funktionäre versuchten zwar, Israels diplomatische Vertreter auf der Insel nach der Veröffentlichung der Erklärung zu beschwichtigen,[18] doch diese Positionierung im Jahr 1966 und die damit einhergehende Wahrnehmungsverschiebung war Ausdruck einer sukzessiven Distanzierung der Länder. Auf der Suche nach Verbündeten auf internationaler Bühne konzentrierte sich Kuba in den 1960er und 1970er Jahren nicht nur auf die Sowjetunion, sondern gerade auch auf andere, kleinere Staaten, die sich seinerzeit im Unabhängigkeitskampf befanden oder koloniale Strukturen kurze Zeit zuvor erst überwunden hatten. Die darin durchscheinende Dritte-Welt-Ideologie (*tercermundismo*) und seine antiimperialistischen Argumentationsmuster bildeten sich in Castros Kuba erst Anfang beziehungsweise Mitte der 1960er Jahre deutlich heraus, entwickelten sich dafür aber zu einem umso wirkmächtigeren Instrument kubanischer Außenpolitik.

Innenpolitisch begannen auf der Insel früh tiefgreifende Umstrukturierungsmaßnahmen. Als die Nationalisierung aller Infrastrukturen sowie des Großteils der Betriebe in beeindruckender Geschwindigkeit in den ersten zwei bis drei Jahren nach dem Sieg der revolutionären Regierung durchgeführt wurde,[19] waren unter den verstaatlichten Einrichtungen aufgrund der engen wirtschaftlichen Kooperation mit dem nördlichen Nachbarn auch eine große Anzahl US-amerikanischer Unternehmen. Die Beziehungen der beiden Länder verschlechterten sich fortwährend und im Oktober 1960 beschlossen die USA ein umfassendes Wirtschafts- und Handelsembargo gegenüber der Insel; im Januar 1961 brach Washington auch die letzten zwischenstaatlichen Beziehungen ab. Im April desselben Jahres versuchten die USA, die revolutionäre Regierung durch eine militärische Invasion an den Südständen der Insel zu stürzen. Diese Offensive an der *bahía de cochinos*, der Schweinebucht, war für die USA ein militärstrategisches Desaster. Castros Truppen wehrten die Invasion nicht nur erfolgreich ab; vielmehr stärkte dieser Sieg das revolutionäre Nationalbewusstsein und führte zu einer richtungsweisenden Änderung in Castros Agenda. In der Rede, die er anlässlich der Beerdigung der in der Schlacht an der Schweinebucht Gefallenen hielt, erklärte Castro Kubas Revolution zum ersten Mal – und damit rückwirkend – zu einer sozialistischen und ebnete so den Weg für die grundsätzliche Bindung an die UdSSR.[20]

---

17 Editorial Nueva Sion 1968, S. 182.
18 vgl. Kopilow 1984, S. 18.
19 vgl. Koenen 2008, S. 213.
20 vgl. Castro 1961.

Aufgrund der Kombination von Befreiungskampf und dem Fokus auf nationale Stärke entwickelte sich die kubanische Revolution rasch zu einem Erfolgsnarrativ. Der dortige „Nationalkommunismus"[21], wie Robert Furtak die Regierungsform auf der Insel bezeichnete, führte dazu, dass der kubanischen Revolution seit Beginn der 1960er Jahre und besonders im Zuge des Erstarkens nationaler Freiheitsbewegungen weltweit eine enorme Strahlkraft zukam – sowohl für Akteur:innen der entsprechenden Länder als auch für die westliche Linke.[22] Vor dem Hintergrund ihrer Ohnmacht im Kampf gegen den überwältigenden Gegner Kapitalismus wurde geradezu alle Frustration auf den Kolonialismus umgelenkt. Diese Verschiebung verschaffte sich emblematisch Ausdruck im Titel von Frantz Fanons einflussreicher antikolonialer Kampfschrift *Die Verdammten dieser Erde*, mit dem er eine Zeile aus der ,Internationale', die eigentlich Arbeiter:innen zum Klassenkampf aufrief, auf das Kolonialverhältnis übertrug. Auch in der hier vorliegenden Konzeption steht die sich im Zuge der Dekolonisierungsbewegungen in neuer Form ausprägende Idee der „Unterdrückten" versus die „Unterdrücker" im Mittelpunkt. Thomas Haury hat an der Geschichte der DDR exemplarisch gezeigt, dass mit der Fokussierung auf den Kolonialismus als Ursache sämtlicher Miseren zugleich die bislang angenommene weltumspannende Klasse von Proletarier:innen ihre Rolle des revolutionären Subjekts einbüßte. An ihre Stelle traten „Völker" der Dritten Welt, die sich imperialistischen Mächten gegenüber sahen. In einer dualistischen und damit zwangsläufig simplifizierenden Konzeption wurde das gesamte Weltgeschehen – so Haury in seiner Studie zur SED – als „vorgezeichnete[r] Kampf zwischen dem genuin Guten und dem wesenhaft Bösen"[23] konzipiert. Das wesenhaft Böse ist dabei nicht mehr der Kapitalismus, sondern der Imperialismus, mit dessen Hilfe auch die Situation im globalen Süden als „Verschwörung der ,Imperialisten'"[24] verstanden wird. Bei der Solidarisierung mit ihrer Gegenseite hilft unter anderem, dass das Wort „Volk", gerade im Rahmen eines offenen Nationalismus, nun eine positive Umdeutung erfuhr. Da Völker, so Haury weiter, „als homogene Einheiten [...] [mit einem] objektive[n] kollektive[n] Interesse"[25] verstanden werden, eröffnet dies Anknüpfungsmöglichkeiten über Ländergrenzen und Kontinente hinweg, ohne eine Auseinandersetzung mit konkreten Geschehnissen zu bedingen.

---

21 Furtak 1962, S. 745.
22 Siehe bspw. zum *tercermundismo* Hobsbawm 1994, S. 443 sowie zur besonderen Anziehungskraft der kubanischen Revolution Koenen 2008, S. 9.
23 Haury 2004, S. 141.
24 ebd.
25 ebd. Siehe für eine Auseinandersetzung mit dem „Volk Israels" im antiimperialistischen Weltbild Holz/Haury 2021, S. 134f.

Anders als beispielsweise Algerien, das in den 1950er und Anfang der 1960er Jahre seine Unabhängigkeit erkämpfte, befand sich Kuba in der politischen Krise der 1950er Jahre allerdings nicht in einem Kolonialverhältnis. Es handelte sich keineswegs um ein Land mit rückständigem Entwicklungsstatus; Telekommunikations- und Transportinfrastruktur waren gerade auch aufgrund der starken Präsenz US-amerikanischer Unternehmen und Geschäftsleute vor 1959 im mittelamerikanischen Vergleich auf einem hohen Niveau. Gerd Koenen zufolge war „[d]ie gärende soziale und politische Unzufriedenheit auf der Insel" vielmehr Ausdruck „einer ‚Revolution steigender Erwartungen'".[26] Das Ziel der politischen Gegner Fulgencio Batistas, des letzten kubanischen Präsidenten vor Castro, war demnach keine „Revolution von unten", sondern die Bekämpfung von Korruption und die Schaffung stabiler politischer Strukturen. Denn gleichzeitig waren dortige Entscheidungen lange Zeit vom Wohlwollen der USA abhängig: Durch das der kubanischen Verfassung von 1901 hinzugefügte Platt-Amendement war es dem nördlichen Nachbarn beispielsweise zugestanden, militärisch einzugreifen, wann immer er es für angemessen hielt. Diese Hinzufügung wurde 1934 im Zuge der „Politik der guten Nachbarschaft" zwar getilgt; wirtschaftlicher US-amerikanischer Einfluss blieb jedoch bestehen.

Eine Deutung der intensiven kubanisch-US-amerikanischen Beziehungen bis 1959 und des brutalen Vorgehens vonseiten der USA gegen die revolutionäre Regierung entlang der Konfliktlinien des Kalten Krieges und der Dekolonialisierungsbestrebungen war für die kubanische Revolution nicht nur naheliegend, sondern auch nützlich, schrieb man sich so doch in umfassendere und damit wirkmächtigere Narrative ein. Auch der Nahostkonflikt wurde seit den 1960er Jahren zunehmend im Raster der rivalisierenden Blöcke interpretiert, demzufolge die arabischen Länder durch den Ostblock, Israel wiederum durch den Westen Unterstützung erfuhren. In einer sich immer stärker bipolar anordnenden Welt begann die Insel also, sich international aufzustellen und Verbündete im globalen Süden zu suchen. Vor dem Hintergrund der dargelegten dualistischen Interpretation und der Solidarisierung mit antikolonialen Kämpfen als Motor nationaler Befreiungsbewegungen manifestierte der Junikrieg in Kubas Perspektive, dass Israel sich mittlerweile auf der Seite der Unterdrücker positioniert hatte – eine Einstellung, die sich bereits zur *Conferencia Tricontinental* abzeichnete und nun Bestätigung erfuhr.

---

26 Koenen 2008, S. 126. Koenen bezieht sich hier auf E. P. Thompson.

2.   Zwischen Strategie und Ideologie

Die Staatszeitung *Granma* wurde 1965 im Zuge der Institutionalisierung der kubanischen Revolution gegründet und ersetzte die vorherigen Zeitungen *El Mundo, Hoy* (der früheren Sozialistischen Partei) und *Revolución* (des *Movimiento 26 de Julio*, wie sich die Rebellen nach dem gescheiterten Angriff auf die Moncada-Kaserne in Santiago de Cuba nannten). Als Publikationsorgan des Zentralkomitees der Kommunistischen Partei Kubas, der Fidel Castro als Erster Sekretär seit ihrer Begründung als Einheitspartei 1965 und bis zu seinem Rücktritt 2011 vorsaß, war sie eng mit der Linie der Regierung abgestimmt. Aufgrund der außenpolitischen Isolation des Landes und der autoritären Regierungsform seit den 1960er Jahren entwickelte sich die *Granma* zu einem der wichtigsten – und neben Castros stundenlangen Reden nachgerade einzigen – Ort der Informationsbeschaffung für die Bewohner:innen der Insel.[27]

Der Präventivschlag Israels im Junikrieg und der bemerkenswert schnelle Sieg gegen Ägypten, Jordanien und Syrien veränderte den Blick der Weltöffentlichkeit auf Israel grundlegend. Das Land, im allgemeinen Verständnis betraut mit der Aufgabe, Holocaustüberlebenden und Geflüchteten Schutz zu bieten, zeigte sich 1967 überraschend wehrhaft und militärisch versiert. In den sich als sozialistisch verstehenden Ländern sowie in linken Organisationen beispielsweise in Westdeutschland sorgte dieser Krieg für viel Aufsehen – hiervon zeugt zum Beispiel der Abbruch diplomatischer Beziehungen mit Israel vonseiten der UdSSR 1968 und die Abkehr etwa des Sozialistischen Deutschen Studentenbundes von seiner israelsolidarischen Grundeinstellung bei der Delegiertenkonferenz im September 1967 in Frankfurt.[28] Im Juni 1967 beschäftigte man sich auch auf Kuba ausführlich mit dem Nahostkonflikt; innerhalb eines Monats wurden dem Thema mehr als 120 Artikel gewidmet.

In der Berichterstattung wird Israel grundsätzlich als Antithese zu progressiven arabischen Regierungen verstanden, die wiederum stets mit nationalen Befreiungsbewegungen gleichgesetzt werden – unabhängig davon, ob es sich tatsächlich um Palästinenser:innen handelte oder nicht. In den Darstellungen der kriegerischen Aktivitäten sowie in eher kommentarartigen Abhandlungen werden die Adjektive „israelisch" und „zionistisch" vollkommen deckungsgleich verwendet, sodass zum Beispiel auch von „zionistischen Flugzeugen" die Rede

---

27 Die wichtigsten überregionalen Printmedien zu jener Zeit waren neben der *Granma* die *Juventud Rebelde*, herausgegeben von der *Union de Jovenes Comunistas*, dem kommunistischen Jugendverband, sowie *Bohemia*, eine zweiwöchig erscheinende Zeitschrift mit dem Anspruch breiterer politischer Analysen.

28 Zu den Auswirkungen des Junikrieges auf Ost- und Westdeutschland siehe Herf 2016; zu den Entwicklungen im westdeutschen Studierendenmilieu siehe Aschrafi 2019.

ist.[29] In Referenz auf Israel verwendete Lexeme beziehen sich fast ausschließlich auf das Begriffsfeld „Krieg" (aggressiv, provokativ, Bedrohung und dergleichen) und suggerieren die völlige Abwesenheit eines zivilen Israels. Die Militarisierung des Staates gilt als eines seiner Hauptcharakteristika; diese Annahme wird durch die Bildsprache verstärkt: Die Mehrzahl der Artikel, die sich mit dem Kriegsverlauf beschäftigen, werden von einem Bild israelischer Panzer oder Truppen begleitet, es gibt jedoch keinerlei Fotos israelischer Zivilist:innen, auch nicht derjenigen, die im Anschluss an den Krieg gegen die militärische Kontrolle über die eroberten Gebiete demonstrierten. Sowohl der arabischen als auch der israelischen Seite liegt demnach eine „homogene Konzeptualisierung"[30] zugrunde, allerdings ist sie nur im Falle Israels ausnahmslos negativ.

Die Wahrnehmung von Israels Militarisierung als unverhältnismäßig und die damit einhergehende imaginierte Übermacht ergibt sich in der vorliegenden Argumentation dadurch, dass das Land nicht als selbstständiger Akteur, sondern als Handlanger der USA gelesen wird. Neben einem Foto verwundeter Kinder vom 24. Juni 1967 – also zwei Wochen nach Ende der Kampfhandlungen – findet sich beispielsweise folgende Beschreibung: „Unschuldige Opfer eines von Washington angeordneten und vom Tel Aviver Regime ausgeführten Krieges."[31] Was mit diesen Kindern passiert ist, wann und wie genau, wird weder im Text noch im Bild beschrieben. Deutlich wird jedoch die völlige Austauschbarkeit der Referenzobjekte Israel und USA, ging es Israel 1967 der *Granma* zufolge doch augenscheinlich nicht um eine Verteidigung des eigenen Territoriums, sondern um die Befolgung von Anordnungen vonseiten der Vereinigten Staaten. Indem der israelische Präventivschlag gegen Ägypten in dem neben dem Foto abgedruckten Artikel mit US-amerikanischen militärischen Invasionen beispielsweise im dominikanischen Bürgerkrieg gleichgesetzt wird, spricht man dem Land verdeckte außenpolitische Interessen zu. So heißt es am letzten Tag des Krieges: „Die Imperialisten haben es [Israel] als ihre wirksamste Waffe gegen die nationale Befreiungsbewegung im Nahen Osten eingesetzt."[32] Dabei werden die Kapazitäten der USA ohne jegliche Einordnung auf das zu jenem Zeitpunkt gerade einmal 19 Jahre alte Israel übertragen, das besonders im Vorfeld des Junikrieges 1967 immer wieder zum Objekt verbaler Zerstörungsphantasien geworden war.[33] So erfuhr die Situation nicht nur eine Internationalisierung, sondern sie war dem

---

29 O. A. 1967c, S. 1.
30 Schwarz-Friesel/Reinharz 2017, S. 215.
31 O. A. 1967e, S. 8.
32 Marrero 1967, S. 3.
33 Siehe bspw. Nasser 1967a in engl. Übersetzung: „If Israel embarks on, [sic] an aggression against Syria or Egypt, the battle against Israel will be a general one and not confined to one spot on the Syrian or Egyptian borders. The battle will be a general one and our basic objective will be to destroy Israel." Siehe auch Nasser 1967b.

Konflikt aufgrund der unterstellten David-Goliath-Konstellation a priori ein-geschrieben. Dies entsprach der Selbstpositionierung Kubas: Ähnlich wie ein imaginierter arabischer David kämpfte auch Kuba gegen einen übermächtigen Gegner.

Das Sonderheft zum Junikrieg, das am 10. Juni erschien, enthält die einzige „historische" Herleitung des Konflikts in jenem Monat, allerdings fehlt in der Darstellung Pedro Meluzas mit dem Titel *Antecedentes de una guerra que empezó en el siglo XVIII* („Vorgeschichte eines Krieges, der im 18. Jahrhundert begann") der Zweite Weltkrieg vollkommen. Obwohl die zionistische Bewegung sich deutlich vor dem Holocaust organisierte, mangelt es ohne die Erwähnung der Shoah und der Rolle des nationalsozialistischen Deutschlands an entscheiden-den Komponenten für die Gründung des israelischen Staates. Die Gewichtung historischer Ereignisse in dem Artikel spiegelt die kubanische Agenda wider: Während beispielsweise die Ermordung des VN-Vermittlers Folke Bernadotte durch jüdische Untergrundorganisationen mehrmals als Teil einer politischen Analyse behandelt wird,[34] finden Massaker wie jenes an der jüdischen Bevöl-kerung Hebrons 1929 keinerlei Erwähnung.

Das Narrativ der Revolution als eine aus dem Volk gewachsene Veränderung spielt eine wichtige Rolle in der kubanischen Politik. Guevaras Vorstellung von der Schaffung eines „neuen Menschen" sprach der revolutionären Idee quasi gottähnliche Fähigkeiten zu[35] und das sich schon früh herausbildende Motto der Revolution *Patria o Muerte!* („Vaterland oder Tod!") entsagte sich jeglicher Al-ternative zu der zeitgenössischen Regierungsform;[36] die entsprechende Drohung war bereits inbegriffen. Die große Bedeutung, die einer als organisch empfun-denen Entwicklung beigemessen wird, mag erklären, wieso gerade eine ver-meintliche Unnatürlichkeit Israels in der kubanischen Presse so häufig Erwäh-nung findet. In dem bereits zitierten Sonderheft beschäftigte man sich auch mit der Bevölkerungsentwicklung Israels. So wird in Arnaldo Musas Artikel *¿Por qué Israel es una potencia militar?* („Weshalb ist Israel eine Militärmacht?") die

---

34 vgl. Meluza 1967, S. 2.

35 So war es die Aufgabe der Revolution, Menschen zu einer neuen Form des Bewusstseins zu erziehen und ein neues Verständnis von Moralität zu erschaffen. Für Guevara lag der Schlüssel in der Verbindung von technischem Fortschritt und ideologischer Bildung, siehe Guevara 2011 [1965], S. 12: „Auf diese Weise wird er [der Mensch] das volle Bewusstsein seines sozialen Wesens erlangen, was seiner vollkommenen Verwirklichung als menschliches Wesen gleichkommt, da alle Ketten der Entfremdung durchbrochen sind." [„Así logrará la total consciencia de su ser social, lo que equivale a su realización plena como criatura humana, rotas todas las cadenas de la enajenación."]

36 Dieses Leitwort formulierte Castro zum ersten Mal im März 1960, als er bei der Beerdigung der Opfer einer Schiffsexplosion eine Rede hielt. Die *La Coubre* hatte belgische Waffenlie-ferungen an Bord; für die Explosion wurden die USA verantwortlich gemacht. Siehe Castro Ruz 1960.

„Unnatürlichkeit" des Landes dadurch hervorgehoben, dass die Bevölkerung durch Migration gewachsen sei. Anstatt einer zumindest minimalen Thematisierung des Menschheitsverbrechens an Jüdinnen:Juden[37] wird die Migration gen Israel in den 1940er und 1950er Jahren allein mit der Kriegsaffinität des Landes in Verbindung gebracht. So heißt es dort: „Außerdem kam ein großer Teil derjenigen, die nach 1945 [im Jischuw respektive Israel] angekommen sind, aus Osteuropa und hatte Militärerfahrung, die sie während des Zweiten Weltkrieges gesammelt hatten."[38] Da sich die Mehrzahl der europäischen Jüdinnen:Juden während des Zweiten Weltkrieges in ausweglosen Situationen in Konzentrations- und Vernichtungslagern befunden hatte oder auf der Flucht war, scheint das Suggerieren einer nachgerade kollektiven Kampferfahrung mindestens deplatziert. Dennoch ist die wichtigste der im Artikel erwähnten Eigenschaften Israels seine Existenz als „rein militärischer Staat mit wissenschaftlich qualifiziertem Personal".[39] Die Israel vorgeworfene militärische Stärke wird in kubanischen Medien häufig vor dem Hintergrund einer quasi-konspirativen Beziehung zu Deutschland diskutiert. So steht im selben Beitrag: „Die BRD zahlt jährlich Hunderte Millionen als ‚Kriegsentschädigung' an Israel [...]." Mithilfe der Anführungszeichen distanziert sich der Autor von dem deklarierten Zweck der Zahlungen und stellt ihre Legitimität infrage. Dieser Eindruck wird dadurch verstärkt, dass sich aus dem Kontext des Artikels nicht erschließen lässt, wer hier eigentlich wofür „entschädigt" wird, sodass die Zahlung wie eine zusammenhanglose militärische Unterstützung wirkt.

Auch direkte Bezüge zum nationalsozialistischen Deutschland sind ab 1967 – also noch während des im Allgemeinen als zumindest „neutral" deklarierten Zeitraums – ein häufig gewähltes Mittel in der kubanischen Öffentlichkeit, um sich auf Israel zu beziehen oder seine Aktivitäten zu beschreiben. Der Vorstoß hierfür wurde zwar in den Medien geleistet – so ist am 15. Juni in der *Granma* von einem „Angriff im Nazi-Stil"[40] die Rede –, der Vergleich aber insbesondere auf diplomatischer Ebene vorangetrieben. Obwohl die Repräsentant:innen Kubas und Israels auch vor 1967 entsprechend ihrer Blockzugehörigkeit zumeist konträr in der Generalversammlung der Vereinten Nationen abgestimmt hatten, sahen sie von direkter Kritik am jeweils anderen ab. Einen Bruch hiermit stellte die Rede des kubanischen VN-Vertreters Ricardo Alarcón bei der Generalversammlung am 23. Juni 1967 dar. Alarcón, ein langjähriger Freund Castros, der bereits Mitglied der Untergrundgruppe *Movimiento 26 de Julio* gewesen war, hatte schon vor Beginn seiner Tätigkeit bei den VN verschiedene Posten in den höchsten Rängen

---

37 Der auf Hannah Arendt zurückgehende Begriff wird in Diner 2007, S. 36f. ausgeführt.
38 Musa 1967, S. 3.
39 ebd.: [„estado puramente militar con personal científico calificado"].
40 Editorial 1967, S. 2.

der kubanischen Regierung inne gehabt. Als angesehener Politiker wurde seine Rede in voller Länge in der *Granma* abgedruckt. Obgleich Alarcón zu Beginn Sympathiebekundungen für sowohl Jüdinnen:Juden als auch Palästinenser:innen äußerte – ihm zufolge hätten Erstere „einen der brutalsten Massenvernichtungsversuche der Geschichte erlitten" – fehlt eine Übertragung dieses Verständnisses auf die Gründungsgeschichte Israels, sodass er das Land direkt im Anschluss als „Instrument des Imperialismus" anklagte. Besonders vor dem Hintergrund der Kommunikationssituation – immerhin waren Vertreter:innen aller damaligen VN-Mitgliedsländer vor Ort – legte Alarcón Wert auf die Schaffung einer Kontinuitätslinie, die von dem nationalsozialistischen Deutschland über Washington bis nach Tel Aviv reichte sowie die Dekolonisierungsbestrebungen der Länder Afrikas mit Kubas Unabhängigkeitsanspruch gegenüber den USA zu vereinen suchte. Bei dem Präventivschlag Israels, so Alarcón, handele es sich nicht um eine „isolierte Aggression", sondern um eine Attacke, die „auf die heimtückischste und verwerflichste Art" durchgeführt wurde, um „einen Überraschungsangriff, sorgfältig im Vorfeld im Nazi-Stil geplant."[41] Der Nationalsozialismus dient hier zwar als Referenzgröße für verabscheuungswürdige Taten, doch wird er ausschließlich auf seine expansionistischen Aspekte reduziert; der industrielle Massenmord an Jüdinnen:Juden hat weder Bedeutung noch wird er gedanklich mit NS-Deutschland verknüpft. Aufgrund der mit dem Nationalsozialismus assoziierten und nun auf Israel übertragenen Brutalität wird vielmehr sogar leichtfertig die Vorstellung einer Zerstörung des Landes reproduziert. So heißt es am 20. Juni 1967 in der *Granma*: „Man muss sich darüber im Klaren sein, dass man in diesem Gebiet [im Nahen Osten] nicht mehr in irgendeiner Weise von einer Befreiung sprechen kann, ohne den imperialistischen Einfluss [Israel] auszurotten."[42]

Die Legitimität dieses Kampfes ergibt sich sowohl aus seinem Ziel als auch aus seiner Motivation. Noch vor Beginn des Junikrieges thematisierte der damalige syrische Außenminister Ibrahim Makhous Antisemitismus als möglichen Beweggrund für Unstimmigkeiten in einem von der *Granma* teilweise übernommenen Interview mit der französischen Zeitung *L'Humanité*, verband dies allerdings gleichzeitig mit einer Vermeidungsstrategie.[43] So paraphrasierte die kubanische Staatszeitung: „Hinsichtlich der westlichen Theorien über die Gründe für die Existenz des israelischen Staates wies der hohe Beamte Syriens darauf hin, dass die arabischen Länder nicht nur die Wiege des Judentums, sondern auch die des Christentums und des Islam sind."[44] Die Verwendung des Adjektivs „westlich"

---

41 O. A. 1967d, S. 7.
42 Molina 1967, S. 8.
43 Siehe hierzu Schwarz-Friesel/Reinharz 2017, S. 357–369.
44 O. A. 1967a, S. 6.

macht deutlich, dass die Existenz unterschiedlicher Interpretationsansätze zwar angenommen wird, ihre (Nicht-)Befolgung jedoch auf einer allgemeineren Positionierung im globalen Geschehen in der Blockkonfrontation fußt – das Verständnis der Shoah wird damit zur Ideologiefrage. Die Bedeutung der Region für die Entstehung der drei vorherrschenden monotheistischen Weltreligionen suggeriert eine Unmöglichkeit der Judenfeindschaft, die faktisch jedoch völlig unabhängig von der tatsächlichen Präsenz von Jüdinnen:Juden oder dem Judentum funktioniert. Diese Vorwegnahme einer Verteidigung vor möglichen Antisemitismusvorwürfen zielt darauf ab, das Vorgehen der Vereinten Arabischen Republik und Syriens im Allgemeinen und das Interview im Besonderen Makhous' Interpretation zufolge einzuordnen – wenn Antisemitismus, gerade aufgrund des Konnex der arabischen Länder zur jüdischen Religion, als mögliches Motiv ausscheidet, existiert als Grund nur noch das legitime Recht auf Selbstverteidigung.

3.   Schlussbetrachtungen

Einen Monat nach dem Junikrieg, im Juli 1967, hielt Fidel Castro anlässlich des 14. Jahrestages des Überfalls auf die Moncada-Kaserne eine Rede. Hierbei handelt es sich um jene emblematisch gewordene Unternehmung, bei der kubanische Guerilleros im Morgengrauen des 26. Juli 1953 eine Militärkaserne in Santiago de Cuba in der Hoffnung stürmten, sowohl mit Waffen ausgestattet als auch mit der Unterstützung zu Hilfe eilender Kubaner:innen dem Sieg gegen den Diktator Fulgencio Batista einen Schritt näher zu kommen. Obgleich der Plan scheiterte und das Vorhaben in einem Blutbad endete, veränderte es das Ansehen von Batistas Regime in den Augen der kubanischen Öffentlichkeit nachhaltig. Dass der gelernte Rechtsanwalt Castro sich bei dem anschließenden Prozess mit einer brennenden Rede selbst verteidigte, die mit den berühmt gewordenen Zeilen „Condenadme, no importa. La historia me absolverá" („Verurteilt mich, das macht keinen Unterschied. Die Geschichte wird mich freisprechen") endete, tat sein Übriges. Vierzehn Jahre später erläuterte Castro in Andenken an Moncada: „[...] vor der Aggression im Nahen Osten gab es die Aggression in Vietnam und die Überraschungsangriffe in Girón". Mit dem Verweis auf die Schweinebuchtinvasion, die ihren Anfang an dem kleinen Strand Girón im Osten Kubas genommen hatte, bezog sich Castro auf ein zweites identitätsbildendes und seinerzeit ebenso angsterregendes Ereignis der kubanischen Revolution, doch beruhigte er seine Zuhörer:innen unverzüglich: Die kubanische Regierung sei gegen „diese verräterische Gewohnheit, im Morgengrauen Überraschungsangriffe durchzuführen, um Kampfmittel zu zerstören", vorbereitet – Panzer und

Munitionen würden sich nun sicher unter der Erde befinden.[45] Diese Lehre war hier zwar aus der Erfahrung an der Schweinebucht gezogen, doch vom Junikrieg nur einmal mehr bestätigt worden. Erneut sah sich Kuba denselben Gefahren ausgesetzt, die einen Monat zuvor im Nahen Osten ihren Ausdruck gefunden hatten.

Im Anschluss an die Auseinandersetzung im Sommer 1967 spielten die Beziehungen zu Israel eine Schlüsselrolle für das Verhältnis zwischen der UdSSR und Kuba, denn als die Sowjetunion die diplomatischen Kontakte zu Israel 1968 abbrach, entschied sich Kuba bewusst gegen diesen Schritt. Während mit Ausnahme Rumäniens alle Satellitenstaaten der Entscheidung der UdSSR folgten, wollte Kuba durch seine Verweigerung die eigene Unabhängigkeit demonstrieren. Doch trotz dieses Akts der Eigenständigkeit vollzog sich in den darauffolgenden Jahren eine wirtschaftliche wie politische Annäherung an die UdSSR und Kuba befand sich gerade im Rahmen der Bündnisfreien Bewegung in einem Spannungsverhältnis: Auf der einen Seite stand die ökonomische Abhängigkeit von der Sowjetunion – vor allem hinsichtlich des Absatzmarktes für das wichtigste Exportgut: den kubanischen Zucker[46] – und auf der anderen Seite die politischen Absichtserklärungen in Richtung des globalen Südens, bei dem die kubanische Revolution mit ihrem antikolonialen Narrativ vielfach Bewunderung auslöste.

Feststellungen, die Haury für die Linie der SED in der DDR herausarbeitete, scheinen sich auch in Kubas Politik hinsichtlich des Nahostkonflikts abzuzeichnen.[47] Die arabische Front entwickelte sich in der ersten Hälfte der 1960er Jahre für die kubanische Revolution zu einem wichtigen Pfeiler des eigenen ideologischen Selbstverständnisses. Der kubanische Bezug auf den „Befreiungskampf" arabischer Völker im Junikrieg 1967 erlaubte – vor allem vor dem Hintergrund der antiimperialistischen Interpretationsfolie – immer auch gleichzeitig eine Rückbesinnung auf die eigene Geschichte. Mithilfe einer undifferenzierten Identifikation konnte der eigene Handlungsrahmen vergrößert werden, ohne inhaltlich allzu große Abstimmungen oder konkrete Maßnahmen vornehmen zu müssen. Gerade in der Bündnisfreien Bewegung waren die arabischen Staaten bereits zahlenmäßig ein entscheidender Faktor und Beziehungen zu Israel deswegen mindestens kompliziert. Es ist die billigend in Kauf genommene israelfeindliche Grundeinstellung, die eine zentrale Bedingung für die Zusammenarbeit mit den

---

45 Castro Ruz 1967.
46 Die UdSSR und Kuba schlossen im Januar 1964 ein Abkommen, demzufolge die Insel der Sowjetunion zwischen 1965 und 1970 24 Millionen Tonnen Zucker zu einem Festpreis von 6,11 Cent pro Pfund verkaufen würde. Da der Zuckerpreis im Nachhinein sank, subventionierte die UdSSR damit de facto Kubas Zuckerproduktion. Die Zahlen sind ausgeführt in Tsokhas 1980, hier S. 325, wo sich außerdem weitere Informationen zu dem Thema finden.
47 Siehe hierzu auch Holz/Haury 2021, S. 129–143.

arabischen Staaten darstellte. Strukturell war sie aufgrund der manichäischen Interpretation globaler Geschehnisse bereits im Antiimperialismus angelegt.

Im Rückblick und vor dem Hintergrund des weiteren Verlaufs der kubanisch-US-amerikanischen Beziehungen mag die Interpretation Israels als verlängerter Arm des Imperialismus und als Sinnbild für expansionistische Aggression nicht verwundern. Doch Kubas Perspektive auf den Junikrieg war weder ein abrupter Umschwung noch nahtlos in bisherige Handlungsmuster eingeschrieben. Vielmehr stellt der Junikrieg in seiner Zeit eine Wende im israelisch-kubanischen Verhältnis dar, die den Weg zum Abbruch der diplomatischen Beziehungen 1973 ebnete und deren nähere Betrachtung ein adäquateres Verständnis der kubanischen Selbstpositionierung erlaubt. Kubas Perspektive auf Israel war kein bloßes Nebenprodukt der Außenpolitik der Insel. Durch die Verschiebung der mit dem Leitgedanken *Patria o Muerte* assoziierten Motive und Motivationen in den Nahen Osten wurde sie zentraler Aushandlungsort genuin kubanischer Interessen.

Im Zentrum der Berichterstattung um den Junikrieg steht die Diskreditierung des Staates Israel – nicht im Sinne einer expliziten Infragestellung seines Existenzrechtes, sondern im Sinne seiner Delegitimierung aufgrund der (imaginierten) Position als Stellvertreter des Imperialismus, genauer gesagt der USA. Bereits 1967 dominierte demnach eine destruktive Rhetorik, bei der besonders die Vergleiche mit dem nationalsozialistischen Deutschland ins Auge stechen. So lag in Kubas Abarbeitung an Israel die Möglichkeit, die Geringschätzung gegenüber den USA durch eine Art Umwegkommunikation über die israelische Situation im Nahostkonflikt zu untermauern – gerade unter Verwendung antiisraelischer diskursiver Strategien. „Israel" stellte in der kubanischen Berichterstattung schließlich sowohl Zerrbild als auch Projektionsfläche für Kuba dar, das eine Instrumentalisierung für eigene, zumeist nationale Ziele in einem internationalen Kontext erfuhr.

Bibliografie

Aschrafi, Zarin (2019): ‚Der Nahe Osten im Frankfurter Westend. Politische Akteure im Deutungskonflikt (1967–1972)', in: *Zeithistorische Forschungen/Studies in Contemporary History,* 16 (3), S. 467–494.

Bejarano, Margalit (2015): ‚Israel and Cuba. A New Beginning?', in: *Israel Journal of Foreign Affairs,* 9 (1), S. 75–85.

Bejarano, Margalit (2009): ‚La revolución cubana, la comunidad judía y la legación de Israel en La Habana, 1959–1976', in: *Judaica Latinoamericana,* 6, S. 249–268.

Böckmann, Lukas (2013): *Wiederkehr des Immergleichen? Auseinandersetzungen innerhalb der argentinischen Linken um die cuestion judía zwischen 1958 und 1974.* Unveröff. Diplomarbeit. Köln: Universität zu Köln.

Castro Ruz, Fidel (1967): Discurso pronunciado por el Comandante Fidel Castro Ruz, Primer Secretario del Partido Comunista de Cuba y Primer Ministro del Gobierno Revolucionario, en la conmemoración del XIV aniversario del asalto al Cuartel Moncada, en Santiago de Cuba, el 26 de julio de 1967. URL: http://www.cuba.cu/gobi erno/discursos/1967/esp/f260767e.html (Zugriff am 04.04.2022).

Castro, Fidel (1961): Discurso pronunciado por Fidel Castro Ruz, Presidente de Dobla República de Cuba, en las honras fúnebres de las víctimas del bombardeo a distintos puntos de la república, efectuado en 23 y 12, frente al cementerio de Colón, el día 16 de abril de 1961. URL: http://www.cuba.cu/gobierno/discursos/1961/esp/f160461e.html (Zugriff am 04.04.2022).

Castro Ruz, Fidel (1960): Palabras pronunciadas por el Comandante Fidel Castro Ruz, Primer Ministro del Gobierno Revolucionario, en las honras fuebres de las victimas de la explosión del barco „La Coubre", en el cementerio de Colón, el 5 de marzo de 1960. URL: http://www.cuba.cu/gobierno/discursos/1960/esp/f050360e.html (Zugriff am 08.04. 2022).

Corrales Capestany, Maritza (2007): *La isla elegida. Los judíos en Cuba.* Havanna: Testimonio. Editorial de Ciencias Sociales.

Diner, Dan (2007): *Gegenläufige Gedächtnisse. Über Geltung und Wirkung des Holocaust.* Göttingen: Vandenhoeck & Ruprecht.

Editorial Nueva Sion (1968): ‚*Resolución sobre el conflicto árabe israelí*', in: Editorial Nueva Sion (Hrsg.): *Israel. Un tema para la izquierda.* Buenos Aires: Editorial Nueva Sion, S. 181–183.

Editorial (1967): ‚La correcta posición revolucionaria del gobierno de Argelia', in: *Granma*, 15.06.1967, S. 2.

Furtak, Robert K. (1962): ‚Die kubanische Revolution und der Weltkommunismus', in: *Osteuropa,* 12 (11–12), S. 735–746.

Guevara, Ernesto Che (2011) [1965]: *El socialismo y el hombre en Cuba.* Havanna: Ocean Sur.

Haury, Thomas (2009): ‚Von der linken Kritik des Zionismus zum antisemitischen Zionismus von links', in: Salzborn, Samuel (Hrsg.): *Antisemitismus. Geschichte und Gegenwart.* 2. Aufl. Gießen: Netzwerk für politische Bildung, Kultur und Kommunikation e. V., S. 127–158.

Herf, Jeffrey (2016): *Undeclared Wars with Israel. East Germany and the West German Far Left, 1967–1989.* New York: Cambridge University Press.

Hobsbawm, Eric J. (1994): *The Age of Extremes. A History of the World, 1914–1991.* New York: Vintage Books.

Holz, Klaus/Haury, Thomas (2021): *Antisemitismus gegen Israel.* Hamburg: Hamburger Edition.

Kaufman, Edy (1976): ‚Israel's Foreign Policy Implementation in Latin America', in: Curtis, Michael/Gitelson, Susan Aurelia (Hrsg.): *Israel in the Third World.* New Brunswick, NJ: Transaction Books, S. 121–146.

Koenen, Gerd (2008): *Traumpfade der Weltrevolution. Das Guevara-Projekt.* Köln: Kiepenheuer & Witsch.

Kopilow, David J. (1984): *Castro, Israel, and the PLO.* Washington, DC: The Cuban-American National Foundation, Inc.

Levine, Robert M. (1993): *Tropical Diaspora. The Jewish Experience in Cuba*. Gainesville, FL: University Press of Florida.

López-Levy, Arturo (2010): ‚Las relaciones Cuba-Israel. La espera de una nueva etapa', in: *Cuba in Transition*, 20, S. 294–319.

Marrero, Juan (1967): ‚Solidaridad con los pueblos árabes', in: *Granma* (Beiheft), 10.06. 1967, S. 3.

Meluza, Pedro (1967): ‚Antecedentes de una guerra que empezó en el siglo XVIII', in: *Granma* (Beiheft), 10.06.1967, S. 2.

Metz, Allan (1993): ‚Cuban-Israeli Relations. From the Cuban Revolution to the New World Order', in: *Cuban Studies*, 23, S. 113–134.

Molina, Gabriel (1967): ‚Decididos a recuperar por la fuerza su territorio, dicen en Siria aunque fracasen conversaciones de la ONU', in: *Granma*, 20.06.1967, S. 8.

Musa, Arnaldo (1967): ‚¿Por qué Israel es una potencia militar?', in: *Granma* (Beiheft), 10.06.1967, S. 3.

Nasser, Gamal Abdel (1967a): ‚The Six-Day War. Statement by President Nasser to Arab Trade Unionists', in: *Jewish Virtual Library*, 26.05.1967. URL: https://www.jewishvirtu allibrary.org/statement-by-president-nasser-to-arab-trade-unionists-may-1967 (Zugriff am 08.05.2022).

Nasser, Gamal Abdel (1967b): ‚The Six-Day War. Nasser's Speech to the Egyptian National Assembly', in: *Jewish Virtual Library*, 29.05.1967. URL: https://www.jewishvirtuallib rary.org/nasser-s-speech-to-the-egyptian-national-assembly-may-1967 (Zugriff am 08.05.2022).

O. A. (1967a): ‚No abrigan odio antisemita los países árabes contrarios a Israel, dice Makhos', in: *Granma*, 03.06.1967, S. 6.

O. A. (1967b): ‚Declaraciones del Gobierno Revolucionario sobre la guerra en el Medio Oriente', in: *Granma*, 08.06.1967, S. 1.

O. A. (1967c): ‚Aceptaron la RAU y Siria la orden de alto el fuego dada por el consejo de seguridad', in: *Granma*, 09.06.1967, S. 1.

O. A. (1967d): ‚Proclama Cuba en la ONU que la alternativa de los pueblos árabes es resistir y luchar', in: *Granma*, 24.06.1967, S. 7.

O. A. (1967e): ‚Siria no olvidará', in: *Granma*, 24.06.1967, S. 8.

Schwarz-Friesel, Monika/Reinharz, Jehuda (2017): *Die Sprache der Judenfeindschaft im 21. Jahrhundert*. Berlin/Boston, MA: De Gruyter.

Tshokhas, Kosmas (1980): ‚The Political Economy of Cuban Dependence on the Soviet Union', in: *Theory and Society*, 9 (2), S. 319–362.

Nikolai Schreiter

Nicht an Israels Seite, an seiner Stelle wollen sie sein – Der Antisemitismus und ein verändertes Verhältnis von AfD und FPÖ zum jüdischen Staat. Eine psychoanalytisch inspirierte Analyse

„Wir sind gegen Antisemitismus, und die Freundschaft mit Israel ist mir sehr wichtig."[1] Dieser Satz von niemand anderem als dem ehemaligen österreichischen Vizekanzler und FPÖ-Chef Heinz-Christian Strache in der israelischen Tageszeitung *Israel HaYom* ist erstaunlich. Er zeigt einen Wandel in der Position zu Israel insbesondere in der parteiförmigen[2] deutschen und österreichischen extremen Rechten an, der im Folgenden kurz illustriert wird. Sein Beginn ist auf den Dezember 2010 zu datieren. Damals war Strache mit Vertreter:innen anderer europäischer rechter und rechtsextremer Parteien in Israel, um dort unter anderem ein Dokument mit dem Titel „Jerusalemer Erklärung" zu veröffentlichen. In dieser Jerusalemer Erklärung heißt es:

> „Ohne jede Einschränkung bekennen wir uns zum Existenzrecht des Staates Israel innerhalb sicherer und völkerrechtlich anerkannter Grenzen. Ebenso ist das Recht Israels auf Selbstverteidigung gegenüber allen Aggressionen, insbesondere gegenüber islamischem Terror, zu akzeptieren."[3]

Bis 2010 hatte sich die FPÖ ganz anders zum jüdischen Staat positioniert. 1997 bezeichnete Jörg Haider, Straches Vorgänger als Parteichef, die FPÖ noch als „PLO Österreichs"[4], 2008 veröffentlichte der FPÖ-Nationalratsclub ein Papier unter dem Titel „Wir und der Islam", in dem es unter anderem hieß: „Die aggressive Unterdrückungspolitik Israels gegen die Palästinenser ist menschenverachtend und verurteilenswert."[5] Und noch 2009, also nur ein Jahr vor der Jerusalemer Erklärung, machte die FPÖ EU-Wahlkampf mit dem Slogan: „FPÖ-Veto gegen EU-Beitritt von Türkei und Israel!"[6] Ein EU-Beitritt Israels war

---

1 zit. n. Beck 2017.
2 Die Analyse ist in Teilen auch übertragbar auf einige Akteur:innen jenseits der Parteien, etwa Pegida-Demonstrant:innen mit Israelfahnen. Hier wird aber auf AfD und FPÖ fokussiert.
3 FPÖ Parlamentsklub 2010.
4 zit. n. Scheit 2017, S. 165.
5 FPÖ Parlamentsklub 2008.
6 zit. n. erinnern.at 2012.

freilich nie ernsthaft im Gespräch, mit seiner Ablehnung ließ sich aber offenbar gut Politik machen.

Die AfD hat keine Parteigeschichte einer Position zu Israel wie die FPÖ und bis heute keine programmatische[7] Position zu dem Land – vor allem, weil sie als Partei noch nicht so alt ist. Bei ihrer Gründung 2013 war Israel kein Thema, nur Einzelne äußerten sich früh positiv zu Israel. Und doch kann man an einzelnen Personen aus der Partei einen Wandel der Position nachzeichnen. Besonders eignen sich hier Äußerungen des heutigen Ehrenvorsitzenden und früheren Fraktionsvorsitzenden im Bundestag Alexander Gauland.

Im April 2018, in der Bundestagsdebatte zum 70. Jahrestag der israelischen Staatsgründung, sagte Alexander Gauland:

> „Gerade weil wir auf diese furchtbare Weise mit dem Existenzrecht Israels verbunden sind, war und ist es richtig, die Existenz Israels zu einem Teil unserer Staatsräson zu erklären. (Beifall bei der AfD.) Das war und ist moralisch richtig, enthält aber eine über das bloße Bekenntnis hinausgehende Verpflichtung: im Ernstfall einer existenziellen Bedrohung Israels an dessen Seite zu kämpfen und zu sterben."[8]

Gauland ist mit solchen proisraelischen Positionen in der AfD nicht allein. Seine Parteikollegin Beatrix von Storch kritisierte die Bundesregierung in der gleichen Debatte dafür, „mit Millionen von Steuergeldern Judenhass und Israelfeindschaft im Nahen Osten" zu finanzieren.[9] Sie bezeichnete die UNRWA, die Hilfsorganisation der Vereinten Nationen für die sogenannten palästinensischen Flüchtlinge, als „Teil der Infrastruktur der Hamas" und kritisierte, dass in deren Schulen das Existenzrecht Israels geleugnet wird.[10]

Solche Aussagen sind aus zwei Gründen bemerkenswert: Weil sie zurecht auf einen Skandal hinweisen und weil sie hier, soweit mir bekannt, zum ersten Mal im Deutschen Bundestag formuliert wurden – und zwar von der AfD.[11]

Auch bei prominenten Vertreter:innen der AfD sind solch deutliche Positionen zu Israel neu: Im Sommer 2014 gab es anlässlich des damaligen Krieges zwischen Israel und der Hamas im Gazastreifen auch in Deutschland eine Vielzahl antisemitischer Demonstrationen. Alexander Gauland äußerte sich dazu in verurteilender Absicht:

> „Man kann sich mit guten Gründen gegen die Besatzungs- und Siedlungspolitik der Israelis aussprechen und auch dagegen protestieren. Aber man darf niemals Menschen,

---

7 Auf mehreren Parteitagen wurden entsprechende Anträge kurzfristig nicht behandelt.
8 Deutscher Bundestag 2018, S. 2623. Gauland hatte in den Monaten zuvor einige uneindeutige Aussagen dazu getroffen, wie er zu Israels Sicherheit als deutscher Staatsraison steht.
9 ebd.
10 ebd.
11 Zur Problematik der UNRWA und den palästinensischen ‚Flüchtlingen' vgl. Feuerherdt/Markl 2018, S. 237–247.

die nur ihren jüdischen Glauben leben, für die staatliche Politik eines anderen Landes verantwortlich machen. Israel ist zwar ein jüdischer Staat, aber nicht alle unsere jüdischen Mitbürger in Deutschland sind deshalb ein Teil von ihm. […] Es ist unser aller Pflicht, diesem Hass entgegenzutreten und klar zwischen erlaubtem Protest gegen Israel einerseits und menschenfeindlichem Antisemitismus andererseits zu unterscheiden. Letzterem darf kein Platz in unserer Gesellschaft eingeräumt werden.“[12]

Mit ersterem, dem „erlaubten Protest gegen Israel“, hatte Gauland offenbar 2014 kein Problem.

2003 schrieb Gauland, dass „der nahe Osten nicht zur Ruhe kommen wird, solange die Israelis arabisches Land besetzt halten.“[13] Und wiederum zwei Jahre vorher, in Reaktion auf die Anschläge vom 11. September, war er der Ansicht, dass als eine von vielen Demütigungen „der arabischen Welt“ „der Fremdkörper des Staates Israel in diese Welt“ getreten sei.[14] Er fragte: „Ist es wirklich so unverständlich, dass verletzter Stolz Hass hervorbringt und Terror gebiert?“ Es seien schließlich „die Araber Objekte und […] der Westen das Subjekt der Weltgeschichte.“[15] Einzig Israel und der Westen erscheinen hier als Aggressor: innen, als Wurzel aller Probleme des Nahen Ostens. Eine proisraelische Positionierung nähme auch (islamischen) Terror und seine Träger:innen in ihren Handlungen, Motiven und ihrer Subjektivität wahr und ernst und gäbe nicht allein Israel die Schuld.

1. Unzureichende Erklärungen

Eine detaillierte Auseinandersetzung mit dem Antisemitismus bei AfD und FPÖ würde hier den Rahmen sprengen und wurde andernorts umfassend geleistet. In beiden Parteien und der gesamten extremen Rechten ist der Antisemitismus verbreiteter als in den anderen politischen Milieus.[16]

Der Antizionismus, die Feindschaft gegen Israel, war und ist eine der wesentlichen Ausdrucksformen von Antisemitismus. Das galt früher auch für die extreme Rechte, hat sich aber, daraus ergibt sich der Gegenstand dieser Arbeit, in relevanten Teilen zumindest auf den ersten Blick geändert. Wir stehen also vor der neuen Situation, dass einerseits in hoher Frequenz antisemitische Äußerungen getätigt werden und der Antisemitismus für extrem rechtes Denken nach wie vor häufig konstitutiv ist, sich aber wesentliche Akteure aus diesem Milieu, anders als früher, positiv auf Israel beziehen.

---

12 zit. n. Botsch/Kopke 2015, S. 186f.
13 Gauland 2003.
14 Gauland 2001a.
15 Gauland 2001b.
16 vgl. z. B. Grigat 2017, Rensmann 2020, Stögner 2016, Stögner 2017.

Dafür gibt es bisher zwei Erklärungsansätze, die ich aber für nicht tiefgehend genug halte. Der erste besagt, die extreme Rechte oder jene Teile von ihr, die sich positiv zu Israel stellen, hätten sich vom Antisemitismus abgewandt, die Hinwendung zu Israel sei Ausdruck davon. Auf Basis des bisherigen Forschungsstandes muss diese Interpretation eindeutig verneint werden.[17]

Der zweite Erklärungsansatz lautet, die positiven Positionierungen zu Israel seien Strategie, und zwar *reine* Strategie, um sich gegen die angeblich überall auftauchenden Antisemitismusvorwürfe zu immunisieren. Diese Erklärung hat zwar eine gewisse Berechtigung. Ich bin allerdings überzeugt, dass sich das Phänomen nicht aus *rein* strategischen Überlegungen erklären lässt, denn das würde bedeuten, dass die Personen, die sich so äußern, gar nicht hinter ihren Aussagen stünden, sondern bewusst lügen würden. Für eine rein strategische, also unehrliche Position werden die proisraelischen Aussagen mittlerweile allerdings zu lange durchgehalten, zu ausdauernd und überzeugt vorgebracht. Insbesondere werden sie trotz teilweise großer Widerstände aus den eigenen Reihen immer weiter bemüht. Daraus ergibt sich die Notwendigkeit einer Analyse, die diese proisraelischen Äußerungen ernst nimmt, weil davon auszugehen ist, dass sie – zumindest teilweise – auch ernst gemeint sind. Dann aber stellt sich die Frage, wie die proisraelischen Positionierungen im Verhältnis zum Antisemitismus stehen.

Meine Analyse soll zeigen, dass sich die positiven Bezugnahmen auf Israel als Identifizierung mit Israel als Angreifer erklären lassen. In Anlehnung an das psychoanalytische Konzept der Identifizierung mit dem Angreifer, das Anna Freud 1936 in ihrem Buch *Das Ich und die Abwehrmechanismen* aus der klinischen Arbeit mit Kindern und Jugendlichen entwickelt hat, verfolge ich einen massenpsychologischen Ansatz, der eine Analogie zwischen diesem individuellen Abwehrmechanismus und positiven Äußerungen zu Israel aus der extremen Rechten eröffnet, die dabei auf ihren kollektiven Kern reduziert werden.

2.   Die Identifizierung mit dem Angreifer

Anna Freud schreibt über diese Form der Identifizierung als Abwehrmechanismus:

> „Die Angst vor der Strafe wird also abgewehrt, indem die Patienten auf Kritik oder drohende Gefahr von der Autorität damit reagieren, dass sie das Urteil, das von der Autorität über sie gesprochen oder von ihnen antizipiert wird, übernehmen, seinen Anlass aber gleichzeitig nach außen projizieren. Das Subjekt identifiziert sich voll mit diesem Urteil und wendet es gegen die Außenwelt zurück. [...] Strafandrohung und

---

17 vgl. ebd.

Vergehen sind auch nach der Introjektion der Kritik noch nicht im Innern des Individuums zusammengetroffen. In demselben Augenblick, in dem die Kritik nach innen verlegt wird, verschiebt sich das Vergehen in die Außenwelt. Das heißt aber: die Identifizierung mit dem Angreifer ergänzt sich durch ein anderes Abwehrmittel, durch die Projektion der Schuld."[18]

Im Fall des positiven Bezugs auf Israel von rechts besteht die abzuwehrende Schuld im Antisemitismus.

„Ein Ich, das mit Hilfe dieses Abwehrmechanismus diesen speziellen Entwicklungsweg durchmacht, introjiziert die kritisierenden Autoritäten als Über-Ich und ist imstande, seine verbotenen Regungen nach außen zu projizieren. Ein solches Ich ist intolerant gegen die Außenwelt, ehe es streng gegen sich selber wird. Es erlernt, was verurteilt werden soll, schützt sich aber mit Hilfe dieses Abwehrvorgangs gegen die Unlust der Selbstkritik. Das Wüten gegen den Schuldigen in der Außenwelt dient ihm als Vorläufer und Ersatz des Schuldgefühls."[19]

In der Identifizierung mit Israel als Angreifer wird Israel Autorität und Fähigkeit zur Strafe zugeschrieben. Diese Zuschreibung kommt aus dem antisemitischen Antizionismus.[20] Sie bewegt sich nahe an klassischen antisemitischen Verschwörungsmythen, die Israel als Zentrum der ‚jüdischen Weltverschwörung' sehen. Israel, das in solchen Zuschreibungen als „Jude unter den Staaten"[21] mit klassischen antisemitischen Projektionen belegt wird, sei in der Lage, großen Einfluss zu nehmen und international seine Interessen durchzusetzen, insbesondere dazu, zu strafen. Dass die israelische Regierung AfD und FPÖ boykottiert und jeden Kontakt verweigert, kann schon ausreichen, um solche alten Zuschreibungen von zur Strafe fähiger Autorität zu ‚bestätigen'.

Von der Autorität, im vorliegenden Fall von Israel, wird also autoritär das Urteil über das, „was verurteilt werden soll", hier den Antisemitismus, übernommen. Dabei wird erlernt, was nicht gesagt werden darf, es muss aber die Ahnung von der eigenen Schuld am verpönten Vergehen, dem Antisemitismus, abgewehrt und projiziert werden.[22] Für diese Ahnung gibt es reichlich Anlass, denn in der extremen Rechten, auch in den beiden untersuchten Parteien, sind

---

18 Freud 1990 [1936], S. 92.
19 ebd., S. 92 f.
20 vgl. etwa Weber 2020, S. 174–185.
21 Vermutlich zuerst geprägt wurde dieser Begriff auf Englisch als „collective Jew of the nations". Talmon 1976, S. 21.
22 Als Projektionsfläche für dieses abgewehrten eigenen Antisemitismus finden sich insbesondere zwei Gruppen: Linke und Muslim:innen. Beide Gruppen sind natürlich falsche Verallgemeinerungen, haben aber als Projektionsflächen zwei wesentliche ‚Vorteile': Linke sind mindestens politischer Gegner, Muslim:innen häufig Gegenstand rassistischer Ressentiments. Insbesondere aber gibt es linken wie auch islamischen Antisemitismus, die sich beide insbesondere in antizionistischen Formen äußern.

antisemitische und israelfeindliche Äußerungen in Geschichte und Gegenwart zuhauf zu finden.

Israel erscheint bisher also als zur Strafe fähige Autorität, zugespitzt als Nation gewordene Speerspitze der ‚jüdischen Weltverschwörung'. Weil sich damit allein aber niemand identifizieren möchte, kommt eine zweite Figur aus dem Antisemitismus ins Spiel, für die Israel ebenfalls steht.

3.   Der Doppelcharakter Israels: ‚Jude unter den Staaten' und ‚Ausnahmejude'

Im Antisemitismus gibt es eine „Einteilung der Juden in zwei Gruppen: die Guten und die Schlechten". Sie zeigt „das ‚pseudorationale' Element im antisemitischen Vorurteil".[23] Der schlechte Jude ist nach dieser Einteilung ‚der Jude an sich', wie er dem Antisemitismus entspringt: Verschlagen, verschwörerisch, mächtig, mit großer Nase und Ohren, der sogenannte ‚Kike'. Der ‚weiße Jude' dagegen stellt in der antisemitischen Weltsicht die Ausnahme dar. Er wird gesehen, wie man sich selbst sieht: bürgerlich im Bürgertum, arbeitsam in der Arbeiterklasse, anständig, verlässlich, in Ordnung.

> „Es ist ein Strukturelement der antisemitischen Verfolgung, daß sie anfänglich nur bestimmte Gruppen einbezieht, dann aber sich ausbreitet ohne ein Ende zu finden [...]. Die Unterscheidung zwischen ‚Weißen' und ‚Kikes', willkürlich und ungerecht in sich, wendet sich am Ende doch auch gegen die sogenannten ‚Weißen', die die ‚Kikes' von morgen sind."[24]

So war es bspw. den in den 1940er-Jahren in den USA für die *Studien zum autoritären Charakter* Interviewten offenbar recht einfach möglich, offen antisemitisch über ‚die Juden' zu sprechen, die Trennung verlief explizit zwischen ‚den Juden' allgemein und ‚dem Ausnahmejuden' konkret.

Dies ist heute anders. Dem Tabu folgend, das über dem Antisemitismus liegt, kommt zum Tragen, dass er sich zwar gegen Jüdinnen und Juden richtet, aber im umfassenderen Sinn eine Welterklärung ist, die über weite Strecken auf die Benennung seiner prospektiven Opfer verzichten kann. Antisemitische Aussagen kommen ohne direkten Rekurs auf Jüdinnen:Juden aus, ohne dass Zweifel am in ihnen enthaltenen Antisemitismus bestehen könnte.[25]

Die Benennung solcher Ausnahmen behauptet, man sei gar nicht antisemitisch, sondern habe rationale Gründe für die Ablehnung der Juden als solche. Diese Regel werde von den Ausnahmen bestätigt, das Ressentiment wird so

---

23 Adorno 1973, S. 130.
24 ebd., S. 132.
25 vgl. Stögner 2017, S. 138.

rationalisiert. Es tritt darin die „innere Schwäche des ‚mein bester Freund'-Klischees [zutage], das menschliche Erfahrung simuliert, ohne sie recht zu verwirklichen".[26] Die Zurschaustellung dieses vermeintlichen Urteilsvermögens folgt dem Wunsch, „den Schein der Objektivität zu wahren, während man seine Feindschaft zum Ausdruck bringt."[27]

4. Israel als geopolitische Reproduktion des Ausnahmejuden

Neben dem Bild als Jude unter den Staaten wird Israel auch als geopolitische Reproduktion dieser Figur des Ausnahmejuden gesehen, denn der antisemitische Vorwurf gegen Israel wurde ergänzt. Die folgenden Zitate von Eugen Dühring, Alfred Rosenberg und Adolf Hitler zeigen exemplarisch den Kern des Antizionismus auf: Wenn „irgend eine exotische Zionsgründung auf Actien [...] überhaupt ausführbar" wäre, könnte „seine Durchführung nur eine Steigerung der Judenmacht bedeuten" und das „Ding", also die ‚jüdische Macht', „das sich jetzt über die Welt hinschlängelt, erhielte [...] eine Art Kopf".[28] Weil „auf keinem Gebiet [...] der Jude wirklich schöpferisch gewesen"[29] sei, und zwar „mangels eigener produktiver Fähigkeiten", könne ‚er' „einen Staatsbau räumlich empfundener Art nicht durchführen".[30] Zionismus sei deshalb „ein Mittel für ehrgeizige Spekulanten, sich ein neues Aufmarschgebiet für Weltbewucherung zu schaffen."[31]

Zusätzlich zu diesem antisemitischen Bild hat sich an Israel ein weiteres geheftet: Gegen eine Welt, in der vorgeblich, so ein neues Paradigma, der Nationalstaat an Bedeutung verloren habe, halte Israel verstockt und verbohrt an seiner nationalen Verfasstheit fest. Hierbei wird aber die Gewalt, die Staat auch heute immer bedeutet, ebenso verdrängt wie die Tatsache, dass der Nationalstaat nach wie vor *die* Form der Weltordnung ist. Staatliche Gewalt wird auf Israel projiziert. Das machen viele Israel zum Vorwurf, bei manchen ruft es Neid hervor. Dieses Bild von Israel kann sich wiederum an reale Gegebenheiten heften: Beispielsweise hat Israel ein starkes, schlagkräftiges Militär und umfassende Wehrpflicht, die israelische Gesellschaft ist von starkem zionistischem Nationalismus geprägt und die israelischen Grenzen sind, wenn auch an vielen Stellen nicht endgültig gezogen, doch sehr gut gesichert. Solche Eigenschaften beneiden jene, die in Europa auf ‚Volkssouveränität' pochen. Israel wird parallel zu seiner

---

26 Adorno 1973, S. 133.
27 ebd., S. 130.
28 Dühring 1901, S. 127.
29 Rosenberg 1943, S. 86.
30 Weinberg 1961, S. 220.
31 Rosenberg 1943, S. 86.

Rolle als Jude unter den Staaten aus der ‚jüdischen Weltverschwörung' partiell
ausgeklammert und als prototypischer (Über)-Nationalstaat zum Vorbild de-
gradiert, es wird zur geopolitischen Reproduktion der Figur des Ausnahmejuden. Diese Zuschreibung schafft die Möglichkeit der Identifizierung, weil die
negativ besetzte, strafende Autorität Israel auch als besonders nationaler Nationalstaat positiv besetzt wird. Die Grundlage, das eigene antisemitische Bild
(von Israel), muss aber weder reflektiert noch aufgelöst werden. Das soll im
Folgenden illustriert werden.

5.   Neue deutsche Helden und die Verdrängung von Auschwitz

Alexander Gauland sagte in der bereits zitierten Rede anlässlich des 70. Jahrestages der israelischen Staatsgründung im Bundestag auch, Deutschland sei „ein
postheroisches, in gesicherten Grenzen lebendes Land. Israel aber muss jeden
Tag neu um seine Existenz und Anerkennung in einer feindlichen Umwelt rin-
gen."[32] So weit, so richtig. Betrachtet man diese Sätze aber in Kombination mit
seinem Wunsch, wieder „stolz" sein zu dürfen „auf Leistungen deutscher Soldaten in zwei Weltkriegen",[33] fällt ein anderes Licht darauf: Erstens erscheinen
diese „Leistungen" – die Shoah inkludiert – als heroische Akte. Zweitens geht es
nur noch vordergründig um Israel. Vielmehr kommt die Identifizierung mit
Israel zum Tragen und es drückt sich in seiner Rede der auf Israel verschobene
Wunsch nach neuen deutschen Heldentaten aus. Es dringt der dahinterstehende
Wunsch durch, dass Deutschland sich verteidigen müsste, wie es Israel muss, weil
dann den deutschen Heroen das Feld offen stünde.

Wenn man nun Deutschland mit Israel identifiziert, identifiziert man es mit
jenem Land, das von Täterschaft an der Shoah am allerweitesten entfernt ist. Mit
der Identifizierung geht deshalb eine deutsche Entlastung einher, die den Weg
frei macht für einen ungebrochen positiven Bezug auf die deutsche Nation, denn
was dem ganz zurecht im Wege steht, ist die Shoah. Dies wiederum weist in die
gleiche Richtung wie Forderungen nach einer „erinnerungspolitischen Wende
um 180 Grad"[34], wie Björn Höcke eine der zentralen Positionen der AfD, aber
auch der extremen Rechten im Allgemeinen, formuliert hat.

---

32 Deutscher Bundestag 2018, S. 2623.
33 zit. n. Zeit.de 2017.
34 zit. n. Welt.de 2017.

6. Grenzschutz

In der schon mehrfach zitierten Bundestagsdebatte sagte Beatrix von Storch: „Die Zukunft Israels hängt von dem Schutz seiner Grenzen ab" und verallgemeinerte sogleich: „Eine Welt offener Grenzen ist mit dem Existenzrecht Israels nicht vereinbar."[35] Sie bezog sich dabei auf den sogenannten ‚Marsch der Rückkehr' aus dem Jahr 2018, Demonstrationen im Gazastreifen, in deren Rahmen Terrorist:innen versuchten, nach Israel einzudringen, um Zivilist:innen zu ermorden und beispielsweise mit Feuerdrachen Flächenbrände auf der israelischen Seite der Grenze legten. Auch der anhaltende Raketenterror der Hamas und anderer Terrororganisationen wie dem Islamischen Djihad in Palästina, die wie an allen Aktivitäten im Gazastreifen auch an diesen Demonstrationen wesentlich beteiligt waren, sind hier in Erinnerung zu rufen. Von Storchs Satz „Die Zukunft Israels hängt von dem Schutz seiner Grenzen ab" ist also durchaus richtig. In der Verallgemeinerung auf die ganze Welt aber, die in erster Linie die deutsche Bundesregierung adressierte, die vermeintlich im Sommer 2015 die Grenzen geöffnet habe, liegt eine Gleichsetzung von Djihadist:innen und anderen Antisemit:innen, die Raketen schießen und Flächenbrände in Israel legen, mit Flüchtlingen, die in erster Linie ein sicheres Leben führen wollen. Das ist generell menschenfeindlich, vor allem aber ist es eine Verharmlosung des Antisemitismus. Denn er ist an der Grenze zwischen Israel und dem Gazasteifen, ganz anders als an deutschen oder europäischen Grenzen, unmittelbar das Motiv für den Grenzübertritt.

7. Polizeirassismus

Die österreichische NGO Zara veröffentlicht regelmäßig Rassismusberichte. Im Jahr 2014 warf sie darin der österreichischen Polizei Ethnic Profiling vor, worauf der Parlamentsklub der FPÖ im Nationalrat mit einer Presseaussendung reagierte. Er bestritt das Ethnic Profiling darin nicht etwa oder versuchte, es durch etwaige Ermittlungserfolge zu legitimieren, sondern verwies darauf, „dass die israelische Polizei und Armee diese Vorgehensweise seit Jahren mit großem Erfolg"[36] einsetze. Ob und wie nun in Israel Ethnic Profiling angewandt wird, ist hier unerheblich, es geht darum, wie die FPÖ österreichischen Polizeirassismus – der zugegeben wird – mit dem Verweis auf die Autorität Israel zu legitimieren trachtet und was sie damit meint. Dass die israelische und die österreichische Polizei hier äquivalent gesetzt werden, ist zu verstehen als pars pro toto eine Gleichsetzung von Israel und Österreich, die vor allem in Sachen Sicherheit je-

---

35 Deutscher Bundestag 2018, S. 2630.
36 FPÖ Parlamentsklub 2014.

doch schlicht unvergleichbar sind: In Israel werden ständig Anschläge verübt bzw. geplant, Kriege können jederzeit ausbrechen – in Österreich nicht. Diese Gleichsetzung blendet also jegliche Empirie aus und abstrahiert wiederum vom Antisemitismus, dem Israel und jüdische Israelis ausgesetzt sind, Österreich aber eben nicht. Es geht hier an keiner Stelle um Israel, sondern Israel muss nur als Blaupause für die Suggestion eines in Österreich ebenfalls existierenden Ausnahmezustands herhalten, der schlicht nicht besteht. Die Gleichsetzung bedient das Bedürfnis, selbst Opfer zu sein, endlich sagen zu dürfen, dass „täglich Österreicher diskriminiert, überfallen, beraubt, verletzt oder bestohlen werden", und zwar von „einer Vielzahl ausländischer Gewalttäter".[37]

Eine Ex-Nazi-Partei der Täternation Österreich stilisiert also nicht nur Österreicher:innen zum Opfer gewaltiger ‚Ausländerkriminalität', sie insinuiert auch, diese ‚Bedrohung' sei wie jene in Israel, die ‚Ausländerkriminalität' wie der Antisemitismus und die Österreicher also wie die Juden. Heinz-Christian Strache machte das ‚wie die Juden' 2012 explizit, als er auf dem WKR-Ball der deutschnationalen Burschenschaften in der Wiener Hofburg anlässlich von Protesten gegen den Ball über die Ballgäste sagte: „Wir sind die neuen Juden". Im Nachgang verglich er Angriffe auf Burschenschafterbuden, die angeblich „mit Brandsätzen" erfolgt seien, mit der „Reichskristallnacht".[38]

8. Schlussfolgerungen

Zunächst einmal ist es durchaus zu begrüßen, wenn wichtige politische Akteur:innen – so ablehnend man ihnen auch gegenüberstehen mag – davon Abstand nehmen, dem Antisemitismus in Form von sogenannter Israelkritik Ausdruck zu verleihen, ja sich sogar explizit positiv zum jüdischen Staat stellen. Daran ändert sich auch nichts dadurch, dass diese Neupositionierung keine materialistische Israelsolidarität darstellt. Eine solche hätte begriffen, dass der Antisemitismus eine Morddrohung gegen Jüdinnen und Juden und Israel der Versuch ist, diese Drohung nicht wahr werden zu lassen. Sich aus dieser Einsicht an Israels Seite zu stellen, wäre richtig. Sich aus anderen Gründen an die Seite Israels zu stellen, ist deshalb aber nicht falsch, auch politisch oder anderweitig motivierte Positionierungen für Israel sind zu begrüßen. Solche beruhen auf einem tatsächlichen oder vermeintlichen gemeinsamen Interesse mit Israel.

Im vorliegenden Fall gibt es aber zwei gewichtige Einwände: Erstens fußt, wie gezeigt wurde, die proisraelische Positionierung hier auf gleich zwei antisemitischen Bildern, die auf Israel projiziert werden: Israel als ‚Jude unter den Staaten',

---

37 ebd.
38 zit. n. ORF 2012.

dem Autorität, Einfluss und Fähigkeit zur Strafe zugeschrieben wird, und Israel als geopolitische Reproduktion der Figur des Ausnahmejuden. Zweitens ist das Interesse hier kein gemeinsames *mit* Israel, was auch daran deutlich wird, dass die israelische Regierung sowohl die AfD als auch die FPÖ bis heute boykottiert. Das Interesse jener extremen Rechten, die sich positiv auf Israel beziehen, besteht vielmehr darin, sich selbst an die Stelle Israels zu setzen. Es besteht darin, sich in die Rolle des von allen Seiten bedrohten Opfers zu begeben, das gleichzeitig stark genug und aufgrund der allseitigen Angriffe legitimiert ist, sich militärisch und nationalistisch zu verteidigen. Man möchte sich in der schlagkräftigen Opferrolle verbarrikadieren und imaginiert Deutschland, Österreich oder Europa als wie Israel bedroht und verharmlost so den Antisemitismus. Dieser, welcher im Gegensatz zu Deutschland und Österreich Israel tatsächlich bedroht, wird auf eine Stufe gestellt mit tatsächlichen oder vermeintlichen Bedrohungen, die etwa von Migration ausgingen. Diese Verharmlosung durch die Identifizierung, die auch der Selbstvergewisserung dient, man sei gar nicht antisemitisch, kann nur als Dienst am Antisemitismus bezeichnet werden, weil die systematische Blindheit für ihn wächst und er sich immer weiter ausbreiten kann.

Dass es nicht um Israel geht, zeigt sich auch an der Betrachtung der psychoanalytischen Begriffe, die hier verwendet wurden. Das körperliche Vorbild der Identifizierung ist die Einverleibung. Diese hat drei Bedeutungen: Lustzufuhr des Subjekts, Vernichtung des Objekts oder Aneignung der Eigenschaften des Objekts durch das Subjekt.[39] Es geht also bei der Identifizierung, wie bei der Einverleibung, nie um das Objekt, das hier Israel ist. Es geht immer nur um das Subjekt, also um Teile der deutschen und österreichischen extremen Rechten.

Israel wird nicht einmal als eigenständiges Objekt anerkannt, zu dem man dann in Beziehung treten könnte. Das Israelbild gleicht sich vielmehr immer mehr an die projektiven Angst-Wunschvorstellungen an, die hineingelegt werden – das reale Israel mit seiner realen Bevölkerung ist bestenfalls gleichgültig.

Was hier theoretisch naheliegt, zeigt sich auch empirisch, etwa wenn sowohl AfD- als auch FPÖ-Politiker:innen bekundeten, dass der JCPOA, das sogenannte Atomabkommen mit dem Iran, auf jeden Fall aufrechterhalten werden müsse, während Donald Trump ankündigte, daraus auszusteigen und dies auch tat.[40] Damit haben sich beide Parteien, die behaupten, fest an Israels Seite zu stellen, gegen die absolut hegemoniale Position zum Iran-Deal in Israel gestellt und sich gleichzeitig in die Reihe quasi aller anderen Parteien eingegliedert, gegen deren tatsächlich oder vermeintlich israelfeindliche Politik sie sonst gerne opponieren. Auch, dass es in Israel z. B. staatlich finanzierte Schariagerichtshöfe gibt, ist ein Teil der israelischen Realität, der in der Identifizierung schlicht ausgeblendet

---

39 vgl. Laplanche/Pontalis 1994, S. 128.
40 vgl. AfD kompakt 2018; Hochmuth 2018.

wird, weil das reale Israel keine Rolle spielt und solche Elemente der israelischen Realität nicht zum ‚Vorbild' taugen.

Es bleibt zu fragen, ob die Möglichkeit besteht, dass die Identifizierung mit dem Angreifer Israel umschlägt in tatsächliche Solidarität mit Israel, ob sich also aus dieser Abwehrreaktion ein wirkliches Verständnis des Antisemitismus entwickelt kann.

Dies ist wohl grundsätzlich möglich, weil Menschen immer dazu fähig sind, ihre Positionen zu revidieren und neue Erkenntnisse zu gewinnen, es scheint aber sehr unwahrscheinlich. Es wäre dazu nämlich nötig, dass die

> „verinnerlichte Kritik als Über-Ich-Forderung auf dem Boden des Ichs mit der Wahrnehmung des eigenen Vergehens zusammentrifft. Die Strenge des Über-Ichs wendet sich von da an nach innen statt nach außen, die Intoleranz nach außen ermäßigt sich damit. Aber das Ich hat von diesem Entwicklungsstadium an die größere Unlust zu ertragen, die Selbstkritik und Schuldgefühl in ihm erzeugen."[41]

Es wäre also ein schwieriger, unlustvoller psychischer Prozess, der zusätzlich erschwert wird durch die Tatsache, dass wir von der notwendigen Einsicht in den eigenen (und sei es vergangenen) Antisemitismus sprechen. Auf ihm aber liegt ein starkes Tabu, und solche Eingeständnisse und Einsichten sind selten. Außerdem bietet der Antisemitismus den Komfort eines tendenziell geschlossenen Weltbildes, das eine Einsicht und Revision unnötig macht. All das lässt es unwahrscheinlich erscheinen, dass aus der autoritären Identifizierung mit Israel als Angreifer eine antiautoritäre, Ich-starke und reflektierte (Selbst-)Kritik des Antisemitismus erwächst.

Der positive Bezug auf Israel in diesen Teilen der extremen Rechten, darunter wesentlicher Teile von AfD und FPÖ, begründet sich also nicht in einem reflektierten Verhältnis zu Israel als eigenständigem Objekt, sondern im narzisstischen Wunsch, all die dem Land zugeschriebenen furcht- und wunderbaren Eigenschaften Israels selbst zu haben. Darin werden mitunter, wie gezeigt wurde, richtige Dinge gesagt. Das ist deshalb besonders leicht, weil die deutsche, österreichische und auch die europäische Politik gespickt ist mit antiisraelischen Elementen, auf die die Parteien sich stürzen können. Das macht die Kritik zwar im Einzelfall möglicherweise zutreffend, aber die gesamte Positionierung noch nicht zu einer Ablehnung des Antisemitismus oder einer wirklich proisraelischen Politik.

Insbesondere besteht im vorliegenden Fall erstens die Gefahr der Rücknahme der Ausnahme Israels vom Judenbild, was vermutlich schlicht darin münden würde, dass die positiven Bezugspunkte auf Israel als starke Nation wieder in den Hintergrund träten. Zweitens aber besteht die Gefahr, dass die Autorität, die

---

41 Freud 1990 [1936], S. 92f.

Israel ja nicht nur von der extremen Rechten, sondern von vielen aus dem gesamten gesellschaftlichen Spektrum zugeschrieben wird, als Legitimität auf AfD, FPÖ und entsprechende andere Akteur:innen übergeht.

Bibliografie

Adorno, Theodor. W. (1973): *Studien zum autoritären Charakter*. Frankfurt a. M.: Suhrkamp.

AfD kompakt (2018): ‚Atom-Abkommen mit dem Iran einhalten‘, in: *AfD kompakt Online*, 15.05.2018. URL: https://afdkompakt.de/2018/05/15/atom-abkommen-mit-dem-iran-einhalten/ (Zugriff am 27.03.2022).

Beck, Eldad (2017): אנחנו נגד אנטישמיות, והחברות עם ישראל חשובה לי מאוד, in: *Israel HaYom Online*, 20.07.2017. URL: https://www.israelhayom.co.il/article/491759 (Zugriff am 27.03.2022).

Botsch, Gideon/Kopke, Christoph (2015): ‚Antisemitismus ohne Antisemiten?‘, in: Küpper, Beate/Zick, Andreas (Hrsg.): *Wut Verachtung Abwertung. Rechtspopulismus in Deutschland.* Bonn: Dietz Verlag, S. 178–194.

Deutscher Bundestag (2018): ‚Plenarprotokoll 19/29 Stenografischer Bericht 29. Sitzung‘, in: *Deutscher Bundestag*, 26.04.2018. URL: http://dipbt.bundestag.de/doc/btp/19/19029.pdf (Zugriff am 27.03.2022).

Dühring, Eugen (1901) [1881]: D*ie Judenfrage als Frage des Racencharakters und seiner Schädlichkeiten für Völkerexistenz, Sitte und Cultur.* 5. Aufl. Nowawes-Neuendorf: Ulrich Dühring.

Erinnern.at (2012): ‚Wahlwerbung, die auf Antisemitismus, Fremdenangst und Antiamerikanismus setzt? Wahlplakat der FPÖ im EU-Wahlkampf Mai 2009‘, in: *erinnern.at*, o.D. URL: https://www.erinnern.at/themen/e_bibliothek/antisemitismus-1/antisemitismus#relatedImages-3 (Zugriff am 27.03.2022).

Feuerherdt, Alex/Markl, Florian (2018): *Vereinte Nationen gegen Israel. Wie die UNO den jüdischen Staat delegitimiert.* Berlin: Hentrich und Hentrich.

FPÖ Parlamentsklub (2008): ‚Wir und der Islam‘, in: *RFJ Bezirk Freistadt*, 22.01.2008. URL: https://rfjfreistadt.files.wordpress.com/2009/02/wir_und_der_islam_-_freiheitliche_positionen1.pdf (Zugriff am 27.03.2022).

FPÖ Parlamentsklub (2010): ‚Jerusalemer Erklärung‘, in: *APA ots*, 07.12.2010. URL: https://www.ots.at/presseaussendung/OTS_20101207_OTS0199/fpoe-strache-jerusalemer-erklaerung (Zugriff am 27.03.2022)

FPÖ Parlamentsklub (2014): ‚FPÖ-Herbert: ZARA-Report ist völlig unerheblich‘, in: *APA ots*, 21.03.2014. URL: https://www.ots.at/presseaussendung/OTS_20140321_OTS0176/fpoe-herbert-zara-report-ist-voellig-unerheblich (Zugriff am 27.03.2022).

Freud, Anna (1990) [1936]: *Das Ich und die Abwehrmechanismen*. Frankfurt a. M.: Fischer.

Gauland, Alexander (2001a): ‚Mehr Respekt vor der arabischen Welt‘, in: *Die Welt Online*, 20.09.2001. URL: https://www.welt.de/print-welt/article476772/Mehr-Respekt-vor-der-arabischen-Welt.html (Zugriff am 27.03.2022).

Gauland, Alexander (2001b): ‚Der Moslem mag es anders sehen', in: *Berliner Republik. Das Debattenmagazin Online*, 06.2001. URL: http://www.b-republik.de/archiv/der-moslem -mag-es-anders-sehen (Zugriff am 27.03.2022).

Gauland, Alexander (2003): ‚Konservative Skepsis gegen Amerika', in: *Die Welt Online*, 20.01.2003. URL: https://www.welt.de/print-welt/article345296/Konservative-Skepsis-gegen-Amerika-Debatte.html (Zugriff am 27.03.2022).

Grigat, Stephan (Hrsg.) (2017): *AfD & FPÖ. Antisemitismus, völkischer Nationalismus und Geschlechterbilder.* Baden-Baden: Nomos.

Hochmuth, Georg (2018): ‚Kneissl: Erhalt von Iran-Atomdeal für Nordkorea-Konflikt „wesentlich"', in: *Die Presse Online*, 16.05.2018. URL: https://www.diepresse.com/543 0315/kneissl-erhalt-von-iran-atomdeal-fuer-nordkorea-konflikt-wesentlich (Zugriff am 27.03.2022).

Laplanche, Jean/Pontalis, Jean-Bertrane (1994) [1973]: *Das Vokabular der Psychoanalyse.* 12. Aufl. Frankfurt a. M.: Suhrkamp.

ORF (2012): ‚Empörung über Strache-Sager', in: *ORF Online*, 31.01.2012. URL: https://orf.a t/stories/2102324/2102303/ (Zugriff am 27.03.2022).

Rensmann, Lars (2020): ‚Die Mobilisierung des Ressentiments. Zur Analyse des Antisemitismus in der AfD', in: Heller, Ayline/Decker, Oliver/Brähler, Elmar (Hrsg.): *Prekärer Zusammenhalt. Die Bedrohung des demokratischen Miteinanders in Deutschland.* Gießen: Psychosozial Verlag, S. 309–342.

Rosenberg, Alfred (1943): *Der staatsfeindliche Zionismus.* München: Zentralverlag der NSDAP.

Scheit, Gerhard (2017): ‚Eingeschrumpfter Behemoth und neue „Souveränisten". Über die Voraussetzungen der Erfolge von FPÖ und AfD', in: Grigat, Stephan (Hrsg.): *AfD & FPÖ. Antisemitismus, völkischer Nationalismus und Geschlechterbilder.* Baden-Baden: Nomos, S. 165–181.

Schiedel, Heribert (2011): *Extreme Rechte in Europa.* Wien: Edition Steinbauer.

Stögner, Karin (2016): „We are the new Jews!' and ‚The Jewish Lobby' – antisemitism and the construction of a national identity by the Austrian Freedom Party', in: *Nations and Nationalism*, 22 (3), S. 484–504.

Stögner, Karin (2017): ‚Angst vor dem „neuen Menschen". Zur Verschränkung von Antisemitismus, Antifeminismus und Nationalismus in der FPÖ', in Grigat, Stephan (Hg.): *AfD & FPÖ. Antisemitismus, völkischer Nationalismus und Geschlechterbilder.* Baden-Baden: Nomos, S. 137–161.

Talmon, Jacob Leib (1976): ‚The New Anti-Semitism', in: *New Republic*, 175 (12), S. 18–23.

Weber, Fabian (2020): *Projektionen auf den Zionismus. Nichtjüdische Wahrnehmungen des Zionismus im Deutschen Reich 1897–1933.* Göttingen: Vandenhoeck und Ruprecht.

Weinberg, Gerald (1961): *Hitlers zweites Buch.* Stuttgart: DVA.

welt.de (2017): ‚Die Höcke-Rede von Dresden in Wortlaut-Auszügen', in *Die Welt Online*, 18.01.2017. URL: https://www.welt.de/newsticker/dpa_nt/afxline/topthemen/hintergr uende/article161302196/Die-Hoecke-Rede-von-Dresden-in-Wortlaut-Auszuegen.html (Zugriff am 27.03.2022).

zeit.de (2017): ‚AfD: Gauland provoziert mit Äußerung zur Nazizeit', in: *Zeit Online*, 14.09. 2017. URL: https://www.zeit.de/politik/deutschland/2017-09/afd-alexander-gauland-n azi-zeit-neubewertung (Zugriff am 27.03.2022).

Kai E. Schubert

Konsequenzen der Antisemitismuskritik für didaktische Konzeptionen zum Nahostkonflikt. Zur Diskussion verbreiteter Muster der pädagogischen Praxis

Regelmäßig nach antisemitischen Vorfällen wird diskutiert, wie diese zukünftig durch Bildungsmaßnahmen bzw. Aufklärung über das Judentum, v. a. an Schulen, verhindert werden können. Bildung wird in diesem Zusammenhang eine entscheidende Bedeutung zugeschrieben, um antijüdische Feindbilder entweder zu erschüttern oder präventiv ihrer Entstehung entgegenzuwirken. Was genau welche Form von Bildung in Bezug auf in der Gesellschaft vorhandenen Antisemitismus leisten soll und kann, bleibt dabei aber in der Regel unbestimmt. Diese Unbestimmtheit pädagogischer Maßnahmen ist im Umgang mit auf Israel bezogenen Ausdrucksformen von Antisemitismus deutlich zu erkennen. Hiermit sind solche Einstellungen und Verhaltensweisen gemeint, die Israel oder den Zionismus abwerten, ablehnen oder angreifen, indem diese mit antisemitischen Bildern des ‚Jüdischen' (z. B. Stereotypen, Verschwörungsmythen) verknüpft werden, des Weiteren solche, die Jüdinnen:Juden abwerten, ablehnen oder angreifen, weil diese mit Israel verbunden seien.[1] Nach 1945 galten in Deutschland durch die Tabuisierung des Antisemitismus im öffentlichen Raum veränderte Bedingungen für die Artikulation von Antisemitismus.[2] Dies trug dazu bei, dass Ressentimentkommunikation, die auf Bestätigung durch andere abzielt, inhaltlich verwandte, jedoch nicht tabuisierte Themen wie die Erinnerung und das Gedenken an die NS-Verbrechen und negative Positionierungen zum Staat Israel nutzte und bis heute gebraucht. Dies wird als Umwegkommunikation bezeichnet.

Obwohl die Antisemitismusforschung israelbezogene Ausdrucksformen regelmäßig als die derzeit neben Verschwörungsmythen und Varianten des Schuldabwehr-Antisemitismus bedeutendsten und verbreitetsten beschreibt,[3] schlägt sich diese Erkenntnis nicht in entsprechenden Schwerpunkten in der Praxis der Bildungsakteur:innen nieder – diese ist insbesondere an Schulen stark historisch ausgerichtet. Pädagog:innen berichten nicht selten von Überforderungssitua-

---

1 vgl. Schubert 2022a.
2 Bergmann/Erb 1986.
3 vgl. etwa Zick u. a. 2019, S. 109; Bernstein 2020; Salzborn 2020.

tionen mit dem Thema, zum Teil wird die Auseinandersetzung auch abgewehrt. Zugleich wurde die Anregung, den Nahostkonflikt als „einen wesentlichen Ausgangspunkt von Überlegungen hinsichtlich der Konzeptionalisierung einer zeitgemäßen Pädagogik gegen Antisemitismus in der Schule genauer zu betrachten", bislang kaum aufgegriffen.[4]

Die Notwendigkeit einer konzeptionellen Klärung wird auch durch den Unabhängigen Expertenkreis Antisemitismus gestützt, der in seinem Bericht aus dem Jahr 2017 schrieb: „Antisemitische Einstellungen können durch die unzulängliche und unangemessene Beschäftigung mit jüdischer Geschichte, dem Judentum oder Israel entstehen oder verstärkt werden".[5] Die Thematisierung von Antisemitismus in unzureichender Form birgt „die Gefahr problematischer Pseudoerklärungen, in welchen den Opfern eine (Mit-)Schuld gegeben wird", worauf Elke Rajal hinweist.[6] Eine Verfestigung antisemitischer Stereotype könne „entsprechend auch aus der pädagogischen Praxis selbst entstehen – einer ihrer zahlreichen unerwünschten Effekte".[7] Diese sind als Reaktionen zu verstehen, insbesondere auf moralisch, politisch, emotional und kognitiv überwältigende Formen von Pädagogik. Zudem wird Antisemitismus im Lernraum Schule meist historisiert, das Jüdische (in seiner orthodox-religiösen Ausprägung) exotisiert und Antisemitismus als gegenwärtiges Gesellschaftsphänomen dethematisiert. Vorliegende Untersuchungen weisen darauf hin, dass nur wenige gute Materialien mit konzeptionellen Vorschlägen zur pädagogischen Bearbeitung des Nahostkonflikts existieren.[8] Die Zusammenhänge zwischen pädagogischen Konzeptionen von Lernumgebungen sowie nicht-intendierten Effekten bilden – sowohl theoretisch als auch praktisch – weitgehend Forschungsdesiderate.[9]

1.   Überlegungen zur Didaktik des Nahostkonflikts

Im Folgenden soll die Komplexität der pädagogischen Auseinandersetzung mit dem Nahostkonflikt anhand von zwei zentralen didaktischen Herausforderungen dargestellt werden. Es handelt sich einerseits um Fallstricke einer multiperspektivischen Darstellung des Konflikts unter Rückgriff auf Narrationen sowie andererseits um die Frage, welche Konsequenzen aus dem Anspruch der Antisemitismussensibilität für die Frage der Auseinandersetzung mit möglichen Lösungen des Konflikts folgen.

---

4 Niehoff 2010, S. 252; vgl. ders. 2017; Schubert 2022b.
5 Bundesministerium des Innern 2017, S. 216.
6 Rajal 2018, S. 140.
7 ebd.
8 vgl. Fava 2019, S. 26; Schubert 2021.
9 vgl. Grimm/Müller 2020, S. 17; Müller 2021; Müller/Schubert 2021.

Die an dieser Stelle exemplarisch betrachteten Überlegungen wurden einer Schwerpunktausgabe zum Nahostkonflikt der Fachzeitschrift *Zeitsprung* für den christlichen Religionsunterricht in Berlin und Brandenburg aus dem Jahr 2018 entnommen[10] und stellen konzeptionelle Ideen für eine Bearbeitung des Nahostkonflikts dar. Im Beitrag sind auch konkrete Lernergebnisse aus der Praxis dokumentiert. Dies hat den Vorteil, dass intendierte sowie mögliche nicht-intendierte Effekte nicht nur theoretisch benannt, sondern unter Umständen auch empirisch aufgezeigt werden können. Die vorgenommene didaktische Reflexion nimmt auf den genannten Text Bezug, verbleibt aber nicht in seinem konzeptionellen Horizont, sondern weist darüber hinaus. Da die Frage nach Lösungsmöglichkeiten des Nahostkonflikts in einer Reihe weiterer einschlägiger Materialien (z. B. Schulbüchern) aufgeworfen wird, sind die Überlegungen auch hierfür relevant.

Die Unterrichtsidee „Wessen Wahrheit?": Inhalt

Ziel einer Thematisierung des Nahostkonflikts sei die Stärkung einer allgemeinen „Konfliktlösungskompetenz".[11] Im Konflikt drücke sich Komplexität aus, da dieser auf mehreren Ebenen stattfände: der territorialen, der ethnisch-nationalistischen und der religiösen.[12] Einseitige Solidarisierungen mit der israelischen oder palästinensischen Seite könnten problematisch sein, da so unter Umständen verhindert werde, dass man die Perspektive der jeweils anderen Seite wahrnehmen könne. Dies müsse „ein christlicher Umgang mit dem jeweils ‚Anderen'" aber leisten.[13] Pädagogisches Ziel sei, dass die Kinder einen eigenen Standpunkt zum Konflikt entwickeln, der christliche Wertschätzung einschließt.

Das vorgeschlagene pädagogische Vorgehen besteht darin, dass jeweils die Hälfte der Schüler:innengruppe Quellentexte bearbeitet, in denen sich jeweils ein israelisches bzw. palästinensisches Narrativ ausdrückt. Anschließend werden gemischte Kleingruppen gebildet, in denen sich die Expert:innen für die beiden Narrative gegenseitig ihre Ergebnisse vorstellen und in denen sie anschließend eine gemeinsame Geschichte erarbeiten. Die hierbei absehbar auftretenden Schwierigkeiten sollen die Komplexität des Nahostkonflikts verdeutlichen. Abschließend werden die Ergebnisse der Arbeitsgruppen im Plenum diskutiert. Weiterführend könnten unterschiedliche Lösungsmöglichkeiten des Konflikts diskutiert werden.

---

10 vgl. Becker 2018.
11 ebd., S. 8.
12 ebd.
13 ebd.

Beispielhaft wird der Ergebnistext einer 11. Klasse angeführt:

> „Bis heute bestehen Konflikte zwischen Israelis und Arabern um das Anrecht, das Land
> Israel bzw. Palästina besiedeln zu dürfen. [...] Die Antwort auf die Frage, wer zuerst
> dieses Land besiedelte, ist nach heutigem Wissensstand historisch nicht nachweisbar
> und kann deswegen nicht zur Konfliktlösung beitragen. [...] Als Verwaltung des Landes
> spricht Großbritannien beiden Seiten Rechte zu: Den Arabern wird auf rein arabisch
> bevölkertem Land ihre Unabhängigkeit zugesichert, den Juden wird die Unterstützung
> bei der Gründung eines eigenen Staates zugesprochen, sofern die Rechte der nichtjü-
> dischen Gemeinschaften nicht beeinträchtigt werden. Am 14. Mai 1948 kommt es zur
> Gründung des Staates Israels. Seitdem kommt es immer wieder zu kriegerischen
> Auseinandersetzungen mit den Nachbarstaaten. [...]
> Seit der Gründung des Staates Israels verließen immer mehr Araber das Land, nach
> Meinung der Araber durch gewaltsame Vertreibung durch die Israelis, aus Sicht der
> Israelis auf freiwilliger Basis. [...]
> Mit Blick auf die Geschichte des Landes wird deutlich, dass beide Völker ein Anrecht
> auf das Land haben, jedoch durch Krieg keine friedliche Lösung gefunden werden
> kann. Ein friedliches Zusammenleben kann nur erreicht werden, wenn Israelis und
> Araber gleichermaßen bereit sind, miteinander zu kommunizieren, Kompromisse
> einzugehen und ihr Verhalten nicht mehr mit vergangenen Geschehnissen zu
> rechtfertigen. Beide Seiten müssen sich als gleichwertig ansehen, egal welcher Nation
> oder Religion sie angehören. [...]"

Die Unterrichtsidee wird dahingehend weiter ausgeführt, dass ein möglicher
Anknüpfungspunkt eine kritische Auseinandersetzung mit „der Flagge als einem
wichtigen Symbol eines Nationalstaates" sei.[14]

> „Der Position z. B. Ulrike Guérots folgend, dass die Zeit der Nationalstaaten im Grunde
> bereits vorbei sei, und angesichts des Umstandes, dass die demographische Entwick-
> lung in Israel und Palästina in kurzer Zeit einen ethnisch-jüdischen Nationalstaat fast
> nicht mehr denkbar erscheinen lassen wird, ist es durchaus sinnvoll, über eine neue
> Flagge des Staates nachzudenken. Die aktuelle israelische Nationalflagge wird als ein
> zur Flagge gewordener Tallith (Gebetsschal) verstanden und ist somit ein religiöses
> jüdisches Symbol. Trotz des Minderheitenschutzes und der Minderheitenrechte, die die
> nichtjüdische Bevölkerung in Israel genießt, drückt die israelische Nationalflagge damit
> den Gedanken des jüdischen Nationalstaates in besonders eindringlicher Weise aus.
> Eine Überlegung im Unterricht kann also sein, ob auch eine Flagge denkbar ist, die
> unabhängig vom Nationalstaatsgedanken ein integratives Signal auf die Gesamtbe-
> völkerung ausüben kann."[15]

Als weiteres beispielhaftes Arbeitsergebnis wird ein Flaggenentwurf dokumentiert (s. Abb. 1).

---

14 ebd., S. 11.
15 ebd.

Abbildung 1: Flaggenentwurf Israel/Palästina einer 11. Klasse (aus Becker 2018, S. 10).

Didaktische Bewertung aus antisemitismuskritischer Perspektive

Mit vielen anderen methodischen Überlegungen zur Auseinandersetzung mit dem Nahostkonflikt teilen auch die hier dargestellten, dass ein wesentliches Lernziel in einem Verständnis dafür besteht, dass der Konflikt komplex ist und es keine einfachen Lösungen geben kann. Sinnvoll ist sowohl der Verweis auf die drei Dimensionen des Konflikts, als auch eine multiperspektivische Beschäftigung mit ihm. Hierbei können allerdings (mindestens) zwei bedeutende potentielle Probleme ausgemacht werden:

Dem Bezug auf Narrationen kommt laut Ingo Juchler in der politischen Bildung die Funktion zu, die „Vernetzung von Wissen mit Bezug auf unterschiedliche inhaltliche Facetten des Politischen" und die weitere „Verankerung dieses domänenspezifischen Wissens in lebensweltliche Kenntnisse und Erfahrungen der Lernenden" zu erleichtern.[16] Jedoch können Narrationen „die Auseinandersetzung mit inhaltlich explizit politisch bestimmten Sachtexten nicht ersetzen."[17] Auch Niehoff betont, dass eine „Auseinandersetzung mit einer möglichst exemplarischen Vielfalt an empirisch vorfindbaren bzw. tatsächlich artikulierten Standpunkten unter expliziter Berücksichtigung der Prinzipien Kontroversität, *Wissenschaftsorientierung* und Lebensweltorientierung" stattfinden solle.[18] Eine Auseinandersetzung mit den Narrativen innerhalb des Nahostkonflikts sollte mit einer kritischen Beschäftigung mit der wissenschaftlichen Kategorie Narrativität einhergehen. Narrative zeichnen sich dadurch aus, dass historische Entwick-

---

16 Juchler 2022, S. 478.
17 ebd.
18 Niehoff 2016b, S. 12; Herv. d. Verf.

lungen und Ereignisse in einem größeren, identitätsbildenden Zusammenhang gedeutet werden. Ihre Inhalte entsprechen nicht fachwissenschaftlichen Erkenntnissen. So sind insbesondere auch historische Mythen häufig Teil von nationalen Narrativen. Wird dies bei dem Versuch, ein synthetisiertes Narrativ zu erarbeiten, nicht berücksichtigt, kann dies Überforderung zur Folge haben.

Zwar werden das ‚israelische' und das ‚palästinensische' Narrativ nicht als unveränderlich dargestellt, jedoch sollte sinnvollerweise gerade die Vorstellung, es gebe die homogenen Kollektive ‚Israelis' und ‚Palästinenser:innen' mit jeweils *genau einem* Narrativ, irritiert werden. Insbesondere zum Verständnis der historischen Konfliktlösungsinitiativen ist ein Bewusstsein für die starken *inner*israelischen und -palästinensischen Spannungen und Spaltungslinien zentral.

In Bezug auf den Ergebnistext der Schüler:innen könnten aus fachwissenschaftlicher Perspektive diverse problematische Unschärfen und Verkürzungen benannt werden. Die Erwartungen an das Komplexitätsniveau eines derartigen Textes müssen natürlich dem Kontext entsprechen. Dennoch werden mindestens eine gravierende Fehlwahrnehmung und eine entscheidende Auslassung deutlich, auf die an dieser Stelle näher eingegangen werden soll:

> „Den Arabern wird auf rein arabisch bevölkertem Land ihre Unabhängigkeit zugesichert, den Juden wird die Unterstützung bei der Gründung eines eigenen Staates zugesprochen"

Tatsächlich hat Großbritannien 1915 die „Unabhängigkeit der Araber" in Aussicht gestellt.[19] Ob diese Zusage das Gebiet Palästina einschloss, ist nicht eindeutig, wird von Großbritannien aber bestritten.[20] Gemeint war auch nicht die Unabhängigkeit einer palästinensischen arabischen Nation – die es zu diesem Zeitpunkt im heutigen Sinn noch nicht gab. Des Weiteren hat Großbritannien mit der Balfour-Deklaration seine Sympathie für die „Errichtung einer nationalen Heimstätte für das jüdische Volk in Palästina" ausgedrückt – und mit dieser vagen Formulierung den Jüdinnen:Juden explizit *keine* Staatsgründung zugesichert.[21]

Es „kam" nicht einfach in der Geschichte zu den israelisch-arabischen Kriegen sowie zur Vertreibung und Flucht der (meisten) Araber:innen. Zentral ist für eine Geschichtsdarstellung der Fakt, dass die Koalition arabischer Staaten bereits am Tag nach der Staatsgründung Israels versuchte, diese mit militärischer Gewalt rückgängig zu machen. Der Hintergrund hierfür ist, dass die arabischen Staaten vor 1948 sowie auch jahrzehntelang danach nicht zur Akzeptanz einer jüdischen Souveränität im Nahen Osten bereit waren – für einige gilt dies bis heute.[22]

---

19 Steininger 2003, S. 10.
20 ebd.
21 Johannsen 2017, S. 14.
22 1978 schließt Ägypten als erster arabischer Staat ein Friedensabkommen mit Israel.

Auffällig ist an dieser Stelle die Leerstelle, die die Flucht und Vertreibung von Jüdinnen:Juden aus den arabischen Staaten sowie dem Iran bilden.[23]

An dieser Stelle – wie generell im deutschen Diskurs – spielt das Bedürfnis nach Äquidistanz zu den Konfliktparteien eine große Rolle.[24] Wichtig ist der Hinweis darauf, dass es auf beiden Seiten grundsätzlich auch prinzipiell legitime, nachvollziehbare, diskutierbare und unterstützenswerte Positionen gibt. Das Bedürfnis nach Äquidistanz jedoch nicht wiederum selbst zu thematisieren, kann unter Umständen sogar verhindern, die eigene Perspektive auf eine oder beide Konfliktpartei(en) zu reflektieren (insbesondere Sympathie/Antipathie, (fehlendes) Interesse, stereotypisierende Wahrnehmung).

Größere Bedenken müssen allerdings gegenüber dem Schlussteil der konzipierten Unterrichtseinheit formuliert werden. Bereits der konkrete Inhalt erscheint hier diffus: Geht es um das Verhältnis des Staates Israels zu den Palästinenser:innen allgemein? Dann wäre eine Fokussierung der Fragen nach der Zukunft der besetzten bzw. umstrittenen Gebiete Gazastreifen und Westjordanland nachvollziehbar. Der Unterrichtsvorschlag thematisiert jedoch auch die 1,9 Millionen arabischen (nicht-jüdischen) Staatsbürger:innen Israels, die über 20 Prozent der Gesamtbevölkerung ausmachen. Tatsächlich können in Israel systematische und strukturelle Diskriminierungen der nicht-jüdischen Bürger:innen festgestellt werden.[25] Diese stehen auch in Zusammenhang mit dem zionistischen Selbstverständnis als jüdischer Staat und der entsprechenden Gestaltung seiner Symbole und Staatsziele. Benachteiligung lässt sich in diversen gesellschaftlichen Bereichen beobachten.[26] Arabische Bürger:innen verfügen neben den individuellen Rechten (z. B. Grundrechten wie dem aktiven und passiven Wahlrecht) „nur über begrenzte quasi-kollektive Rechte", etwa in Bezug auf Erziehungswesen und Religionsausübung.[27] Die pädagogische Thematisierung sollte hier jedoch sehr sensibel erfolgen, moralistische Kurzschlüsse sind an dieser Stelle ein naheliegender nicht-intendierter Effekt. Wenn es im Text heißt: „Minderheitenschutz, Minderheitenrechte und –chancen werden [durch die beiden Konfliktparteien] jeweils mit großem Misstrauen betrachtet"[28], wird eine verzerrte Perspektive deutlich: Unter palästinensischer Herrschaft (in den Autonomiegebieten) existieren faktisch kaum nennenswerte Minderheitenrechte und es leben hier auch keine Jüdinnen:Juden. Andererseits leben seit Israels Staatsgründung dort Araber:innen. Ihre zunächst noch stark eingeschränkten Rechte wurden mit der Zeit ausgeweitet. Ein symbolischer Meilenstein ihrer gesellschaftlichen Repräsentati-

---

23 vgl. hierzu Bensoussan 2019.
24 vgl. Hagemann/Nathanson 2015, S. 48.
25 Hagemann 2013, S. 168.
26 vgl. etwa Darawshe 2016.
27 Hagemann 2013, S. 168.
28 Becker 2018, S. 8.

on ist der 2021 erstmals erfolgte Eintritt einer unabhängigen arabischen Partei in eine Regierungskoalition. Gerade da Darstellungen Israels als „Apartheidstaat" in jüngster Zeit breiter und zum Teil zustimmend rezipiert werden, wäre aber zu berücksichtigen, dass in demoskopischen Umfragen arabische Bürger:innen Israels recht hohe Werte an genereller Zufriedenheit, Zukunftsoptimismus usw. angeben. 2017 bejahte sogar eine Mehrheit die Frage nach möglichem Stolz darauf, Israeli zu sein.[29] Auch in einem anderen arabischen bzw. einem zukünftigen palästinensischen Staat wollen israelische Araber:innen in der Regel nicht eher leben als in Israel.

Irritierend ist die mit Verweis auf die Politikwissenschaftlerin Ulrike Guérot (deren Werke sich insbesondere auf die Rolle der *europäischen* Nationalstaaten beziehen) formulierte Annahme, die Zeit der Nationalstaaten sei „im Grunde bereits vorbei". Mindestens angesichts der auch zur Zeit der Veröffentlichung bereits deutlich sichtbaren Re-Nationalisierungstendenzen in Europa sowie global erscheint dies kaum nachvollziehbar. Dass der jüdische Nationalstaat in naher Zukunft nicht mehr existieren könnte, wie hier behauptet wird, ist keine plausible Annahme: Eine der zentralen Begründungen für zionistische Überzeugungen war und ist die Existenz des Antisemitismus, an der sich bis auf weiteres nichts wesentlich ändern wird. Tatsächlich ist es „kaum vorstellbar, dass das zionistisch geprägte Selbstverständnis, die Erfahrung der Schoah und das daraus resultierende Sicherheitsbedürfnis in absehbarer Zeit es zulassen, dass Israel auf sein Existenzrecht als jüdischer Staat verzichtet"[30] – wobei betont werden muss, dass dieses von der überwiegenden Bevölkerungsmehrheit geteilte Bedürfnis keine subjektive Befindlichkeit darstellt, sondern ihm konkrete aktuelle Bedrohungen zugrunde liegen.

Natürlich können prinzipiell auch Gesellschaftsentwürfe wie ein binationaler Staat in Bildungskontexten diskutiert werden, die eine jüdische – wenn auch sehr kleine – Unterstützer:innenschaft hatten und haben.[31] Dabei wären unbedingt die Probleme derartiger Pläne und die Gründe für ihr Scheitern zu reflektieren. So bilanzieren etwa Böhme und Sterzing: „Für viele der Probleme, an denen bisher eine Zwei-Staaten-Regelung gescheitert ist, bietet auch eine Ein-Staaten-Regelung keine Lösung."[32] Ein „Kern des Nahost-Konflikts" kann gesehen werden in der „historische[n] Unmöglichkeit, eine universalistische Antwort" auf das Problem des Antisemitismus zu geben, weshalb der Zionismus gezwungen sei „eine notwendigerweise partikularistische Konsequenz zu ziehen und eine

---

29 Winer 2017.
30 Böhme/Sterzing 2018, S. 151f.
31 Ein weiterer Unterrichtsvorschlag in der gleichen Ausgabe (S. 19) sieht die Diskussion einer „Einstaatenlösung" des Nahostkonflikts vor. Zu jüdischen Unterstützer:innen des Binationalismus vgl. z. B. Niehoff 2016; Brumlik 2016.
32 Böhme/Sterzing 2018, S. 152.

nationalstaatliche Emanzipation gegen den Antisemitismus anzustreben".[33] Gerade wenn das Bildungsziel eigentlich im Nachvollziehen der verschiedenen Narrative des Konflikts besteht, muss es irritieren, diese zunächst unvereinbar erscheinenden Deutungen harmonisieren zu wollen. Zumindest das im Artikel berichtete Schüler:innenprodukt in Form der ‚inklusiven' Flagge verweist darauf, dass vermutlich zentrale Elemente des hegemonialen israelischen Narrativs entweder nicht bekannt sind oder übergangen wurden. Der beispielhaft berichtete Flaggenentwurf (s. Abb. 1) ergänzt nicht etwa die jüdische Symbolik der israelischen Staatsflagge um weitere Elemente, sondern gestaltet sie vollständig neu.

Eine schulische Auseinandersetzung mit dem Nahostkonflikt mit derartigen utopischen Gedankenspielen zu beenden, erscheint fragwürdig. Wird die Frage von Lösungsmöglichkeiten des Nahostkonflikts unmittelbar mit der Problematisierung der israelischen Flagge verknüpft, kann daraus gelernt werden, dass der zionistische Charakter Israels das Haupthindernis für eine Friedenslösung darstellt. Ein derartiges Vorgehen kann (ungewollt) antisemitische Bilder von Israel sowie eine Ignoranz gegenüber antiisraelischem Terrorismus befördern. Bereits 2009 schrieb Kübler:

> „In einem sich selbst wider jeder Realität zusehends als postnational begreifenden Europa stößt das zu einem Gutteil entlang ethno-nationaler Kriterien definierte jüdisch-israelische Kollektiv und die Bereitschaft, dasselbe auch mit Waffengewalt und präventiv zu verteidigen, auf Befremden."[34]

2019 lehnten elf Prozent der Teilnehmer:innen einer Umfrage in Deutschland die Aussage „Israel hat das Recht, als jüdischer Staat zu existieren" ab, weitere 23 Prozent waren nicht sicher.[35] Eine weitere Studie innerhalb der Berliner Bevölkerung ergab, dass zwischen neun und 23 Prozent der Teilnehmer:innen explizit die Aussage befürworteten, die Staatsgründung Israels sei eine schlechte Idee gewesen.[36] Zwischen zusätzlichen 19 bis 22 Prozent wählten als Antwortmöglichkeit die Mittelkategorie („teils/teils"), was die Autor:innen als latente Zustimmung bewerten.[37] Es kann also zusammenfassend von einem erheblichen Ausmaß an Unverständnis gegenüber bzw. Ablehnung von jüdischen Sicherheitsbedürfnissen innerhalb der deutschen Bevölkerung ausgegangen werden. Werden vor diesem Hintergrund in Bildungsmaterialien „kreative und konstruktive" Lösungsvorschläge angestrebt, die nicht-zionistische Zukunftsent-

---

33 Grigat 2016, S. 46; vgl. S. 50.
34 Kübler 2009, S. 398f.
35 World Jewish Congress 2019, S. 21.
36 Pickel et al. 2019, S. 59. In der Studie werden die Werte neun Prozent für die Gruppe „Deutsche ohne Migrationshintergrund"), 20 Prozent („Deutsche mit Migrationshintergrund") und 23 Prozent (Teilnehmer:innen ohne deutsche Staatsbürgerschaft), jedoch nicht das arithmetische Mittel des Gesamtsamples berichtet.
37 vgl. ebd. sowie auch S. 54f.

würfe affirmieren, gehen sie an der Lebensrealität der jüdischen Einwohner:
innen größtenteils völlig vorbei: Auch wenn das Scheitern des Oslo-Friedens-
prozesses zu einer nachhaltigen Skepsis bezüglich ihrer Realisierungschancen
geführt hat, „gilt eine Zweistaatenlösung nach wie vor als die strategische Formel
für eine Beendigung des israel-palästinensischen Konflikts"[38], wohingegen An-
hänger:innen einer (radikalen) Abkehr vom Zionismus in Israel „nur eine kleine
Minderheit"[39] bilden – was in der deutschen Rezeption möglicherweise verzerrt
wird.

> „[K]aum eine nationale Bewegung [muss] bis heute so sehr um ihr Existenzrecht streiten
> wie der Zionismus"[40]

Da das Unverständnis dafür, warum die allermeisten Jüdinnen:Juden die Existenz eines jüdischen Staates für notwendig erachten, ohnehin groß ist, droht die
Delegitimierung Israels durch die beschriebene Thematisierungsweise noch
verstärkt zu werden. Daher wären die Bedeutung des Staates Israels für Jüdinnen:
Juden, die in der allgemeinen Öffentlichkeit nicht selten gering geschätzt wird
oder sogar völlig unbekannt ist (z.B. religiöse Bezugnahmen), zu vermitteln.
Nachvollziehbar sollte werden, warum „der Zionismus nach der Katastrophe des
europäischen Judentums für nahezu alle Juden zum Symbol der Hoffnung auf ein
Weiterleben" wurde.[41]

2.   Alternativen

Der doppelte Charakter der israelischen Staatlichkeit, die als jüdisch (Partiku-
larismus) und demokratisch (Universalismus) verstanden wird,[42] wäre didaktisch eher als Spannungsfeld zu thematisieren, das zu Widersprüchen und Di-
lemmata führen kann und für die es keine unproblematischen naheliegenden
Lösungen gibt und die als solche ausgehalten werden müssen (Bildungsziel
Ambiguitätstoleranz).

Als pädagogische Alternativen dazu, das zionistische Selbstverständnis Israels
abzuwerten oder zu verwerfen, kann die Beobachtung zum Ausgangspunkt genommen werden, dass „über die Bedeutung des ‚jüdischen' im jüdischen Staat
[…] politische und kulturelle Kämpfe" geführt werden.[43] Sinnvoll kann es auch
sein, sich (zunächst) nicht primär auf den Nahostkonflikt zu fokussieren, son-

---

38 Dachs 2016, S. 378.
39 Brenner 2016b, S. 210.
40 ebd.
41 Brenner 2016a, S. 7.
42 Sznaider 2018, S. 8.
43 ebd., S. 7.

dern es zu ermöglichen, die Bedeutung eines jüdischen Staates auch in Bezug auf israelische Erinnerungskultur sowie ihre Unterschiede zur deutschen zu verstehen. Hierfür liegen durch die Integration von Digitalität technologisch innovative, biographie- und lebensweltbezogene pädagogische Ansätze vor.[44] Auch die Diskriminierung von Araber:innen in Israel lässt sich didaktisch aufgreifen, ohne dies mit einer radikalen Kritik am zionistischen Selbstverständnis Israels zu verbinden.[45]

Bei vielen Menschen, die sich (erstmals) vertieft mit dem Nahostkonflikt beschäftigen, stellt sich das Bedürfnis ein, die dadurch aufgerufenen, als negativ wahrgenommenen Emotionen aufzulösen bzw. abzuwehren. Dies führt zum Teil zu dem Wunsch, eine klare Zukunftsvision für die Region zu erhalten und benennen zu können, welche politischen Akteur:innen ihrer Realisierung entgegenstehen. Die Komplexität des Nahostkonflikts und die empfundene Überforderung, die er auslöst, werden so verarbeitet. Doch je (vermeintlich) klarer Lösungen für den Konflikt dargestellt werden, desto eher sind problematische Ursachenwahrnehmungen zu vermuten.

(Politische) Bildung kann die (Un-)Möglichkeit einer Konfliktlösung auf mindestens zwei Arten perspektivieren:

a) Die Erarbeitung eigener Lösungsentwürfe aufgrund einer eingehenden Problemanalyse. Teil dessen kann die Frage sein, ob in der Bundesrepublik etwas zur Konfliktlösung beigetragen werden kann und sollte und ggf. was.

b) Die Auseinandersetzung mit aktuellen oder historischen Vorschlägen und konkreten Initiativen wie den Oslo-Friedensverhandlungen und den Gründen für ihr bisheriges Scheitern.

Beide Ansätze verweisen auf unterschiedliche Bildungsziele: Steht bei Ansatz a) die Fähigkeit zum Perspektivwechsel, das praxisbezogene Denken in politischen Kategorien sowie die Urteilskompetenz im Vordergrund, ist es bei Ansatz b) eher die Ambiguitätstoleranz und eine Reflexion hinsichtlich unter Umständen vorhandener eigener Vorstellungen einer unkomplizierten Lösungsmöglichkeit. In Bezug auf die Zukunft der Region und der in ihr lebenden Menschen erscheint es sinnvoller, über den historischen, gegenwärtigen und ggf. zukünftigen Umgang mit dem Konflikt als über ‚Lösungen‘ zu diskutieren.

---

44 vgl. Müller/Schubert 2021.
45 vgl. etwa Can et al. 2020.

3.   Schluss

Ich habe versucht zu zeigen, dass die pädagogische Auseinandersetzung mit (israelbezogenem) Antisemitismus vor besonderen Herausforderungen steht: Klärungsbedürftig ist grundsätzlich, welche Rolle eine Bearbeitung des Nahostkonflikts für sie spielt und wie diese zu gestalten ist. Es existieren Materialien zum Konflikt, die nicht erkennbar auf durch Antisemitismus beeinflusste Rezeptionskontexte in Deutschland reflektieren. Solche Konzeptionen, die antisemitismusrelevante Themen aufwerfen, ohne erkennbar antisemitismussensibel zu sein, sind besonders anfällig dafür, nicht-intendierte Lerneffekte auszulösen.

In der Praxis wird häufig auf multiperspektivische Darstellungen des Nahostkonflikts in Form von Narrationen zurückgegriffen. Hierbei ist ein Bewusstsein für deren Fallstricke nötig. Die subjektive und unter Umständen emotionale Ansprache ist Chance und Risiko zugleich. Dass eine Auseinandersetzung mit den Perspektiven der direkt vom Konflikt Betroffenen in der Regel angestrebt wird, ist zweifelsohne sinnvoll, bedarf aber der Ergänzung durch fachwissenschaftlich orientierte Inhalte.

Eine weitere, häufig aufgeworfene Frage betrifft die Lösungsmöglichkeiten des Konflikts. Durch die Kommentierung einer Unterrichtsidee sollte verdeutlicht werden, dass auch aufgeklärte, humanistisch orientierte und auf Ausgleich abzielende Lösungshorizonte nicht immer als antisemitismussensibel bewertet werden können. Dies ist jedoch kein ausschließliches Problem einzelner Pädagog: innen, sondern strukturell im Bildungssystem wirksam. Wird die Sensibilität für nicht-intendierte Effekte in Bezug auf die mögliche Verstärkung von antisemitischen Feindbildern und Stereotypen als Qualitätsmerkmal von Bildung betrachtet, ergeben sich weitreichende Konsequenzen. Die Unkenntnis von zionistischen Positionierungen oder die mangelnde Empathie für diese können Gelegenheitsstrukturen für antisemitische Deutungen des Konflikts begünstigen.

Deutlich wird, dass zu den spezifischen fachwissenschaftlichen Kenntnissen als zentrale Anforderung an Pädagog:innen auch Reflexionskompetenz und Ambiguitätstoleranz gehören. Werden die Auswirkungen eines eigenen Bedürfnisses nach einer Auflösung des Konflikts durch den:die Bildner:in auf die Bildungserfahrungen der Lernenden nicht bewusst gemacht, werden Räume für Erkenntnismöglichkeiten (unter Umständen entscheidend) verengt.

Bibliografie

Becker, Thorsten (2018): „„Wessen Wahrheit?" Der Nahostkonflikt im Religionsunterricht. Eine Unterrichtsidee', in: *zeitspRUng – Zeitschrift für den Religionsunterricht in Berlin und Brandenburg*, 10 (2), S. 8–11.

Bensoussan, Georges (2019): *Die Juden der arabischen Welt. Die verbotene Frage.* Leipzig: Hentrich & Hentrich.

Bergmann, Werner/Erb, Rainer (1986): ‚Kommunikationslatenz, Moral und öffentliche Meinung. Theoretische Überlegungen zum Antisemitismus in der Bundesrepublik Deutschland', in: *Kölner Zeitschrift für Soziologie und Sozialpsychologie,* 38 (2), S. 223–246.

Bernstein, Julia (2020): *Antisemitismus an Schulen in Deutschland. Befunde – Analysen – Handlungsoptionen.* Weinheim: Beltz Juventa.

Böhme, Jörn/Sterzing, Christian (2018): *Kleine Geschichte des israelisch-palästinensischen Konflikts.* 8. Aufl. Frankfurt a. M.: Wochenschau.

Brenner, Michael (2016a): *Geschichte des Zionismus.* 4. Aufl. München: C.H. Beck.

Brenner, Michael (2016b): *Israel: Traum und Wirklichkeit des jüdischen Staates. Von Theodor Herzl bis heute.* München: C.H. Beck.

Brumlik, Micha (2016): *Wann, wenn nicht jetzt? Versuch über die Gegenwart des Judentums.* 3. Aufl. Berlin: Neofelis Verlag.

Bundesministerium des Innern (Hrsg.) (2017): *Antisemitismus in Deutschland – aktuelle Entwicklungen.* Berlin: Bundesministerium des Innern.

Can, Mehmet/Diel, Jamina/Eckelmann, Mathis (2020): *Mehr als 2 Seiten. Eine Reise von Neukölln nach Israel und in die palästinensischen Gebiete.* Berlin.

Dachs, Gisela (2016): ‚Der israelisch-palästinensische Konflikt', in: Dies. (Hrsg.): *Länderbericht Israel.* Bonn: Bundeszentrale für politische Bildung, S. 362–392.

Darawshe, Mohammed (2016): ‚Minderheit in der Falle. Israels palästinensische Bürger', in: Dachs, Gisela (Hrsg.): *Länderbericht Israel.* Bonn: Bundeszentrale für politische Bildung, S. 216–227.

Fava, Rosa (2019): ‚Unterricht über den Nahostkonflikt als Instrument zum Abbau von Antisemitismus? Ein Blick auf Materialien und Fortbildungen', in: *Politisches Lernen,* 37 (3–4), S. 24–29.

Grigat, Stephan (2016): ‚Persistenz des Antizionismus. Neuere Publikationen über Zionismus, die Linke und das iranische Regime', in: *sans phrase. Zeitschrift für Ideologiekritik,* 9, S. 40–57.

Grimm, Marc/Müller, Stefan (2020): ‚Bildung gegen Antisemitismus – aber wie und gegen welchen?', in: Dies. (Hrsg.): *Bildung gegen Antisemitismus. Spannungsfelder der Aufklärung.* Frankfurt a. M.: Wochenschau, S. 7–20.

Hagemann, Steffen (2013): *Israel.* Schwalbach/Ts.: Wochenschau.

Hagemann, Steffen/Nathanson, Roby (2015): *Deutschland und Israel heute. Verbindende Vergangenheit, trennende Gegenwart?* Gütersloh: Bertelsmann Stiftung. URL: https://www.bertelsmann-stiftung.de/fileadmin/files/BSt/Publikationen/GrauePublikationen/Studie_LW_Deutschland_und_Israel_heute_2015.pdf (Zugriff: 14.12.2021).

Johannsen, Margret (2017): *Der Nahost-Konflikt. Eine Einführung.* 4. Aufl. Wiesbaden: VS Verlag für Sozialwissenschaften.

Juchler, Ingo (2022): ‚Mit narrativen Medien lernen: Biografie, Belletristik, Musik, Spielfilm', in: Sander, Wolfgang/Pohl, Kerstin (Hrsg.): *Handbuch politische Bildung.* 5. Aufl. Frankfurt a. M.: Wochenschau, S. 476–483.

Kübler, Elisabeth (2009): ‚„Wer ein guter Jud' ist bestimm' ich" – und was ein guter Israeli ist auch. Europäische Wahrnehmungen', in: Diekmann, Irene A./Kotowski, Elke-Vera (Hrsg.): *Geliebter Feind, gehasster Freund. Antisemitismus und Philosemitismus in Ge-*

schichte und Gegenwart. Festschrift zum 65. Geburtstag von Julius H. Schoeps. Berlin: Verlag für Berlin-Brandenburg, S. 387–408.

Müller, Stefan (2021): ‚Grenzen der Aufklärung? Antisemitismusprävention unter institutionellen Bedingungen‘, in: Blättel-Mink, Birgit (Hrsg.): *Gesellschaft unter Spannung. Verhandlungen des 40. Kongresses der Deutschen Gesellschaft für Soziologie 2020.* URL: https://publikationen.soziologie.de/index.php/kongressband_2020/article/view/1349/1 615 (Zugriff: 14.12.2021).

Müller, Stefan/Schubert, Kai E. (2021): ‚Erinnerung an NS-Verbrechen als Lerngelegenheiten? Eine argumentationsanalytische Rekonstruktion von ‚#uploading_holocaust“, in: *zdg. Zeitschrift für Didaktik der Gesellschaftswissenschaften*, 12 (2), S. 82–101.

Niehoff, Mirko (2010): ‚Handlungsbedingungen einer Pädagogik gegen Antisemitismus im globalisierten Klassenzimmer‘, in: Stender, Wolfram/Follert, Guido/Özdogan, Mihri (Hrsg.): *Konstellationen des Antisemitismus. Antisemitismusforschung und sozialpädagogische Praxis.* Wiesbaden: VS Verlag für Sozialwissenschaften, S. 243–264.

Niehoff, Mirko (Hrsg.) (2016a): *Nahostkonflikt kontrovers: Perspektiven für die politische Bildung.* Schwalbach/Ts.: Wochenschau.

Niehoff, Mirko (2016b): ‚Einleitung: Nahostkonflikt kontrovers – Perspektiven für die politische Bildung‘, in: Ders. (Hrsg.): *Nahostkonflikt kontrovers: Perspektiven für die politische Bildung.* Schwalbach/Ts.: Wochenschau, S. 9–16.

Niehoff, Mirko (2017): *Politische Bildung und soziale Deutungsmuster zum Nahostkonflikt.* Schwalbach/Ts.: Wochenschau.

Pickel, Gert/Reimer-Gordinskaya, Katrin/Decker, Oliver/Schuler, Julia/Celik, Kazim/Höcker, Charlotte/Tzschiesche, Selana (2019): *Der Berlin-Monitor 2019. Vernetzte Solidarität – Fragmentierte Demokratie.* Leipzig. URL: https://berlin-monitor.de/wp-con tent/uploads/2019/08/Berlin_Monitor_2019.pdf (Zugriff: 14.12.2021).

Rajal, Elke (2018): ‚Mit Bildung gegen Antisemitismus? Möglichkeiten und Grenzen antisemitismuskritischer Bildungsarbeit‘, in: *SWS-Rundschau*, 58 (2), S. 132–152.

Rhein, Katharina/Uhlig, Tom David (2018): ‚Die Sache aber ist komplizierter. Einige Notizen zur Funktionsweise von Antisemitismus für den bildungs-praktischen Kontext‘, in: *Lernen aus der Geschichte*, Sonderausgabe, S. 18–28. URL: http://lernen-aus-der-ge schichte.de/Lernen-und-Lehren/content/14013 (Zugriff: 14.12.2021).

Salzborn, Samuel (2020): *Globaler Antisemitismus: Eine Spurensuche in den Abgründen der Moderne.* 2. Aufl. Weinheim: Beltz Juventa.

Schubert, Kai E. (2021): ‚Der Nahostkonflikt und auf ihn bezogene Kontroversen als Lerngegenstände. Perspektivierungen in Materialien der politischen Bildung und ihre Bezüge zur Antisemitismusprävention‘, in: Kenner, Steve/Oeftering, Tonio (Hrsg.): *Standortbestimmung Politische Bildung. Gesellschaftspolitische Herausforderungen, Zivilgesellschaft und das vermeintliche Neutralitätsgebot.* Frankfurt a. M.: Wochenschau, S. 128–140.

Schubert, Kai E. (2022a): ‚„Besonderung“ von Jüdinnen und Juden und Anti-Israelismus. Formen des israelbezogenen Antisemitismus und Konsequenzen ihrer Unterscheidung für die politische Bildung‘, in: Bechtel, Theresa/Firsova, Elizaveta/Schrader, Arne/Vajen, Bastian/Wolf, Christoph (Hrsg.): *Perspektiven diskriminierungskritischer Politischer Bildung.* Frankfurt a. M.: Wochenschau.

Schubert, Kai E. (2022b): ‚Pädagogische Auseinandersetzungen mit dem Nahostkonflikt: Adressierungen von israelbezogenem Antisemitismus‘, in: Bernstein, Julia/Grimm,

Marc/Müller, Stefan (Hrsg.): *Schule als Spiegel der Gesellschaft. Antisemitismen erkennen und handeln.* Frankfurt a. M.: Wochenschau, S. 441–458.

Steininger, Rolf (2003): *Der Nahostkonflikt.* Frankfurt a. M.: Fischer Verlag.

Sznaider, Natan (2018): *Gesellschaften in Israel. Eine Einführung in zehn Bildern.* Bonn: Bundeszentrale für politische Bildung.

Winer, Stuart (2017): ‚Israeli Arabs view country more positively than Jews, survey finds‘, in: *Times of Israel Online*, 01. 05. 2017. URL: https://www.timesofisrael.com/israeli-arabs-view-country-more-positively-than-jews-survey-finds/ (Zugriff: 05. 05. 2022).

World Jewish Congress (2019): *Germany Anti-semitism Assessment Study. General Population Survey.* o.O. URL: https://jedervierte.com/wp-content/uploads/2021/01/WJC-Germany-Antisemitism-Asessment-Survey_Topline-Results_General-Population2.pdf (Zugriff: 14. 12. 2021).

Zick, Andreas/Berghan, Wilhelm/Mokros, Nico (2019): ‚Gruppenbezogene Menschenfeindlichkeit in Deutschland 2002–2018/19. Mit einem Exkurs zum Neuen Antisemitismus von Beate Küpper/Andreas Zick‘, in: Zick, Andreas/Küpper, Beate/Berghan, Wilhelm (Hrsg.): *Verlorene Mitte – Feindselige Zustände. Rechtsextreme Einstellungen in Deutschland 2018/19.* Bonn: Dietz Verlag, S. 53–116.

Die Herausgeber:innen

ANDREAS BORSCH studierte Geschichte und Germanistik und schloss 2016 sein Studium mit dem Magister ab. In seiner Magisterarbeit „Arisierung' in der Vulkaneifel. Analyse zur wirtschaftlichen Existenzvernichtung der jüdischen Bevölkerung zwischen 1933 und 1939", untersuchte er ein bislang kaum erforschtes Feld in der Region. In seiner Promotion zur Gestapo Trier beleuchtet er neben dem Antisemitismus das arbeitsteilige Agieren dieser Institution. Er beschäftigt sich neben der NS-Historie mit der (extremen) Rechten nach 1945. Zudem ist er Mitbegründer der Initiative Interdisziplinäre Antisemitismusforschung und Mitglied des Zeithistorischen Arbeitskreis Extreme Rechte (ZAER).

NIELS HEUDTLAß schreibt als Volontär für die Sächsische Zeitung in Dresden. Zuvor war er als freier Journalist unter anderem für den Trierischen Volksfreund tätig. Heudtlaß ist Mitgründer der Initiative Interdisziplinäre Antisemitismusforschung und studierte an der Universität Trier Politikwissenschaft und Philosophie.

SALOME RICHTER schloss 2017 ihr Bachelorstudium der Politik- und Medienwissenschaft an der Universität Trier ab. Seitdem studiert sie Politikwissenschaft und Philosophie im Master. Von 2017 bis 2019 war sie wissenschaftliche Hilfskraft am Lehrstuhl für Politische Theorie und Ideengeschichte der Universität Trier. Gegenwärtig ist sie wissenschaftliche Hilfskraft im DFG-Projekt „Gestapo: NS-Terror vor Ort. Die Staatspolizeistelle in der südlichen Rheinprovinz". Sie forscht zum projektiven Gehalt des Antisemitismus und neuen sozialen Bewegungen und bildet zusammen mit Lennard Schmidt die kollegiale Leitung der Initiative Interdisziplinäre Antisemitismusforschung.

LENNARD SCHMIDT studierte Germanistik, Geschichte und Bildungswissenschaften an der Universität Trier und nahm im Anschluss daran ein von der Hans-Böckler-Stiftung gefördertes Promotionsstudium im Bereich Neuere und Neueste Geschichte auf. Er beschäftigt sich in seiner Dissertation mit Erinnerungsabwehr und Antisemitismus im Kontext der Neuen Linken. Darüber hinaus forscht er zur Neuen Rechten und zu Antisemitismus im Internet. Zusammen mit Salome Richter bildet Lennard Schmidt die kollegiale Leitung der Initiative Interdisziplinäre Antisemitismusforschung.

MARC SEUL studiert Politikwissenschaft und interkulturelle Gender Studies im Master an der Universität Trier. Er ist Gründungsmitglied der Initiative Interdisziplinäre Antisemitismusforschung und in verschiedenen Kontexten ehrenamtlich in der historisch-politischen Bildung aktiv. Zu seinen Arbeits- und Forschungsschwerpunkten gehören die Theorie und Ideengeschichte des Antisemitismus, Gesellschaftstheorie und -kritik im Anschluss an die Kritische Theorie sowie Antisemitismus in politischen Parteien und Bewegungen.

LUCA ZARBOCK studiert Politikwissenschaft und Betriebswirtschaftslehre an der Universität Trier und forscht vor allem zu islamischem Antisemitismus, der Neuen Rechten sowie der Konstruktion von Männlichkeit. Seit 2021 arbeitet er als studentische Hilfskraft bei der Initiative Interdisziplinäre Antisemitismusforschung Trier.

Die Autor:innen

RANDI BECKER, M.A. M.A., studierte Sozialwissenschaften, Soziologie und Politische Theorie in Gießen, Frankfurt am Main und Darmstadt. Sie arbeitet hauptamtlich als Dozentin der politischen Bildung an einem staatlichen Bildungszentrum und promoviert an der Universität Passau. Als Lehrbeauftragte ist sie an verschiedenen Universitäten in der Soziologie und Politikwissenschaft, in der Lehramtsausbildung und in den Gender Studies tätig. Sie forscht, schreibt und spricht zu Antisemitismus, Rassismus, Nationalsozialismus und Geschlecht, sowie zu deren Verschränkungen.

KERSTIN DEMBSKY ist wissenschaftliche Mitarbeiterin am Historischen Seminar der WWU Münster. Sie promoviert über das Verhältnis des Feminismus zum Antisemitismus in der Bundesrepublik seit 1968. Daneben lehrt sie zu Themen der deutsch-jüdischen Geschichte und Geschlechtergeschichte des 19. bis 21. Jahrhunderts. Zuvor absolvierte sie ein wissenschaftliches Volontariat in den Bereichen der Ausstellungskonzeption und Kulturvermittlung am Jüdischen Museum München. Sie studierte Philosophie, Politikwissenschaft und Geschichte an der FU Berlin sowie Zeitgeschichte und Interdisziplinäre Geschlechterstudien an der Universität Potsdam und Tel Aviv University.

CARLA DONDERA studiert Politikwissenschaft und Rechtswissenschaft an der Freien Universität Berlin und arbeitet am Arbeitsbereich Politische Theorie und Philosophie des Otto-Suhr-Instituts. Zu ihren Studien- und Forschungsschwerpunkten zählen theoretische und rechtliche Perspektiven auf Antisemitismus, Politische Theorie und Rechtsphilosophie. Außeruniversitär ist sie u. a. in der antisemitismuskritischen Bildungsarbeit aktiv.

MATTHIAS ENGEL ist Dozent für politische Bildung beim Bundesamt für Familie und zivilgesellschaftliche Aufgaben. Er absolvierte ein Volontariat mit dem Schwerpunkt digitale Spiele bei der Bundeszentrale für politische Bildung. An der

Universität Trier studierte er Medien- und Politikwissenschaft. Seit vielen Jahren engagiert er sich im Bereich Flucht und Migration.

FREDERIK FUß hat Soziale Arbeit in Köln und Gender Studies in Bielefeld studiert. Er ist Redakteur der *Tsveyfl – dissensorientierte Zeitschrift* und Kollektivmitglied im anarchosyndikalistischen *Syndikat-A* Verlag. Zurzeit bereitet er seine Dissertation zu Black Nationalism und Hip-Hop an der Universität Hamburg vor.

SEBASTIAN HEBLER ist im Bereich der Demokratiebildung, Arbeit gegen gruppenbezogene Menschenfeindlichkeit und extreme Rechte für das Demokratiezentrum RLP tätig. Er hat an der Johannes-Gutenberg-Universität Mainz und an der Middle East Technical University in Ankara Politikwissenschaft und Filmwissenschaften sowie Politische Ökonomie und internationale Beziehungen studiert. Aufgewachsen im ländlichen Rheinland-Pfalz an der Mittelmosel engagiert er sich für Demokratie, gegen Antisemitismus und Rassismus, momentan im Vorstand von *Wertzeug e.V.*

LEA HERZIG ist seit 2019 Doktorandin am Zentrum für Antisemitismusforschung an der Technischen Universität Berlin mit einer Promotion zum „Umgang des Deutschen Gewerkschaftsbundes mit Antisemitismus, seit 1949" gefördert durch ein Stipendium der Hans-Böckler-Stiftung. Abgeschlossenes Masterstudium der Interdisziplinären Antisemitismusforschung an der Technischen Universität Berlin nach einem Bachelorabschluss in der Geschichtswissenschaft und Judaistik an der Freien Universität Berlin. Forschungsinteressen: Erinnerungsgeschichte, Forschung zu Antisemitismus, Arbeiterbewegung und Gewerkschaften.

ASTRID JUCKENACK studierte Holocaust and Genocide Studies sowie Religion in Peace and Conflict an der Uppsala University. Derzeit ist sie wissenschaftliche Mitarbeiterin am Zentrum für Konfliktforschung der Philipps-Universität Marburg. Ihre Forschungsinteressen liegen in den Bereichen (religiöser) Extremismus, Gender und Täterforschung.

CHRISTIAN KLEINDIENST studierte Kulturwissenschaften an der Universität Leipzig. Seit Januar 2022 ist er Fellow am Department of History der Harvard University und seit Herbst 2019 Doktorand am Lehrstuhl für Vergleichende Kultur- und Gesellschaftsgeschichte des modernen Europas von Prof. Dr. Maren Möhring zum Thema Antisemitismus in der deutschen und US-amerikanischen Frauenbewegung. Seine Schwerpunkte sind Theorie und Geschichte des Antisemitismus, Transfer- und Verflechtungsgeschichte, Kritische Theorie der Gesellschaft und Frauen- und Geschlechtergeschichte. Seit März 2020 ist er Promotionsstipendiat der Heinrich-Böll-Stiftung.

ANNE-MAIKA KRÜGER (1. StEx) promoviert am Zentrum für Antisemitismusforschung Berlin zu Ernst Moritz Arndt und zu seiner Rezeption. Dabei geht sie der Frage nach, wie völkisches Denken und Fühlen in der deutschen Staatenwelt attraktiv wurde und bleiben konnte. Das Projekt wird von der Hans-Böckler-Stiftung gefördert. Krüger hat Geschichte, Philosophie sowie Bildungswissenschaften in Rostock studiert und forscht mit Fokus auf Gefühle und Geschlecht zu Nationalismus im Allgemeinen und zur Germanomanie im Speziellen.

MARGARITA LERMAN ist seit 2021 Doktorandin an der Hebräischen Universität in Jerusalem, Fellow am Avraham Harman Insitute of Contemporary Jewry sowie assoziierte Forscherin am Leibniz-Institut für jüdische Geschichte und Kultur – Simon Dubnow in Leipzig. Sie studierte Translation (B.A., 2015) und Konferenzdolmetschen (M.A., 2019) sowie European Studies (M.A., 2021) an den Universitäten Leipzig, Concepción, Havanna und der Hebräischen Universität in Jerusalem.

NIKOLAI SCHREITER hat Internationale Entwicklung und Politikwissenschaft in Wien und Jerusalem studiert. Er lebt und arbeitet in München.

KAI E. SCHUBERT, M.A., studierte Politikwissenschaft und Interdisziplinäre Antisemitismusforschung. Er ist Doktorand an der Justus-Liebig-Universität Gießen und Stipendiat des Ernst Ludwig Ehrlich Studienwerks. Veröffentlichungen: Pädagogische Auseinandersetzungen mit dem Nahostkonflikt: Adressierungen von israelbezogenem Antisemitismus, in: Julia Bernstein/Marc Grimm/Stefan Müller (Hg.), Schule als Spiegel der Gesellschaft. Antisemitismen erkennen und handeln, Frankfurt/M. 2022, S. 441–458; Erinnerung an NS-Verbrechen als Lerngelegenheiten? Eine argumentationsanalytische Rekonstruktion von ‚#Uploading_Holocaust‘, in: zdg. Zeitschrift für Didaktik der Gesellschaftswissenschaften 12 (2021) 2, S. 82–101 (gemeinsam mit Stefan Müller).

SEVERIN SCHWALB studierte Medienwissenschaft und Soziologie in Bayreuth und setzt aktuell sein Masterstudium der Medienwissenschaft in Marburg fort. Sein Fokus liegt dabei auf den Digital Game Studies, insbesondere der Rezeptionstheorie digitaler Spiele sowie der Abbildung von gesellschaftlichen Aspekten in ihnen. Sein Ziel ist dabei zu einer kritischen Auseinandersetzung mit dem Medium beizutragen, die dessen gesellschaftlicher Relevanz gerecht wird.

STEFAN VENNMANN, M.A., ist Promotionsstipendiat der Hans-Böckler-Stiftung und promoviert am Institut für Philosophie der Universität Duisburg-Essen zum Thema „Kollektive Schuld. Zur kritischen Theorie eines umkämpften Begriffs". Er forscht zu politischer Theorie und Sozialphilosophie, insbesondere zu Kritischer Theorie, Kollektiver Subjektivität, Antisemitismus in der Philosophiegeschichte und zum Werk Franz L. Neumanns.

LUCAS VON RAMIN, Dr. phil., ist wissenschaftlicher Koordinator des Potenzialbereichs „Gesellschaftlicher Wandel" an der Technischen Universität Dresden. Er studierte Politikwissenschaft und Philosophie in Dresden und New York und forscht zu radikalen Demokratietheorien, der Kritischen Theorie sowie zur philosophischen Ästhetik.